西方传统 经典与解释 **HERMES**
Classici et Commentarii
迈尔集
Heinrich Meier's
Gesammelte Schriften
刘小枫◎主编

论哲学生活的幸福
—— 对卢梭系列遐想的思考两部曲

Über das Glück des philosophischen Lebens
Reflexionen zu Rousseaus Rêveries

［德］亨利希·迈尔 Heinrich Meier ｜ 著
陈敏 ｜ 译

华夏出版社

古典教育基金·蒲衣子资助项目

"迈尔集"出版说明

1988年，迈尔（Heinrich Meier, 1953—）因发表《隐匿的对话：施米特、施特劳斯与〈政治的概念〉》（1988/1998/2013）一举成名，时年35岁。

人们以为迈尔是研究施米特的专家，其实，他的本行是卢梭研究。31岁那年，他出版了卢梭《论人类不平等的起源和基础》的法-德对照考订笺注本（附三个手稿残篇，还有涉及《论不平等》的书信、评论和对批评的回应等历史文献），就版本校勘和笺注而言，法国的卢梭专家编订的本子也相形见绌。

迈尔出生的前一年（1952），西德政府与占领军经过九个月谈判，在波恩签订了确认相互关系的"一般性条约"（史称《波恩条约》）：美、英、法三国结束对德国西部的军事占领（柏林除外），承认其为"国际社会中自由平等的一员"。可是，《波恩条约》之一《关于外国军队及人员在德意志联邦共和国境内的权利和义务条约》规定，美、英、法三国仍保留在联邦德国驻军的权利，所谓联邦德国获得了"内部独立权"无异于自欺欺人。迈尔做《论人类不平等的起源和基础》的法-德对照考订笺注本，恐怕不仅仅是出于政治思想史的旨趣：何谓"国际社会中的自由平等"？

从为考订本撰写的导言来看，迈尔熟悉施特劳斯提倡的"字里行间阅读法"。这让笔者感到好奇：迈尔还在念大学的时候，施特劳斯就去世了，他从何得知施特劳斯的思想？直到今天，施特劳斯在德语学界也算不上什么如雷贯耳的人物，何况迈尔上大学的1970年代。

迈尔那么年轻就遇上施特劳斯让笔者羡慕，更让笔者感激，因为他随后投入了大量时间和精力考订编辑施特劳斯的早期文稿和书信，让后学受益无穷，为学界作出了具有思想史意义的重大贡献。

迈尔的学术思考有幸在一开始就追随施特劳斯关切的根本问题，即追问何谓真正的哲人生活。在现代学术语境中，这个问题仅仅对极少数人来说具有迫切性和严峻性。如今大多数学人根本不觉得这是个问题，因为我们已经认为，实现民主是一切思考的前提。

欧洲进入民主时代之后，最具争议的思想家莫过于卢梭和尼采——他们是真正的哲人吗？卢梭显得是"人民民主"的思想家，尼采则痛斥民主思想，叱骂卢梭是"毒蜘蛛"。迈尔模仿施特劳斯的读书方式识读卢梭和尼采，得出的结论让人刮目相看：卢梭与尼采都是真正的哲人。

迈尔年轻时细究过施特劳斯与施米特之间的"隐匿对话"，差不多三十年后，迈尔提醒读者，他释读卢梭和尼采的专著应该被视为姊妹篇。这是否在暗示我们，尼采与卢梭也有过"隐匿的对话"？对话不得不以"隐匿"形式呈现，多半是政治处境的含混和严峻使然。毕竟，美国对德国的占领绝非仅仅是军事性的，毋宁说，文教性的占领更为有效。如今德语学界的现状的确让人们有理由问：德国还会产生真正热爱智慧的头脑吗？

迈尔的写作风格明显模仿施特劳斯的《思索马基雅维利》，其形式特征主要体现为：语言表述具有沉思品质，注释非常讲究，以辅助正文铺展思考线索。笔者相信，迈尔的论著为以哲学方式阅读经典作品树立了榜样，这意味着，模仿施特劳斯不仅可能而且值得。

我们的文教领域早已被美国占领，即便我们在军事上有底气也有能力排斥美国的军事占领。既然如此，迈尔的论著系列对我们中的极少数人的思考肯定具有启发性。

刘小枫
古典文明研究工作坊
2019年5月

我曾经回望,我曾经展望,
我从未一眼见到如此多且好的事物
……我何以能对
我的人生
不心存感激呢?

——尼采《瞧,这个人!》

目 录

中译本说明（刘小枫） …………………………………… 1

前言 ………………………………………………………… 1

引用说明 …………………………………………………… 3

第一卷 ……………………………………………………… 5
  一 非哲人中的哲人 ………………………………… 7
  二 信仰 ……………………………………………… 58
  三 自然 ……………………………………………… 88
  四 自在状态 ………………………………………… 117
  五 政治 ……………………………………………… 159
  六 爱 ………………………………………………… 210
  七 自我认识 ………………………………………… 230

第二卷 ……………………………………………………… 261
  卢梭与萨瓦代理本堂神父的信仰自白 …………… 263

索 引 ……………………………………………………… 414

［译注］此译著中凡尚未有中译本的大量法语引文的翻译，以及对已有中译的引文的校对工作，都由对外经济贸易大学的法语教师申华明硕士悉心负责。他为本书的翻译提供了不可或缺的专业帮助和支持，在此表示衷心感谢。

中译本说明

迈尔教授是德国的卢梭专家，31岁那年，他出版了卢梭《论人类不平等的起源和基础》的考订笺注本（Rousseau, *Diskursüber die Ungleichheit/Discours sur l'inégalité*，法－德对照，Paderborn 1984），被收入德国大学生文库（Paderborn 1993第四修订版，546页）。这个笺注本在好些方面胜过法国的卢梭专家编订的考订本，附有《论不平等》的三个手稿（日内瓦手稿、洛夏岱尔手稿和巴黎手稿）的残篇，以及涉及《论不平等》的书信、评论和对批评的回应六种，更不用说多有独到之见的笺注。长篇导言（中译见《经典与解释2：柏拉图的戏剧》）从卢梭的修辞入手，识读《论不平等》的写作意图多有发人深省之处。

在政治哲学界，迈尔于35岁时出版的成名作《隐匿的对话：施米特、施特劳斯与〈政治的概念〉》（1988/1998/2013，中译本2006）名闻遐迩。在随后的二十多年里，迈尔一直致力拓展施米特与施特劳斯的比较研究，先后著有《施米特学说四论》和《施特劳斯的论题》（均有中译本），主编六卷本施特劳斯文集（已经出版三卷，均有中译本）。本书是迈尔为卢梭诞生三百周年精心准备的力作。令人感兴趣的是，这位熟悉施米特学说和施特劳斯论题的作者如何把握卢梭的学说或论题。

本书以"论哲学生活的幸福"为题，副题为"对卢梭系列遐想的思考两部曲"——所谓"系列遐想"指的是卢梭的临终之作《一个孤独漫步者的遐想》。然而，本书分为两卷，第一卷解读《一个孤独漫步者的遐想》，第二卷解读《爱弥儿或论教育》第四卷中著名的"萨瓦代理本堂神父的信仰自白"（"La profession de foi du vicaire savoyard"）。卷一有详细目录，卷二则仿《爱弥儿》原作，不划分章节，不给出阅读指引的目录。《一个孤独漫步者的遐想》涉及的是哲人论题，"萨瓦代理本堂神父的信仰自白"可以说涉及的是政治神学论题。从而，本书显得力图从哲学与政治神学的关系入手来理解卢梭。可以推想，这是施特劳斯教给作者的着眼点。

解读《一个孤独漫步者的遐想》的中译文献已经有戴维斯的《哲学的自传》（曹聪、刘振译，华夏出版社），读者可以与本书比较深浅。解读《爱弥儿或论教育》中的"信仰自白"的西文文献已经不少，但中译迄今阙如。本书填补了这个空白，而且起点颇高。《爱弥儿或论教育》中译本中的"信仰自白"的中译原译作"萨瓦牧师的信仰自白"，原文 vicaire 系天主教神职，位列 curé［本堂神父］之下，译作"牧师"是误译。法国的天主教徒与新教徒曾为争夺国家主导权打过极为惨烈的内战，"神父"与"代理本堂神父"不可混淆。何况，天主教有严格的教阶制度，类似于君主政体，新教讲究平等，其体制类似于民主政体。vicaire 源自拉丁文 vicarius，原意为"代理、候补"，因此 vicaire savoyard 当译作"萨瓦代理本堂神父"。卢梭借一位教阶如此卑微的天主教士之口发表政治神学之见，恐怕不是随意所为。

迈尔教授的文笔颇为艰涩，翻译难度极大，感谢译者陈敏博士为此付出的辛劳。

刘小枫
2013 年 7 月
古典文明研究工作坊

前　言

[9] 此书为一段长逾三十五年的友谊和一场间或中断却从未终止、反而日渐深入的谈话所孕育之果。若 20 世纪 80 年代中期以来我没有屏气凝神地研究政治哲学成因，此书断乎无法写成。若不曾潜心研究被我收录于 1984 年考订版的《论人类不平等的起源和基础》(*Discours sur l'inégalité*)，① 此书也永无可能问世。彼时，我以为卢梭早期的杰作是他最富哲理的文字，这只因当时我既不清楚，《遐想》以哲学生活本身为主题，也不知晓，严格来说，《遐想》已不在卢梭的作品之列。② 我当时的这一谬误得到了最具哲学判断力的权威人士的支持，这谬误也正合作者之意，他希望读者在对其作品进行严肃解读的过程中找到探讨他哲学的切入点。

该书由两卷组成，旨在彼此映照。第一卷不断回顾卢梭最不为人所解的书，从中思量哲学生活。第二卷进一步阐释卢梭最具争议之书，该书试图为一种成功的非哲学生活奠立根基，亦即试图构想这种生活的地基。《萨瓦代理本堂神父的信仰自白》(*Profession de foi du Vicaire Savoyard*) 是卢梭在《遐想》中提醒读者去参看的篇章，我把

---

① ［译注］此处《论人类不平等》(*Discours sur l'inégalité*) 即为论人类不平等的起源和基础》(*Discours sur l'origine et les fondements de l'inégalité parmi les hommes*)，以下简称为《论人类不平等》。

② ［译注］迈尔在本书中谈到卢梭《一个孤独漫步者的遐想》(*Les Rêveries du promeneur Solitaire*) 一书时大量将其简写为遐想 (*Rêveries*)，译者在此沿用了此做法，即：若涉及该词确指卢梭的上述著作时，一律缩写为《遐想》。

它与《遐想》对照后，认为这一篇章是卢梭全部作品的支柱，而自己的全部作品对哲学生活的意义正是卢梭反思自我时的一个突出对象。在第二卷中，我尤其关注自然宗教与自然神学之分，这适于用来补充政治神学与政治哲学间的区分。

我对《遐想》和《萨瓦代理本堂神父的信仰自白》[10]的解读源于一系列课堂讨论，它们是我自 2001 年起在慕尼黑大学、2003 年在波士顿学院、2008 及 2010 年在芝加哥大学社会思想委员会任教的结果。第一和第二章的某些部分已在波士顿、弗莱堡、北京、芝加哥、伦敦和柏林的公开报告中接受过听众检验。

在完成这部探讨卢梭封笔之作的论著后，我紧接着将会撰写一部姐妹篇探讨尼采的最后一部书。《瞧，这个人——人何以成其所是》（*Ecce homo. Wie man wird, was man ist*）与《一个孤独漫步者的遐想》的共同点，不仅在于它们都是作者最不为人所知、所解之作，两书的不谋而合之处还在于，它们都探讨了哲学生活。

迈尔

慕尼黑，2010 年 10 月 15 日

引用说明

［11］此处《遐想》中卢梭的正字法和标点符号用法都源自雷蒙（Marcel Raymond）编撰的《卢梭作品全集》（*Œuvre complètes*）第一卷（Paris, Gallimard, 1959, Bibliothèque de la Pléiade）。值得关注的是斯皮克（John S. Spink）首次编撰且至今尚未被超越的考订版（Paris, Didier, 1948, Société des textes français modernes），雷蒙编的《卢梭作品全集》大多数情况下依照这一版本，然其稿本异文处他却勘印极少。值得一提的重要版本还有罗迪耶（Henri Roddier）编撰的内容详实的版本（Paris, Garnier, 1960），该版采用现代正字法悉心呈现了文本。此外还有两位埃热尔丹热（Marc Eigeldinger 和 Frédéric-S. Eigeldinger）出版的手稿摹本（Genf, Slatkine, 1978）。极不可信的是广为流传的"考订版"（Genf, Droz, 1948），它在雷蒙与斯皮克编撰版出版的同年编撰出版。尽管与斯皮克和罗迪耶抑或雷蒙后来编撰的全面严谨的版本根本无法相比，它在"法国文学作品丛书"中仍无数次再版重印。

卢梭其他作品的引文给出的页码均源自《卢梭作品全集》（Paris, 1959—1995），《论人类不平等》引文出自考订版（Paderborn 1984, 6. Aufl. 2008），相左的是，《遐想》的引文标注方式是先给出"漫步"的段落，后随它在《卢梭作品全集》第一卷中的页码：I, 1（995）指的是《卢梭作品全集》第一卷页995的"漫步"之一第一段。雷蒙（在《卢梭作品全集》中的）和斯皮克的编撰版本与卢梭的［段落］划分分别有一处及两处不同。雷蒙依照斯皮克将"漫步"之九分为23段，而并非24段。与手稿相悖，他未将页1095（斯皮克版页199）中"我最喜爱的散步场所之一"以下的话另起一段。斯皮克还将只有一个段落的"漫步"之十［12］分成了两段（页208）。罗迪耶遵照了卢梭的段落划分，雷蒙在"法国文学作品丛书"中刊行的单行本与卢梭的划分则相去甚远，甚至可说此本所做出的具体改变过大。该书的［原本］段落划分数目具体如下："漫步"之一，15；"漫步"之二，25；"漫步"之三，25；"漫步"之四，42；"漫步"之五，17；"漫步"之六，21；"漫步"之七，30；"漫步"之八，23；"漫步"之九，24；"漫步"之十，1。

本书保留了表示页码和注释的缩略语 S. 和 Anm. 作为相互参照。引自其他发表文献的页码和注释分别缩略为 p. 和 n.。

＊第一卷＊

《论科学和文艺》1750 年版卷首插图

一　非哲人中的哲人

[17] 于我而言，《一个孤独漫步者的遐想》素来可谓卢梭著作中最为光彩夺目的华章。它的优美隽永与其醒目的文风自是密不可分，而它们并非篇篇引人注目，或许正因如此，它们才能成其所是。虚构的魅力，文风的轻盈，缓急的交错，肺腑之言与轻描淡写的更迭，动与静的啮合，语言的力量与沉默的艺术，这些都为此书奠定了特有的基调，赋予它不容混淆的面容和独一无二的身形，也为它挣得读者无数，让它誉满天下，名贯古今。这些《遐想》篇章在文学殿堂里的地位不容置疑，其耀眼光芒亦使其中的问题被遮蔽而遁入幕后。

"我在世间就这样孑然一身了，既无兄弟，又无邻人，既无朋友，也无可去的社交圈子。"* 发人深思的序曲如是奏响。我们于此听到的是一个常人的声音吗，一个开口便不忘哀叹自己命运的常人？抑或此处开口的是一位哲人，他开宗明义地阐明其研究立场，而这种研究有别于他迄今——即便形单影只，却仍——为社会所做的一切？作者一贯的意图是启发读者进行自我思考吗？抑或他在直截了当地向读者乞怜？换言之，此书彻头彻尾地浸染着孤独，它到底为谁而作，又有何目的？

---

* [译注] 卢梭，《漫步遐想录》，徐继曾译，北京：中央编译出版社，2011，页3。如无特殊说明，本书中的相关译文均引自这个版本，但卢梭著作的标题则由译者根据迈尔论著之意译为"一个孤独漫步者的遐想"或略作"遐想"。

《遐想》与卢梭其余著作的共通之处在于：要理解它们，我们首先需深谙其修辞术（Rhetorik）。与其他著作相比，该书的独到之处则在于：它始终是卢梭最不为人所知、所解的作品。《论人类不平等的起源和基础》（［译注］以下简称《论人类不平等的起源》）出版近二十年后，卢梭在《忏悔录》（*Confessions*）［18］里写下了关于该书的著名论断，二百二十年后，他的遗著《一个孤独漫步者的遐想》出版问世，而他当年的论断亦可当之无愧地适用于该书："在整个欧洲大陆，能读懂［此书］者微乎其微，而其中愿品评此书者，更是空无一人。"① 在《忏悔录》中亦颇为著名的一处，卢梭声称，《论人类不平等的起源》的行文"以最大胆——如若不说是放肆——的方式彰显了"他的种种原则。② 然而，回顾卢梭的临终之作，我们必须对这一论断做出补充：以胆识而论，能出《论人类不平等的起源》之右者，唯有《遐想》而已。缘由在于，在遐想中，生命垂危的卢梭不仅向"为数甚微的读者"力证了种种哲学原理，就如他在《论人类不平等的起源》中所展示的那样，③ 此外，他还一改二十五年前的做法，使哲人本身成了探讨的核心对象，并以敏锐惊人——如若不说是令人惊悚——的清晰笔触描画出哲人的存在轮廓。然而，《论人类不平等的起源》中真正的胆识过人之处仍鲜为人知，《遐想》也并非乍一看便光彩夺目。在

---

① 《忏悔录》第 8 章（*Le Confessions* VIII），见 Jean-Jacques Rousseau, *Euvre complètes*, Edition publiée sous la direction de Bernard Gagnebin et Marl Raymond, Paris, 1959 – 1995, 5 Bände, Bibliothèque de la Pléiade（= *OCP*），*OCP* I, 页 389。

② 《忏悔录》章 9，页 407。

③ 1755 年 3 月 30 日的《致让·雅拉贝尔书》（"Lettre à Jean Jallabert" vom 30. 3. 1755），见 *Correspondance complète de Jean Jacques Rousseau*。Edition critique, établie et annotée par R. A. Leigh。Genf – Banbury – Oxford, 1965 – 1998, 52 Bände（= *CC*），*CC* III, 页 115。

这两种情况下，作品的哲学胆识与对它的普遍理解间存在着一种反比关系，这源于卢梭所使用的特殊写作技巧，以及决定了他必须运用该技巧的意图。

卢梭最光彩夺目的书同时却最难以理解。书中充满了各种寄言，它们在书中扮演着举足轻重的角色，等待着参差不齐的读者见仁见智的解读；其间审慎运用的修辞术使其防范潜能频频成为书的中流砥柱。这些特性都不足为奇，相反，它们出现在卢梭这样的作家的书中，这理应在我们的预料之中，因为卢梭自有公众影响力伊始，便孜孜不倦地告诫人们，要谨防科学艺术对市民道德［19］和秩序井然的集体的败坏作用。他是启蒙世纪里驳斥下述观点的独行者：使哲学变得通俗流行是理所应当和可能的，或至少是值得的。他与其之前和之后的政治哲人所见略同：哲学就其本性而言对社会是危险的，真理也是危险的，哲人与非哲人间的区分不可撤销，因为人生来并不平等。若我们想要恰当地理解卢梭的修辞术，那么可以说，它需要我们注意的所有定语——它的防范功能（prohibitive Funktion），它追求哲理的教育学渴望，寄言对象的区分，作者的意图及哲人的自我理解——都已象征性地汇集呈现在卢梭1750年为《论科学和文艺》(*Discours sur les sciences et les arts*) 首版选定的卷首插画中。这部充满悖论的获奖之作让卢梭在全欧洲一举成名。在它的卷首铜版画左上角，普罗米修斯右手拿着火把，正从云端飘然走下。版画中央，一个稳立于基石上的人形清晰可辨，他面朝普罗米修斯，这是一个作欢迎姿态的赤裸少年，普罗米修斯正关切地将左手搭在少年肩上。版画另一端比以上两人的站立处稍低的位置，一个萨图尔臂膀高举，正急匆匆地向两人走去。插图解说语作：Satyre, tu ne le connois pas. Voy. Note pag. 31 ［参见页31注释：萨图尔，你不懂得它］（［译按］参第一卷卷首插图）。它由此提醒读者注意一个脚注，这是卢梭为《论科学和文艺》第二部分第一句话作的注解，这句话是："有一个古老的传说从埃及传到希腊，说世上的种种科学都是由一个与人类的安谧为敌的神创造的。"* 卢梭为其所加的注解则是：

> 人们很容易看出普罗米修斯这则寓言故事的含意。把普罗米修斯锁在高加索山上的希腊人，对普罗米修斯的看法似乎并不比他们对他们的忒伍特（Theuth）神的看法更好。一个古老的寓言道："萨图尔第一次看到火时便想要拥抱和亲吻它，但普罗米修斯对他大喊道：'萨图尔，你要为你下巴上的胡须哭泣的，因为谁一碰到它，它就要烧谁。'"这便是这幅卷首铜版画所要描刻的内容。④

[20] 卢梭在第二部分开端提醒人们注意那个"古老的传说"，其用意何在？乍一看，这个"古老的传说"只是被唤来作指控科学和哲学的证人，就仿佛那个说明性注解只是为了昭明希腊人相对于普罗米修斯的权威地位一般。然而，一个与人类的安谧为敌的神，却未必就是人类之敌。如果进一步考察证明此神为人类之友，那会如

---

* ［译按］译文引自卢梭，《论科学与艺术的复兴是否有助于使风俗日趋纯朴》（以下简称《论科学与艺术》），李平沤译，北京：商务印书馆，2011，页25。如无特殊说明，本书中涉及的该作译文页码标注都源自该译本。

④ 《论科学和文艺》（*Discours sur les sciences et les arts*），见 OCP III，页17 和页17 注释。OCP 的出版商何以认为，这幅曾在卢梭文中被详细解说的卷首铜版画对该书的影印本来说无足轻重，我们不得而知。他们在出版《论人类不平等》时仍重蹈覆辙，足以说明他们并未修正其不严谨的态度。在此，读者可找到卢梭的附注原文，即 Voyez le frontispice ［参看卷首］（OCP III，页221），它关涉最后一段话中话（*discours dans le Discours*），并使该段话在作品的整体修辞中占据举足轻重的地位。然而，读者却无法尾随卢梭的提示，也无法查看这幅卷首铜版画，因为出版商在编辑过程中并未将此画收录登出。

何？到那时，我们对希腊人的判断力该做何感想，又该如何看待那些将普罗米修斯锁在高加索山上的希腊人的想法？如果我们将注解的第一部分，与将普罗米修斯描画成向人类布施善行者的第二部分对照看待，情形又会如何？细心的读者有能力自行考虑并解答诸如此类的问题。此外，一些读者可能熟知卢梭在脚注里所指的"古老的寓言"，甚至可能去查看普鲁塔克的原文，并确认该"寓言"引自阿米约（Jacques Amyot）翻译的普鲁塔克的《伦语》。若依据出处将寓言补充完整，就会得出一个对卢梭文本的合理解读——在告诫人们要远离火焰后，普罗米修斯接着说："因为人们要是碰了它，便会被烧着，但是，它散发光和热，只要人们懂得如何正确使用它，它将成为服务一切技艺的工具。"⑤ 卷首插画中一个来历不甚明确的声音向那个无知者喊道，"萨图尔，你不知道、不认识，也不懂得它"——这个无知者不但不了解"火焰"的危险性，对火造福人类的诸多可能性也一无所知。

[21] 那个向我们迎面走来，形如萨图尔的人是谁？接受持火炬者赠予火把的少年象征着谁？超越上述两人，并以不同方式关注他们的那个神界人物，代表的又是谁？1752年，卢梭最后一次公开撰文，回应一个参与有关《论科学和文艺》的长期学术论争的艺术家。根据卢梭本人在该文末页对上述寓言的注解，普罗米修斯的火把象征着科学火炬，造物主赋予了它激励大天才的任务；奔向并想要拥抱火焰的萨图尔代表常人，他们受了文学和科学之光的引诱，急

---

⑤ "萨图尔想要亲吻和拥抱他第一次看到的火焰，但普罗米修斯向他喊道：羊人，你会疼得把下巴胡子都哭掉的，因为人们要是碰了它，便会被烧着；但是，它散发光和热，只要人们懂得如何正确使用它，它将成为服务于一切技艺的工具。"普鲁塔克，《伦语》（*Les œuvre morales de Plutarque*, translatées de Grec en François, revues et corrigées en plusieurs passages par le Translateur [Amyot], Genf, Iacob Stoer, 1621）I, 页342 [*Moralia* 86 E – F]。

不可耐地投身于科学研究；而那位告诫常人远离危险的神——确切来说，应该是那位替大天才们手持火把的神——不是别人，正是卢梭自己。⑥ 毫无疑问，卢梭对这幅卷首插画的阐释无疑表明，他并未接纳"希腊人"和"埃及人"对神的论断，他也绝非以"常人"的口吻谈及科学和哲学，尽管他在《论人类不平等》结尾处正式将自己划归"常人"之列⑦——此前不久，他刚宣布了哲学是少数人的特权，这些人能感受到他们内心的力量，不依靠任何外力而独自追随"大天才们"的脚步，并相信自己能与诸如培根、笛卡尔或牛顿等人物并驾齐驱，甚至能青出于蓝而胜于蓝。在卢梭对那幅卷首插画的阐释中，[22] 卢梭未给出姓名的那个身处版画中央的少年代表的是将来"为数甚少"的潜在哲人，亦即《论人类不平等》的读者，[卢梭]不必向他们提供该寓言的权威解读，因为他们自己会思考，会阐释，因为他们仅凭自身便"知道该如何理解"。⑧

---

⑥ "我本可给予读者不公平的待遇，把他们当成孩童，向他们解释如此清晰的寓意；告诉他们普罗米修斯的火把就是照亮大天才们的科学之火；第一次见到并且想要拥抱火焰的萨图尔就是凡人的象征，他们被文学艺术的火花所引诱，冒冒失失地投入研究；高喊着发出危险警告的普罗米修斯就是我这位日内瓦公民。这一寓意公正恰当，我相信这是非常崇高的。"（《致勒卡的信》[*Lettre à Lecat*]，见 *OCP* III，页 102）

⑦ "至于我们这些普通人，上天并未赐予我们巨大的才能，也未让我们获得多大的光荣，我们将安于我们默默无闻的境地。我们不会去追求我们无法获得的荣誉，我们根本就不把它看在眼里，尽管我们有能力获得它。既然从我们自身能获得幸福，我们为什么要去求他人给予幸福呢？让别人去教育人民履行他们的天职，我们只努力尽我们自己的天职；我们没有必要在这方面知道更多的东西。"（《论科学和文艺》，页 30）

⑧ 参《论科学和文艺》，页 29。"我一直不断发展自己的观点并非为了那数量寥寥的读者。我所爱惜的也不是自己而是真理，我是要让它的传播更加确定，也让它更有用处。我常常为了推敲偶然出现的一个词、一句话、一行字而煞费心思，这是长时间思考的结果。我的读者常常可以发现我的言论关联性不强，缺乏条理，这是因为他们只见树木不见森林。但对于懂得聆听

《论科学和文艺》的卷首插画对理解卢梭的修辞术至关重要，而这一关键作用又因一种谱系关联（genealogische Verbindung）而更加突出，这一关联源自《论人类不平等》中相关处的科学众神与文字之间、普罗米修斯与忒伍特神之间，亦表现为由此而在卢梭与柏拉图之间产生的谱系关联。[卢梭]提到的忒伍特神使"细心的读者"去关注柏拉图的对话《斐德若》，它以绝无仅有的方式探讨了哲学必须及可以使用的修辞术。苏格拉底在言谈中批评了哲学写作，在此背景下，他引入了关于忒伍特神的传说，这位神发明了几何学、天文学及其他科学，尤其是，他还发明了文字。⑨ 柏拉图看明自己能用文字写下对书面言论（Reden）的异议，并在《斐德若》中借苏格拉底之口表达这些异议，诸如：这些书面言论随处可见；它们面向所有人，既包括那些懂得如何理解它们的人，也包括不适于阅读它们的那些人；它们无法辨别该或不该向那些人言说；它们无法自保和据理力争，而是一直依存于其作者。正如柏拉图有能力提出诸如此类的异议，同时又利用表达这些异议的对话来[23]思考它们，从而满足苏格拉底向以文字为媒介的哲学言论提出的种种要求，⑩ 同样，在《第一论》（Premier Discours [译注]指《论科学和文艺》）及此后的著书中，卢梭也看到自己有能力去公正地评判《第一论》中对科学和哲学提出的种种微词，并依据苏格拉底的标准，用审慎的书写艺术公正地评判这些自知该面向何人的哲学言论。⑪

的他们，这些已经足够了，我也从来不想对其他人诉说什么。"（《给博德斯的第二封信之序言》[Préface d'une seconde lettre à Bordes]，见 OCP III，页106）

⑨ 柏拉图，《斐德若》（Phaidros），274c5–275b3。

⑩ 参见《斐德若》，276e4–277a4。

⑪ 德里达（Jacques Derrida）的《文字学》（De la grammatologie, Paris, 1967）论及卢梭有关语言（Sprache）、言论（Rede）及文字（Schrift）的观点，但对卢梭的言论面向何人这一问题却避而不谈，也丝毫未论及卢梭本人

在《论人类不平等》中，卢梭凭借才艺将哲学胆识悉心嵌入多层次的修辞术中。修辞因素对该书面貌所起的决定性作用，胜过对他的其他任何一部著作所起的作用。在此，值得一提的不仅有该论述中对"评判者"与"听众"的区分，还有各种"话中话"，亦即卢梭在论述过程中插入的各种言论，它们使他的言论成了一场技艺高超的复调，并由此能获得不同层次的反响。在卢梭的其他任何一部书中，哲学分析和论争性表达这两个层面的相互啮合与转换，都不曾扮演过类似于其在这部书中的角色。《论人类不平等》是一幅重要的政治哲学地形图，为其他任何书所不及。该书写于法国萨瓦省的尚贝里（Chambéry），在阿姆斯特丹出版面世，[24] 它是正式献给日内瓦共和国的，却又在"雅典吕克昂学园"以面向哲人的报告形式出现，并由此而闻名于"人世"。没有任何一本书拥有像它这样错综复杂的外在形式和多重结构，其间，构成该论述的所有部分都紧密织入了整部著作的修辞术中，并在其中各司其职：从被卢梭选定为开端的卷首插画，到标题、扉页警句、献辞、前言、注脚提示、被直接置于"正式"的论述之前的第戎科学院的提问，再到序、第一和第二部分，直到那19个编号极为奇特的注释，它们所占篇幅不下全文的三分之一。在书中，卢梭以他生前最为大胆的方式阐明了其哲学的种种原理，同时，该书也是他最为雄辩的著作。⑫

对其文字的读者所做的区分。这不但曲解了卢梭对传播文字的埃及忒伍特神的态度——"卢梭在《论科学和文艺》中［对此神］进行了指责"（页441；参见页413）——且更重要的是，这导致了对"漫步"之五的哲学意义的极端误判（页353–355）。在德里达的描述中，［卢梭作为］哲人隐没于道德主义者或教条主义者背后，并常常销声匿迹（参见页248、326、355、367、401、416），这与人们长期以来对卢梭修辞术的无知不谋而合（参见页270、273、357、359）。

⑫ 在《关于这部作品的修辞和意图的引论》（"Einführender Essay über die Rhetorik und die Intention des Werkes"）以及我编撰的考订版《论人类不平等》（*Discours sur l'inégalité*, Paderborn, 1984）的笺注中，我分别详细分析了卢梭的写作艺术以及《论科学和文艺》的修辞。

但若以胆识而论,《遐想》甚至超过了《论人类不平等》,那么我们对它又该作何期待?卢梭给了其最后一本书以怎样的庇护和支持?他这部最为雄辩的出版物及其中的修辞术还能被超越吗?《遐想》一书看似并没有错综复杂的外在形式,至少不存在什么多重结构。没有卷首插画和扉页警句,没有献辞,也没有前言和注释,全部内容只是十次"漫步"和一个言简意赅的标题。它也不需要呈现任何重要的政治哲学地形图。《遐想》中出现的地点,只是因为卢梭曾到访过并将其与自己的生活联系起来,才逐渐变得有意义。在《论人类不平等》的修辞中,"评判者"与"听众"间的区分分量极重,而它在《遐想》中却未得任何施展本领的机会,因为——如果我们相信他所说的话——除了他本人以外,卢梭未向任何人诉说和求助,[25]《遐想》也并非为任何他人所作。卢梭的《遐想》超越了《论人类不平等》里的修辞,但这并非因为该书更复杂——他并未追加文体手法、修辞格及新的论证层面,来细化其整体协调或增强其整体张力,而是采取截然相反的方法,选取了一条简化和缩减的捷径。他选取了一种绝对真诚坦率的修辞术,它的登场丝毫不依赖于寄言对象,而且它选取了一种直接的透明性(unmittelbaren Trasparenz),且看似漫无目的地反对了其他[透明性]。卢梭在《遐想》中使用修辞术的基本原则是:作者和读者是一体的。这是以下所述修辞术的基本准则:它假托自己不需要修辞术,假托它可以放弃和超越一切修辞术。

若要证明这种舍弃一切修辞的修辞术的历史有效性,那么,两百多年以来对《遐想》的接受史便是一个明证。如若卢梭并未及时发现并懂得如何坚定地去利用这种有效性,他就不可能成为政治哲人,因为就一个极具风险的大胆行为而言,只有非同寻常的修辞术方能救急。卢梭之前发表的所有作品,已证明他是一位善于间接传递信息、拐弯抹角提出证明以及神秘莫测地进行强调的大师。他在《遐想》中也曾多次暗示,他的最后一部作品是他心怀高远抱负之作,这些抱负源自他最初的哲学洞见,即在公开探讨哲学话题时,哲学与政治间的张力是无法撤销的。这些抱负更是[卢梭]对哲学生活的探讨本身提出的高要求。文中多处暗示细心的读者,他正走在一条正确的理解大道上,其中好几处都显然是在回指他的文学生涯处女作。如我们所见,在这本著作里,他为接下来的一切奠定了修辞术基调,并简明扼要地表达了作为作家的他对自身的理解以及他与不同读者间的关系。其中,普鲁塔克的一篇小论文扮演着特殊的角色,在《遐想》中,卢梭给了该作家以最高的褒扬,并使其为己所用。[13] 在"漫步"之四伊始,卢梭提到这篇小论文。这篇"漫步"无疑是书中最长的一篇,从结构和行文上来说也最贴近通常意义上的哲学论文,它探讨的话题是谎言。其中,真理问题占了很大篇幅,作者感到有义务与他的读者探讨这个问题。这篇"漫步"与普鲁塔克的文章《如何受益于敌人》(Wie mann aus seinen Feinden Nutzen ziehen kann)间的关联显得纯属偶然:卢梭多少有些偶然地读到了一封出乎意料的来信,这促使他更仔细地去检查谎言在他生活中的分量,以及他是否有权选择 Vitam impendere vero [终生献于真理] 作为其公众行为的座右铭。[14] 但事实上这篇普鲁塔克文与"漫步"之四的主题有一个更为紧密的关联。因为卢梭宣称,自己"前天"读到的那篇小论文,正是他 25 年前为《论科学和文艺》卷首插画所选主题的出处。他既没有在当时的《论科学和文艺》中提及他逐字引用的"古老的寓言"的出处,也没有在现在重复神给萨图尔的警告。尾随卢梭提

---

[13] "在我现在偶尔还读一读的少数书籍中,普鲁塔克的那部作品最能吸引我,这是使我得益最大的一部。它是我童年时代最早的一部读物,也将是我老年最后的一部读物;他几乎是唯一一位我每读必有所得的作家。"(《遐想》IV,段 1,见 OCP I,页 1024)另参见 III,段 1、25,页 1011、1023;IV,段 42,页 1039;IX,段 21,页 1095。

[14] "为了充分利用普鲁塔克的教导,我决定把第二天的'漫步'用来就说谎这个问题对自己进行一番考察。"(《遐想》IV,段 1,页 1024)

示的读者可以在普鲁塔克/阿米约的《如何受益于敌人》的第二段找到这个寓言。毫无疑问,《遐想》中的孤独漫步者与《论科学和文艺》里的普罗米修斯一样,都十分清楚自己随身带着什么,有志于传递什么。

这种舍弃一切修辞的修辞术是《遐想》的修辞准备工作中最引人注目的特点。然而,只有与其他两种技巧相结合,它才能发挥防范效用。在呈现自己的生活时,卢梭摇摆于对常人存在(Jedermanns-Existenz)的描述——描述常人的经验[27]和情感、喜悦和忧愁能诱使读者同喜共忧,使他们感同身受,产生共鸣——与对一种例外-此在(Ausnahme-Dasein)的坚持之间,这种此在的例外无人能及,其古怪程度亦超乎寻常。常人存在能使读者与作者产生认同感,即从根本上来说,这个作者与读者毫无区别;而例外-此在则创造出一道看似无法逾越的鸿沟,并暗指某个特点,它虽被多番强调,普通读者对其真实面孔却全然不知。如果说常人的一端(Jedermanns-Pol)与第一种技巧,即与全透明的修辞术或说舍弃修辞的修辞术相结合的话,那么例外的一端(Ausnahme-Pol)便与第三种技巧紧紧地结合在一起。卢梭既未直接呈现,也没有完整地描画那些承载其生活、表明其古怪特性的活动。他只让它们在陌生化和碎片化的媒介中依稀可辨,像光谱一样被折射,分解为各个部分,至于把这些部分变成一个运动变化的整体的任务,则留给了读者。通过水的反射,通过需要进一步界定的"无限"概念、需要仔细观察的微小事物以及需要深入阐释的表面现象的倒影,《遐想》擦出了哲学火花。

我将循着卢梭[这部作品的]内在结构中的一条红线勾勒出他这种阐释的开端,并前瞻性地阐明我的思考。我从开端谈起,更确切地说是从我开始所引的该书开场白之前谈起——我从标题谈起。它整合了卢梭到那时为止用来作为书名的所有三种类型的标题:第一类是以对象、一个文学人物或者事物为题,如《朱莉或新爱洛伊丝》(*Julie ou La Nouvelle Héloïse*)、《社会契约论》(*Du contrat social*)、《爱弥儿或论教育》(Émile ou l'éducation);第二类是以体裁为题,如论述(Discours)、随笔(Essai)、书信(Lettre)、辞书(Dictionaire);第三类是以某种活动为题,如论述(Discours)、忏悔(Les Confessions)、对话(Dialogues)。遐想指称的是私人活动,与忏悔、论述或对话不同的是,它并非一开始便面向一个交流对象、一个听者、一个接受者,而是本身自成一体。尽管如此,这些遐想还是被写成了文字,所以读者可以理解它们,而且一经出版,[28]基本上所有能阅读的人都可以理解它们。作为著述,这些遐想可以自成一类体裁,或说应被当成一种独特的体裁来看待,就如蒙田的随笔创立了一种新体裁那样——卢梭曾在"漫步"之一中明确将其提出作为对比。⑮ 最后,"一个孤独漫步者的遐想"这个标题将遐想(rêveries)活动与孤独漫步者这个主体联系在一起,道出了该书探讨的对象。该标题阐明的活动启发读者去比较其他以作者活动为题的杰作,比如笛卡尔的《沉思录》(Meditationes)或帕斯卡的《思想录》(Pensées)。以这些开放而模糊的遐想命名的标题,吸纳并藏匿了沉思和思想这两个概念,它们出现在该书的要处。主体视自身为确认自我和理解世界的哲学活动过程里不可追问的终极单位,而对这种主体的回溯则是《遐想》一书中基本活动的一部分。对许多人而言,这种回溯活动与笛卡尔这个名字紧密相连,同样,帕斯卡的《思想录》中对宗教的探讨也是该书的组成部分。与笛卡尔的《沉思录》或帕斯卡的《思想录》相左的是,卢梭的标题并未给出这些遐想针对的事物和主题;与蒙田的《随笔集》(Essais)不同的是,卢梭使用了定冠词并称其为这些遐想。而表明身份认同的一个孤独漫步者的,则进一步指称了这一活动。我们将要读到的是这个,而不是任意一个孤独漫步者的遐想。标题中包含了这种因不太明确、模糊而需要阐释的活动与这个极为特别的、孤单且独处的主体之间的张力,它是贯穿该书修

---

⑮ 《遐想》I,段14,页1001。

辞术的一条红线。卢梭通过大写的一个孤独漫步者，而将在标题里小写的遐想变成了特定的遐想。只有将它们理解为从他出发并回指向他的遐想，才能进一步理解该词所唤起的大致、模糊和不假思索的感觉。反之，如果读者不懂得如何理解使一个孤独漫步者的身份得以表达和成型的活动，[29] 那么他便无法理解这一身份。《一个孤独漫步者的遐想》这个标题在卢梭的著述中独一无二，它既包含了一个活动的结果或再现，又指示了作者本人的一个基本活动，这一活动并不等同于其所产生的结果，而是真实地存在于该书的表述之中及之外。其中的定冠词则暗示我们，如果要把握这个孤独漫步者的标志性活动，就必须把我们眼前的这些遐想，这些被卢梭有序笔录下来的"漫步"，当成一个整体来看待，理解它们的进程和相互关联。⑯ 这一活动超出了纯粹的个体范围而成了一种类型。它在个体身上的实施昭示出一种特殊的普遍性。因为，标题并未向我们承诺这是让-雅克·卢梭的遐想，而是说，这是一个孤独漫步者的遐想。⑰

---

⑯ 卢梭在十篇"漫步"中并未使用孤独漫步者这个概念，而是将其保留在了标题这个整体中。

⑰ 各种文献无一例外地将卢梭的誊清版手稿中清晰可辨的标题写错了。卢梭有悖常规的大小写始终无人关注，这首先归咎于该书的出版者们，自其遗著管理者穆尔东（Paul Moultou）和迪佩鲁（Du Peyrou）以降，他们从未将标题写成其本来的样子。大部分标题将其中的五个单词全部大写了，导致卢梭所作的区分无从看出，如：穆尔东与亚历山大（Pierre-Alexandre）出版的《卢梭作品全集》（*Collection complète des oeuvres de J. J. Rousseau*, Genf, 1782, Bd. X in-4, Bd. XX in-8）; John S. Spink,《根据自传手稿出版的考订本》（*Edition critique publiée d'après les manuscrits autographes*, Paris, Didier [Société des Textes français modernes], 1948）; Marcel Raymond,《考订版》（*Edition critique*, Genf, Droz [Textes littéraires français], 1948）以及《作品全集》（*Œuvres complètes*. Bd. I. Paris, Gallimard, Bibliothèaue de la Pléiade, 1959）; Marie-Madeleine Castex, Paris, Imprimerie nationale（Lettres françaises），1978; Marc Eigeldinger und Frédéric-S. Eigeldinger,《原始手稿摹真本》

[30] 根据目前为止的阐述，卢梭选择遐想这个概念的原因不言而喻：既是为了暗示哲学生活的核心活动，也是为了转移读者对该活动的注意力。遐想这个措辞使哲学生活的实际组成部分悬而不决。我们可将这一答案拆分为二：（1）卢梭致力于唤起一种无辜的印象，力图描绘一幅"无辜的"生活图景；⑱（2）卢梭把凭借谜语般的标题所暗示的活动去探明该活动本身的任务，留给了有能力完成它的读者。早在《对话录》*（*Dialogues*）中，卢梭就竭力唤起一种无辜感。一位不喜写作的作家能造成何种危害？——尽管该书曾提醒我们，他

（*Fac-similé du manuscrit original*, Genf, Slatkine, 1978）。或者该书标题被写为 *Les Rêveries du Promeneur solitaire*, Edition S. De Sacy, Paris, Gallimard（Folio），1972；在斯皮克（1948），雷蒙（1959）、卡斯泰（Marie-Madeleine Castex）（1978）等的引言和注解中亦是如此。或标题被写为 *Les Rêveries du promeneur solitaire*，见 Edition Henri Roddier, Paris, Garnier（Classiques），1960。或 Michel Launay,《卢梭作品全集》（*Rousseau Œuvres complètes*, Bd. I. Paris, Seuil [l'Integral], 1967），其标题写作 *Les rêveries du promeneur solitaire*; Bernard Gagnebin, Paris, Le livre de poche, 1972；Érik Leborque, Paris, Flammarion, 1997；或者在 Edition Michèle Crogiez, Paris, Le livre de poche, 2001 中，标题从一开始便被简化为 *Rêveries du promeneur solitaire*。然而，自 1948 年以来，感兴趣的读者便可以了解该书标题的本来面目了，因为斯皮克在引言中曾一度正确地改写了它（页 XLVII），并将其摹印于卢梭的手稿中，不过他仍未关注卢梭书写方式的特点，也未考虑它对该版次的意义。这样的状况同样出现在两位埃热尔丹热（Marc Eigeldinger 和 Frédéric Eigeldinger）1978 年编辑的摹真本中。该书最近的一个德语版也收录了卢梭标题的摹本。但在转译其五个词语时却出现了三个错误，参见《一个孤独漫步者的遐想》（*Träumereien eines einsamen Spaziergängers*, Stuttgart, Philipp Reclam jun., 2003）。

⑱　II，段6，页1004；VII，段1、30，页1061、1073。参见 I，段15，页1001；II，段25，页1010；III，段19、22，页1019、1022；VI，段12，页1056。

* ［译注］《卢梭评判让－雅克：对话录》以下略为《对话录》或《卢梭评判让－雅克》。

在短短几年间写下了几千页文字。抑或,一位强迫自己思考的思想家又能有何危害?——尽管我们也同样了解到,他通晓深思之道,并只像任何其他人那样进行了深思。⑲ 一个无辜而被迫害的人,一个试图在想象世界中摆脱生活不幸的人,有何可怖之处?一个长期以来几乎只以音乐和植物学为业的空想家,又有何可畏之处?即便他克服了自己的惰性而去钻研一个实际问题,将注意力集中于一个理论问题,就如他以前所做、现在也偶尔还做的那样,在某人的恳求下［31］有意于起草润色一篇诸如《关于波兰政体的思考》(*Considérations sur le Gouvernement de Pologne*)这样的文章,他唯一的指导思想却是"人类未来的幸福以及为此做贡献的荣誉的想法"——这样一个人会有何危害呢?⑳《遐想》的标题便已采纳了这种修辞战略。这些遐想继续生动地描绘了《对话录》中将思考视为艰辛与累赘的思考者画像,并且,为了使前面所述的整体印象达到顶峰——这发生在"漫步"之五中绝非偶然——还给该画像配上了诸如"美好的悠闲时光"之类的定语。

让我们来关注一下卢梭在文中对遐想一词的使用情况。该词首次出现于"漫步"之一第十三段的第一句话:"这些篇章实在只是我的遐想的一种没有定形的记录。"这个概念在此和在书名中具有同等的开放性。活动及其结果的叠加也依然可见,而在"漫步"之一中第二次和最后一次出现该概念时,它所指的只是活动结果。但在紧接下来的那句话中,卢梭便已做出了限定:他称自己为"这些书页"中所包含的遐想的主体和作者,称自己为"一个陷入沉思的孤独者"。沉思(Réflechit)取代了遐想(rêver)的位置,并进而阐明、确切地

---

⑲ 《卢梭评判让-雅克:对话录》(*Rousseau juge de Jean-Jacques. Dialogues*)卷二,见 OCP I,页 829、791;参见页 816、820、839、864-865、874 以及卷三,页 936。

⑳ 《卢梭评判让-雅克》卷二,页 829,参见页 836。

表达并确定了这些遐想。卢梭以此为范例,一再使用了这种替代或悄然过渡到一个轮廓更为清晰的概念的手段,来进行阐释、精确化表达和定义。其余以遐想指称一个活动的用法,只出现在"漫步"之二、之五与之七中。其中,对我们的问题——卢梭为何在标题中强调此概念——最具启发意义的用法出现在"漫步"之二的首段。这一段与接下来的三个段落一起,构成了唯一可谓狭义上的漫步的引言,同时也构成了《遐想》的一个既简练又重要的二度引言。卢梭宣称,为了完成其计划,他将描述自己的心灵在"任何凡人所不能经历的最奇特的处境中"的"常态",并将其"忠实地记录下来"——它的形式是我们眼前看到的这本书,"我让头脑无拘无束、让我的思想纵横驰骋,[32]把我独自进行的漫步及漫步时涌上心头的遐想忠实地一一记载下来"。一旦大脑有了闲暇,使他能随己所好,遐想所指称的活动便会自动出现在他的脑中。只要他能不受任何打扰和限制地循着自己的思绪,遐想所指称的活动便会占据他的身心并填充他孤独漫步的时光——只要他不屈服于任何法则,不必对任何人言听计从,不受任何义务与命令的约束,只要他既不用询问他人的裁决,也不用尝试获得这些人的尊重,抑或苦心经营自己在公众及后世中的影响力。遐想的定义首先是否定意义上的:它是一种不受任何外界束缚、不带任何实际目的的活动。㉑ 该活动的肯定性定义出现在紧接着的那句话中,卢梭所使用的仍然是替代的方法:"在一天当中,只有在这孤独和沉思的时刻,我才充分体现我自己,自由自在地属于我自己,能毫不含糊地说自己正是大自然所希望造就的那种人。"在不受任何人和事物打扰和影响的孤独状态下,卢梭能够展开只听命于自己的活动,这时的他完全是他自己。当他深思时,他是自为和自在的。孤独与深思使他得以成为"大自然所希望造就的那种人"。当卢梭将孤独和冥想相互联系在一起时,自然便首次出现在该书之中。

㉑ 《卢梭评判让-雅克》II,页841、845、849、865)。

卢梭计划描述他的心灵在"任何凡人所不能经历的最奇特的处境中"的"常态",他打算像"漫步"之一所解释的那样,以每天研究空气流动状态的科学家为榜样,为自己的心灵装上气压计,以便科学地观察和记录它的"变化",㉒ 几句话后,这一举措汇聚［33］成了一个问题,即卢梭如何且何时、何地能成为"大自然所希望造就的那种人"。卢梭在引言中说的"忠实的记录",主要指卢梭所是及其一直所是的样子,不论他身陷何种逆境。他论及他遭遇的"独一无二的"阴谋、迫害和命运,最终都是为了表明,即使在不利的环境中,一个孤独漫步者亦能完全保持自在状态。

我们回头再来看遐想这个概念。如上所述,它指称一个活动的用法只出现在"漫步"之二、之五和之七中。通过替代和划界的方法,遐想被进一步定义为反思（réflexion）、冥想（méditation）、沉思（contemplation）,其特征是基本不受社会或外在目的束缚。对卢梭而言,遐想是这个孤独漫步者的哲学活动的指南和缩影。若按照"漫步"之二、之五和之七内部暗含的关联来阅读,它们共同佐证了哲学生活的自足和幸福,而事实上,除这几篇以外,遐想一词在书中只出现了四次（总共出现了24次）。我已考察了它在标题以及"漫步"之一中出现的两次。它第四次和最后一次出现在"漫步"之八的结尾。卢梭在那里强调了他在"漫步"之二开端提出的结论:无论有何遭

㉒ "这样奇特的处境自然值得研究和把它描写出来,我最后的余暇也将用于这项研究。为了把它做好,理应进行得有条不紊;然而我已无力从事此类劳作,同时我的目的在于把我心中的变化和这些变化的来龙去脉记载下来,这种做法甚至反而可能使我偏离我的目的。我将在自身进行一种在一定程度上和科学家为研究大气逐日变化所做的观察同样的观察。我将用气压计来测试我的心灵。这样的测试如果进行得好,持之以恒,就会提供跟科学观察同样精确的成果。然而我并不想把我的工作做到这样的水平。我将以把我观测结果记录下来为满足,并不打算从中找出什么规律。"（《遐想》I,段14,页1000 - 1001）

遇，他最终都能回归自身并再度成为"大自然所希望造就的那种人"。然后他明确地解释道，尽管有着如此命运，但他"最经常的常态"仍让他能享受"他认为他生来就该尝到的"幸福。之后他补充道："这种状态，我在另一篇遐想里已经描写过了。"卢梭暗示读者回头去看"漫步"之五，它是全书的核心和高潮部分。最后一次提到遐想这个词时，它成了"漫步"的同义词。㉓ 这与卢梭创作《遐想》时写在一张他散步时随身携带的纸牌背面的笔记［34］相吻合："为了让这本集子的题目能名副其实，我早该在六十年前就开始创作它了——因为我的整个人生不是别的，而正像一番漫长的遐想，它被我日常的漫步分成了不同篇章。"㉔《一个孤独漫步者的遐想》并未向我们展示可构成卢梭人生的章节。但组成"这本集子"的十篇遐想使我们有机会目睹一个孤独漫步者的路，他循着遐想活动的足迹曾经走过并重新踏上的那些路。它们是卢梭实现天性的路。这些遐想是隐秘地揭示哲学生活的一种方式，正是在这种生活中，卢梭找到了他的使命。而这十篇"漫步"就是向我们展示这种生活的篇章。

从各方面来说，卢梭为其著作中最为大胆的书所选择的标题十分贴合该书探讨的内容。标题并未劝告人们从事哲学，而是适于用来降低人们的期望值，使人们更易于接受接下来的内容或对其不抱过高期待。再则，在卢梭生前发表的哲学著作里，他使用遐想这个概念时一律是贬义或讽刺否定性的。㉕［35］总的来说，这个标题严

㉓ 《遐想》VIII，段23，页1084。

㉔ "为了很好地完成这部文集，我本该在60年前就开始，因为我整个生活都是被我每天散步所分割成章的漫长的梦。"（《遐想草稿》[Ebauches des Rêveries] I，见 OCP I，页1165）。

㉕ 在《论科学和文艺》中卢梭写道："留基伯和狄阿格拉斯的亵渎宗教的著作已经随着他们的死亡而消失。那时，人们还没有发明可使人的荒谬作品长存的方法。然而，由于有了活版印刷术和它的广泛应用，霍布斯和

一　非哲人中的哲人　25

丝合缝地嵌入了决定卢梭全部作品（Œuvre）并使其成为一个整体的政治哲学方案。同时，该标题也表明了该书自成一体。摆在我们面前的既非一个日内瓦公民的言论，也非一位人类之师的论文。简明扼要地说，《遐想》已经不属于卢梭的作品集之列。

显然，这样一来我们又回到了《遐想》的修辞术的基本准则上，即作者与读者乃浑然一体。如我们所见，在卢梭为其最像谜一样的著作做准备时，该准则意义非凡。在这样一本书中，诸如"我的《遐想》纯粹是写给自己看的"[26]之类的许诺，其"修辞性"不容置疑。该书作者一直都在关注潜在读者，他在探讨过程中一再使用第一人称复数将他们牵扯进来，[27] 偶尔甚至直截了当地求助于他们。[28] 尽管如此，许诺仍以醒目的方式提示了《遐想》的特殊地位。因为不但与

斯宾诺莎的那一套危险的胡言乱语便可以永留后世了。"（页 27 – 28）该词在《爱弥儿》中出现过两次。在序言中，卢梭预料到人们可能对他的书提出异议："人们将来会认为，他们所阅读的不是一篇教育论文，而是一个空想家对教育的遐想。"（OCP IV，页 242；对此进行强调的有《山中来信》[Lettres écrites de la montagne] III，段 75，见 OCP III，页 748 和《致博蒙书》[Lettre à Christophe de Beaumont]，见 OCP IV，页 1003）而在"抄录"的信仰自白中，它出现在我们有关上帝的"可笑的遐想"中（页 560）（[译注] 卢梭，《爱弥儿》，李平沤译，北京：商务印书馆，2012，页 409；如无特殊说明，本译著中《爱弥儿》译文均出自这个译本）。此外值得注意的还有《关于波兰政体的思考》一文在结论中使用了该词，从时间上来说，这次使用接近于《对话录》（卢梭于 1771 年 6 月将《关于波兰政体的思考》交予维尔霍斯基 [Michel Wielhorski] 伯爵）："我结束了这漫长的遐想，并向维尔霍斯基伯爵表示歉意，打扰了他这么久。无论我所想的与其他人多么不同，我都不以自己比他们聪明自居，也不奢望我的想象之中能有一丝对国家有用的东西。"（OCP III，页 1041）

[26]《遐想》I，段 14，页 1001。

[27] I，段 12，页 999；II，段 25，页 1010；III，段 13、18，页 1016、1019；IV，段 7，页 1026。

[28] II，段 13，页 1006；V，段 6，页 1042。参见 I，段 13、14，页 1000；IV，段 5，页 1026。

其他作家的作品相比，而且与卢梭自己的作品相比，这番话都显得与众不同。它明确地将《遐想》与蒙田的《随笔集》区分开来，与《遐想》完全相反，《随笔集》"完全是为别人"而写的。紧接着，这番话又主要被用来划定《遐想》与《忏悔录》及《对话录》之间的界限，因为后两者也是为他人，即"为后世"所作的。㉙ 尽管"漫步"之一里的界限划分乍一看让人极为迷惑——毕竟《遐想》也是为未来读者而写的，这种读者与作者意气相投，但却又不能等同——然而进一步观察后会发现它大有裨益。它使我们的注意力转移到以下问题上，即卢梭分别赋予《忏悔录》《对话录》和《遐想》以何种任务，它们各自有何特征［36］、区别及独特之处。而将三部作品归结到"自传性文本"这个大标题下的常规做法则恰恰相反，因为它恰恰弱化了特殊性，消除了差异，让我们觉得在此看到的是由三部分或三个阶段组成的某种自传。至于有观点认为这三部作品是对同一个计划的多次实践尝试，认为它们源于狂热与痴迷，且力证了［卢梭］试图进行自传性解读的大胆行为本身是失败的，㉚ 则忽略了问题的要害。

《忏悔录》有志于首次展现"一个人的真实面目"，这个人就是让－雅克·卢梭。而作者在手稿开始之前向读者发出的呼吁，便已毫无疑问地证明该书的任务远不止于对一种生活的描述。呼吁"以全人类的名义"强调了该著作对未来"关于人的研究"的意义，并认为它可为关于人的研究提供"第一份参考资料"。这篇前言宣告了一篇人类学论文的诞生，尽管它的风格出人意料。它将既"独特"，又

㉙ 《遐想》I，段15，页1001。

㉚ 在众多论述卢梭"自传性文本"的文献中，应当着重注意一本少有的有关《对话录》的书：James F. Jones, Jr.,《卢梭的〈对话录〉：解读杂谈》(*Rousseau's Dialogues: An Interpretive Essay*, Genf, 1991)，有关"自传的失败"参见该书页178–191。

"有用"。[31] 第一卷第一句话便开门见山地称，从标题便可看出该书要做的工作史无前例。卢梭以其自白回应了奥古斯丁的《忏悔录》（*Confessiones*）。他与这位神学家展开了一场竞赛，在《遐想》中，这位神学家将是他在提到启示上帝时也提及的唯一一人。[32] 这篇人类学论文将卢梭关于自然的好的学说与这位教父的原罪学说对列出来。事实上，这部包容万象的著作从很大程度上来说可谓对自然的好（bonté naturelle）准则的一种阐释及对其意义的说明，在[37]《论人类不平等的起源》中，卢梭便已针对耶稣在山上对门徒的教训——"你们愿意人怎样待你们，你们也要怎样待人"，作出如下回应："行善之时尽量减少对别人的伤害。"[33]

这一切都足以让《忏悔录》成为卢梭作品大厦的顶梁柱。此外还有一些东西，关乎他何以转向狭义上的自传。对卢梭的作品来说，这一转向的两个特殊功能具有举足轻重的作用：一个哲学性的和一个政治性的。一方面，《忏悔录》将自然的好的学说植根于传记之中，这有益于以内省的方式对抗该学说的历史来源，也就是说，卢梭大张旗鼓地揭示自己的人生，这表明他摒弃了[该学说的]历史哲学成因。至于为何要"回归自然"，其答案并不在哲人于某一有利的历史时刻的所思所言中，而是在他诉诸的自然能力（die natürlichen Vermögen）中，在他保有的特殊心境中。也就是说，哲人并非只要从历史出发或悄然关注历史便能开拓通往真理的道路。另一方面，展现

---

[31] 《忏悔录》，页3；参见X，页516。[译注]卢梭，《忏悔录》，范希衡等译，北京：人民文学出版社，2008，页2。如无特殊说明，本译著中涉及《忏悔录》的引文都出自该译本。

[32] 《遐想》II，段25，页1010。在发表于1763年的《致博蒙书》中，卢梭强调"雄辩家奥古斯丁"是原罪学说的真正始作俑者，并认为"这种原罪学说来源于一些极为可怕的困难"（页937-938）。

[33] 《论人类不平等》，页150。卢梭在那里首次使用自然的好这个概念（参见注释187、188）。关于此处参见《忏悔录》，II，页56；VII，页277。

让-雅克·卢梭的"真实面目"这一举措还服务于一个政治意图。向后世再现作品作者这一真理见证人也分属卢梭的计划之一。卢梭以基督教历史为例，表明他坚信真理见证人在证明和最终传播信念的过程中具有突出的意义。据他分析，决定一个信条历史效用的并非它所包含的真理，而是取决于该信条的代表人的性格和公正。因为信条是不是真理只能由"学识渊博的贤者"，即由极少数人来判定。与此相对的是，生活提供的"明证"，那些以生活方式来担保信条真理的人中典范，却能打动"正直和善良的人们，使他们在有正义的地方看到真理"；㉞ 谁若是想要让信念在 [38] 公众舆论中赢得长期信奉，他的信念就必须友善。

卢梭转而关注自传的做法包含政治意图，我们不能将其与他试以文字诉诸未来读者的意图混为一谈。自卢梭著书伊始，他便认真区分了其著作诉诸的读者，他也开门见山地表明，他意欲诉诸的最广泛的读者群主要生在未来，而并非当下。就如卢梭在他首篇论文的序中所写的那样，谁若想让自己的作品被"真正懂的人"读到，并想"超越所生活的时代"，㉟ 就必须与当下保持距离。他必须远离当下各种潮流，摆脱当下各种理所当然之见及偏见的束缚。简言之，谁若想诉

㉞ 《山中来信》（*Lettre écrites de la montagne*，1764）III，段 5、6，页 728。参见《对波兰国王的回复的批评》（*Observations sur la réponse qui a été faite a son Discours [Réponse au roi de Pologne]*，1751），段 5、6，页 45–46。[译注] 卢梭，《山中来信》，李平沤译，北京：商务印书馆，2012，页 67–68。如无特殊说明，本译著中涉及此作品的译文均来自此译本。

㉟ "我已料到人们很难原谅我的立场。由于我敢公然批评人们今天称赞的那些事物，因而我必然会遭到人们的普遍谴责，不过，我并不是因为获得了几位贤者的好评，便进而想赢得公众的赞许。我的主意已经拿定：我既不打算取悦那些才俊，也不想讨好各位名流。在任何时代都有一些屈从于他们的时代、国家和社会风向的人——那些名士今天的所作所为就是如此；那些哲人简直就像联盟时代的一群宗教狂热分子。既然想超越所生活的时代，就不能为这样的读者而写作。"（《论科学和文艺》，页 3）

诸未来的哲人，就必须做哲人无论如何必行之事。他必须深入批判他所处的家庭、阶层、祖国以及当下社会中的种种舆论，尤其是那些最有影响的观点和看法。如此一来，他就会表明他本身便是时代的继子。他要成为超越死亡而为"我们这些常人"创立标准的哲人，要做为诸多天性不同者指路的哲人，为此他还必须做出其他努力。他必须努力用有用的观点取代有害的看法，新创或强化有益于公众的信仰和信念。因而，卢梭启用个人的例子和自传性证据来服务其政治计划的做法合情合理。随着卢梭的学说体系反响日益增大，他树敌也日渐增多。[39] 他意识到他的学说日益为公众所重视，且可能发挥更大的影响，这使他的体系得以扩充和推广并有了高峰和低谷——正是从这个意义上来说，卢梭的政治计划日渐有了具体轮廓。

卢梭在一部著作中首次将终生献于真理选作自己的座右铭——他后来曾在"漫步"之四中对它进行了一番审查，这并非偶然。他在那部著作中解释道，它"不是向一小部分人谈，而是向公众谈；它不想引人去瞎猜测，而是开诚布公地陈述我的见解"。㊱ 出自1758年的这篇《致达朗贝尔的信》寄言对象虽为个体，却是卢梭明确诉诸多人、面向大众的首部著作。这是他在完成了"漫步"之三中所说的引人注目的"改革"后的首部作品，就如他在《致达朗贝尔的信》开头和结尾所说，他写该书的时候便希望这是他向公众讲的最后的

㊱ "首先，我的文章所谈论的，不是什么空洞的哲学理论，而是一件有关一个民族兴衰的大事。它不是向一小部分人谈，而是向公众谈；它不想引人去瞎猜测，而是开诚布公地陈述我的见解，因此需要改变文章的写法。为了让大家能更好地明白我的意思，我的话就需要讲得多一点，而事情却需要讲得少一点。我本想把文章写得既简单又明了，但我发现，这篇文章反而写得啰啰嗦嗦，十分拖沓。"（《致达朗贝尔的信》[Lettre à d'Alembert] 序言，段7，见 OCP V，页6）[译注] 卢梭《致达朗贝尔的信》，李平沤译，北京：商务印书馆，2011，页27。如无特殊说明，本译著中涉及该作品的引文均来自此译本。

话。㊲ 面对死亡，卢梭告白道，他将一生献给了真理。㊳ 为了更清晰地向后世描绘自己的肖像，卢梭写了一本书作为遗赠，并在书中驳斥了法国最知名的启蒙代言人及当时最著名的科学代言人的观点，以保护祖国免受政治威胁。"日内瓦的公民让－雅克·卢梭"反驳"法兰西学院、巴黎皇家科学院、普鲁士学院、伦敦皇家社会学院、瑞典皇家文学院和波兰学院的达朗贝尔先生"，并恳切告诫日内瓦公民切勿建立剧院。[40]这位曾在巴黎共度时光的多年相识[达朗贝尔]曾在1757年撰文赞成建立剧院，该文章见于《百科全书》（Encyclopédie）第七卷关于"日内瓦"的内容中。卢梭亦参与了这项由狄德罗和达朗贝尔主持的浩大工程，并曾为哲人的这一最重要的宣战武器撰写文章，但他却用282页的篇幅阐明了达朗贝尔提出在日内瓦建立剧院的建议何以是"人们能提供给我们"的"最危险的建议"。㊴ 这些是卢梭以"我们中一员"的身份说的。更确切地说，他以日内瓦选民的身份，表明了他对一项具体提议的立场。据他判断，这项提议对共和国的习俗、公众舆论，因而也对共和国的政治秩序有着重要影响。他向所有人指出，在从事政治活动时，他并非受自己利益的左右，既不是出于私人顾虑，也未被个人偏好所影响，而是凭着人隶属于人类和祖国的这种"直觉"去行事，并且会履行"人的第一天职"——他将这表述为两个概念：正义与真理。㊵

㊲ 序言的最后一句话是："读者诸君，尽管你们大度包容，读我这本书，但你们见到的是我的幽灵，因为，就我本人来说，我已经不在人间了。"《致达朗贝尔的信》的结语是："这是我完成作品的最后一个愿望，我以它作为我生命的终结。"（页7、125）

㊳《致达朗贝尔的信》，页120）

㊴《致达朗贝尔的信》，序言，段4，页5。

㊵ "人应尽的第一天职是维护正义和真理；爱人类和爱祖国，是人应具有的两种首要的感情。无论在何种情况下借口特殊原因改变这个次序，都会犯下大错。"（《致达朗贝尔的信》序言，段1，页3）

在《致达朗贝尔的信》中，卢梭首次郑重其事地以真理见证人身份登场。㊶ 他所担保的真理［41］是论及公民义务和权利的学说的真理。从更广义上来说，这一学说关乎秩序井然的集体、政治事务的尊严以及政治的存在能提供何种满足。卢梭成了这些真理的见证人，他做到了这一点，这并非通过亲身前往日内瓦领导公民去过他的学说所创立和勾勒的政治生活，而是通过其作家隐居生活为故乡和人类树立一个好公民的榜样。他心向全局和整体，并为一个关乎共和国命运的颇有争议的问题出谋划策。创作该书时，作者正处于深谙其使命的巅峰期。此著亦表明，他懂得如何以审慎的态度去综合考虑所述问题的历史现实、经济前提和道德因素，此种审慎对一项中肯的政治建议而言必不可少。该书显示，他能精准地分析形势，清晰把握能成为故

㊶ 终生献于真理这句座右铭出现在卢梭公开论及日内瓦的首部著作中，在他的论日内瓦的第二部即最后一部著作《山中来信》里，这句座右铭也以大写形式出现在扉页。卢梭在序言第二段中阐明道，就如此前的《致达朗贝尔的信》一样，他在此也是面向可以预见的广泛公众："我承认，对公众来说，这几封信中提到的事情并没那么重要。一个小共和国的宪法，一个小人物的命运，对某些不公正之事的申诉，对某些似是而非的论调的驳斥，所有这些，它们本身并未关系重大到非要许多读者都知道不可的地步。不过，我谈论的问题虽小，但我想达到的目的却很大，值得一切正直的人们去关心。如果日内瓦独断专行就让它独断专行，卢梭蒙受冤屈就让他蒙受冤屈，这样下去，我们的宗教，我们的自由和正义，岂不堪虑！问题的关键就在这里。不论你是谁，都不能对它们等闲视之，说它们与你无关。"（《山中来信》，页685-686）

而第三段则谈及真理问题，以及什么样的言论才适用于真理："可是这一次，不幸的是我要为自己辩护，所以我只能采取讲道理的办法。如果我情绪冲动、口不择言，那反而有损于我的为人。有些人认为，谈论真理的时候重要的是说话要冷静，要我讨某些人的好感。这一点，我实在难以苟同。当双方都唇枪舌剑的时候，怎么能让人使用冷冰冰的语言呢？阿基米德之所以欣喜若狂地光着身子在叙拉古大街上狂奔，难道不正是因为他喜欢真理而又发现了真理吗？凡是发现真理的人，就没有一个不对真理表示热爱，而有些人之所以对它态度冷漠，是因为他们还没有发现它。"（《山中来信》，页685-686）

乡之准绳的种种原则。此外,该书让世人知道了他是一名重要的戏剧评论人,对诸如拉辛、莫里哀或伏尔泰的戏剧烂熟于心、信手拈来,并可与巴黎或别处的批评家们进行任何一场有关这些戏剧家作品的精彩辩论。事实上,卢梭曾与达朗贝尔就古典与新时期的悲剧和喜剧展开过一场对话。单是《致达朗贝尔的信》中对《厌世者》(*Misanthrope*)的精辟解读,便足以说明卢梭是通晓戏剧的行家里手,并懂得欣赏戏剧。卢梭之所以反对在日内瓦建剧院,并非因为他藐视戏剧,而是因为他懂得如何进行政治判断,亦即他懂得如何将事物区别对待。对卢梭好的并不一定对日内瓦好。而这些信件的收信人,这位数学家[达朗贝尔]的普适论却恰好相反。[42]他将有益于自己的事说成是有益于所有人的事。在序言中,[43]卢梭两度援引爱国者的热情来驳斥启蒙者[达朗贝尔]欲在日内瓦和所有地方传播哲学的热情。㊷ 该序言的核心句是:"我是为了我的祖国才写

㊷ 达朗贝尔论及日内瓦的文章的攻势表现在其结构布局中。该文章包含四十三段,其中第二十三段最长,旨在建议在日内瓦修建一座剧院。在此前的核心处,文章就卢梭的故乡发表了一番极尽谄媚之能事的溢美之词("没有任何一座城市能有如此多美满婚姻;这种风俗在日内瓦已经有两百年了。"页22),盛赞日内瓦为"哲学与自由精神的居所"。他在第四段曾为这一盛赞埋下伏笔,并在第三十六段中强化了它。至于达朗贝尔提出建议时心系何物,读者可以从最后十三段中得知,这也是全文中内容最为广博的部分,集中探讨了"日内瓦的宗教问题"(页31)。达朗贝尔在该部分开端说,"或许这是这篇文章最吸引哲人的部分"(页31,我的强调),并且在结尾将自己视作"哲人"(页43),这是本文仅有的两次对"哲人"这一概念的使用。[在达朗贝尔看来,]剧院是用以强化"哲人"影响的恰当工具,将诸如伏尔泰等人的剧本搬上舞台,将有助于消除并历史性地超越最后区别。就如达朗贝尔所强调的那样,这种区别仍将"日内瓦的基督教"与"纯粹的自然神论"阻隔开来(页39)。塔西佗和伏尔泰是被达朗贝尔提及名姓并逐字引用的仅有的两位作家。塔西佗的引文来自《日耳曼尼亚志》(*Germania*),它结束了论及政府的部分(页14),而伏尔泰的言论则出现在论宗教的部分(页36)。伏尔泰说,只有他有权利提出一个事实来作为人类理性进步的明证

这篇文章的。"㊸

　　凭借《致达朗贝尔的信》，卢梭成了引人注目的日内瓦爱国者，而他导演的那出戏，那出源于共和国精神的政治行为教育剧则是一出面向世界的戏。卢梭这一见证人的例子应该有益于促进关于好市民的

（"伏尔泰说，这并非人类理性进步的不足为道的例子。"），该事实是：他的《世界史论》(*Essai sur l'histoire universelle*)虽然批判了加尔文（"加尔文的灵魂很残忍"）及"公众的认可"，却仍能在日内瓦出版。"日内瓦"于达朗贝尔，就好比昔日的"日耳曼尼亚"于塔西佗。但达朗贝尔所用的对比式批判和褒扬却不再着眼于一个区域性集体，而是意在服务于全人类的进步，促进普适性诉求的实现。塔西佗和伏尔泰这两个历史学家的根本区别在于基督教的历史性权力。它是达朗贝尔的政治抱负的前提和出发点。——卢梭巧妙地表现出他已理解达朗贝尔所使用的技巧和诀窍。他用《致达朗贝尔的信》的第一部分为日内瓦的教士进行政治辩护，并表明了对基督教的复杂哲学态度，而这只是为了在随后的第十一段中详细探讨达朗贝尔的建议："对于促使你提出修建一座与我们的风尚如此矛盾的建议的动机，我在这里不做任何猜测；你有你的理由。不过，我要坦然指出：你无疑是第一位公然撺掇一个自由国家的人民，撺掇一个小城市，一个穷国耗资修建一座剧院的哲人。" ＊卢梭在此加了一个注解，而如果读者不能像卢梭那样去解读达朗贝尔的文章，便无法理解这个注解："＊达朗贝尔先生最尊敬的那两位史学家，都同时是哲人。在这两位史学家中，那个当代人也许会赞同达朗贝尔先生的意见，而他最喜欢和最崇拜的塔西佗也同样赞同吗？"（《致达朗贝尔的信》，页14，首版，我的强调）这个例子可很好地证明，那些掌握了悉心写作艺术的哲人通常像他们阅读那样去写作。对此，达朗贝尔于1759年撰书《致日内瓦公民卢梭先生的信》(*Lettre à M. Rousseau, Cityron de Geneve*)作出了答复。尽管该著是论日内瓦文章长度的两倍有余，但达朗贝尔仍将其又分成了四十三段。而根据卢梭的品评，该著在对主要问题的探讨方面恰好本末倒置了。内容最广博的部分论述了剧院及其对启蒙、哲人和人类进步的意义（段5-36），因达朗贝尔认为"我们的读者"对日内瓦的宗教这一话题几乎不感兴趣，故而只用了一个段落用来讨论它。该段也是该回信中最后且最长的一段……

㊸《致达朗贝尔的信》，序言，段6，页6。达朗贝尔的"热情"一词出现在序言的第二段，卢梭的"热情"一词出现在十一个段落中的第五和第六段。

学说，他诉诸的是该学说在《致达朗贝尔的信》之前、之中和之后所面向的人类：在1750年的《论科学与文艺》中，在1755年的《论人类不平等的起源》和《政治经济学》(*Économie politique*) 中，在此后即1762年的《社会契约论》中，在1764年的《山中来信》中，在其创作于1765年但死后发表的《科西嘉岛宪政规划》(*Projet de Constitution pour la Corse*) 中，以及在最终于1771年创作的《关于波兰政体的思考》之中。日内瓦、科西嘉、波兰是卢梭凭借《致达朗贝尔的信》阐明的原则性构想的个案、具体表现和代表，他在作品中始终遵循这一方案，以便能丰富它且一再重新思考它。然而早在撰写《致达朗贝尔的信》时，他便已着手扩展自己的学说。[44] 在分别发表于1761年和1762年的《新爱洛伊丝》和《爱弥儿》中，卢梭强调了公民存在的政治性，有其隶属的共和国整体的普遍自我（moi commun）的公民能获得幸福。卢梭还将这与相爱之人获得如意生活方式的可能性做比，在最理想的状况下，相爱之人将会形成一个重要的统一体，并实现一种自足状态。并且他再次为"常人"描述了一种道德存在的可能性，试图在一个蜕化变质的社会中——祖国（patrie）和公民概念在这种社会已经丧失了意义——塑造他们内心的统一。㊹ 卢梭的这一学说为不同环境和历史条件下天性不同的人提供了不同的可能性，创作于1764年至1770年间的《忏悔录》对自传的关注，正是对该学说之可能性的一种扩展。在此，真理见证人除了要负责构建有关好集体的学说外，还要负责更多其他的东西。这位日内瓦公民在《致达朗贝尔论戏剧的信》(*Lettre à d'Alembert sur les spectacles*) 中给出了一个政治行为的范例，但这不足以支撑他十八世纪六十年代发展出来的结构复杂、内容广博的学说及其相关诉求，也不足以用来提高《萨瓦代理本堂神父的信仰自白》的影响力，卢梭将该《自白》收录于《爱弥儿》的第四卷中，并在"漫步"之三中强调它

㊹ 《爱弥儿》I，页249 – 250、266。

是一部面向后世之作,"一旦常理和诚心在人间重新出现,它是会在人们中间掀起一场革命的"。㊺ 关乎公民与关乎相爱之人的构想相去甚远,为了给二者以同等程度的强调和支持,为了树立权威并使人们信奉道德存在这一信条,卢梭不得不从更深处着手更全面地曝光自己。他在《忏悔录》中描画自己的肖像时也采取了同样的做法,并有意识地使自己从整体来看是一个"最优秀的人"。㊻ 但真理见证人的肖像直到《对话录》里才得以最终定格,这些对话将"沐浴在理性光辉中的自然人"——作者展现在读者眼前。㊼ 它们给卢梭的作品画上了句号——并真正为《遐想》埋下了伏笔。

《卢梭评判让-雅克:对话录》比卢梭其他任何一本书都更关注作品的影响。其中包含了对理想读者问题的最广泛的研究。在其他任何地方,卢梭都没有如此透彻地论述过到底何物能妨碍读者理解其作品,抑或何物使他们错过他的学说能带来的收获。《遐想》的修辞术认定作者和读者浑然一体,而它之前的《对话录》则将让-雅克·卢梭一分为二。读者卢梭起初只通过作品认识了作家让-雅克,他与"一位法国人"在谈话中讨论这位作家,而这位谈话对象长期以来也因公众对让-雅克的印象而拒绝阅读该作家的作品。最终,卢梭成功地赢得了"这位法国人",在《对话录》中,此人是有德之人和无哲学求知欲读者的化身,卢梭成功地使他善意地阅读了让-雅克,并使他对该作家做出了良好的评价。然而,卢梭的对手在任意时刻都未被提升到评判者的高度,他既没有评判让-雅克,也没有评判卢梭。就如简要的标题所表明的那般,让-雅克·卢梭是他自己的评判者。他没有认可任何评判自己的人,不论这个人是谁。若从阐释学角度来看《对话录》,将卢梭与法国人进行的三场对话看成一个整体,可以说,

---

㊺ 《遐想》III,段17,页1018。

㊻ 《忏悔录》X,页517。

㊼ 《卢梭评判让-雅克:对话录》II,页864。

只有卢梭，只有这个懂得如何理解让－雅克著作并能在其中重识自身的读者，只有他才有能力和权利评判让－雅克这位作者，只有他才知道这位作家的作品是为天性与他相近的人而写的。与此相对，那位法国人一方面代表作者和作品在未来接受过程中面临的障碍，如若明智的读者无法——与作者本人共同作用[48]——使公众积极看待作者和作品，这种障碍便会滋生。另一方面，[46]那位法国人与其谈话对象的鲜明对比，突出了何为理想的读者，以及什么东西必然使他区别于普通读者。

这些对话始于情节正中间。它们有一段前史，但我们只能从结果中了解这段前史。我们是这些对话录的见证人，而它们的前史则既包括那位法国人向卢梭讲述有关怪物让－雅克的事，也包括卢梭对让－雅克的评判。让－雅克的评判者从其著作中提取了所有根本观点。在后来与作者的会面中，他证实了他基于细心研究作品而得的判断。它源于一次阅读经验，这次阅读未受到任何诽谤作者言论的影响，也没有蒙上任何有关作品的先入为主的偏见阴影。因为卢梭是最近才到达法国的，并且刚从那位法国人那里初步了解到让－雅克的可鄙之事、权威们的判断以及那些"先生们"的言论。他那时正处于陌生人的有利位置，他并未过分关注作品和作者意图，他的判断也没有受到这些因素的干扰。他那时无需穿越错综复杂的效果史丛林而艰难前行，并且，走在寻找恰当理解道路上的他，那时亦无需为各个迥异派别的阅读指导和偏见辩护。这些派别数目可观，从启蒙者，到政治家，再到神学家，即便再加上"医生们"和"妇女们"，也远没有穷尽这张罗列单；而且循着上述派别各自的历史经验，这张单子还可被续写、

---

[48] 适用于作品的读者和《对话录》作者的，在《对话录》中也同样适用于读者卢梭及其当时正在巴黎拜访的作者让－雅克。就如卢梭在第二篇对话中所述，那时他正在写作《对话录》，因此也写下了卢梭告诉法国人的有关拜访让－雅克的事以及这次拜访的笔录（参《卢梭评判让－雅克》II，页836）。

改变和更新。但情节的发展毫无疑问地表明,"卢梭的"判断绝非只因他更倾向于选择一种直接的判断情境。事实上,《对话录》中包含的学说之一在于,"让-雅克"的作品面向的读者懂得挣脱第三方的影响并克服历史性阻碍,懂得如何摆脱不利的理解环境,或者说,理想的读者基本上可能存在于任何时代。就算卢梭事先已得到阅读指导,认为让-雅克的作品出自一个怪物之手,他也不会因此而放弃阅读,就如他在得到了那位法国人的指教后,仍然在第一次和第二次对话的空当去拜访了那个被视作怪物的作者,[47]以便亲眼目睹"先生们"评判的到底是何方妖怪。那位法国人从他人那里听来了他最重要的观点,并且他只会从他人那里偷听,与此不同,卢梭则只以他自己的亲眼所见所读为准。对他而言,亲眼所见和仔细阅读是一个硬币的两面。在《对话录》的整体方案中,起决定性作用的动词是看见(voir),最后的词语是眼睛(les yeux),看见和阅读这两种活动如此紧密地连成一体,以至于它们在卢梭和读者身上与在作者眼中完全可以相互印证。㊾

情节发展的基本原则是作者与作品的整体统一性。对话双方都谨遵这一原则,但运用原则的方式却各不相同。卢梭对作者的知识基于

㊾ 看这个动词在《对话录》中出现了 500 次。它出现的频率远远超过了除做(faire)和能(pouvoir)之外的其他动词。该词最后一次出现关涉的是让-雅克,卢梭在该书的末尾如此预料作者的结局:"让我们再加上还能看到两颗正直而真诚的心向他的心扉敞开的温馨吧!让我们这样来减轻一些那可怕的孤独吧!他们迫使他身处茫茫人海却生活在孤独之中。最后,我们也不去做那些为了对他有利却无益的努力了,因为这些努力可能引起天下大乱,即便获得成功他也不会感动。让我们把这一安慰留给有人之手为他合上双眼的那最后的残留时刻吧!"(《卢梭评判让-雅克》III,页 976)

[译注]译文引自:卢梭《卢梭评判让-雅克:对话录》,袁树仁译,上海人民出版社,2007,页 299。如无特殊说明,本译著涉及该作品的引文都出自该译本。

他对其作品的了解。他知道,被那位法国人描述为怪物的让－雅克绝不可能是他阅读过的作品的作者。他由此推断,让－雅克要么并非这些著作的作者,要么并非公众口中的怪物。在阅读让－雅克之前,卢梭把关于此人的判断搁置一旁。对那位法国人而言,这些判断在对话刚开始时便不容置疑。他始终坚持相信自己所听到的关于让－雅克及其作品的判断。因为他既没有读过让－雅克的著作,也没有见过此人,他对作者与作品的整体统一性深信不疑。就他而言,这种整体统一性建立在道听途说、无知和猜想的基础上。因而,对话的任务在于为作者和作品的整体统一性原则辩护,并由此证明让－雅克是作者,同时驳斥那位法国人关于让－雅克的判断。从作品的情节一眼便可看出,《对话录》赋予了修正有关作者其人的评判这个任务以何等要义。"先生们"[48]归咎于让－雅克的种种罪行,使那位法国人无法研究他的任何一部作品。第一次对话结束时,卢梭亲眼见到了让－雅克,而那位法国人也宣称自己愿意阅读让－雅克。然而,还需要经过第二次,同时也是最长的那次谈话——其间,卢梭以另一种眼光讲述了自己造访让－雅克的情况,讲述了让－雅克的性格和生活方式——法国人才最终在深居简出的乡村生活里首次开始细读让－雅克,并且直到第三次谈话中他才说出阅读带给他的收获。对让－雅克其人的看法最终或有益于,或阻碍对其作品的接受,正是从这个角度来说,让－雅克成了情节的中心人物。《对话录》尝试通过卢梭的判断来驳斥和替换"其他所有人对让－雅克"的评判。[50] 这些对话将卢梭视为让－雅克及其作品的唯一合法评判者,这其实是将双重任务交给了该书的读者,即读者在阅读时既要以"卢梭"为榜样,又要成长为"那位法国人"的评判者。这些对话邀请并敦促读者去认识自我。

一开始,卢梭便竭力平息并缓和法国人对让－雅克的道德愤懑感

---

[50] 参见《卢梭评判让－雅克》I, 页761 及 III, 页938。

和敌意。(51) 为了动摇那些先入为主的观点，他试着用一种大胆的阐述使法国人了解，让－雅克之所以在人们看来像怪物，是因为如此独特和独一无二的让－雅克来自另一个世界，而法国人对这个世界一窍不通。卢梭描绘了一幅“与我们这个世界很相像，却又完全不同”的世界图景，并使他此后影射柏拉图的《斐德若》时所说的“超然世外者”（mes êtres surlunaires）成为这个世界的居民。(52) 卢梭初步观察到，这一世界的居民与法国人所熟知的世界里的人不同，不但能力和激［49］情不同，使他们团结在一起的兴趣爱好及他们认定的权威目标也不同。静观时，他们的内心尤其为他们所倾心的自然而感到激动振奋。在行动中，他们受自爱（amour de soi）原则影响并决定。他们关心自己的根本独立性，无意于获取财富、赢得众人认可或执掌政权。他们不求在社会秩序中晋升到更高的阶层或更显赫的地位，而是竭尽“灵魂的所有力量”以到达“天国境界”，这是他们“全部希望的唯一目标”。这些超然世外者受到了自然的庇佑。自然使这些人保持了应有的状态，故而“他们的灵魂也始终保持着其原初特征”，或者说，自然使他们能凭借自己的洞见去探寻、重返或首次创造这种状态。总的来说，“观念世界”的居民将因“他们的天性和理智”而不会在社会习俗惯例中丧失自我，也不会将权威的舆论和判断当成生活的准绳。他们更多是像下面这样生活并享受生活：“他们每天只做那些在他们看来益于自己和对他人公正的事，而不会理睬人们的价值评判和变化无常的舆论。”

卢梭描述“观念世界”时，法国人只打断了一次以表明自己的不解。他插话问道：卢梭描述的那些“奇妙的人”与“我们刚刚谈

---

(51) 对话开场时，卢梭仿佛完全赞同法国人的愤懑，但他紧接着便提醒道：“就是对坏人，咱们也要公平吧！”（《卢梭评判让－雅克》I，页667）

(52) 《卢梭评判让－雅克》I，页668－673、686；参见II，页815、829、840、849、851、854、864。

及"的那个"怪物"有何共同点呢？被指控的作家所属的世界对法国人来说如此费解，以至于它似乎既让他无法想象，又无法激起他的好奇心。他对它完全提不出任何问题。这种状况也适用于结尾部分的描述，卢梭在那里给出了［法国人］不解的原因：团结和凸显"观念世界"居民"表达其情感和想法方式"的特征，必被诸如法国人之辈忽略，因为后者无法理解卢梭寓言中探讨的"存在方式"。但是，这些特征无法逃脱那些"熟知并遭遇过"这一存在方式的人的观察。卢梭在其中最值得注意的一处甚至谈到一个"标志性特征"，并认为"知情者可凭借该特征彼此相认"。这些人之所以成为［50］"观念世界的居民"，并非因为他们通晓某种密宗学说。这一识别记号不包含任何教条或需要传授的套语，也不包括任何需要学习的标语口号。"它无法被模仿，并始终只在其源出处发挥作用"。它最可靠地显露在"整个生活方式之中"。在观念世界居民的作品中，人们也可以读到类似的特征，因为文字符号所暗指的内容在生活和作品这两者中都可以找到相应的表达。因而，"知情者"凭借其"存在方式"就成了"观念世界的居民"。这种存在方式使他们能够理解一个世界，在这个世界里，他们可以遇见像自己一样"性格特殊"的人，他们之间的共同点，远比人类力量所能产生或人类看法所能改变的一切事物要深刻得多。

那位法国人听罢讲述后猜测道，卢梭可能就是所述世界里的一位居民。原因之一可能在于，卢梭就这些居民著作所发表的言论的最后一段提及了这些著作的公众影响。同样不可低估的是，卢梭称这个让法国人感到如此陌生的世界为"观念的"，此外还用到了"魔力世界"这一措辞。但"《爱弥儿》和《新爱洛伊丝》的作者"——卢梭"毫不怀疑"该作者是其中的居民之一——与这个世界到底应有何关系，对法国人而言仍是个谜。[53] 对照法国人的迷惑不解来衡量，

---

[53] 《卢梭评判让-雅克》I，页673。

关于"观念世界"的寓言仿佛是个败笔。与此相应,卢梭立刻转移了谈话的重心,并引入了一个假设,即作者和让-雅克并非同一个人,这是为了使法国人能首先分别关注作者及其作品。然而,按其向对话读者展示的以及它让读者去理解的内容来看,这个寓言则恰恰不是败笔。通过法国人的不解,该寓言使他的局限变得清晰可见,而它本身则解释和界定了这种局限性。它以一个极为重要的对象为例,阐明了如何在言论中去阅读情节,以及言论如何通过情节而得到修正、具象化和评述。起初,读者通过一个并非简单的范例了解到,[51] 如果他想完成作者交给他的任务,就必须在整本书中一直关注一个问题:证明自己既是"卢梭"的,也是"法国人"和他自己的朋友或评判者。

对"观念世界"的描述定下了《对话录》的基调,回顾卢梭的作品,它也为它们打开了更为广阔的视角。卢梭从未像现在这样如此深刻和讲究地关注过非哲人中的哲人问题。他在其他任何地方都未曾如此明了地表示过,哲人作者和哲人读者并不因历史而相联系或分离,他们活动于同一个空间。他在其他任何地方都未曾如此郑重其事地谈论过,到底是什么使他们走到一起,互相认出。然而,正如卢梭后来在《遐想》的标题中只是谜一般地暗示了那个孤独漫步者的典型活动,"卢梭"在此也并未将其寓言世界居民的特性翻译成某个概念,或给它取一个常用的名字。该寓言面向的特定读者不需要这种翻译,而对其他人而言,翻译出来也只是个称谓罢了。㊴ 然而"卢梭"以他偶遇让-雅克作品为例,展示了上述"标志性特征"的力量,该范例在《对话录》中起着决定性作用。在第一篇对话中的一次

㊴ 在用十一段讲述寓言前,卢梭穿插了一小段:"我会解释的。但这等于是做最大的无用功或者完全是多费力气。因为我要对你说的一切会被何人所理解呢?那就是对他们根本就无需说这些话的人!"(《卢梭评判让-雅克》I,页668)

"题外话"里㊺,卢梭讲述了他阅读让-雅克的著作后生活发生的根本变化。他讲述的种种细节都与对"观念世界"的描述紧密相关,但又并未置法国人的看法、猜测和理解力于不顾。这次"题外话"的关键词是独自(seul)。卢梭那时孑然一身——"不论从思想还是从感情来说,我在茫茫人海中都是孤独的"——这种情况一直延续到他在让-雅克的作品中重新找到自我。"在他的著作中,我认出了在我内心重新找到的那个人,书中的思考教会我从自己内心来汲取享受和幸福,而其他人则是到身外很远的地方去寻找[52]。"卢梭在让-雅克的作品中找到自我后便不再孤单,因为他认出了让-雅克是自己的同类。在分析让-雅克的过程中,他体会到了一种解放性和令人喜悦的力量,它萌生于"对真理的兴趣",并使这一兴趣如虎添翼,而他也满怀此种兴趣。从此以后,他希望在与作者的"交往"中让生活充满友谊与沉思。㊻ 若是反过来,那个法国人说得有理,若卢梭根本不可能将让-雅克当成这些作品的作者,那么他便又是独自一人了。那样的话,卢梭便又身处《遐想》的开篇语试图勾勒的处境了。那样的话,他在世间又落得孑然一身了㊼。

让我们告别观念世界的居民及其钟爱的世界㊽——我们还将在别处再作探讨——回到那个法国人的世界。在这个世界里,追求哲学的渴望毫无立足之地。法国人憎恶让-雅克,因为他憎恶邪恶。他赞同那些"先生们"针对这个怪物采取的阴谋举措——他也是个"知情

㊺ 《卢梭评判让-雅克》I,页 727 – 731。

㊻ "……我沉醉在自己的希望中,希望在他身上重新找到我失去的一切,在此体验到诚挚友情的温馨,与他一起从这些伟大而令人欣喜的思考中汲取营养,这会成为这一生中最大的享受和人在逆境中找到的唯一的实实在在的安慰。"(《卢梭评判让-雅克》I,页 729)。

㊼ 《卢梭评判让-雅克》I,页 729。

㊽ 柏拉图,《会饮》(*Symposion*) 177d7 – 8;《忒阿格斯》(*Theages*) 128b2 – 4;《斐德若》257a6 – b6。

者”——以便人们能像保护人类免受野兽侵袭那般保护自己。(59) 他甚至会为迫害者们的宽容而感到惊讶,(60) 因为迫害本身十分吻合他的道德观念。道德必须得到贯彻，邪恶必须被铲除，谁置身社会之外，就不能指望得到宽容。“一个毫无人味的家伙，难道也配将他当作人来对待吗?”(61) 将哲人称作怪物的做法充满道德愤懑感，它衍生出一股危险的爆破力。(62) 如此一来，法国人所需政治教育的迫切性和首要目标显而易

(59) “对的，先生，人们愿意他活着，甚至生活得很舒适，就像一个没干过坏事的恶人可以过的生活那样；人们愿意他生活得幸福，只要他不具备破坏别人幸福的手段就可以。但是，这是一头大熊，为避免它吃了路过的人，必须用铁链把它锁着。”(《卢梭评判让-雅克》I，页716)。

(60) “我讨厌让-雅克，先生们却喜欢他，他们不惜一切代价保护他。”在第三篇对话中，法国人一面回顾一面坦言道：“……我丝毫不怀疑让-雅克是个令人讨厌的伪君子和不该出生的怪物。”(《卢梭评判让-雅克》I，页721-722；III，页928)

(61) 《卢梭评判让-雅克》I，页732；所引译文，页60。

(62) 在1762年7月1日的讲话中，索邦大学神学院的法律顾问要求神学家们对《爱弥儿》进行详细审查，这篇讲话的首句话把卢梭等同于世界末日预言书中预言的最后一个世纪里的“邪恶的人，或更确切来说是怪物”。控诉者称卢梭是一种“畸形哲学”的作者，并且指控卢梭“为了出名”而意图“通过滔天罪行使自己名垂不朽并成为另一个赫洛斯特拉特（[译注]希腊人，因图名心切而烧毁雅典娜神庙，以求扬名）来摧毁我们的庙宇，使其化为尘土”。他给该神学院同事的任务是：“你们不仅要让巴黎，还要让整个世界都知道这个作者是个患有妄想症的哲人。”他还进一步称卢梭的学说是“魔鬼般的”：“在我看来，事实上，从作者那肮脏的嘴巴吐露在其书中的，难道不是魔鬼般的东西吗？它反对上帝，反对自然法则，反对神启的可能性、必要性和特征，反对了解神启的可靠方法，反对神迹和预言，反对启示教义和真正宗教信奉的排他主义。听到这些可怕的亵渎神明的言论人无不愤怒，除非是上帝给了他这种善恶颠倒、指鹿为马、黑白混淆的盲目思维和堕落思想。”(《索邦神学院对〈爱弥尔或论教育〉的贬责》[*Censure de la Faculté Théologie de Paris*, *Contre le Livre qui a pour titre*, *Émile ou de l'Éducation*, Paris, P. Al. Le Prieur, 1762]，页4、6、9、11、12。法律顾问的讲话在页4-14间，而审查则刊于页15-351。)

见。卢梭试图借助一个关于"观念世界"的寓言，使谈话对象适当关注一个来自"其他"世界的人，或至少使他谦和地评论一种不为"常人"所知的生活方式。这一尝试失败后，卢梭又换了一种方式重新开始。他从常人层面探讨了这一个案，并采取了一种几近切近人身（ad hominem）的论证方法。他从法国人的种种猜想角度出发，以公正与合理、正直与坦率为依托，试图唤醒法国人的美德、良心及其与自我的协调和对荣誉的渴望。⑥³ 对法国人的教育分为 [54] 多个步骤。首先，法国人必须学会尊重正直的基本规则，不要因将自身事务当作"司法程序"而产生确定无疑的道德优越感，进而蔑视这些规则。尤其是，每个罪犯都应有被公正听审的权利，没有这种听审，任何人都无权确认一桩罪行。⑥⁴ 法国人学到了："一个人，人们事先对他已有了一个定见，或者是好，或者是坏——对这样一个人，要准确地看出他到底怎样"，这比他以为的要难。在这种情况下，要获得正确的认识并进行恰当判断有着重重阻碍，卢梭将这种阻碍归结为"自尊心的自然作用"："人们只看到自己认为看到的事，而对自己真正看到的事却视而不见。"⑥⁵ 作者在此仿佛只是顺带告知读者，在哲学思考过程中自然会碰到一种什么样的困难，⑥⁶ 而卢梭却在对话的这一关键阶段将一种人类学定论摆在了法国人面前，这削减了后者对"让－雅克的评判者们"所作评判的信任度，并将最终推翻这种评判。卢梭撼动了法国人的信念，后者之前相信"先生们"的动机是无私的。他使法国人开始注意到，

---

⑥³ 参见《卢梭评判让－雅克》I，页 696、721、751、756、759、762，尤 III，页 973–974。

⑥⁴ 《卢梭评判让－雅克》I，页 731–740、743。

⑥⁵ 《卢梭评判让－雅克》I，页 741、742。

⑥⁶ "人们总是极力要证明自己的情感有道理，这又是非常自然的一种心态。人总是极力觉得自己憎恨的东西是可憎可恶的。如果说有偏见的人看到的是他以为的，那么更可以说受激情驱使的人看到的就是他十分希望得到的。"（《卢梭评判让－雅克》I，页 742）

在他们对公共福祉的关心及他们所臆想的对让－雅克的友善背后，隐藏着的是虚荣（amour-propre）。他向法国人阐明，哲人并非因众人加之于他的"极度虚荣心"才像"怪物"般犯下罪行，正相反，是哲人的"独一无二性"触及了"公众的虚荣"并招致他们的反对；从根本上来说，这种虚荣决定了社交的人的存在，它想方设法使人追求的极端公正和普遍约束力的目的得以实现。⑰ 法国人不得不承认，自己对让－雅克的态度在很大程度上受到了这种虚荣的影响，而对话的转折点就在此时出现。卢梭问，[55] 如果法国人暂且设想让－雅克最终可能被证明完全无辜，而他最终将不得不尊重这位沉冤得雪者，并因自己对其所下的无情论断而感到自责，那么他会有何感想。法国人回答道："我感到，到那时，在我敬重他、还他以公正的同时，我可能会因我的过错而比现在因为他的罪行恨他而更加仇恨他——我永远不会因为我对他不公平而原谅他。"⑱ 卢梭抓住法国人的自尊心不放，并尽可能地加以利用，由此为他的自白作铺垫。最终，他以这种方式区分了法国人与那些迫害者。卢梭或将为法国人击掌叫好，而若法国人充当迫害让－雅克的帮凶的话，则卢梭将对他毫无"敬意"——他会对卢梭的看法无动于衷吗？他的正直受到了考验。他是否坦率，这一问题悬而未决。一个无辜之人受到不公平的待遇，而他却在其中推波助澜，他的良心能容许吗？难道这些义务不有悖于他自己吗？难道他自

---

⑰ 《卢梭评判让－雅克》I，页755、757、768；参见II，页886。

⑱ 法国人补充道："我为这种心态而自责，我为此感到脸红。但我感到内心深处的这种状态是我自己挡不住的。"卢梭回应道："你真是本色、爽直的人，我对你没有更多的要求了！我记下了你这一招认，在合适的时间和地点我会再次让你回忆起这一点。眼下，让你考虑到了这一点，这对我来说就足够了。此外，请你坦然面对这种心态感觉吧，它只不过是自尊心最自然的一种扩展而已。这种心态是你和所有让－雅克的审判官所共有的，而你和他们的区别就在于，你可能是唯一勇敢而爽直地承认这一点的人"。（《卢梭评判让－雅克》I，页761）

己的看法不如那些"先生们"的看法有分量？抑或当卢梭询问他的意见时，他只能闭口不答？⑩

法国人想让卢梭尊自己为"诚实的人"。他想让自己无可指摘。他想保持自身的纯洁。他试图满足信仰和道德向他提出的种种要求。他心存良好愿望，并在一定程度上乐于听取论证——他是所能设想的最好的"常人"或说一颗"普通心灵"的范例。⑪ 第一篇对话结束时，卢梭在很大程度上推动了法国人去摆脱所谓专业人士的权威，使他对他们的评判［56］感到如此不确定，⑫ 以至于他首次表示将阅读让-雅克的著作。他明确赞同卢梭造访让-雅克的计划，以便能亲自对这个受排挤者做出评判。但是，无论什么都无法促使法国人亲自去做这件事。他既不为知识和真相所动，也不为有望赢得一个朋友所动，这些对卢梭来说都是决定性的。卢梭向他盛赞这个计划是一次"可贵的探索"，而他甚至对此也毫无期待。⑬ 亲眼所见对他而言价值甚微，他甚至根本不知何为看见和认识。看见或听说对他来说都是一样的。⑭ 一次研究或一份研究报告对他来说并无实际区

---

⑩ 《卢梭评判让-雅克》I，页751、756、759、771。

⑪ 《卢梭评判让-雅克》I，页672；II，页829。

⑫ "请你听着：我不喜欢让-雅克，我更憎恨不公，更憎恨背信弃义。你对我所说的话让我震惊，我想考虑考虑。"（《卢梭评判让-雅克》I，页771-772）

⑬ 《卢梭评判让-雅克》I，页762。

⑭ 卢梭问法国人为什么从来没有因想亲自了解而去拜访让-雅克，法国人回答道："我嘛，我不需要见他以了解他、认识他。我通过作品了解他。这已足矣，甚至已经过头了。"他坦率地承认自己从未读过让-雅克的著作，所以他所谓了解的"作品"只是他道听途说了解到的让-雅克的所作所为。在第二篇对话开端，他要求卢梭将研究让-雅克的生活方式后所作评判说来听，他紧接着说："咱们按顺序来吧。"（《卢梭评判让-雅克》I，页771及II，页772）

别。⑭ 因此，尽管他遇见卢梭后十分坚持自己的看法，但从根本上来说，这仍是他人的看法。这话同样也适用于他的阅读经验。这不仅因为，他是在听了卢梭讲述拜访让－雅克的经过而对作者其人的看法有了重大改变后，才开始认真阅读让－雅克的著作的，还因为，是[57] 卢梭使他——请允许我这样说——开始用另一种眼光去阅读这些作品的。第二篇对话也起到了这个作用，它为法国人的阅读打下了基础，并且还包含了卢梭在所有人面前为让－雅克进行的辩护。

卢梭的这番辩护详尽谨慎，且重复了他之前凭那个苛求直接听众的哲人世界的简短寓言所作的尝试。像此前描述"观念世界"时那样，这番为让－雅克所做的辩护，也是基于此人的"独一无二性"及其使人迷惑不解的特殊性，此人正是因为天生优越和生活独立才被贴上"怪物"的标签。这番辩护旨在使法国人转愤懑为羞怯，并试图用他作为一名行善者和善行斗士所能获得的荣誉感战胜他心中的敌意。卢梭在讲述有关让－雅克的事情伊始便强调道："此人与我认识的其他任何人均不相像。对他必须作特殊的、只适用于他的分析。"⑮他的分析以让－雅克的存在和生活方式为核心。这一方面是因为，评判"一个人的真正性格"必须是基于仔细观察其生活方式,⑯ 另一方面是因为，对让－雅克的谴责说到底都是对他所有生活方式的谴责。卢梭认为，人们对厌世的谴责可一直追溯到狄德罗：在卢梭的"重大

---

⑭ 卢梭十分明确地阐述了其间的区别："我之所见，是亲眼所见胜过听人口说。对我这个亲眼见过他的人来说，我之所见足以决定我的判断。但是对你，根据我的报告则不足以决定你的判断。因为他需要为别人所亲见才能被别人相信，而按照你事先告诉我的那种方法，恐怕连我自己都不会根据别人的报告相信他。"HT5"SS]（《卢梭评判让－雅克》II，页797）跟卢梭不同的是，法国人则会相信自己没有看到过的事情。

⑮ 《卢梭评判让－雅克》II，页774。
⑯ 《卢梭评判让－雅克》II，页784。卢梭一再谈及"为人的常态"（页784、795）、"这种常态"（页792）或者"他的生活方式"（页791、793）。

革命"和"改革"后,"哲人狄德罗"与朋友让-雅克分别之时,曾批评他竟决定过退守遁世的独居生活。卢梭先后四次频繁提及狄德罗的姓名,并且四次都曾在他的前面加上了"哲人"这个修饰语。⑰ 狄德罗在《自然之子》(Fils naturel)里集中批判了让-雅克,其中一句话有如一支毒箭般飞向了公众:只有恶人才是孤独的。对此[58]卢梭用以下警句回复道:自给自足者于他人无害。⑱ 这个答复远远超出了辩护目的,并再次引导我们去关注卢梭用隐喻探讨过的哲学生活的基本问题。正因如此,卢梭并未就此止步,而是进一步提出了两个主要论据来为让-雅克的独自生活方式辩护:正是因为专注于隐居生活,让-雅克的作品才得以写成,他借此努力为公众谋福祉并对人类做出了最大的贡献。迄今为止他多年生活于孤独之中,但这是他的迫害者们强加于他的。换句话说,卢梭强调,只要正确理解便会发现让-雅克的仁爱,并由此驳回了对[让-雅克的]厌世的谴责。⑲ 此外,这

---

⑰ 《卢梭评判让-雅克》II,页789-790。此后,卢梭还三次提到了狄德罗,此后分别称其为"哲人狄德罗""名人狄德罗"和"哲人狄德罗"(II,页843)。

⑱ "比起哲人狄德罗的格言来,这句格言没那么响亮,没那么傲慢,但是更理智、更正确,而且更好,至少不倾向于侮辱任何人。"(《卢梭评判让-雅克》II,页790)卢梭用以下论据开启了针对厌世谴责的辩护:"不,先生,真正的厌世者,如果一个如此自相矛盾的人可以存在的话,他是绝不会逃到孤独之中去的。一个独自生活的人能够或想要对其他人做什么坏事呢?憎恨他人的人想伤害他人,而为了能伤害他人,他就不会远离这些人。恶人根本不会远离尘世,他们就活在人群之中。"(《卢梭评判让-雅克》II,页788;请注意《爱弥儿》II,页340-341注释以及IV,页493)

⑲ 卢梭口中的让-雅克说道:"只要重新见到一丝希望能与人的世界重新接触,我一定会高高兴兴地离开植物世界。"(《卢梭评判让-雅克》II,页794)在接下来的辩护中,法国人从卢梭那里听到:"这种对退隐和孤独生活的爱好当然没有任何恶意和厌世的东西。尽管如此,这种爱好毕竟十分奇特,这种爱好到达此种程度的,我也只在他一人身上找得到。"(《卢梭评判让-雅克》II,页812)

番辩护几乎探讨了这位哲人遭受的全部谴责、偏见和限制——从他无道德标准的生活方式到他的宗派思想,从他对统治的追求到他对宗教的敌意,从他情感的缺乏到他的自爱。如我们所见,卢梭想方设法向法国人证明让-雅克是无辜的:一个受迫害者,他没有任何重要的社交活动,在社会边缘苦熬他孤独的生活,并且他的兴趣仿佛只在于音乐和植物学,[59] 这样的人很难有什么威胁。一个爱好遐想胜于反思的漫步者,一个喜欢沉湎于天生惰性的漫步者,法国人根本无需因他而感到不安。但毕竟没有任何证据比让-雅克所招致的哲人的敌意更具有说服力。让-雅克一再公然抗拒各种哲人流派,与卢梭的密谈中他也一再与他们保持距离,[80] 正如卢梭所强调的,对统治的追求、对宗教的敌意以及派别精神,这些实际上是这些哲人流派的典型特征。[81] 他们对作者让-雅克的不宽容让他的作品显得更为温和与善意。卢梭轻而易举地便使让-雅克的敌人成了其誓死捍卫者。

在第二篇对话的辩护中,一种人类学话语占据了很大的篇幅。它充分利用了让-雅克作品中为研究和区分自然人(homme de la na-

---

[80] "……我既非哲人,也不冷峻……"(《卢梭评判让-雅克》II,页838)让-雅克委婉地回应了达朗贝尔的一次抨击,此人在回应《致达朗贝尔的信》时于前面插入了拉·封丹的寓言《斯基忒的哲人》(Le Philosophe scythe)中的一句格言,它被卢梭比作该寓言中的"冷峻的哲人"。关于这位哲人,拉·封丹说道:"他要从心灵深处把激情和欲念、善和恶,甚至最纯洁的心愿全部铲除掉。我要从我的立场出发对这种人提出抗议。他们从我们的心里除去了生活的主要功能,使我们尚未死亡就已停止了生活。"(La Fontaine, *Oevres complètes* I, Ed. Jean-Pierre Collinet, Paris, 1991),页493。参见法国人后来对达朗贝尔的格言的独特而不准确的阐释,他并未提及那位"冷峻的哲人"(《卢梭评判让-雅克》III,页941)。注意《卢梭评判让-雅克》I,页669;II,页789、861。

[81] 《卢梭评判让-雅克》II,页886-896;参见I,页695;III,页970-972。

ture）与属人之人（homme de l'homme）所作的基本界定，以便对让-雅克作出"特殊的、只适用于他的分析"。卢梭将自爱和自尊、善良和美德、感觉和想象等全套概念术语用于让-雅克身上，以证明他是自然人，同时借用作者个人的范例来阐述其作品的人性。卢梭在分析过程中插入了一个思想实验，并试图以此表明，不论让-雅克一生会有何遭遇，他都必定成为他自己。卢梭［60］请法国人将自己讲述的让-雅克的成长经历和当下种种状况暂且搁置一旁，并和自己一道研究哪些是自然地源出于让-雅克"气质"的。这个思想实验，若不适于用来向法国人，至少适于用来使读者摆脱卢梭叙述的影响，从而不再只是简单地道听途说，而是去关注最重要的方面。[82] 因为这个思想实验表明，一个有着天性有如让-雅克的虚构的人，将必然形成其特有的生活方式。这样一来，卢梭为孤独存在的辩护便有了另一个根基。然而，有关让-雅克天性的话语并非止步于这一辩护。它主要用来佐证作者是真理见证人。让-雅克是自足的。他遵循天性中最原始的情感冲动。社会的腐化堕落无法触及他的核心。"他是自然的产物：教育几乎没有改变他。"[83] 作者在自己身上发现了准则，并使它在自己的学说发挥效用。这一准则表明，人应在社交性条件允许的情况下尽可能地去接近其天性。简单来说：人应该成为被理性光辉照亮的自然人。自然人一旦以真理见证人示人，他便放弃了隐居生活给他的保护。他一旦作为作家登上舞台，便置身于政治风险中。因此，从宁静和安全的角度，从一种可与自然人的清静且自在相媲美的简单生活来看，真理见证人的身份仿佛使让-雅克背离了他自身。卢梭谈到，

---

[82] "要更好地感受这种必要性，让我们暂时把所有的事实放在一边，假设我们只了解我给你描述过的他的气质。让我们看一看，如果是在一个我们毫无概念的虚构之人身上，其自然的结果会是怎样。"（《卢梭评判让-雅克》II，页820）我们应将遍及十一个段落（II，页820－825）的对"虚构的人"的考察与对"观念世界"（I，页668－673）的描述逐一进行比较。

[83] 《卢梭评判让-雅克》II，页799。

当让－雅克带着他"热情高涨的心"开创文学之路时,他获得了"致命的名望",是"毫无价值的[61]学院问题"给他提供了获得这种名望的机会。[84] 另一方面,让－雅克迅速扩大的公众影响力让他克服了天然惰性。[85] 挑战他所有能力的政治和哲学任务让他的特殊才能得到了发展:"他让自己的头脑不断思考,他学会了沉思。"正是那些促使人们迫害他的著作,使他之前和之后的观念世界的居民都可能会"高兴地将他认作他们中的一员"。[86]

法国人如何阅读让－雅克的书,卢梭的辩护对他产生了什么影响,这些都表现在第三篇对话中。怪物成了过往之事。在法国人看来,曾经被憎恶的作品的作者现如今成了人类之友。他客观地感受到了这位爱国者,但对其没有更大的兴趣,就好比狭义上的政治理论家同样提不起他多大兴趣一样。这位法国人并非公民。[87] 无论如何,他认为自己知道让－雅克是这个世界上"真正尊重法律"的人且"最为厌恶各种革命"。[88] 法国人真正发现的是道德主义者,而真正使他感兴趣的,是作者其人和作品里体现的美德与善,或说他由作者其人和作品联想到的美德与善。就如他事后对卢梭所说的,早在首次阅读那些书之时,他便印象颇好,感觉它们绝无任何危险。他得出结论:"这种学说既没有伊壁鸠鲁主义,也没有伪善,他只是致力于人类的幸福。"[89] 他坚信,那些极力告诫他远离让－雅克著作的"先生们"

---

[84] 《卢梭评判让－雅克》II,页827、828。

[85] "和所有隐士一样,让－雅克懒惰又倦怠","沉思的生活让人讨厌行动。"(《卢梭评判让－雅克》II,页845、822)。

[86] 《卢梭评判让－雅克》II,页829;参见II,页856以及I,页670。

[87] 在《卢梭评判让－雅克》中,"公民"这个概念仅被使用了两次,一次是常规意义上的,一次是历史意义上的,首先是由法国人提到(II,页710),此后出现在作者为文本所加的脚注(I,页717脚注),两次使用的都是复数形式。注意页44的注释44。

[88] 《卢梭评判让－雅克》III,页935。

[89] 《卢梭评判让－雅克》III,页930。

怀有不正当意图，他因担心［62］再也不能信赖、无法敬重任何人且"处处所遇皆为恶事"而备受折磨，这时的他心中萌生了一个愿望：至少让－雅克不是邪恶的就好了。当他在第二篇对话后重新开始阅读那些作品时，他暗地里希望它们使他重新燃起对人的美德与善的信仰。而他如愿以偿。最终法国人坚信自己找到了一个真诚的人。对他来说，作者是其作品的保证。纵使"其系统学说"是错的，这改变不了让－雅克作品的真诚特性。因此，这避免了任何其他人对它们进行"猴儿学样般的模仿"。让－雅克的感觉和思维方式不容混淆。他坦率、正直，且在追求自己的目标时无所畏惧，他矫正"我们"，使"我们"免遭谬误、恶习和不幸，这些都使让－雅克有别于他的敌人，并赢得了法国人的欢迎。⑨ 对法国人而言，让－雅克成了真理见证人。但法国人强调的重点与卢梭所述稍有不同。按照法国人的理解，让－雅克面向读者的学说直接源于作者的感觉和内心。他懂的那些关于自然的言论，都是来源于他内心的真实，⑨¹ 而这种真实又与让－雅克的正直和诚实，或者说与法国人所能赋予他的可信性相互关联。因此，让－雅克的清苦生活及其遭受的痛苦折磨对法国人来说意义重大，享乐主义者、无神论者和道德败坏者对作者的谴责就等于对他的谴责，他对表明让－雅克事业的公正性的诸多证据也深信不疑。在法国人看来，如果要论所受的迫害及［63］激情，历史上无人能与让－雅克相提并论："或许他的命运是一个独特的例子，他承受了所有可能的羞辱，他用几乎无可战胜的耐心承受了这些羞辱。"仿佛

---

⑨ 《卢梭评判让－雅克》III，页934、935。

⑨¹ "如今他的天性受到那样的歪曲，那样的污蔑，那么这位画家和卫道士若不是从自己的内心又会是从什么地方得到的原型呢？他是照着他的自我感觉来进行描绘罢了。……一言以蔽之，一个人必须自己描绘自己才能向我们显示出这个人的初始模样。若著作人不是和他的作品一样不同寻常，他永远也写不出这些书来。"（《卢梭评判让－雅克》III，页936）

没有什么事情比殉道更能让人相信真理的了。㊆

[卢梭]对法国人进行的政治教育硕果累累,使他先前对让-雅克的仇恨变成了尊敬。这位昔日的迫害者最后甚至作出许诺,愿协助确保受迫害者的大量未发表的手稿的安全,以及他的作品在后世的完整性。即便这个常人永远不会像卢梭那样爱戴让-雅克,但卢梭毕竟使他的对话伙伴做到了其本性范围内能做的一切事情:法国人学会了尊重作者和作品。㊇ 此外法国人还吸取了两个普通教训:一方面是要适当调节因拥有知识而产生的骄傲心理,尤其当一个人为了宣称其臆想的知识而有损于他人之时;另一方面是要"时时处处尊重自然权利",并与有伤于这一权利的道德诉求保持距离。卢梭曾"为公众"表述的两条"大教训"中的第一条吸纳了《对话录》中法国人所获得的最重要认识。在法国人重新评判其对让-雅克的态度的发言末尾,他从自己的谬误与不公经验中为自己总结了如下教训:"总之,对于他的问题,我走出了错觉,对这件事的回忆给我吃了一剂强有力的预防药,教我对于随意相信自己之所知和满足于错误的信息,今后都要严加防范。"㊈ 这个正直的人对其骄傲心理的克制,即他学到的关于谦虚谨慎的教训,把怪物的死敌造就成了哲人的潜在同盟者。事实上法国人也的确倒戈了。他不但不再听信那些"先生们"对[64]让-雅克的谴责,还根据自己从卢梭那里得来的认识谴责迫害者,并揭穿他们的阴谋。而当他痛斥哲人们是让-雅克最大的敌人时,他超出了原有的目标而给人造成一种印象,仿佛他们是唯一或主要的追踪者,仿佛谴责

㊆ 《卢梭评判让-雅克》III,页937。参见《致博蒙书》,页1002:"这是反对我本人的政令,我的书被刽子手焚烧,这是我留给后世的辩护证据。比起我的作品来,我的感情更多是由我的苦难所导致的。"

㊇ "或许我永远都不会热爱他,因为这不取决于我自己;但是我尊敬他,敬重他,因为我希望自己是公平的,我相信他是无辜的,我看到了他受到的压迫"。(《卢梭评判让-雅克》III,页937;参见页974-975)

㊈ 《卢梭评判让-雅克》III,页973[卢梭]及页937[法国人]。

让－雅克是怪物是他们的特权。⑤ 在《对话录》的一个脚注中，作者使细心的读者想起神父们和神学家们对让－雅克有多大的敌意。⑥ 法国人揪住哲人对作者的迫害不放，这并非完全出于倒戈者的热情——一种由良心不安、失望和对"先生们"滥用他的轻信而感到的愤懑混合而成的情感。对哲人的敌意与他对让－雅克的印象形成不可或缺的对比。这种敌意是他的新信仰的根本组成部分。因为他试图使作者及其作品去适应一幅图像，它从根本上来说仍然建立在相信的基础之上。法国人断然拒绝了卢梭的要求，即他应去拜访让－雅克，以获得自己的知识，卢梭建议他说："因为您既没有亲眼所见，也没有亲自研究……在我看来，这是了解他的唯一方式。"⑦ 他所读到的让－雅克，他从卢梭那里听说的，以及他所了解到的"先生们"的阴谋，这些足以让他做出一个明确的表态："从我来说，我愿意在这里直截了当地向你坦白，我现在相信让－雅克是清白无辜的，是品德高尚的，这在我［65］内心深处已深信不疑，不需要其他东西来证实。"⑧ 法国人并未理会，或早已忘记了卢梭开始讲述让－雅克时的那些富于

---

⑤ 参《卢梭评判让－雅克》III，页 942－946、956－969。"如果达朗贝尔或狄德罗今天敢胆大包天地肯定说他长两个脑袋，那么明天待人们看见他从街上走过时，肯定所有人都会清清楚楚地看见他长两个脑袋，而且每个人对于以前自己不曾察觉到这个鬼模样还会大为惊讶。"（《卢梭评判让－雅克》，页 961）参本章注㊌。

⑥ 让－雅克·卢梭以自己的名义对奥拉托利会的教士评论道："这些人是史无前例的危险敌人，不仅仅因为他们组成的修会以及他们控制的学校，还因为他们在怡然自得的神情之下，比哲人们更善于隐藏他们那凶狠的敌意。"（《卢梭评判让－雅克》II，页 906 脚注）。

⑦ 《卢梭评判让－雅克》III，页 937－939。法国人回答道："你看到了吧，在你自己进行的研究工作中，我比你还进了一步。因为你对这个问题还要小心谨慎，而我再也无需如此了。不，先生，我甚至并非需要亲眼看见让－雅克才知道对于他我该怎么办。"（《卢梭评判让－雅克》III，页 942）

⑧ 《卢梭评判让－雅克》III，页 945；参见 III，页 968。

挑衅性而又精确的话，以及他后来一再重复强调的：“在我看来，他并不是一个高尚的人。”⑨ 只有当法国人认为让－雅克是有德之人时，他才会尊重和敬仰让－雅克。若无法相信美德，这个正直的人就不会成为哲人的同盟。

《卢梭评判让－雅克：对话录》成了卢梭全部作品的完满结局，正因如此，卢梭任何其他作品都不曾像它那样为《遐想》埋下伏笔。我在考察卢梭这部不受关注的作品前所提出的这个论点，将我们重新带回《遐想》一书，在绕道考察《卢梭评判让－雅克：对话录》的过程中，我从未忘记《遐想》。《对话录》是《遐想》中最先提到的书。这些对话的最大主题是：非哲人中的哲人，或说哲学必需的修辞术，将《对话录》与《论科学和文艺》紧紧地联系在一起。这两部作品包含了卢梭作品的开端与结尾，它们各以特有的方式且相互补充地关涉柏拉图的《斐德若》，其间的关联并非偶然。相反，《遐想》对《对话录》的悄然关涉，和那些对《论科学与艺术》的明显回指，起到了同样重要的作用。如我们所见，这首先便已适用于并对那句著名的开场白意义重大：“我在世间就这样孑然一身了。”《遐想》以卢梭的作品为前提，但并非其延续。作为人类之师，卢梭在《对话录》及其《第一论》之间［的作品里］提出的高要求，标明且划定了他的公众影响力的范围，这一范围始于神圣的光明使者这个象征性人物——他向那个启蒙世纪提出挑战——止于那个因激怒哲人和神父而吸取了历史教训的 [66] 真理见证人形象。《论科学和文艺》的卷首插画以三人组图的形式奠定了基础局面，它一直对卢梭作品的修辞术起着决定性作用，《遐想》也将特别关注这一局面，而在《对话录》

---

⑨《卢梭评判让－雅克》II，页773；参见II，页823。"他虽然不太善良，但是不搞鬼；他心灵健全但是软弱；他非常热爱德性，但没有身体力行；他热爱善行，但自己做得很少。"（II，页777）参见I，页670；II，页755。"在我看来，让－雅克不是一个品德高尚的人。"（II，页777）注意II，页818、851、859、864及页19–20和本章注㉝。

中，这一局面得到了晚期的发展与最后的阐释。该作品详细探讨了卢梭著作的不同寄言对象，即那些或带善意、或带敌意去接触卢梭作品的读者，同时它将注意力投向自身。"法国人"的分析把卢梭的政治哲学摆到了恰当的位置上，并照亮了卢梭的全部作品。这一分析的光芒一直照耀到卢梭的首部获奖之作，在那里，卢梭赋予"常人"以自己的声音并强调要远离随身携带的火焰。通过回到初始点并开始一种内部循环，卢梭的全部作品画上了句号。通过《对话录》的扉页题词，卢梭确保其作品为一个首尾交融的整体。这句题词与他为其首篇论文所选的相同，是唯一被他两次使用的题词，也是最后一句被他用作一本书的扉页题词的话：Barbarus hic ego sum, quia non intelligor illis［在这里我是个野蛮人，因为我不被那些人认识。］[100]

《遐想》意味着一些新的、独特的及不一样的事物的开端。说这些遐想可能是《忏悔录》的某种形式上的"续写"或"附录"，纯属谬误，或者说，这是受"漫步"之一误导的后果。[101] 不管怎样，至少，若读者将《忏悔录》理解为一项自传计划，而认为《遐想》是它的续集并仿佛反映了最新情况，那是错误的。《遐想》中最独具一格和最重要的主题，如在圣彼得岛上的时光，生命之中的"改革"抑或在莎尔梅特城堡（Les Charmettes）的岁月，这些之前在《忏悔录》中都曾［67］讨论过，并且大多颇为详细。作者让-雅克在一

---

[100] "在这里我是个野蛮人，因为我不被那些人认识。"这句箴言出自奥维德的《哀歌》（*Tristia*），第五部，哀歌10的第37诗行。注意卢梭在其首篇论文中对奥维德的政治批判，他将奥维德归为"宣扬淫秽之事的作家"（《论科学和文艺》，页1、10）。——卢梭给他所有的书，只要并非诸如论及科西嘉或波兰之类的"委托之作"，前面都加了扉页题词。《遐想》一书是个例外。

[101] 《遐想》I，段12、13、15，页999、1000、1001；参见II，段4，页1003。

次言谈中向读者卢梭宣告，自己在《对话录》后将不再写书，[102] 卢梭在第二篇对话中向法国人原文转述了这次谈话。让－雅克称，自己要向公众说的都已说明白，能为后世所做的也已做完。[103] 作品已完成。卢梭完成了自己的使命。在《对话录》的引论中，他言辞激动地讲述了完成作品过程中的艰辛和矛盾斗争。在世间公众面前为自己的生活辩护是一个重负。《遐想》的两篇引言则完全不同。它们强调了自在状态的喜悦。[104] 为大众服务成了卢梭的身后之事。作品的完成开启了一种新的自由。我们现在将要看到的是"绝对无偿的善行"。《一个孤独漫步者的遐想》不为任何人而写。卢梭将它写给自己，这是他给自己及同类人的一份献礼。

---

[102]　参本章脚注㊽。

[103]　《卢梭评判让－雅克》II，页840。

[104]　《卢梭评判让－雅克——论本作品的主题与形式》(*Rousseau juge de Jean-Jacques. Du sujet et de la forme de cet ecrit*)，页664。(1772至1776年间，卢梭忙于《对话录》的创作。他将近五年时间用来创作这部被他后来描述为"如此痛苦的工作"的作品。)《遐想》I，段11、12、14、15，页999、999、1001；II，段1－4，页1002－1003。

二　信仰

[71]《遐想》将整个哲学生活作为探讨对象，思量其开端与终结。它以零星形式和高超的陌生化技巧讨论了哲学生活的缘由、目标及其核心与中流砥柱。这些独自漫步展示了运动变化中的哲学生活。它们循着哲学生活之路的蜿蜒曲折，探讨对自我认识的信仰。它们饱含着相互矛盾的自我认识和自在状态的离与合。它们阐明了生活中的哲学思考何以拥有其根基依据，何以表现其促进变化的力量，如何在一次阅读心得中一触即发，抑或如何将源自外界的某种抨击变得于己有利。它们阐明了一个突发事件如何催生值得仔细分析且发人深思的经验，如何将对经典文本的研究汇聚为对普遍问题的深入探讨，观察者对社会中日常行为的观察如何确定他在社会边缘的基本地位，或者，一段小小的弯路如何能出其不意地将人引上通往自我认识之路。自卢梭在首次漫步中迈出第一步起，自我认识便是个让他紧张不安的问题。在整个漫步过程中，孤独漫步者都在探究这个问题，其间，他审查自我、关注敌人、修正自我，他一再踏上新的征程，关注天性和自我的回归，他在其间娓娓道来、聚精会神、深入挖掘。《遐想》的结构安排和内容都反映了自我认识是无穷尽、无休止的。确切来说，这些遐想中出现的所有重大主题都是自我认识这一主题的变种：神与自然、道德与政治、爱情与幸福、善良与美德、真理与死亡。自我认识之所以是《遐想》的主题，因为它是哲学生活的主题。它使《遐想》成了一部间接、[72] 含蓄且需要读者去传承的书。

一种哲学生活并不始于一个过哲学生活的个体的出生之日，但却一定终止于他的死亡之时。因此，与其终结相比，哲学生活的开端从另一种意义上来说成了更值得考究的问题。哲学生活的开端当然是哲学反思和各种可能的哲学论争的对象。但不管怎样，这一开端还包含了背景历史。它需要铺垫与求证确认。死亡将在某时某地中断正在进行的哲学生活。只要非自愿选择，它都会从外界突袭这种生活且为其画上一个句号。《遐想》虑及了这种开端与终结的形式特征。它并没有从开端谈起，而是从开端后谈起，这从开场白一眼便可看出："我在世间就这样孑然一身了。"这些遐想的终结以真正的终结为模板。它们没有止于一个被作者确定达到了的行动目标。它们止于意犹未尽之时，它们尚未说尽一切可说之话便沉默不语了。它们的终结并非源自内在必然性，而是由死亡所决定的。是死亡，而并非作者终结了这位孤独漫步者的遐想。作者通过允许其"聚精会神"状态的中断而为这些遐想彻底地画上了句号。①

卢梭在"漫步"之七开端宣告了该书的终结。本来出于一系列原因，《遐想》的第七篇非常适于用来给该书以一个恰当结尾。此篇的主题是以"植物学"为名对自然进行哲学考察，或说是狭义上的理论；此外，它也是《遐想》中唯一称一名哲人为哲人并将他当作榜样的一篇。在最后一句话中，卢梭[73]回忆了他的童年。他重申自己的乐趣是"无邪"的，强调自己身处"一个世人从未遭遇过的悲惨命运"中，却仍具有使自己幸福的能力。最后两个词语是："一个世人。"② 卢梭为《遐想》的前七篇抄写了一份誊清稿——他在此前的作家生涯中常这样对待手稿——以此为排版和印刷做准备。

---

① 参第一章注㉔。在卢梭记下该脚注中的引言的同一张纸牌上，有如下关于《遐想》的记录："我感觉到我的想象力已冻结，我所有的能力都在衰退。我希望看到我的遐想日益减少，直到有一天我因厌倦书写它们而丧失勇气；因此，若我继续的话，我的书很自然会在我行将入土之时完结。"（《遐想草稿》I，页1165，我的强调）只阅读"漫步"之十便足可确信，《遐想》的终结并非源于"厌倦书写它们"。

② 《遐想》VII，段30，页1073。

但此后他却又写了"漫步"之八。此前的"漫步"之七关注世界的自然表达方式,而这一篇则又开始关注孤独漫步者,探讨他追求哲理的本性如何使"他那感情外露的心灵"在迈入尘世时面临丧失自我的危险。卢梭再次使自己的生活成了反思、审查和内省的对象。此处的分析比之前的七次"漫步"更加坚定和深入。他区分了自爱和自尊,以此为例阐明了他对自己作品中曾多次探讨的主题还有更敏锐、更具挑衅性的新见地。在"漫步"之八中,卢梭深化了探讨,他最后一次运用了遐想一词,并提醒读者回观该书的核心,这些都将《遐想》整合为一个整体。此篇本应最适于用来做结尾,然而卢梭并未于此止步。他写了更为深入的"漫步"之九,从某种意义上来说,它是第七篇的平行篇,通过沉思人类世界,突出了看见与亲眼看见的重大意义,这两者不仅不同于道听途说,也有别于生动的想象。最后,他写了"漫步"之十。它是献给爱情的,它将卢梭的生活方式追溯到一种影响重大的初始形势,以便从根源处及其内在逻辑去思量这种生活方式的整个发展历程。由此,第十篇"漫步"成了首篇"漫步"的极端对立面,因为卢梭在那里将自己着重刻画成了其命运"掌控者的"玩物。③ 注明了确切日期的第十次漫步只有一段[74],它以"在今天这个日子"为开端,是唯一明确立足于当下的一篇"漫步"。《遐想》止于今日。《遐想》的第七或第八篇本可以给该书一个令人信服的结尾。然则,全知全能结尾的缺失,《遐想》的戛然而止,使其成了模仿[真正的死亡终结]的杰作。

哲学生活起于"漫步"之三中。此前有一个开阔而多层次的引论,其间,最为重要的哲学问题隐约可见:何谓神?抑或,自身天性是什么?尤其先行于此的是此书的双重引言,它表现为"漫步"之一给出的第一重或说真正引言,及其在"漫步"之二引言中的简短重复。在后者中,卢梭纠正了第一个引言里的一个谬误,尽管该

---

③ 《遐想》I,段3,页996;参见I,段5、9,页996、998。

引言本身已修正了众多谬误及由此得出的观点和看法。哲学生活的开端不等同于哲学思考的开端。哲学思考始于谬误。

第三篇"漫步"对我们开端的先前情况进行了扼要的自传性勾勒，这与第一和第二篇"漫步"中的模仿性铺垫遥相呼应。这一勾勒在文中编排得当，能不动声色地指引细心的读者了解跟[哲学生活]开端相关的哲学问题，因为卢梭强调他试图"在人生的各个阶段"认识自己存在的本性和使命。他的依据是，他对进行这番探讨比任何其他人都更有兴致，更为细致谨慎。他竭力阐明他的研究是为了自己、为了认识真理，他的所有哲学思考最终都以他自身的善为评判标准：

> 至于我，当我想学点什么东西的时候，那是为了使自己得到知识而不是为了教育他人；我一贯认为，要教育他人，自己首先得有足够的知识；而我一生中想在人群中进行的全部学习，几乎没有哪一项是我不能在原打算在那里度过余年的荒岛上独自进行的。

显而易见，卢梭这是在为必要的引入做铺垫，通过一个强烈对比来获取[理解]他所说的话所必需的缓冲地带。④ [75] 让我们再回过头来谈我们的问题。卢梭认为他的哲学思考有连续性，这一点使我们的问题变得尤为重要。对哲学生活的开端该作何感想？按照卢梭在《遐想》中的所有说法，这种[哲学生活的]发展历程取决于他的内在必然性，并且与其本性相符，那么，我们该如何理解这生活中的不连续性？它是对他本性中潜在趋势的突破？它是一种根本颠覆性的看法，能使这种发展历程得以实现的最重要关联呈现出别样面貌？它是一种生活特性的觉醒吗——这种生活一直循着追求哲理的渴望，但直到意识到其与众不同之处才觉醒

---

④ 《遐想》III，段 5，页 1012-1013。

了？卢梭插入的自传性梗概以他成长过程中的习俗和虔诚为出发点，贯穿了其青少年时代的宗教教育和阅读经验，就如他向我们允诺的，这些使他变成了"类似费纳隆式的虔信者"，使他走上了哲学活动之路，并开始了"在隐遁中的沉思，对自然的研究，对宇宙的冥想"。[梗概中]丝毫没有抛弃忠诚坚定的信仰，没有与根深蒂固的偏见的决裂，没有危机，没有颠覆。但此后，卢梭开始谈到一场"重大革命"，他将它发生的日期确定为四十岁；它诞生于一次酝酿已久的决定，并且建立在严格审查一切意见看法的坚定意志的基础上。这时，在生命的中年，卢梭启动了这一场无所不包的"重大革命"，它关乎生死问题。它的核心对象是信仰：应尽的义务与对道德的期盼，宗教的戒律与希望。为了弄清自己该如何生活及在弥留之际会有何感想，卢梭"在一个时期内"选择了一种生活方式来完全服务于自己这项计划。卢梭选择了一种生活方式，以便让自己能在绵长而安宁的沉思中回答何谓正确的生活这一问题，结果证明，卢梭认为它是有益于自己且在余生中应保持的生活方式。⑤

[76] 卢梭极为简明扼要地描述了这一哲学生活方式的根基：问与答交叉叠错。从对正确之事的追问到好的生活这一答案，其间的过渡在此表现得极为自然。卢梭以轻描淡写的笔调道出了他和"观念世界"中其他居民所共有的重要经验，他的笔触言简意赅，甚至会使色诺芬都感到增光，其方式就仿佛他在谈论一件人尽可见之事：他的生活是孤寂的，当然，他最终甚至将此与他的幸福联系在一起。⑥

---

⑤ 《遐想》III，段6-10，页1013-1015。

⑥ 正是在这一时期，我开始彻底脱离上流社会，开始对孤寂生活产生强烈的爱好，至今未衰。我所要写的那部作品，只有在绝对隐遁中才能写出，它要求长期安静的沉思，而这是喧嚣的社交生活所不许可的。这就迫使我在一个时期内采取另外一种生活方式，后来觉得它是如此之好，因此，在迫不得已作为时不久的中断后，总是一有可能就一心一意地恢复它，而且毫无困难地做到心无旁骛。等到后来别人迫使我过孤独生活时，我

卢梭只在《遐想》中首次出现生活方式这一概念时对它进行了界定,⑦ 乍一看,这一界定并未超出人们[77]远观孤独漫步者时的看法——"孤独漫步者"这个概念只在该书的标题中出现过一次⑧——并且任何一个局外人都无法由此知晓,在孤独的道路上打动并充斥漫步者内心的到底是什么。

卢梭论及的"彻底检讨"和"重大革命"都强调了开启哲学生活这一事件的意义。卢梭刻画的这一转折中尤其值得一提的有两个方面。一方面,这次"彻底检讨"需要动用他所有精力和能力,尤其是不懈追问的勇气。卢梭敢于宣告,在他试图彻底探究事物根源且将"常人谨小慎微的法则"抛诸脑后时,他一直都保持着自己原本的样子,并且生平第一次证明了自己的勇气。他用一个变相的

就觉得,他们为了让我痛苦而把我流放,结果给我带来的幸福却比我自己争取的还多。(《遐想》III,段10,页1015)

不同的评论者认为此处引文的第二句话中暗指的是《萨瓦代理本堂神父的信仰自白》一书。能驳斥这一狭隘解读的不仅有"漫步"之三第十七段对这篇信仰自白的明确说明("我这痛苦探索的结果大致就跟我后来在《萨瓦代理本堂神父的信仰自白》中所说的那样")。这一解读将此句话中指涉的作品草率地等同于后被引来进行比较的著作,这既没有认清此处第十段所述计划的根本特性,也没有认清其广泛全面性。此段之前和之后的段落让人对这一点确信无疑:"……我决心对我的内心来一番彻底的严格审查,并予以调整,使今后余生一直保持我死前希望保持的那个样子。"(《遐想》III,段8,页1015)"……所有这一切都迫使我做一次早就感到有必要进行的彻底检讨。我这样做了,对未做好这项工作所需的一切因素,只要是操之在我的,都毫无忽略。"(《遐想》III,段9,页1015)"我从事这项工作的热忱适应于这项工作的重要性以及我从事它的需要。"(《遐想》III,段11,页1015)"在经过几次尝试以后,我把这个计划执行起来,步子虽慢,但全力以赴,不稍懈怠。我强烈地意识到,我余年的安宁和我整个命运都取决于这个计划。"(《遐想》III,段14,页1016)

⑦ 参见《遐想》V,段11,页1045。
⑧ 参见《遐想》V,段2,页1040。

航海者比喻描述了自己被传统和常人的判断排挤后的处境：航海者动身前往广阔的大海，却不知自己何时才能再次踏上坚实的土地。不论是谁，只要他身处此种境地而须得竭尽全力去经受一次关系其"整个命运"的挑战，他都会对这种开端有清醒的认识，都会想起自己所赖以经受住这些考验的根基。⑨ 另一方面，这场"重大革命"涉及生活的各个领域。长久以来建立的各种友谊、社会交往中的种种习俗、对职业的选择、决定选择或不选择某个居住地点——这场革命基本上无所不包，或说一切都将受到它的影响。它甚至可能体现在外貌的变化、公众形象的改变或对日常生活的重新安排中。要过一种和谐生活的意愿协助和补充了要过一种有根据的生活的意愿。对卢梭而言，无保留的追问和对稳固性的追求与哲学生活的开端密不可分。

从卢梭早年经历来看，早在他于《法兰西信使》(Mercure de France) 上发表答第戎科学院的有奖征文及迁居 [78] 过上隐遁生活时，他的生活便已出现了颇为明显的转折，在"漫步"之三中，卢梭并未重述明确证明其转变的自传性经历。⑩ 他并不想再现或修正转变过程中的细枝末节，在《忏悔录》中，他称这一转变为"我的改革"：他改变了自己华丽的装束，解下佩剑并变卖了手表；1751 年或 1752 年，他辞去了在税务官迪潘和弗朗屈埃那里的职务；⑪ 最后，他于 1756 年 4 月告别了巴黎及他数十载间所从属或被归其中的社交圈。确定的地点和时间变得完全无足轻重。此处言说的卢梭并非在记录他的历史。他于 1762 年首次在《致马勒泽布的信》中提到了"四

---

⑨ 《遐想》III，段 14－15，页 1016－1017。参见《为何是政治哲学？》(*Warum Politische Philosophie?* Stuttgart－Weimar，2000)，页 27－28。

⑩ 《致马勒塞尔伯的信》("Lettres à Malesherbes") II，见 OCP I，页 1135－1136；《忏悔录》VIII，页 356、361－364 及 IX，页 416－418。

⑪ 《忏悔录》VIII，页 362－363；参见 CC II，页 145－146 注释 c 和 d 以及页 195－196 注释 a。

十之年"，而这个表达在《遐想》中重现时所遵循的完全是另一种原则：不是一个历史性的，而是一个象征性日期。"自青少年时起"，它就一直被用来标志一个"时期"，不论外界是否发生何种事件，必须在这个时期进行一次彻底清查，这建立在一种客观必然性的基础上，这种必然性在任何时候都清晰可辨，因此不受制于个体的感觉和判断。⑫"四十之年"仿佛将这个"时期"汇集成了标志着见识增长的一个点，从此以后，一切都与此前大不相同。"四十之年"象征着这次"彻底检讨"的谨慎、明确而有意识的开端。卢梭在此谈及的"彻底检讨"和"重大革命"远胜过他在《遐想》以前所述的"改革"的特征。根据《忏悔录》的表述，卢梭改革的实质是决意要"独立和清贫"，这个决定的基础是要过一种安分守己、疏于交际的生活。⑬与此相对，"漫步"之三中的"彻底检讨"涉及的问题则是[79]这种安分守己、疏于交际的生活是否恰当、正确，或更确切来说，孤独漫步者是否允许按照他的本性去生活。要进行这一决定性的澄清，必须深入研究哲人的自足生活可能招致的重大异议。那些最强有力的异议之共同点在于，它们要求，这次澄清活动针对其自身及其对何谓恰当正确的生活这一问题的答复，必须具有权威性、约束力和强制性。因此，这次澄清活动游离于一种视域中，它的范围一方面由惯例和必要的越界，另一方面由禁忌和可能的违规而划定。只是听凭自己的兴趣爱好或说被"纯粹好奇心"左右，还不足以使人过上一种有根据的生活。如果孤独漫步者不及时证明自己迈出的一步是合理的，

---

⑫ 参见 René Descartes，《第一哲学原理》(*Meditationes de prima philosophia I in princ.*)，见 *Œuvre*. Ed. Charles Adam et Paul Tannery, Paris, 1983, VII, 页 17-18。

⑬ 《忏悔录》VIII，页 362、356。若将这次"重大革命"与《忏悔录》第九章（页 417-418）两次提及的"革命"相比较，我们可发现，"漫步"之三已在很大程度上超越了《忏悔录》中的表述。《忏悔录》中并没有类似于"彻底检讨"的说法。

那他日后可能要为此而"承担罪责",在此情况下,他将查明自己是否有正当理由沿着已迈上的哲学思考之路继续走下去,并一直走到路的尽头。⑭

如果说哲学思考始于谬误,那么,要开始哲学生活就必须弄清哲学生活是否建立在一种谬误的基础上。因为一旦这种谬误遭遇小聪明品头论足,被探讨的便不再是谬误,而是罪责或原罪了。哲学若要保有其犯过失和怀疑的自由、悬置判断的自由及作为与不作为的自由,就必须证明它的权利和必要性。犯罪的可能性关乎一种法律,对原罪的宣称则关乎一种戒律,两者都与一种具有约束性的顺从义务密不可分。顺从义务要求一种崇尚自由追问和钻研的生活毫无保留地去追问和钻研自身,且要相应地去检查审判它的法庭。这种生活不得不与自身协调一致。它没法不极端激进。从根本上来说,对它的质疑与诘难正是促使它形成独特形式并意识到其不同之处的功臣。对哲学生活而言,它对自身不同之处的意识有着决定性意义。在自知为一种要求极高且极为迫切的生活方式的情况下,[80] 它把过有根据的生活的意愿与过与自身协调一致的生活的意愿结合在了一起。因此,认为哲学生活没有审慎的开端,与认为它乃基于一种无需论证的行动,都是错误的。若第一种看法是对的,那么哲学生活就并非我们在此讨论的确定无疑和有意为之的生活方式。而若后一种看法有理,那么我们所论的生活方式便是自相矛盾的,因为这样的话,它显然既无法追问自身的开端,又无法据理证明其自身。

若哲学生活没有意识到自身的特殊性,那么它既无法设想,也无法付诸实践。若一个政治集体为了利用哲学而承诺完全解除哲学所受的限制,如果一种宗教为了利用哲学而不去坚决地跟它对抗或在一定程度上赞许它,这或许会使哲学思考变得容易些,但却会妨碍人们将哲学生活付诸实践。明确的限制和禁令的缺失不会促进哲学去认识每

---

⑭ 《遐想》II,段 5,页 1012–1013;III,段 15,页 1017。

个集体都面临着的障碍和阻力。若对哲学根本不提出任何严肃的诘问，或安于忽略那些根据事物本性提出的异议，就更不会促进哲学对障碍和阻力的认识。上述行为都不利于专注的哲学思考、哲学对自身的反省或哲学生活内部整体的形成。看起来是普遍减轻负担的事，最后对特殊事物造成的影响都主要是障碍。若我们按概念区分哲学思考与哲学生活，以便用一种行动来消除哲学带给人们的迷惘——这种行动可以始终是自相矛盾的、局部的或零星的，并且就其本身来看也不构成什么特殊的生活方式——那么，我们从中可轻松得出的结论是，即便哲学不被理解为特别的生活方式，哲学问题也能得到专业的探讨。简言之，一个人即使过的不是哲学生活，也不一定会妨碍他进行对我们有益、有启发的哲学思考。而反过来，即使一个人的"哲思高深莫测"，也并不意味着他在最重要的问题上胜我们一筹或者能代我们去思考它。⑮［81］卢梭所说的与重大转折相关的"严格考查"不能委托给任何人。⑯ 它是基于彻底追问的哲学生活的真正原则，若一个答案的权威性未被印证，这种生活便不会归于平静。

为了弄清在接下来的生活中什么能长存及该以什么为准绳，卢梭对传统观点和自己的爱好进行了严格考察，这一做法适于用来促成一种专心致志的状态，没有它，哲人的生活就不可能成为一种生活。就卢梭这一重要的澄清而言，他在《遐想》中用典型的方式绝无仅有地表明了他是有勇气的。⑰ 要毫无保留地去追问，勇气或说勇敢这个基本道德就必不可少，这种追问从根本上决定了哲学生活，担负着"整个命运"或说"永恒命运"的重负。⑱ 这种追问之所以堪称毫无

---

⑮ 《遐想》III，段5，页1012。
⑯ 《遐想》III，段8，页1015；参见 III，段6最后一句话及段13，页1014、1016。
⑰ 《遐想》III，段15，页1017；参见 IV，段41，页1039。在《遐想》中，卢梭只在这两处使用了勇气这一概念。
⑱ 《遐想》III，段14、15，页1016、1017。

保留，是因为它们对任何惯例和权威都毫不留情，因而无法立足于任何权威和传统中。要认真进行这种追问，光靠勇敢还不够。要进行这次大胆尝试还需抱有能胜任于此的信心，还必须相信自己，相信自己有能力将这一考察恰当地付诸实践，对事物追根溯源，使自己独立于其他评判者的评判，相信自己有能力做自己的评判者。若说这种信赖不应是种盲目的笃信，且勇敢也不应是单纯的鲁莽，那么，种种思考和理解提供的经验便是这一大胆尝试的养料，它在追问和研究的实践中逐渐成长，并通过克服偏见、打破幻想和勤练正直而逐渐变得强大。这一大胆尝试尤其建立在对相信一件事与知道一件事之区别的认识基础上。从这个意义上来说，哲学生活有一段必不可少的前史，并且也正因如此，哲学思考必然先行于哲学生活。

卢梭在这篇"漫步"中探讨了哲学生活的开端，[82] 每个人都能明显地看出这篇"漫步"以他的信仰为主题。在第三篇"漫步"中，卢梭唯一一次谈到了"我的信仰"和"我的信念"，也唯一一次回忆了《萨瓦代理本堂神父的信仰自白》。[19] 此外，对开端前史的回顾使他有机会提起他的基督教出身，并由此将基督教纳入进来，而该书任何其他地方都没有直接指称基督教。[20] 事实上，"漫步"之三的主题并非普遍意义上卢梭的信仰，而是关乎他对基督教的未说出口的态度，也就是说，"漫步"之三关乎使他树敌无数且遭受迫害的一大争端。卢梭围绕启示信仰（Offenbarungsglaube）这一问题阐述了哲学生活的开端。启示信仰表明且促使人们对卢梭形成了各种不同的看法。

如果说这次重要的澄清活动要探讨的是［对哲学生活的］最有

---

[19] 它们分别在《遐想》III，段 18、23、17，页 1018、1022、1018 中出现过一次。

[20] 《遐想》III，段 6，页 1013。"基督教徒"这个词只在此出现过，而"基督教"则从未在《遐想》中出现过。

分量的异议，那么启示信仰就成了探讨的焦点。这种信仰极端否定哲学，它以行动的义务反驳毫无保留的追问，用恪守神的戒律来对抗哲人的守己自足，并且否定了哲学生活存在的理由。哲学生活与服从信仰的生活完全不可调和，再没有什么比服从信仰的生活更能使哲学生活意识到其自身的与众不同了。哲学生活的开端便已驳斥了顺从这一诉求。然而，这次探讨并非仅仅旨在驳斥，也并非止于对哲学生活开端的研究。它是哲学生活的一部分，如我们所见，这种哲学生活唯当从本身的开端谈起，并通过追问和思考去验证这种开端时，才能有理有据。为了证明自身的权利和真理，哲学必须去探寻并仔细审查，继而据理驳斥针对它的最强有力异议。然而，人们所能想到的异议中，[83] 没有比依仗对全能上帝的信仰而提出的异议更强有力。因此，对启示信仰的探讨绝非一朝一夕之事。多种事实表明，恰恰相反，这次探索"缓慢且分多次"进行，[21] 并且批判也一再经历新的阶段，正如我们在卢梭身上所能看到的那样，从《论人类不平等的起源》《致达朗贝尔的信》《社会契约论》直到《爱弥儿》，从1763年和1764年的辩护著作《致博蒙书》和《山中来信》直到《忏悔录》。日后，为了回应那位巴黎大主教和日内瓦的那些牧师，卢梭不得不深入研究他的批判者提出的种种异议和所列的批判清单，这些都为他进一步明确自己的立场提供了契机——比如他关于基督教的原罪和恩典学说的立场，或关于与全能信仰最紧密相关的圣经神迹的立场。[22] 这样一来，这种深入研究不仅针对神学的责难进行了自我辩护，还将促进卢梭对事物本身的认识，就如开端危机所做到的那样。

在"漫步"之三中，卢梭并没有批判启示信仰，而是使这种批判

---

[21] 《遐想》III，段14，页1016。

[22] 参见《致博蒙书》，页937-940、945-946；《山中来信》I，段58、69，页702-703、705；II，段1、14，页711、715；III，段3、95，页727、754；V，注释122，页798；对神迹的批判见整个III，页727-754。

退居幕后,尽力转移人们对它的注意。为了做到这一点,他使用了他在《对话录》中已接受过考验的方法:猛烈抨击哲人及其无神论。更确切来说,他抨击了哲人对无神论的公然利用。《对话录》中唯一一次出现"无神论"这个概念时,身为读者的卢梭谴责了哲人"狂热的无神论"及他们的激情中迸发的"一时的狂热",[23] 而在《遐想》中唯一谈及"无神论"之处,作为作者的卢梭则谴责哲人是"狂热的无神论传教士和专横至极的教条主义者"。哲人的激情和兴趣决定了其传授内容及其让他人信 [84] 或不信的事情。他们的学说遵从宗派精神,是伪善的表现。哲学并没有决定他们的生活,而是服务于他们的宣传目的。[24] 教条主义和盲目信仰,传教热情和权势欲——卢梭视这一切与哲人的无神论为一体,而这与哲学生活格格不入,其根源在于自我认识的匮乏。这种自我认识的匮乏伴随着缺乏精神自由和缜密思考,卢梭在作品中一再指责哲人的这种不足:他起初在《论科学和文艺》的前言里,最后在《卢梭评判让-雅克》的第三篇对话中强调,他们远没有摆脱其所属时代的舆论,而是听命于他们的世纪。他们在世纪的种种潮流和大众化趋势中随波逐流,他们宣传的无神论尤是如此。[25]

对哲人进行界定有着重要意义,因为《对话录》旨在使上面所述的"怪物"[作者让-雅克]免受无神论的指控,并使法国人最终相信让-雅克像他自己一样也是有信仰的。[26] 在"漫步"之三中,卢

---

[23] 《卢梭评判让-雅克》III,页971。

[24] 《遐想》III,段11、13,页1016;参见III,段5、17、22,页1012、1018、1022。

[25] 参见《论科学与艺术》,页3;《卢梭评判让-雅克》III,页971。

[26] 法国人两次谈到"无神论":在第一篇对话中,他指责"让-雅克"是"无神论学说"的始作俑者(页690)。在第三篇对话中,他——在"卢梭"告诉他"让-雅克"的性格并且他进一步熟悉其作品,尤其是《爱弥儿》后——批评"那些哲人"道:"最狂热的传教士怀着极大的热情鼓吹和

梭仿佛更［85］进一步，他作了一番表白，目的是让《对话录》中法国人所代表的读者更易调和其信仰与卢梭所谓"我的信仰"之间的关系。他用否定的方式确定了自己与这些哲人间的界线："他们的学说没有说服我，反使我感到不安。"㉗反过来，他又以肯定的方式表白道，"这一番思考及从中得出的结论"对他而言是一种支持，他需要它们作为

> 忍受一生苦难所需的支持。如果换另外一种体系，我就根本无法生活下去，就会在绝望中死去。我将成为最不幸的人。因此，我要坚持这个体系，只有它才能使我不受命运和别人的摆布而得到幸福。㉘

此处显然向众人传递了一个信息：卢梭的幸福植根于他的信仰，从根本上来说，该信仰是一种希望，希望"此生"所受的不幸、痛苦和不公待遇能得到"补偿"，希望"由各种考验组成"的生活能够得到弥补、回报和公正的待遇。然而，可能使信教的读者感到不安的是，卢梭说未来的补偿"确定无疑"，他十分肯定自己会得到自己应得

宣传这一唯物主义和无神论学说，其目的不仅在于叫头目们控制新入教的教徒，而且在于他们利用这些新教徒的密谋，叫这些人活着不要惧怕任何的内情泄露，死的时候也不用担心有任何悔恨。他们的阴谋成功后，也要与其同谋者一起死掉。对这些同谋者，他们除了反复教导在另一个世界里不要担心那个波斯人报塞桥外，就别无其他了。让-雅克用这座报塞桥来反驳那些说宗教没有任何好处的人。在另一个世界里道德秩序重新恢复这一信条从前叫人在这个世界里补赎了许多过失，骗子们在其同谋者的最后弥留时可也曾要冒着一种风险，这种危险常常给他们当了制动器，叫他们刹了闸。但是，我们这种哲学将其鼓吹者从这种恐惧中解救了出来，将其门徒们从这种义务中解救了出来，也就一劳永逸地摧毁了一切悔恨的归路。"（《卢梭评判让-雅克：对话录》页968）

㉗ 《遐想》III，段11，页1016。
㉘ 《遐想》III，段18，页1018-1019。

的，换句话说，他知道自己将要面临的事情，能够评判自己是谁及自己将面临何种处境——"而能取得这种补偿的信念正是我从前面所说的沉思默想中获得的主要成果"。㉙ 卢梭的确定无疑能与对信仰的顺从兼容吗？或者反过来，说到信仰时，对信仰的确信不疑与对信仰的希望果真是一回事吗？㉚ 卢梭让"信仰"的内容保持充分的不确定性，这使读者可在潜在认信中填入自己的信条。卢梭通过这种方式引导读者提出上述或诸如此类的问题。我们试着假定一种充满善意的基督教式解读，它可能承接了阐明那次重大转折的前情的自传性描述，㉛ [86] 一些听来耳熟的措辞，比如卢梭所说的"事物的起因"或"上天"，也会鼓励人们这样去解读。㉜ 也就是说，若我们暂时假定卢梭的信仰能与基督教式的信仰告白兼容，那么"漫步"之三可为我们理解这种信仰告白提供什么线索呢？我们会得出，人之所以有信仰，是为了获得希望和慰藉，这种信仰最强有力的代言者是对绝望的恐惧和对公平秩序的渴望，它最深层的原因是自身生活的不足。这种信仰是"童年的偏见和心中隐秘的愿望"之果，并且它将消失在死后的生命中。"人们很难不对他们那么热切祈望的事物不产生信仰；又有

㉙ 《遐想》，段 20，页 1019 - 1020。

㉚ 参见"能获得这种补偿的信念"之后紧接着那句话中的"我希望"（《遐想》III，段 21，页 1020；参见之前的 III，段 18，页 1019，此后的 III，段 24，页 1023）。

㉛ 与"……我当了天主教徒，但我仍是个基督徒……""……使我变成类似费纳龙式的虔信者……"这两句话都关乎卢梭的青少年时期（《遐想》，III，1013）。

㉜ "事物作家"（l'auteur des choses）这个说法被划归为卢梭的青年时代，亦即这次重大转折前的时期（《遐想》III，段 6，页 1014）。上面（原文注释 28）的引文后紧接着提出了一个修辞性问题，其中提到了"上天"："这一番思考以及从中得出的结论，难道不像是上天对我的启示，让我对等待着我的命运早作准备，让我能经受住这一命运的考验吗？"（《遐想》III，段 19，页 1019，我的强调）

谁能怀疑，大多数人对所希望或者所害怕的事物的信仰，屈居于他们是承认还是否认来世的审判呢？"㉝ 若说我们此时禁不住去追问并怀疑这幅简洁而浓缩的图像，那么，卢梭在这一方面早已赶在了我们前面。他数十次强调，他称之为"我的信仰"的那些想法遭遇了无数"无法化解的异议""不可逾越的困难"和"使人气馁的怀疑"，就仿佛他怎么强调人们对他的异议都不为过——尽管他没有明确指出其中任何一种异议究竟是什么。顽固的异议充斥并主宰着陈述和展示信仰的全过程。㉞

尽管"漫步"之三充满了不容忽视的各种疑虑，尽管卢梭在其间设置了各种警示标志，该篇仍被大多数读者理解为信仰的明证。卢梭有望赢得大批追随者，他们将像他那样，相信信仰是人们有望获得的唯一支撑，相信生活若没有信仰就没有幸福，这种信仰将会克服任何一种有说服力的最大疑虑。此外，卢梭还积极支持这些追随者去尊奉他的信仰。为此，他主要使用了两种技巧。一方面，他提议〔这些追随者〕至少要与他阐述信仰时确定为主题的信条保持一致——与对死后生命的希望保持一致。另一方面，他在《遐想》中引入了他15年前发表过的一份真正的"信仰自白"。

事实上，卢梭没有在任何一处表白他对死后生活的信仰。即便有些看似与此相关的说法，经更仔细的考察后它们也显得模棱两可。例如，卢梭说他很早便已明白了他不应在"这个世界"找寻他生活的"真正目的"，大多数读者都把这看成是卢梭向来世和彼世看齐的一种明证。而《对话录》有意面向的读者则认为这是有意在暗示那个"观念世界"及其居民。读者在几段后会看到"不朽"这个形容词——它是大多数阐释者在文中翘首期待且很快会读到的——而他会

㉝ 《遐想》III，段15，页1017，我的强调；III，段18-24，页1019-1023。
㉞ 卢梭在"漫步"之三中八次使用了异议这个概念。四次在提到《萨瓦代理本堂神父的信仰自白》之前，四次在此之后。《遐想》III，段14、16，页1017、1018：三次；III，段18，页1018：两次；III，段21、23，页1020、1022。除在"漫步"之三中，这个概念未出现于《遐想》中的任何他处。

注意到，卢梭说的是他的"不朽天性"，而非他的"不朽灵魂"。读者会自问，卢梭论及不朽天性的目的何在。这个被作者后来才插入"漫步"之三中的词语也会让读者注意到，《遐想》中没有任何一处谈到"不朽"。㉟ 然而，呈现主题时包含的对死后生活的追问却给人造成一种印象，[88] 即卢梭与他的有信仰的读者抱着同样的希望。他尤其借助"漫步"之三末段中的一处支持了这种希望，这使人想起柏拉图的《斐多》中苏格拉底被处决前所说的一番话。任何人都无需对以下事实感到惊讶，即卢梭在《社会契约论》中将"未来的生命、正直者的幸福、对坏人的惩罚"变成了包含了十条教义的公民宗教（Religion civile）的第六、七、八个教条。㊱ 然而，对死后生活的希望这一主题导致的结果是，作为"漫步"之三中多少可以把握的唯一的信仰内容，它仿佛招致了各种异议的全部冲击力，卢梭坦言，自己从未能消除这些异议。

事实证明，影响最大的是已提及的"漫步"之三第十七段中著名的一处："我这痛苦的探索的结果大致就跟我后来在《萨瓦代理本堂神父的信仰自白》中所说的那样。"这句话不正阐明和解决了问题吗？一本"只为自己"而写的书，除了包含一种坦率的表白外还能有什么别的？也就是说，卢梭在生命终点承认了他相信他借代理本堂神父之口所说的话？这种将卢梭的话看作自白的主流观点，低估了一项任务的重要性，即首先要弄清卢梭在《信仰自白》中"写了"什么。* 此外，

㉟ 《遐想》III，段 5、18，页 1013、1018。在《遐想》中，"不朽"除了出现在 III，段 18 之外，还出现过一次。在那里，卢梭论及的是对某些"团体的强烈、不朽的反感"，这些团体将在他和他的敌人死后仍追踪迫害他，见 III，段 10，页 998。

㊱ 《社会契约论》IV，章 8，段 33，见 OCP III，页 468。[译注] 卢梭，《社会契约论》，何兆武译，北京：商务印书馆，页 210。如无特殊说明，该译著中涉及该书引文都出自这个译本，必要时会稍作改动。

* [译注]《萨瓦代理本堂神父的信仰自白》以下简称为《信仰自白》。

这一观点还低估了限制词"大致"所隐含的困难。卢梭的回指使意欲查明实情的读者不得不去仔细考察《信仰自白》。因为卢梭在其中所写的绝不等同于他借代理本堂神父之口所说的。除了需要仔细解读代理本堂神父的话外，我们还须高度注意这些言论的背景，尤其要注意卢梭对这位代理本堂神父的教育计划的考察和看法。对《信仰自白》的考察是一项单独的任务。㊲ 在此我只能谈"大致"这一说法。卢梭勇于深化以下说明，即他种种探索的结果［89］"大致"就跟他后来在《信仰自白》中所说的那样。后面这部书于 1762 年招致了巴黎对他的逮捕令，并迫使他在数年间从一个国家逃亡到另一个国家。对于基督教会及法国、瑞士的世俗权威而言，《信仰自白》是一桩真正的丑闻。他的"大致"一词显示，他与这部 15 年来使天主教、新教及正教迁怒于他的著作保持着一定的距离，也表明了他对该书秘而不宣的别样姿态，该书也没有标明卢梭得出的"结果"最终到底是没那么异端还是更加异端。若考虑到探讨这一对象的迫切性，上述限制词可从两个不同方向来进行阐释的现象也就不足为奇了。这还可用另一个例子来说明。代理本堂神父表明了他对死后生活的信仰，但并未表明对不朽灵魂的信仰。在他的宗教道德学说中，他试图说服那个改宗者相信，灵魂将在一段足够长的时间内继续存在，以便它在"这个世界中"的作为能获得公正的清算。卢梭拒绝认可代理本堂神父对灵魂不朽的否定了吗？他支持代理本堂神父的未来生活学说是出于道德原因吗？他拒绝接受代理本堂神父的过分要求了吗，即他拒绝将公正道德的要求上升为他自己本要代表的信仰真理吗？"漫步"之三一再表明，相较于《信仰自白》而言，《遐想》的探索"结果"不是更正统了，而是可能更非正统了。㊳ 那番信仰自白虽当时被谴责为异端，但它远不如卢梭真正的异说，因此，假定《遐想》与这番自

㊲ 参见本书第二卷，它完整地补充了我对《遐想》的思考。
㊳ 参见《遐想》III，段 14、15、16，页 1017、1018。

白相似，可使《遐想》显得没那么有失体统，并减轻他因《遐想》而招致的怀疑。并且卢梭可以指望，《信仰自白》"有朝一日"将会引起一场"革命"或为这场"革命"做出应有贡献，而这将会使后世较温和地看待他的离经叛道——不论人们认为他在信仰过程中有何过失，这些都是他的真诚犯下的过失。

[90] 卢梭的"信仰"或"信念"究竟是什么，这个问题远不在"漫步"之三探讨的范围内。作为整体的《遐想》一书给出了答案。而"漫步"之三则最清楚地提出了该问题。最清楚不仅意味着最明显或最郑重其事，因为这篇不失蜿蜒曲折的"漫步"集中了该问题的答案所依据的所有要点：卢梭的幸福取决于一个陌生意志或有别于整体的他者的干预吗？只有对未来补偿的希望才让他可以忍受当下的不幸吗？他的存在急切地盼望一个总是先行和外在于它的事件吗？抑或卢梭的生活是自足的？"漫步"之三使读者能有根据地评判上述问题，该问题使"漫步"之三如此突出，以至于任何人都无法对该篇视而不见或听而不闻。

"漫步"之三对启示信仰的核心始终略去不提，就仿佛它是个空缺。该篇中没有提到上帝。与"漫步"之三紧密相连的"漫步"之四亦是如此。这两次"漫步"在《遐想》里有着特殊地位。它们形成了一对，第四篇是第三篇"漫步"的延续。卢梭用该书中使用的唯一箴言把它们囊括了起来：我年事日长而学习不辍。他将梭伦的话置于《遐想》的第三篇前，以梭伦来开启"漫步"之三，并在该篇末尾考虑到信仰而明确地反驳了梭伦，结果在漫步之四末尾，他却又同样明确地承认梭伦在论及自我认识时是有道理的。这两次漫步组成的系列，证明了并以箴言宣扬了学习所能带来的进步，而"漫步"之三的重要一处则否认了这一进步。[囊括"漫步"之三和之四的]括号有一个额外的支撑和巩固。他在"漫步"之三开端援引了未经证实的普鲁塔克的《对比列传》（*Lebensbeschreibungen*）中的一段文字，而在"漫步"之四开端则用到普鲁塔克《伦语》中的一篇论文，给出了它的完整标题，并借它阐明，年老的他既没有停止学习新东西，也不再害怕会倒退回他写作其最大胆的著作时的反思水平。然而，在提及《如何受益于敌人》(*Comment on pourra tirer utilité de ses ennemis*) 这篇论文的题目前——他熟知该论文已逾二十五年之久[39]——[91] 他说了一句值得关注的话："在我现在偶尔还读一读的少数书籍中，""漫步"之四开篇这样写道，"普鲁塔克的那部作品最能吸引我，这是使我得益最大的一部。"在"漫步"之三开端后紧接着的那句话中，卢梭也进行了一次表白：最吸引他，并对他最有益的是普鲁塔克，而并非圣经。[40] 仿佛卢梭在阅读一位哲学作家时获得的认识形成了《遐想》中这两篇漫步的内在关联，并微妙地向读者暗示了它们的息息相关处：第三篇"漫步"以信仰为主题，第四篇以谎言为主题。仔细审查后我们可发现，第三篇探讨了哲学生活的开端，第四篇研究了公正的问题，后者是前者的注解或补充。

"漫步"之三和"漫步"之四中没有出现上帝这个词，而在之前和之后，卢梭则有四处使用了这一概念。确切说来，他总共五次使用了上帝一词，它在第一篇、第二篇、第五篇和第六篇"漫步"中各出现了一次。这四篇"漫步"中的四个地方对称地包围了上述两篇"漫步"，如果我们探访这四处，并步测将它们相互连接的道路，那么，《遐想》的奇特地貌将使人一览无余地看到卢梭对启示信仰批判的核心。

卢梭在对自我性格的刻画中首次提及上帝，而这首次论及上帝使我们面临一个问题，将上述四处一同看待后也会使我们思索这个问题：什么是上帝？在卢梭迫切进行的自我认识计划——"漫步"之四将这项计划描画为一出从自我失控时的谵妄到重获灵魂安宁的时代

---

[39] 参本书第一章页 [20]、[25]–[26]（[译按] 此处指内文中以"[ ]"标出的原文页码）。

[40]《遐想》III，段 1、25，页 1011、1023；IV，段 1、42，页 1024、1039。

剧——的转折点，我们遇到了这个问题。稍后我们将探讨这项计划的各步骤。当下我们只需知晓以下事项：卢梭的反思始于他遭受多年神学政治迫害后重回的状态。他明白，他在回应将自己当作怪物的评判时的愤懑情绪只是送到"我命运的执掌者"手中的武器。[92] 他清楚，如果以他们的目的和行为为准绳，那么他必将成为他们的玩物。他知道，只要自己的情绪仍密切关乎这些敌人，他们就能一直控制他。卢梭既无法破除，也无法逃避他们的权力，为了摆脱敌人的意志，卢梭对迫害者的行为和目的避而不谈，将它们一股脑儿地称为"命运"，从而他可顺从这种命运，而"无需再进一步反抗这种必然"。㊶ 然而，安于无法变更之事是否会使他的灵魂长久安宁，这还得取决于以下问题：将敌人归结为一种无法改变的命运后，破坏灵魂安宁的那种对陌生意志的依赖是否真的会土崩瓦解。换句话说，这取决于卢梭能否成功地将敌人融入"我的命运"中并消除这种敌对关系。卢梭清楚地意识到，只要他仍无法掌控自己的希望和恐惧，那么再怎么"顺从"也不足以使他获得"安宁"。希望和恐惧是陌生意志入侵的主要关口；想象力、对未来生命的担忧以及对未来的强烈好奇，这些也都是当下自我失控状态的源泉。只有当卢梭说服自己相信，这种迫害将延续至他死亡之后，且敌对者的仇恨将"不朽"后，他才能将一切期望和担忧抛诸脑后。㊷ 卢梭从"不朽"这一观念中获得了新的灵魂安宁，但这不是出于对他的灵魂不朽的希冀，而是出于对他的敌人将会不朽的希望：在他死后，他们仍将伙同各种机构与他作斗争。他既没有将哲人，也没有将政治家囊括进由敌人构成的这些"团体"中去，而是强调了"奥拉托利会会员，这些教会人士和半是

㊶ 《遐想》I，段3、4，页996。

㊷ "个人会死去，这些团体是不会死去的。同样的激烈情绪会在那里长期存在下去，而它们那种既强烈，又跟煽动它们的魔鬼同样长生不死的仇恨，总是同样富于生命的活力。"（《遐想》III，段10，页998）

僧侣的人"。奥拉托利会代表了敌视孤独漫步者及其作品的冷酷无情团体的核心。[43] 卢梭懂得将敌人的作品变为己用。通过在邪恶中辨认利与善，他获得了灵魂安宁："我在这世上既无可期待，也无所畏惧。我这个可怜的凡夫俗子命途多舛，就这样安安静静地待在深渊里，然而我却跟上帝一样泰然自若。"[44] 在无所畏惧和无所希冀的深渊里，卢梭到达了神一般的安宁之境。这种安宁使一个凡夫俗子在一个很重要的方面能"像上帝一样"存在。"漫步"之一中论及的冷静、无动于衷和泰然自若的上帝，他并非亚伯拉罕、以撒和雅各的那位满心热忱的上帝，也并非要求人们博爱的那位愤怒和慈爱的基督教上帝。对上帝的谈论标志着一个转折点，卢梭紧接着重复了"漫步"的开端并对其进行了一番改动，他称自己在这个世界上不复再有邻人，既无同类，也无兄弟。[45] 在尘世间，他感觉自己就像是从原来居住的星球掉到了一个陌生星球。[46] 卢梭属于"观念世界"，他是《对话录》所描述的"观念世界的居民"，《对话录》也是他到此为止唯一提及的书。这话同样也适用于泰然自若的上帝这位哲人之神。

启示信仰的上帝出现在"漫步"之二的末尾。上述的那对"漫步"对上帝略去不提，目的是为了阐述启示信仰的种种前提条件，

---

[43] 《遐想》I，段10，页999。参见本书第一章注⑯以及第二章注㉟对卢梭在"漫步"之三中谈及的"不朽的天性"的解释。

[44] 《遐想》I，段11，页999。

[45] "一切身外之物从此就与我毫不相干。在这人间，我也就不复再有邻人、同类和兄弟。"且四句话之后他又说："既然我现在心中只有宽慰、希望和安宁，在有生之年又是孑然一身，我就只应也只愿过问我自己。"（《遐想》I，段12，页999）开端是："我在世间就这样孑然一身了，既无兄弟，又无邻人，既无朋友，也无可去的社交圈子。"（《遐想》I，段1，页995）这次"重复"用同类代替了朋友，并由此形成了具有基督教内涵的排列："不复再有邻人、同类和兄弟。"

[46] "在这块大地上，我就像是从另一个星球上掉下来的一样。"（《遐想》I，段12，页999）。

在这对"漫步"之前的最后一段,卢梭谈到了一个上帝,他不像内心泰然自若的上帝那样,他并没有沉着镇定地[94]旁观人类命运,而是亲自指引、影响并掌握着它。卢梭引入了这位定命的上帝(Gott der Vorsehung),并相应地开始了一种新尝试,即摆脱自己与敌人的所有情感联系,并对他将来可能遭遇的一切都报以泰然自若的态度。因为"漫步"之二表明,与他的迫害者的行为和意图保持距离且将这些归为一种坚不可摧、无法摆脱的命运,这并不足以让他从中认识到一种必然性,并不足以强迫自己顺从并镇定自若地解放自己。卢梭的希望和担忧还未泯灭。看到作品,尤其是看到其尚未发表的部分,或者迫害者的某些行为,都会让他倍感希望和担忧。命运逐渐有了具形。它出现在具体的举动、个人的言论和特殊的行为举止中,并且正是通过这些来要求人们进行干预和反抗。卢梭此时[在"漫步"之二中]的计划正是在试图解决这一困难。他的计划用明察一切的命运代替了盲目的命运,它什么都不放过,什么都无法逃脱它的法眼。卢梭并没有试图将迫害者的意图归结为一种看不透的命运而使其消失,而是设想所有这些意图都在上帝的唯一意图的掌控之中。为了摆脱对人的意志的依赖,他引入了上帝的意志,上帝将人的意志当作自己的工具并赋予它们[人的意志]以不可抗性,如果不这样看的话,人的意志是没有不可抗性的。通过援引"那些永恒的天意"(die ewigen Ratschlüsse),卢梭从此能够将他至今"只当是人的歹意的那些产物""看成是人的理性所无法识透的上天的秘密之一"。㊼ 根据他自己的表白,这种想法不但助他去顺从,就好比人顺从自己无能为力的更高的权力那样,还使他趋于安宁并获得了宽慰。更确切地说,这种想法之所以能助他顺从,是因为它给了他宽慰,使他获得了安宁。㊽ 然

㊼ 《遐想》II,段24,页1010。
㊽ "这种想法,不但没有使我感到痛苦心碎,反而使我得到安慰,使我安静下来,帮助我俯首听命"。(《遐想》II,段25,页1010)

而，认为敌人的意图都是对天意的顺从有什么值得宽慰呢？[95]并且，一个人若将这种断绝一切安全可能性的、不可捉摸的命运当作避难所，他难道不会感到极度不安吗？为何上帝的旨意没有使卢梭感到恐惧与战栗？这些问题的答案包含在一个辩证的三段论中，在此，卢梭使"漫步"之二包含的别样尝试达到了高潮。"上帝是公正的；他要我受苦受难，然而他知道我是清白的。我的信心正是由此而产生；我的心和我的理智向我高呼，告诉我：我的信心绝不会欺骗我。"[49] 上帝是公正的这种说法吸取了启示信仰的一个重要母题；上帝的意志统治着世界这一想法的最强有力的支持者也是启示信仰。然而在思想实验中，卢梭却运用上述想法和母题对启示信仰进行了核心攻击，即对上帝最高统治权的攻击。上帝的旨意受正义的限制，且臣服于知识。上帝知道卢梭是清白的，因为卢梭知道他自己是清白的。两者汇合于知识，是知识将两者联系起来并推导出上帝的必然性。卢梭不必等待任何审判，或寄希望于任何宽恕。因上帝的旨意而被破坏的秩序最终必将根据上帝的旨意得以重建。卢梭的这一结尾否定了［上帝旨意的］不可捉摸性，由此否定了上帝旨意的绝对性。

在"漫步"之二的结尾道出上帝是公正的之前，卢梭插入了《遐想》中仅出现过一次的上帝的意志，与此同时，他公然批判了新教和天主教教徒都非常尊重的教父奥古斯丁："我不像圣奥古斯丁那样走得那么远，他认为如果自己受罚是出于上帝的意志的话，他也就从中得到了安慰。"这时的卢梭非常清楚地表示了他是在对哪种争论进行表态。假使人受罚只是因为上帝的意志，那么在上帝的意志中寻找慰藉就意味着将上帝的意志绝对化。此外，这还意味着有意于绝对服从上帝的绝对意志。就如启示信仰所教导的，绝对服从上帝要求[96]人们全心全意、发自肺腑并竭尽全力去热爱上帝。这要求人的意志无条件地、只因上帝的意志本身之故而臣服。因知道自己受罚的

---

[49]《遐想》II，段25，页1010。

原因在于上帝的意志而感到宽慰的那种人会说,他宁愿由着上帝的意志而被惩罚,也不愿没有上帝的意志而存在。他相信上帝的意志是他所能找到的最后依靠,是他的重要根基和决定一切的安全感所在。卢梭归结于奥古斯丁的这种态度,使人们骤然看清了那种表白我将我的事交给了上帝的信仰。卢梭在探讨上帝意志时相应采取的并非上述态度。他的顺从源于一种动机,尽管与奥古斯丁的动机相比它"没那么无私","然而却同样纯洁"。之所以说它没那么无私,是因为它取决于人会关心自身的善。但它是同样纯洁的,因为自爱并非不纯洁,并且,以纯洁度而论,那种百折不挠地依循并直截了当地表达自爱的意志,并不亚于那种否定但却无法摆脱它的意志。最后,它因它所论及的上帝而可谓更纯洁,因为它强调了公正和知识,没有用不可捉摸这一说法来抹去必要的区分。卢梭明确地描述了自己的动机:与奥古斯丁的动机相比,它"在我看来,更无愧于我崇拜的完美本体"。⑩被卢梭当作准则的完美本体介于启示信仰的上帝与三段论的上帝之间。它连接并区分了《遐想》中第二次和第三次提及的上帝。启示信仰赞同上帝是完美的,却否认这种完美的必然性。同样,它肯定了上帝的公正和智慧,却又因将它们归于上帝不可捉摸的意志而否定了它们。㊶

哲人的上帝在"漫步"之五中回归了。[97] 在论及信仰和谎言的那一对"漫步"后,卢梭第四次用了上帝一词,这是这对"漫步"

---

⑩ 《遐想》II,段 25,页 1010。

㊶ 参见保罗,《罗马书》(*Ad Romanos*) IX,页 11 - 23;奥古斯丁,《致辛普利修书——论不同问题》(*De diversis quaestionibus ad Simplicianum* I, 2,注释16),见 Kurt Flasch,《恐惧的逻辑——公元 397 年以来的恩典学说》(*Logik des Schreckens. Die Gnadenlehre von* 397,Lat. - dt. ,Mainz,1990),页 198 - 204。参见《施米特的教训——论政治神学与政治哲学的区别》(*Die Lehre Carl Schmitts. Vier Kapitel zur Unterscheidung Politischer Theologie und Politischer Philosophie*,Stuttgart - Weimar,1994),页 143 - 145。

后对该词的首次运用,比前后的四次运用都更值得关注。这可能不是因为它更有失体统——其他几处在这一方面几乎都不亚于它——而是因为卢梭再次将自己与上帝关联起来了。因为卢梭在此说,他在"孤独的遐想"中获得了"充分的、完整的、圆满的幸福"。他将这种幸福描述为当下一种持续的、满足的和永恒的境界,灵魂在这里找到了足够坚实的根基,且可完全依赖这块根基而凝聚它的全部力量。他列举了自己在圣彼得岛上停留期间的轶事,客观地展现了这种幸福。"在这样一种情况下,我们是从哪里得到幸福的呢?"卢梭问道。"不是从任何身外之物,而仅仅是从我们自己,仅仅是从我们自身的存在获得的;只要这种境界持续下去,我们就和上帝一样能够自足。"为了描述他的幸福,卢梭高调地利用了上帝的自足来作比,而为了揭示这种幸福的根源,他在下一句中又深入挖掘出了自身存在的感觉这种上帝和动物共有的天性。上帝的自足复述了野蛮人的自足,为了弄清他的存在的根基,卢梭在二十多年前曾用"真正的自然状态"这个概念探寻过这种自足,也正是在这个意义上,卢梭将对自身存在的感觉的幸福的描述与"兽性状态"联系起来,但他一刻也没有忘记自己与野蛮人的存在间的差别:他的存在赋予了野蛮人的存在以高度反思性,从而验证了这种天性的基本特征——或说他的存在为那些意欲弄清自足和存在感之影响范围的人建议了这种换位思考方式。[52] 在生命尽头,卢梭在"漫步"之五中对自足性发表的看法,强调了他在有关"自然人"的构想和研究初始便已安排和思虑好了的神学内涵。他尤其强调了自爱与自尊间的[98]人类学区别,这种区别与自足和存在感这两个概念紧密相联。他强调了自爱与自尊间的区别,前者只循着自身的善而动,后者却从与他人的比较中吸取能

---

[52] 《遐想》V,段14、15,页1046-1047;《论人类不平等的起源》第一部分,页110、160;参见页104-106,第二部分,页268注释XII、页362。

量,并依赖于他人的行为和评判、信仰和情感。在《论人类不平等的起源》的一处注释中,卢梭引入了上述区别,并将爱自己暗含的"自然感觉"与自尊暗含的"只是相对的、人为的和在社会中形成的感觉"进行了比较,同是这个注释中,卢梭为那个著名的观点,即"在我们的初始状态中,在真正的自然状态中,自尊是不存在的",提出了独特的理由:

> 因为每个单个的人都将自己看作观察他的唯一观众,当作宇宙中对他感兴趣的唯一的人,当作他自己功劳的唯一评判者,故而,一种源于他无力进行的比较中的感觉不可能在他的灵魂中产生。

卢梭的论证所包含的神学爆破力显而易见,并且他从对陌生意志的依赖及与其的对抗中导出仇怨,这也使我们不难辨认出这种神学爆破力。㊿ 卢梭在"漫步"之五中对自足幸福的描述毫无疑问表明,他在"漫步"之二最后两段论述上帝的意志时,绝没有忘记他以前的分析所得出的认识。卢梭十分尖锐地谈及为他提供上帝般自足的"补偿",也清楚地肯定了他没有得到"人间幸福"。就如卢梭并没有臣服于上帝的意志,并没有因这种意志不可捉摸而避免去谈它,他的幸福也并未受制于死后生活将得到的"补偿"。在"漫步"之八中,卢梭更是在回溯之五时宣布,漫步之五中阐明的幸福是他"最经常的常态"。㊴

"漫步"之五包含了整个《遐想》都在围绕其旋转的重心。关于上帝的言说怎样才能超出第五篇"漫步"而不退回到它之前呢?

㊿ 《论人类不平等的起源》注释 XV,页 368–372;参见此处评注。
㊴ 《遐想》V,段 15、16,页 1047;VIII,段 23,页 1084;参见 II,段 24、25,页 1010 以及 III,段 20,页 1020。

二 信仰 85

[99] 在第四次提到上帝时，卢梭再次围绕启示信仰展开讨论。但他用的是游戏和嘲讽的虚拟方式。卢梭在"漫步"之六中写道："如果我能像上帝那样既不为人所见，又无所不能，我就会跟他那样乐善好施、仁慈善良。"除第四和第八篇"漫步"外，该篇最为近距离地研究了政治，在所有"漫步"中，它最清楚地表达了对政治的看法。卢梭在此谈到一个使启示信仰的上帝有别于其他任何神的特征，并且卢梭知道，它必将破除所有的特征学说。正因如此，他试图通过将全能与符合神性本体的特征联系在一起来界定全能。善源自一种不滋生任何仇怨的力量。因为强大和自由造就了卓越，而仇怨则出自懦弱和奴性，它们所引发的"一直都只是邪恶"。对那种在乐善好施时不为人所见却仍能看到自己力量魅力的人而言，乐善好施是快乐的源泉。因为他的不可见使他免受陌生意志的感染，并将他"所看到的世人都心满意足"变成一种视觉上和内心的快乐。确切来说，善与乐善好施是那种安于自身的人身上暗藏的财富。一个无所不能和不为人所见的卢梭将会变得公正，没有公正，"公众的幸福"便无法想象。果真这样的话，他就不会心怀仇恨地去迫害和诅咒那些恶人，而是会为他们的邪恶感到惋惜，因为如果他不这么做，便是让"对恶事的肯定性认识"主宰了自己，"恶人意欲对他人作恶，这种恶事将由此而返回他们自身"。不论是赋予巨吉斯的戒指以魔力的不可见性，还是上帝被赋予的全能特征，似乎都无法接近一切认识所必需的必然性。"也许"卢梭会在心情欢畅时有一些幼稚的举动，并"间或制造些奇迹"来打破自然秩序。但即便如此，他也完全是在听凭他的天性而行动。若他能不偏不倚地投身于尘世事务中，他便可能把"某些严重的司法案件秉公处理"，从轻发落。并且，若他能成为"天意"的使者，[100] 那他无论如何都能"创造一些更为明智也更有用的神迹"，它们更甚于圣人和信徒们讲述的全能上帝所行的神迹。善、乐善好施、公正、认识、宽容、有益和明智，这些都是用以评测一个"全能的"本体的特征。若卢梭像全能的上帝一样，那么这些都适于

用来描述他的特征。(55)

卢梭知道自己不可能是全能的。并且他知道，只有当并非一切皆可能时，知识才可能产生。他对上帝的论述正是基于这一认识。卢梭知道，他在《遐想》第一和第三处论及上帝时提到的那些用来界定上帝的定语都是可能的。与“漫步”之六不同，此处所形成的与所谓的上帝之间的对比所使用的都是一般陈述句形式。泰然自若或说灵魂安宁和自足都是从诸自然存在的现实中推导出来的，它们是卢梭的自然神学的一部分。(56) 自然神学也成了卢梭第二处和第四处探讨启示信仰的上帝的背景。在第四处提及上帝时，它为与“全能”的对峙、为其假设的划界，也为判定主要议题提供了视角。(57) 在第二处，它将完美本体当作整个研究的基准，且从一定程度上来说，这个标准也是［卢梭与上帝］两方共有的。他在谈论上帝时有了信仰，尽管他这么做时涉足的是精深的哲学领域。自然神学或说哲学神学思考和表达的是完美。它依靠哲人按自己的理性和经验从对一个完满本体的观察中获得的标准回答了何谓上帝。在“漫步”之二的结尾——上帝唯在此处被两次提及——出现了［卢梭与上帝间的］直接对比。(58) 卢梭从不可捉摸性［101］着手，在主要提及上帝的公正、意志和知识时，他吸纳了启示神学的核心概念，这样做是为了将它们整理为一种秩序，从一个决定性角度来看，这种秩序否定了上帝的不可捉摸性。我只需补充的是，卢梭三段论的中间部分在《遐想》中有怎样的进一步发展。因为在“漫步”之八中，卢梭彻底修正了“漫步”之二里对上帝意志所作的分析。在“漫步”之八中，人们的意图不应再归于上帝的意志，不应再归于指引个人意志并使卢梭对其无能为力的上

---

(55) 《遐想》VI，段 18，页 1057 – 1058。经过我们目前为止的一番观察和补充，还需要特别提出《遐想》中全能一词只在此处且只出现过一次吗？

(56) 《遐想》I，段 2，页 939；V，段 15，页 1047。

(57) （《遐想》VI，段 18，页 1057。

(58) 《遐想》II，段 25，页 1010。

帝的意志。与此不同的是，现在卢梭尝试着将自己置身于这样一个世界：在这个世界里他不用在乎任何陌生意志，也不会被任何人的意志所感染。为了使自己不再依赖他人的意志，为了使自己的自尊缄默不言，卢梭尝试着回到自然人状态，在《论人类不平等的起源》中区分自爱和自尊的注释里，他将这种状态描述为一个纯粹的自然事件。[59] 这个开端，这种大胆的冒险行为，即卢梭将自己看作社交条件下回归了的自然人而不顾任何意图，而将他的同时代人看作"机械"或将他们当作"各以不同方式运动着的物质"并敬而远之，这些都不是卢梭的结束语。他的结束语将是沐浴在理性光辉中的自然人这句话，[60] 他对自己和他人的认识，他的深思和见识使他能够不歪曲、不掩饰地思考自己的天性。但卢梭保留下来的，他在最后一次尝试中迫切回忆且不再动摇的，是他看待世界的平静目光，这个世界既不为意图，也不为意志所统治，而是满足于其作为偶然和必然之游戏的存在。

---

[59] 《遐想》VIII，段 12 – 14，页 1077 – 1079；《论人类不平等的起源》，注释 XV，页 370 – 172。

[60] 参见《卢梭评判让 – 雅克》II，页 864。

三　自然

　　[105] 当孤独漫步者不受任何法则约束，也不用顺从任何人，当他开展适合他的活动时，他知道他是自在的。"漫步"之三中"彻底审查"所指涉的研究发生在上述认识前，而这一研究又以发现自然为基础。因为要想彻底审查观念和信仰、戒律和协定，就必须了解已有知识的特殊约束力，去体会能从必然性中产生的解放性力量，这种了解和体会与观察和研究自然密不可分。在"漫步"之三的自传性勾勒中，"彻底审查"出现在"对自然的研究"之后是有道理的。① 然而，在"彻底审查"和"重大革命"所标志的那次转折过后，对自然的研究有了别样的特征，且自然本身也有了新的状态。它成了自我理解和哲学生活准绳的决定性反作用力，而哲学生活则建立在阐明关键性研究的基础上。

　　现在，我们有了更好的心理准备来近距离观察《遐想》中首次出现的自然了。孤独漫步者的自在状态（Beisichselbstsein）使我们读到了首次出现的自然，在它的伴随下，我们又回到了"漫步"之二的开端，在这里，卢梭一口气道出了孤独和沉思，并告知我们，只有在这种孤独和沉思的时刻，他才充分体现他自己，也才真正可以说他"是大自然所希望造就的那种人"。② 如何理解这一情形呢？卢梭有关"是大自然所希望造就的那种人"的坦言[106]告诉了我们什么呢？

---

　　① 《遐想》III，段9、6，页1015、1014。
　　② 《遐想》II，段1，页1002。有关以下内容参见"漫步"之二中引言的前三段。

三 自然

我要强调我们将进一步探讨的三点要素。(1) 卢梭独自进行的沉思表现了其天生具有的一种特殊能力。如若这种能力未得以表现,卢梭将不是现在的卢梭,而他的生活也将不能成为最好的生活。这种能力的表现使他如此突出,以至于他在书的标题中可以代表一类人。在"漫步"之一末段中,卢梭将他用文字形式固定下来的遐想称作他"独自进行的沉思默想"的结果,并补充道,它们的源泉只能跟他的心灵一起枯竭。③ (2) 这种在卢梭心灵枯竭前不会消失的活动使他能保持自己的天性。他在孤独中沉思时不仅仅充分体现了他自己。他的沉思——有关普遍的自然、特殊的人类天性、"孤独漫步者"的天性、个体天性的沉思——还包含一种强有力的创造性。这促使他"经常回归自我"。卢梭认识到,他能达到泰然自若状态并获得幸福,这归功于他沉思时的自在状态和他自在时的沉思:"我亲身体会到真幸福的源泉就在我们自己身上,要想把懂得怎样追求幸福的人置于真正可悲的境地,那真非人力之所及。"为了阐释这一点——我们现在仍在讨论"漫步"之二的引言——卢梭提到"一颗对人怀有深情的温柔的心"在沉思中所获得的"内心的欢畅"。(3) 当卢梭充分体现他自身并实现特殊天性时,他也就符合了普遍意义上的自然。他的聚精会神的独自沉思为他开辟了奔向世界的自由之路,使他满怀着爱去对待身外的世界,他对自己个性存在的意识使他与自然的普遍性保持一致。自然不"愿意"看到他因献身于其他更伟大和更高级的存在而丧失自身。他既不应该完全献身于一个人类集体,也不应该融合到一个博大的整体之中。要达成与自然的和谐,卢梭并不需要在自然面前否定自身,或使自己消解于其中,而是要以他的天性去面对自然。

[107] 要解析卢梭"漫步"之二的引言的内容,光看一次"漫步"是不够的。此处的思考为整部书定了型,在接下来的所有内容

---

③ 《遐想》I,段 15,页 1001。

中，我们都可以找到对此处思考的注解。我们从卢梭开始的地方谈起，从对非人类的自然的冥想和思考谈起。孤独漫步者身处大自然的怀抱中。大地和天空、水和空气、岩石和星星、植物和动物对他来说无处不在。他在这些他有可能进一步研究的对象中选择了植物，给以特别的关注。它们最不起眼的细节都使他兴趣盎然。他从研究植物中获得的乐趣体现在三篇呈渐进势态的"漫步"里，一篇比一篇占据了更大篇幅。"漫步"之二开篇后，我们紧接着首先了解到，卢梭在1776年10月24日的"漫步"中——这是《遐想》所讲述的唯一一次狭义上的漫步——欣喜地发现了三个物种，它们在巴黎周围极为少见，分别是菊科的毛连菜、伞形科的柴胡和水生卷耳。虽然这次漫步中一条大狗冲向他而导致了后果严重的意外事故，但水生卷耳最终仍成了他的植物标本。卢梭补充道，他详细研究了其他几种植物，它们的外形和科目他虽已熟知，却仍给他带来了不少乐趣。④ "漫步"之五则将我们带回1765年秋天，那时，卢梭"生平第一次对植物学产生了狂热的兴趣"。他向我们展示了知识带给他的喜悦，他满怀欣喜地手拿放大镜，腋下夹着林奈的《自然分类法》(*Systema naturae*) 漫步于圣皮埃尔岛上。这篇"漫步"描写了每一次新观察如何使他陷入"欣喜若狂"和"心醉神迷"之状，使他更好地了解了植物的结构和组织。并且，该篇漫步也不忘提及，仅是根据特性来区分植物种类就已使他无比"陶醉"，更不用说那些更使人激动的观察和认识了。⑤ 而"漫步"之七则完全贡献给了"植物学"。它联系了过去和当下，描绘了卢梭的植物研究爱好的发展历程，阐明了他对植物学产生好感的原因。[108] 有了对这些原因的阐释，该篇也就成了反思自然研究的一个天然场所。

"漫步"之七是继"漫步"之三以后和以外卢梭论及对自然的研

---

④ 《遐想》II，段5、6，页1003-1004。
⑤ 《遐想》V，段7、8，页1042-1044。

究的唯一一篇。⑥ 这表明了该篇的地位。事实上，它的重要性不亚于与它在诸多方面互有关联的"漫步"之三。第三篇"漫步"将信仰作为探讨对象，而第七篇所探讨的则是对自然的观察。⑦ 因此，这两篇"漫步"因它们的探讨对象而紧密相关。而它们的具体做法则明显不同。"漫步"之三的前提是严格的审查，其结果决定了卢梭"余年的安宁和整个命运"。此篇的勇敢举动需要动用他所有的天生能力和美德，特别是勇气。"漫步"之七中，无邪的乐趣占据了主导地位，其间弥漫着无拘无束的欢快氛围。卢梭以回忆第一次采集供研究之用的植物的轶事结束了这次"漫步"，这种回忆使他哑然失笑，并且他的这次回忆始于他的自嘲。每当他想到自己以几近"疯癫"的"狂热劲儿"从事自己再次热衷的业余爱好，且要完全投身于对植物的研究，他就不免哑然失笑。卢梭在"漫步"之七中笑的次数比在此前和此后的任何"漫步"中都多。⑧ 卢梭的笑丝毫不表示他在"漫步"之七中探讨的对象不严肃，但它很能表明他探讨这一对象时使用的方式方法。并且，它也部分表明了他观察自然后学会的对世界和自己的态度，即保持距离感并泰然自若。该"漫步"［109］的尾声向我们表明，使卢梭大笑的两桩轶事有其严肃的背景。它们分别发生在莫蒂埃村附近和格勒诺布尔一带，时间分别是他在圣皮埃尔岛上逗留之前的几个月及

---

⑥ 《遐想》III，段6、23，页1014、1069。参见VII，段21，页1068。在"漫步"之七第十二段中极为重要的一处，卢梭首先论及的也是对自然的研究，后又将这一说法调整为对自然的观察。（斯皮克编注版第131页引介了这一变更，而OCP的文献则对此只字未提。）"漫步"之三和之七中但凡涉及该词，都沿用了上述变更形式。

⑦ 在"漫步"之七中，自然这个词出现了二十次，而在第二、第三、第四、第五、第六和第九篇"漫步"中共出现了十七次。

⑧ 卢梭笑了四次，两次嘲笑自己，两次嘲笑他人：《遐想》VII，段1、26、28，页1061、1071、1072-1073。

几年后。此时,被追踪迫害的卢梭在普鲁士的洛夏岱尔找到了避难所,而在法国,他只有用化名才能勉强被人接受。后一桩轶事以一种"有毒的果子"为主题,卢梭采集植物时受天生好奇心的驱使吃了它,而他的随从,一个当地的律师,却没有警告他,尽管格勒诺布尔"所有人"都认为自己知道,并且卢梭此后也从"所有人"那里听说,这种果子稍微吃一点就会置人于死命。当卢梭问随从为什么不警告自己时,此人恭恭敬敬地答道,他不敢如此冒昧。这位律师给自己"定了一个法则",即他的职责是给卢梭在格勒诺布尔逗留期间当贴身保镖,尽可能与卢梭寸步不离。对这位律师的上述行为,卢梭既未感到愤怒,也不恼火。他对如此这般的"恭顺"报以嘲笑,而每当他想到这位规矩先生的"古怪的谨慎",想到此人无论如何都不肯违反传统的要求,卢梭都会哑然失笑。卢梭吃了不能吃的果实,但身体和灵魂却并未受到任何伤害。虽有些许"不安",但第二天醒来时却"安然无恙"。⑨ 第一桩轶事使人想起了卢梭公然探讨启示信仰一事及其招致的后果。它描述了卢梭独自在侏罗山崎岖的巅峰做的一次学术郊游,他在那里发现了让他流连忘返的一些植物:带锯齿根的七叶石介花、⑩ 仙客来、鸟巢花、拉泽花等等。最后,他在如茵的石松和苔藓上坐下来,设想自己身处"宇宙天地间无人知晓"的一个隐遁之所,身在此中的他是"不会被迫害者发现的"。"一种骄傲感 [110] 在这种遐想里油然而生。"他已将自己当成深入此境的"天下第一人",已"近乎另一个哥伦布",直到一种熟悉的声响引起了他的注意,他发现在离自己不过一丛荆棘、远不过二十步的地方有一座织袜厂。他当时深信,在这

---

⑨ 《遐想》VII,段 28,页 1072–1073。

⑩ 或称 Dentaria polyphylla,根据冉森(Albert Jansen)的说法,"它在针叶林区的所有森林植物中是最值得关注的"(《植物学家让-雅克·卢梭》[*Jean-Jacques Rousseau als Botaniker*, Berlin, 1885],页 86)。

厂子里，没有参加过以莫蒂埃德蒙莫朗牧师为首的对付他的阴谋——据称，这次阴谋以 1765 年 9 月 6 日卢梭当时的住宅被砸为高潮——的人，恐怕连两个也数不出来。⑪卢梭驱散了这一阴郁的念头，摆脱了虔信的追踪迫害者，他在结尾处道："我不免为我幼稚的虚荣心及遭惩罚的那种滑稽可笑的方式"暗自感到好笑。⑫

"漫步"之七中的有些内容并非表面看来的样子，其中少部分内容只是被伪装成了它们看起来的那个样子。第一印象往往具有迷惑性，从整体和字面意义来看都是如此。暗示《遐想》的结尾即将到来的［《遐想》之七的］开场白最终便被证明具有迷惑性："对长期遐想的回顾才刚开始，我就感到它已经临近尾声了。另一种消遣正在接替它，甚至占去我遐想的时间。"仿佛另一种活动与卢梭的《遐想》沉思和笔录的消遣形成竞争关系，但其实它绝非要排斥他的沉思、取代他的笔录，而恰恰属于这种沉思和笔录活动。卢梭很快便把他的植物学爱好当成了反思对象。一种"无用的研究"为何对他具有如此大的吸引力——这种研究对他而言一直"无利可图、也不会有什么进展"，并且他年事已高，身体衰弱且行动不便，尤其是"头脑既不灵活，记忆力也已衰退"，这次研究却让他重新去搞年轻人的营生、小学生的课业——搞清这样一桩"怪事"是完成自我认识的一个任务。⑬植物学看似偏离了《遐想》，［111］但实际上，它不仅被卢梭轻而易举地融入了他促进自我认识的计划中，还成了构建《遐想》

---

⑪ 参见《遐想》V，段 4，页 1041。埃热尔丹热对此次事件及其前情进行了详尽的描述，见《"我花园中的石头"——卢梭在洛夏岱尔的岁月与 1765 年危机》（"*Des pierres dans mon jardin.*" *Les années neuchâteloises de J. J. Rousseau et la crise de* 1765, Paris – Genf, 1992），尤见页 351–353。

⑫ 《遐想》VII，段 25–26，页 1070–1071。

⑬ "我倒真想知道这种怪事从何而来。我想，要是把这一点搞清了，它将启发我加深对自己的认识。我在有生之年所要致力的正是这种对自己的认识。"（《遐想》VII，段 4，页 1061）。

计划的一部分。"漫步"之七的首句话谈到了这些遐想的尾声。这次致力于植物学的"漫步"——尽管收集研究之用的植物没有给卢梭留下遐想的时间——扩展成了《遐想》中最长的一篇。"漫步"之七后卢梭再也没有谈到植物学。此处开篇被看作对立面的两种消遣不能相提并论。植物学研究不是《遐想》计划的备选活动，而是从属于《遐想》计划，这就好比一个时刻从属于一个具有决定意义的动作，或说前者与后者就好比品种（Arten）和类型（Gattung）的关系。

卢梭探讨了对自然的低贱身体（in corpore vili）的观察问题。在探讨自我认识问题的"漫步"之七中，对植物学的探讨既出色地实现了《遐想》计划，即用陌生化和断片式的方式表露哲学活动，又完美地与卢梭的修辞术吻合，这种修辞使哲学生活看似一种无害的怪癖。植物学使卢梭得以谈及自然研究，仿佛所谈论的只是一种无辜的业余爱好。探讨这一主题所需的准备工作不止在于选取合适的实例，不止在于使读者对卢梭还愿意承认他在从事的"唯一活动"有所心理准备，即使读者对一种消遣、疯狂举动、异想天开或怪事，对这篇"漫步"引言貌似在描述的主题有所心理准备。这段引言还谈及这位年届65岁老者的"明智之举"，他要把"《植物界》（*Regnum vetetabile*）从头背到尾"——那篇文章是穆雷（Johann Andreas Murray）为他1774年出版的林奈的《植物分类法》著的前言——还要"把世上所有的植物统统认全"。这项计划以滑稽古怪的方式重复了"漫步"之五中提到的卢梭的大胆行为，即他要描述圣皮埃尔岛上"所有的植物，一种也不遗漏"，并将余生都用于撰写《皮埃尔岛植物志》（*Flora petrinsularis*）。⑭ ［112］这一明智之举不禁使人发笑。我们又可以想象此后写下以下句子时暗自发笑的卢梭：

> 我也曾经进行思考，有时相当深入，但很少感到乐趣，几乎

---

⑭ 《遐想》VII，段2，页1061；V，段7，页1043。

总是处于无奈，迫不得已。遐想使我的疲劳得以消除，使我得到消遣，而思考则使我精疲力竭，愁肠百结；对我来说，思考总是件毫无魅力可言的苦差事。

此处采取的是我们在《对话录》中熟知的修辞术，细心的读者几乎不需要作者接下来给的提示便可相信，卢梭并非只在被迫时才进行思考，而是在迫不得已时才停止思考。⑮《遐想》中一篇又一篇"漫步"便可证实卢梭在思考和写作时的乐趣，即便他忘记了用乐趣和消遣来描述他的活动和态度的特征。⑯ 值得注意的是，卢梭在《对话录》中已尝试过将思考假称为一种负担，而在"漫步"之七中，他恰恰又采取了这一姿态，并且只在此篇中，只在上面所举的引言里，他才将遐想与思考对立起来。这一区分之后紧接着又出现了对遐想（rêverie）与默想（méditation）的区分："有时，我的遐想最终转为默想，但更多的时候则是默想转为遐想；在这样的神游之中，我的心乘着想象的翅膀在宇宙间徜徉翱翔，欣喜若狂，其乐无穷。"⑰ 在"漫步"之七中，遐想仿佛被定义为一个特别的品种，并从遐想这种类型的活动中被摘了出来，除了在此被特别理解为一种欣喜若狂的神游和乘着想象翅膀的徜徉翱翔的遐想外，这种类型的活动［遐想］还包括思考（réflexion）、默想和沉思（contemplation），以及感觉（sentiment）和思想（penseé）。⑱ 这种做法诱导我们将狭义的遐想等同于广义的遐想，诱导

---

⑮ "这时我就无精打采地在树林和山岭之间徘徊，不敢动脑筋，唯恐勾起我的愁绪。"（《遐想》VII，段10，页1063，我的强调）"我被迫不动脑子思想，唯恐不由自主地想到我的不幸……"（《遐想》VII，段17，页1066，我的强调）

⑯ 参见《遐想》I，段15，页1001；VII，段1，页1060。

⑰ 《遐想》VII，段5，页1061-1062。此段由上文中全文引用的两句话组成。参见《遐想》V，段16，页1048 和 V，段7，页1044。

⑱ 参见《遐想》I，段13，页1000。

我们对"类型"和"品种"不作区分，并且［113］最终诱使我们将该书标题中谜一样的概念遐想当作卢梭想象的"神游"。"漫步"之七第五段对遐想与默想的区分是为了制造迷惑，因为这所谓的区分并未在遐想这一概念中明确指称出来。卢梭在"漫步"之七的首句话中说的是"对长期梦想的回顾"，而不是"对长期遐想的回顾"，这便已为这场迷惑游戏埋下了伏笔。《遐想》中用梦想替代遐想的做法只此一处。⑲这巧妙地指出了区分"类型"与"品种"的必要性，而第五段却悄无声息地忽略了这种必要性。"漫步"之七开篇将遐想降级为"梦想"，由此为整篇"漫步"定下了非真实性的基调。此外，这也符合"漫步"之七缩小主题的做法，它表现在前四段里四个逐渐增强的特性表征消遣、疯狂之举、异想天开和怪事中。显然，在卢梭看来，意义未被进一步确定的这个谜一般的词，已经不足以为第七篇《遐想》提供庇护了。

卢梭在"漫步"之七的大框架、引言和最后的轶事中所做的准备工作在该篇的主体部分得到了多重支持和补充。比如，卢梭插入了假借自寓言的激励人心的拟人修辞格。⑳最为明显的是，他假借常人视角讨论了普遍意义上的知识和科学，㉑讨论了诸如化学或动物学及与此相关的解剖学等单个特别学科。㉒不论谁读到卢梭陈述［114］的

---

⑲　复数形式的梦想只在此出现过，其单数形式只在"漫步"之一中出现过一次（《遐想》I，段 2，页 995），并且取的是一个不好的梦之意。——"漫步"之七开篇第二句使用的动词做梦特别强调了之前那句话中梦想对遐想的替代。

⑳　此外参见《遐想》VII，段 16，页 1066；VII，段 18 末尾、段 22 末尾，页 1067、1069。

㉑　参见《遐想》VII，段 22 开端，页 1068 及文本变更。参见 III，段 1、3 – 5，页 1010 – 1013。

㉒　"解剖室是何等可怕的地方！那里尽是发臭的尸体、鲜血淋漓的肉、腥污的血、令人恶心的肠子、吓人的骨骸，还有那臭不可闻的水汽！说实话，让－雅克是绝不会上那儿去找什么消遣的。"（《遐想》VII，段 20，页 1068）

对化学的异议,㉓他都不会想到,说这些话的作者居然曾仔细地研究过化学,在其诸多手稿中,居然保存了一份内容丰富的题为《组织化学》(Institutions chimiques)的手稿,它足以证明卢梭作为一位化学家所具有的渊博知识。㉔孤独漫步者可以没有那些用来研究天文学的"仪器"和"器械",但他绝不缺乏我们必须有的"基本知识",因为天文学也属于卢梭在早期获得的科学知识之列。㉕更不用说,他也和其同时代人一样深入探讨了被称作生物世界的"自然史"。卢梭给人一种外行向外行诉说的印象。他仿佛是一个业余爱好者,懂得用每个人都能理解的方式去阐明他对植物学所知的不足。然而他假借"植物学"所观察和解释的,他给出的种种原因,以及他让人看到和思考的内容,却让我们想起,《遐想》第七篇里的漫步者便是《论人类不平等的起源》的作者。他深知自然研究能释放的爆发力。

㉓ "……那就必须进行一些费力费钱的实验,在实验室里工作,时常冒着生命危险且经常是在有损健康的条件下,在煤炭、坩埚、炉子、曲颈瓶间,在令人窒息的烟雾和蒸汽中耗费很多金钱、很多时间。从这凄惨而累人的劳作中所得的经常是虚妄的骄傲多于真正的知识。又有哪个最平庸的化学家不是纯粹出于偶然而发现一点他那一行的微不足道的门道,就自以为窥透了大自然的全部奥秘呢?"(《遐想》VII,段19,页1067)

㉔ 卢梭于1747年左右写成该书,并在临终前两个月将手稿托付给穆尔东(Paul Moultou)。在戈蒂埃(Maurice Gautier)的努力下,该作品首次发表于《卢梭年鉴》(Annales Jean-Jacques Rousseau XII, Genf, 1918 - 1919,页1 - 164和XIII, 1920 - 1921,页1 - 178)。《组织化学》未收录于 OCP。在此期间,贝尔纳迪(Bruno Bernadi)和邦索德 - 樊尚(Bernadette Bensaude-Vincent)出版了该书的单行本(Paris, 1999),此外,他们还编辑出版了一部题为《让 - 雅克·卢梭与化学》(Jean-Jacques Rousseau et la chimie)的论文集,见 Corpus. Revue de philosophie 36, Paris, 1999。

㉕ 《遐想》VII,段23,页1069。参见《地理课》(Cours de geographi)和《对匿名回忆录的回应》(Réponse au mémoire anonyme, intitulé),"如果我们居住的世界是球体等"(OCP V,页535 - 552)。

他知道，这种爆发力对标志着区别的"自然"概念而言是根本性的：自然区别于习俗，没有习俗，任何集体都无法组建；自然区别于权威，[115] 没有权威，任何集体都得不到维护；作为必然性的标志，自然区别于人类和众神谈论及掌握的自然，或说区别于那种只因被他们言说或掌握才成其所是的自然。卢梭将"自然"作为标志区别的概念引入"漫步"中时，也采取了相应的审慎态度。为此，他在一个段落中驳斥了药剂学用医学来同化植物学的做法，捍卫了为获得认识而研究植物，并反对以实用性为目的来进行这种研究。关注制剂和药物的医学通常只致力于掌握各种植物，把它们转化为各种药用植物，"结果使得人们在植物身上所见到的都是它们身上根本见不到的东西——这就是说他们所见到的仅是张三李四任意赋予它们的所谓的药性"。使认识服务于实用性的意愿又反过来影响认识。植物不再被当作植物来看待和研究，而是被简化成某些有用的属性。随之而来的是，若研究与功用属性无关，"也就是说，若不放弃对不向我们说谎和说明任何功用属性的自然的研究，不一心一意地去接受人们的权威教导"，植物学就会被贬低为"无用的研究"。卢梭没费多大力便将自然和权威的区别与真理问题联系在了一起。谁若想认识真理，就必须去观察不会说谎的自然，因为它不带任何意图。他必须亲自去观察，并且要坚持自己的看法。相反，谁要是相信道听途说，就必定会放弃自然研究。他将会臣服于他人的统治、意志或评判，最后甚至会看到他本来根本看不见的东西。《论人类不平等的起源》中著名的一处为对比不会说谎的自然与说谎的权威提供了一个模板。在该书正文的最后一段，卢梭转向他的听众，直接告知那些不论身处何方、有着何种思想的人们："请看你们的历史吧！我相信我曾读过它，不是在你爱说谎的同类写就的书中，而是在自然中，自然是永远不会说谎的。"这是该论文修辞术里针对以下 [116] 事实说的最大胆的一句话，该事实即，卢梭最后指涉的摩西五经(Schriften Moses')——就如卢梭尖锐补充的那样——是"每个基督教哲人都有义务去相信的"。㉖ 卢梭在"漫步"之七中并未提及摩西五经,而是在将自然与人类权威对峙起来后继续说:"而人却是爱撒谎的,他们硬要我们去信他们的话,这些话又时常是从别人那里听来的。"我们不得不相信的话,其本身至少是建立在他人或其他某个权威的基础上的。硬叫我们去相信的权威迫使我们去关注另一个更古老、更高的权威。这一段明确而详尽地探讨了将植物滥用作药草及将一个"满是稀有树木植物的花园"与一个"药剂师的花园"混为一谈的现象,它包含极强的爆破力。当然,该段的重要性以上述[自然与权威的]对立为标志,除了这段的开端与结尾外,《遐想》其他任何地方都未出现这一对立。第二句盛赞哲人忒奥弗拉斯托斯为"古代唯一的一位植物学家";倒数第二句则转而将亚当推举为"最早的药草师","因为我们很难设想还有哪个园子比伊甸园的各类植物更齐备的了"。㉗ 我们自认为拥有的有关伊甸园的知识都基于摩西五经,而卢梭到底如何不屈从于它的权威,到底有多么不愿意像"基督教哲人"所应做的那样去遵从它,这些都体现在《论人类不平等的起源》中,后者表明了人们可以想到的与源于摩西五经的传统极端对立的一种立场。虽然该论文中并未提及亚当,就像《遐想》中没有提及摩西,但亚当在那里、摩西在该书中都是在场的。两部著作都谈到分别善恶的知识树,但都没有提及该树的名称。《论人类不平等的起源》将各种启示宗教一致禁止食用知识树的果子这一做法阐释为,[117] 它们"从一开始便想赋予人类行为以一种道德观念,而在之前很长的一段时间里,人类并没有这种道德观

㉖ 《论人类不平等的起源》本论,页74、70。上述两处说法被单独一段隔开,卢梭在此段末尾解释道,他设想自己身处雅典吕克昂学园,他的评判者是柏拉图和克塞诺克拉特,听众是整个人类。

㉗ 《遐想》VII,段12,页1063–1064。

念"。㉘《遐想》则凭借"伊甸园"一词使人再次想起所有植物中最著名的知识树,所有这些植物都被赋予了人们在自然中看不见的"美德"或"属性"。这棵知识树将顺从与不顺从区分开来,从而把植物学与哲学联系在一起。它被证明是对哲学最为重要的两种植物之一。㉙

在一次题外话中,卢梭简要地顺带强调了权威与自然这一区分。若说它起初关乎的善是出于对卢梭的认识和真理之道的考虑,那么它现在关乎的善则是出于对他的健康和他对自己身体掌控的考虑。卢梭说,尽管他"从没有多么信任医药",但他却曾充分信任过那些他所"尊敬"和"爱戴"的医生们,并将自己的"躯壳交给他们全权支配"。"十五年的经验"使他吃一堑长一智。直到他过上"仅听从大自然法则支配"的生活,他才"恢复了健康"。信赖医生是一条歧途。卢梭成了"他们虚妄而无效的医术的活生生的明证"。他所受的苦让他不得不认识到,服从他人的统治无益于他本身,即便他承认了他们的绝对权威,他们可全权支配的也只有他的身体,因为他从没有向任何人转让过支配他灵魂的权利。㉚"自然法则"指向相反的方

㉘ 《论人类不平等的起源》,注释 IX,页 320;参见此处评论。参见《致博蒙书》,页 939–940 注释。在阐释禁止吃知识树的果子这一禁令时,卢梭展开了一番诉诸人身的论证来反驳他的对手;更多参见页 945–946。

㉙ 另一种植物即荷马的灵草(Homers Moly),它象征着对自然的发现。奥德修斯在赫耳墨斯的帮助下认识了灵草的物理性,他从此不再害怕喀耳刻的魔法术。《奥德赛》(*Odyssey*),卷十,行 302–306。参见 Benardete,《弓和琴——对奥德赛的一种柏拉图式解读》(*The Bow and the Lyre. A Platonic Reading of the Odyssey*,Lanham,1997),页 80–90。

㉚ 《遐想》VII,段 15,页 1065。卢梭说自己遭医生们仇恨,因为他仅通过听从大自然法则的支配便恢复了健康:"即使医生们对我没有什么别的可抱怨之处,单凭这一点,他们对我的仇恨,又有谁会感到奇怪呢?"他由此而对那些"团体"的"强烈、永生不死的仇恨"做了一番迟到的阐释,他在"漫步"之一中曾设想他们在他死后仍然不会放过他。他在那里所说的医生们和教会人士的敌意,其最深根源都在权威与自然的区分,但直到"漫步"之七他才说出了这一原因。

向。回归自然法则不仅意味着背离权威，也意味着回归自我。对卢梭而言，回归和听从自然法则与回归自我是一个意思，尽管不尽相同。

能吸引孤独漫步者所有注意力的自然研究与肉身利益无关。这种研究不取决于物质利益，也不服务于社会。"医学"和"药剂学"鲜明地衬托出了卢梭褒奖"植物学"的用意。前面两者代表了一种科学，决定这种科学的是对统治权和功用性的追求。它们表明了一种态度，这使人们"处处都寻求好处或药物，且无动于衷地看待整个自然"，抑或"使他们身体健康时就"根本看不见自然。与医学和药剂学的实践做法恰恰相反，植物学表现了哲学研究基本的理论倾向。它代表对自然本身及只为自然本身而进行的观察，它代表了"纯粹的、摆脱功利的沉思所能提供的乐趣"。[31] 正因为植物学被视作"无用的研究"，这才使它像此外绝无仅有的天文学那样，适于用来表现单个科学中包含的理论。植物学和天文学的共同点在于，它们的研究对象因其美好和多样性而极富吸引力。"跟天空的群星一样，植物仿佛被广泛播种在地面上，为的是通过乐趣和好奇这两种引力吸引人们去研究自然。"植物和星辰是视觉享受和求知欲的天然对象，少了[119]它们，理论便无从理解。[32] 然而星辰离观察者如此之远，人们必须"有长而又长的梯子才能够得着它们，才能使它们进入我们的掌握中"，而植物则极其自然地在我们的掌握之内。"它们可说就是长在我们脚下，长在我们手中。"植物学不需要机器，只需少数简单工具，并且不一定依赖于分工。与包括天文学在内的其他经验学科相比，它以高度的自足性著称。[33] 这种外在的自足性在卢梭的阐释中极为关

---

[31] 《遐想》VII，段 15，页 1065。

[32] 参见《圣经·旧约·创世记》3：6。

[33] "植物学适合一个无所事事而又疏懒成性的孤独的人去研究：要观察植物，一根针和一个放大镜就是他所需的全部工具。"（《遐想》VII，段 23，页 1069）

键,并且也符合其内部自足性的要求。这种内部自足性包含在被卢梭用来描述自然研究的乐趣、好奇心以及摆脱一切激情而心平气和这一三和弦里的第三个定语中。因为只有当人们摆脱一切激情,心平气和时,才可以感觉到沉思特有的"魅力","只要有了这种魅力,我们的生活就能变得幸福和甜蜜"。卢梭以各种社会情感为例阐释了理论所必备的心平气和状态,这些情感扰乱人们对事情本身的关注,它们不是败坏,就是掩盖认识:一旦我们只为教别人才愿学习,这便是虚荣心;一旦我们追求名声,这便不是为了求知,而是为了卖弄;我们一心想通过自己的种种发现和见识而"在世界舞台上"博得人们的青睐。[34] 然而,一旦观察者在自然研究中掺杂了自身无法摆脱的希冀、恐惧和愿望,他就会大大简化并歪曲研究,造成不小的负面影响。要想获得"纯粹且毫无利害关系的沉思带来的快乐",就必须付出代价,就必须拒绝源自人类中心主义的各种偏见和目的论的慰藉——卢梭在作品中比他任意一位前辈都更直言不讳地驳斥了人类中心主义。"漫步"之七对理论的赞美,以客观清醒地认识人在宇宙中的地位为前提,[120] 这最为清楚地表现在《论人类不平等的起源》包含的思想内容中,即如果没有"数种外因的偶然汇合,如果这些外因永远都无法形成",人便只怕是要"永远"地停留在他初始的动物状态了。[35] 这种关于自然的构想摆脱了目的论学术观点的限定,漫步之七并未提出甚至没有暗示过这种构想,[36] 但读者对卢梭"最大胆"的著作里自然观察的一个界定使人们想起了它,这使我们可以

---

[34] 《遐想》VII,段 23,页 1069。

[35] 《论人类不平等的起源》第一部分,页 166。

[36] 此外参见:"矿物界本身并没有什么可爱而又吸引人的东西;它的宝藏深埋于大地的胸怀之中,仿佛是要躲避人们的耳目,免得引起它们的贪婪之心。"(《遐想》VII,段 18,页 1066)"跟天空的群星一样,植物仿佛被广泛播种在地面上,为的是通过乐趣和好奇这两种引力引人去研究自然。"(《遐想》VII,段 23,页 1069,我的强调)参见本书第二章末尾。

借用卢梭感觉自己与其非常近似的一个诗人的话来说——尽管卢梭的思考并没那么极端:

> 对于思考者而言,暗示足矣。

并非每个人都可以获得沉思带来的"内心喜悦"。"漫步"之二开篇引入的区分认为这种快乐属于一种特殊的人,它是"一颗对人怀有深情的温柔的灵魂"所拥有的快乐。"漫步"之七采纳且进一步描述了这一区分,并回答了以下问题:究竟是谁只要有了"自然研究"便可以"让生活幸福和甜蜜"?人只要有了一颗能在观看、理解及不断学习中找到真正乐趣的心,任何困难都阻碍不了它的好奇,在观察过程中,除了求知欲,任何其他激情或目的都无法左右它。对于这样一颗心怀爱意的心,对于这样一颗专注于观察对象并努力展现其本来面貌的心而言,沉思成了一种幸福。㊲ 反过来看,谁若"有志于研究自然只是为了不断找到新的理由去热爱它",并再进一步研究它,[121] 谁就会不知不觉地成为"植物学家"。围绕在他周围,"笑"迎他的那些令人愉快的事物吸引着他,他观察、思考、比较它们,并将最终学会对它们进行区分和排序。㊳ 卢梭之所以能用业余爱好者的名义探讨自然研究,其最深层的原因在于,他从求知欲出发所描述的自然研究的特征——乐趣、好奇心、摆脱一切激情而心平气和,可以借助上述正反两方面进行阐释,因为它们同出一源。尽管如此,植物学对卢梭而言却并非"只是"业余爱好。各种单个学科只以乐趣而并非以工作的范畴进入孤独漫步者的考虑范围,他对它们的探讨明显区别于任何一种业余活动。由于缺少足够的知识、装备不够

㊲ 只有"漫步"之三说到了一颗对人怀有深情的温柔的灵魂必须具备的勇敢。

㊳ 《遐想》VII,段21,页1068。

齐全，或因为缺少其他前提条件，其他任何一种业余爱好者都无法恰当地探讨其涉足的领域。㊴ 除从未动笔的《皮埃尔岛植物志》外，《遐想》只字未提卢梭的植物学著作，但它不但表明，被称作"适合一个无所事事而又疏懒成性的孤独的人去研究"的植物学使他收获了丰富的成果，也毫无疑问地说明，他对自然的业余爱好符合事物的本来面目。㊵

想通过研究而不断找到热爱自然的新原因，这标志着一种与旨在征服自然的新时期自然科学截然相反的态度。[122] 卢梭认为，要进行理论研究就必须摆脱一切激情、心平气和，尤其要摆脱那些凭借某种知识而占主导的激情，它们通过"束缚"和"纠缠"自然，通过强制的方法从自然中得出不会"自动"公开的知识。反对将植物学归于药剂学和医学，这实际上相当于反对将实用目的作为科学和认识准绳的唯一理由，而培根（Francis Bacon）的口号——"解除人的高低贵贱之分的状态"（relief of Mans estate），则赞许这种实用目

㊴ 《遐想》VII，段 18-20，页 1066-1068。"出去找点沙子和石头，装满衣兜和工作室，从而摆出一副博物学家的派头，这是容易的。然而那些一心一意热衷于这种收藏的人，通常都是些无知的阔佬，它们所追求的无非是摆摆门面的乐趣而已。要从矿物的研究中得益，那就必须当化学家和物理学家，那就必须进行一些费力费钱的实验，在实验室里工作……"（《遐想》VII，段 19，页 1067）

㊵ 《关于植物学的信件；植物学术语词典节选；植物学节选》（*Lettres sur la botanique*; *Fragmens pour un dictionnaire des termes d'usage en botanique*; Frag, ents de Botanique），见 OCP IV，页 1151-1197；页 1201-1247；页 1249-1256。更多资料见戈代（Philippe Godet）和德拉图尔（Maurice Boy de La Tour）编撰的《让-雅克·卢梭致图尔夫人和德利泽特的包含植物学信件在内的未刊信件》（*Lettres inédites de Jean-Jacques Rousseau à Mmes Boy de La Tour et Delessert comprenant les Lettres sur la botanique*, Paris und Genf, 1911），以及加涅班（Bernard Gagnebin）编撰的《卢梭论植物学书信》（*Lettres sur la botanique par Jean-Jacques Rousseau*, Paris, 1962）。

的。㊶卢梭褒扬忒奥弗拉斯托斯，大致描绘了与现代进步的、囊括一切的掌控自然计划相反的立场。与革新者们不一样，忒奥弗拉斯托斯没把植物仅看成麻醉品和草药来源："这位哲人可说是古代唯一的一位植物学家，因此，他几乎不为我们所知。"㊷柏拉图和亚里士多德的这位学生深入研究了［123］卢梭在"漫步"之七中明确探讨的自然研究中的每一个领域：矿物学、动物学和植物学。他针对各种研究对象写了无数作品，从逻辑学到自然科学，再到伦理学，其中包括与《遐想》相关的《植物研究》（*Historia plantarum*）㊸和广为传阅的《伦理学特征》（*Characteres ethici*）。不但如此，他还在亚里士多德去

㊶　Francis Bacon,《学术的进展》(*The Advancement of Learning*, The Oxford Francis Bacon IV, Ed. Michael Kiernan, Oxford, 2000), 页 32。《伟大的复兴》(*Instauratio magna*, The Oxford Francis Bacon XI, Ed. Graham Rees with Maria Wakely, Oxford, 2004), 页 28、38。《新工具》(*Novum organum* 1, CXXIX, The Oxford Francis Bacon XI), 页 194。《培根作品集》(*The Works of Francis Bacon*, Ed. James Spedding, Robert Leslie und Douglas Denon Heath, London, 1857 - 1874, III, 页 294; IV, 页 24、29、114)。培根的《新大西岛》(*New Atlantis*) 中基金会的代表人这样解释用以促进科技进步的"所罗门院"："该院的目的是探原问因，了解事物运动的秘密；扩大人类王国的认识范围，尽可能多地实现人类的理想。"（段 20，我的强调）在《新大西岛》的核心段落里，"所罗门院长老"列举了基金会的下列成就，即拥有"培育新的植物品种"的科学技术手段（段 30）。就在此段之前，他强调了科学家们经人工手段取得有关天然植物方面的成就的目的所在："我们还使其中不少果实经人工栽培之后具有药用价值。"（段 29）关于医学，尤其是延长人类寿命的偏见对"所罗门院"的影响，参见段 21、25、27、28、29、31、34、35（《培根作品集》III, 页 157 - 160），以及本书页［115］、［117 - 118］（［译注］即本书用方括号标出的原书页码，下同）。

㊷　《遐想》VII, 段 12, 页 1063。关于忒奥弗拉斯托斯，参见第欧根尼·拉尔修（Diogenes Laertius）《名哲言行录》, V 36 - 50。

㊸　阿米格（Susanne Amigues）为比代丛书（Collection Budé）编撰出版了带有法语和注解的考订版：Théophrast,《植物研究》(*Recherches sur les plantes*, Paris, 1988 - 2006)。

世后执掌雅典吕克昂学园四十余载,而卢梭则于 1755 年选择在此地发表了他有关人类自然史和社会发展的言论。忒奥弗拉斯托斯是《遐想》中唯一一位被称为哲人的人。卢梭把这个称谓留给了一位"几乎不为我们所知"的植物学家,这突出了植物学在该书论证过程中的分量。他在"漫步"之七中使用这个称谓,㊹ 这再次使我们想起唯一谈及哲人的"漫步"之三。在那里,卢梭用强调的口吻谈到"现代哲人""我们的哲人",并将他们区别于古代哲人,却没有阐明这一区别具体是什么。而在这里,忒奥弗拉斯托斯出场了。

卢梭在"漫步"之三中描刻的那些现代哲人,那些"无神论的热忱传道士和无比专横的独断主义者",并非马基雅维利或霍布斯、斯宾诺莎或洛克之类,而是他通过亲身体验而认识的法国哲人。"我那时跟几位现代哲人生活在一起,他们跟古代哲人大不一样。"卢梭指的是百科全书派圈子,他在巴黎与这个圈子里的人过往甚密,其中有狄德罗,或许有达朗贝尔,一定有爱尔维修、[124] 霍尔巴赫。㊺我们已经看到卢梭让这些哲人在他的修辞术中扮演何种角色。他为何在论及信仰的"漫步"中提起他们,这一点无需赘述。㊻ 需要区别对待且追问的是,是否可假定这些哲人——他们显然不仅区别于古

㊹ 卢梭在他的植物学写作中只有一次提到忒奥弗拉斯托(Théophraste),且没有称其为哲人:"对这一种植术[即虫媒授粉法]的描述最早详见于忒奥弗拉斯托斯处,他是古代第一位也是最博学的植物学家,或更准确地说,是古代唯一真正的植物学家。他之后的古代研究者中,老普林尼(Pline)也对此有过记载。到了近代,先有让·鲍因(Jean Bauhin),接着有图尔纳佛尔(Tournefort)对同一领域的考察,再之后的庞特德哈(Pontedera)以及此后所有的植物学和自然史编纂者都只是转写了图尔纳佛尔的论述。"《用于植物学的术语词典残篇》(*Fragmens pour un dictionnaire des termes d'usage en botanique*),"虫媒授粉法"(Caprification)条目,页 1215。

㊺ 《遐想》III,段 11,页 1015–1016。参见《忏悔录》VIII,页 369 及 X,页 491。

㊻ 参见本书第一章,页 [59]、[64] 和第二章,页[83]–[84]。

代哲人——是无神论的热忱传道士和具有昭然统治欲望的教条主义者,以及如此假定的前提条件是什么。一个以传教士般的热忱致力于宣扬无神论的人不仅假定一个由无神论者构成的社会是更好的社会,他还预设,脱离了对照管人们生活和行动的某个神灵的信仰,一个社会仍然具有生命力。㊼ 上述假设建立在信仰和希望的基础上:信仰人能够彻底改变,希望启蒙能完成既定的对人的重塑。这种希望和信仰,其养分来自因科技而不断进步的自然征程所燃起的种种期待。这些哲人在他们的大旗上写的是:从宗教、道德和政治上推动他们所谓的宏大博爱计划并走向胜利。对此,他们强调自己以现代哲人、数学家、物理学家——尤其是这项计划的创始者培根、笛卡尔和牛顿——为依据,但他们的目的却并非因此而一定相同,更不用说他们的信仰和希望也未必一致。㊽ 培根是这些哲人旗舰上的领军人物。狄德罗1750年在《百科全书》(*Encyclopédie*)的《章程》(*Prospectus*)中褒扬他为"超凡的天才";一年以后,达朗贝尔在《编者绪论》(*Discours préliminaire*)中"禁不住称他为哲人中最伟大、博学和善于辞令的一位"。㊾ 达朗贝尔将培根著作的意义比作希波克拉底的作品对医学的

㊼ 忒奥弗拉斯托斯在《论虔信》(*De pietate*)中否认了这个预设。参见 Jacob Bernays,《忒奥弗拉斯托斯论虔信——一篇宗教史论文》(*Theophrastos' Schrift über Frömmigkeit. Ein Beitrag zur Religionsgeschichte*, Berlin, 1866),页37、56。因该著作只以断片形式得以流传,故而卢梭可能对此著作并不了解。然而他却熟知忒奥弗拉斯托斯的老师们的著作。

㊽ 参见《论科学和文艺》,页29。

㊾ "在这些名人之中排在首位的必属不朽的弗朗西斯-培根,他的作品受到了应有的重视,尽管不知名却更受重视,依然值得我们更多地去阅读而非颂扬。鉴于这位伟人的视野神圣且广阔,他的思考对象多种多样,他那大胆的风格用最严谨的细致汇聚了最壮丽的画面,人们会试图将他视为最伟大、最博学、最有说服力的哲人。生于茫茫黑夜中的培根感受到哲学尚未形成,尽管很多人可能自以为非常擅长。"(Jean d'Alembert,《编者绪论》[Discours préliminaire des éditeurs, 1751],见 *Encyclopédie* I,页 XXIV;

意义。然而，他又指责培根一度"或许过于胆怯","无法或不敢打破他所受的束缚"。㊾ 这些哲人已不再像培根那么矜持了。狄德罗深谙谨慎写作艺术的技巧，在审查允许的范围内，他的《怀疑论者的漫步，或小路——绪论》敏锐地论及这些技巧的运用。㊿ 狄德罗认为，培根及其他现代哲人 [126] 因受众不同而运用的显白与隐微表现手法间的区别是暂时性的，这只是他们巧妙地用来赢得一场战争的

Edition von Martine Groult, Paris, 1999, 页 120 - 121) 此前一年，卢梭称这位"英国掌玺大臣"为"可能最为伟大的哲人"(《论科学和文艺》，页29)。日后卢梭只怕不可能继续维持这一评判。1751 年之后，他在自己的发表物中再没有提及培根。参见《论英雄德性》(Discours sur la vertu du héros, 1751)，见 OCP II，页 1273。

㊾ 《编者绪论》，页 XXIV、XXV，页 121、122。

㊿ 《怀疑论者的漫步，或小路——绪论》(La Promenade du sceptique, ou Les Allées, Discours préliminaire)，见 Denis Diderot,《作品全集》(Éuvre complètes [OC], Paris, 1975ff) II, 页 78 - 84。警察没收了这份完成于 1747 年至 1749 年间的手稿，1830 年才首次出版。参见狄德罗的文章《百科全书》(Encyclopédie)，见 OC VII，页 258。——狄德罗对显白和隐微文笔的见解与托兰德(John Toland)一致，后者于 1720 年独立出版了论文《掌管钥匙的人》(Clidophorus) 来论述显白与隐微笔法的区别，哲人们相当熟悉此人的著作。这篇论文是托兰德的《四论集》(Tetradymus, London, 1720) 中的第二篇 (页 61 - 100，[译注] 原文用拉丁文写成，1715 年译成英文)，其完整的标题为:《掌管钥匙的人，或论显白与隐微哲学——论古代外部和内部教义:一种开放、公共，适应公众偏见，宗教由法律制定；另一种私人且秘密，褪去所有掩饰的真相已教给少部分有能力且低调者》(Clidophorus, or Of the Exoteric and Esoteric Philosophy; that is, Of the External and Internal Doctrine of the Ancients: The one open and public, accommodated to popular prejudices and the Religions establish'd by Law; the other private and secret, wherin, to the few capable and discrete, was taught the real Truth stript of all disguises)。参见页 65 - 66、67、69、75、77、81、88 - 89、94，注意页 95 - 96。托兰德早在《致塞雷纳书》(Letters to Serena, London, 1704，页 56 - 67、114 - 116) 中便已开始关注显白和隐微笔法的区别，此书在英国以及欧洲大陆都引起强烈反响，霍尔巴赫于 1768 年出版了此书的法文译本。

诡计，这使上述区别本身变得空洞无物。他认为，哲人与非哲人的根本区别并不在天性不同，故而这种区别可以历史性地超越，进而从政治、道德和宗教上予以消除。他 1753 年的《关于自然之阐释的思考》(Pensées sur l'interpretation de la nature) 给出了加速这一历史进程的解决方案："让我们尽快使哲学流行起来吧。"㊷ 卢梭直接反驳了他的友人狄德罗。㊸ 他的反驳意见高瞻远瞩，切中了作为哲人计划之根基的信仰及让他们欢欣鼓舞的希望。卢梭从未赞同取消哲人与非哲人间的区别。自 1750 年的获奖之作以来，他探讨了"科学和文艺的复兴"的阴暗面，强调了科学、技术和经济进步会对市民道德起的反作用。他史无前例地既通过原则研究，又凭借具体案例，分析阐明了有序的集体与哲人们积极推进的普适化进程——即他们所推动的舆论、生活习惯以及法律准则的一体化进程——之间的张力。他以日内瓦公民的身份将美德、自由和祖国的特性上升为自己的事业，并在有关日内瓦的争论中公然驳斥达朗贝尔和伏尔泰，这使更深层的矛盾爆发为政治矛盾，并使其在范例中变得清晰可见。然而，卢梭反对推行"流行"哲学不仅是出于政治上的考虑，同时也是出于哲学上的考虑。他看到，在尝试推行哲学的过程中，哲学已然失去了本色：从一项私人活动转变为一种公共的奴役关系；从认识的快乐蜕变为对知识的利用；从开放式的发问转变成了对某一种学说的贯彻；对真理的热爱被改变世界的意志所侵吞；启蒙逆转为宣传口号；怀疑晋升为信仰，而惊异则逐渐倒退成了党派精神。从《论人类不平等的起源》到《遐想》间的几十年里，他在这些哲人身上所观察到的是退化、转变、篡夺、倒行逆施，这

㊷ "让我们尽快使哲学流行起来吧。如果我们想让哲人走在前面，我们就要靠近哲人所处之地的那些人。难道他们会说这是大部分人永远无法了解的作品吗？如果他们这么说，这只能表明他们忽视了良好的方法和长久的习惯所能做到的事。"(《关于自然之阐释的思考》XL，见 OC IX，页 69)

㊸《论人类不平等的起源》注释 X，页 340 - 342。参见我的考订本"导言"(Einführender Essay)，页 LVI - LVII。

也是他在这些"党派哲人"的行为举止中所察觉到的。[54]

一旦哲学成了时尚,哲人便不再会轻言哲学。他将尽可能避免用这个概念,或者通过强化使它显得如此陌生,让人一眼便觉出它不合时宜,或者他通过唤起对哲学的成见来抵制支持哲学的偏见,这可以使人作出有根据的评判,从而获得真正的理解和认识。一旦哲人成了引领时代的精神运动的支持者的同义词,他便会试图批判那些被视作和自诩为哲人的支持者,以防人们将自己与他们混为一谈。那时他或许会用"一颗对人怀有深情的温柔的灵魂"及"孤独沉思"来表明自己与那些时髦哲人的区别,并且,他还可能不加解释地引入一个独特形象,而进一步勾勒该形象轮廓的任务则落到了读者头上,比如"孤独的漫步者"的形象就是如此。卢梭不吝给出必要提示。《遐想》中四次使用了"哲人"这一概念,"漫步"之三中三次,"漫步"之七中一次。[55] 在 [128]"漫步"之三中,它始终以复数形式出现。卢梭在此指的是决定时代语言惯例的哲人派别。[56] 但他用一句话将"现代哲人"引入争论中,随后更加精准地称其为同时代的哲人们,就在这句话中,他确信存在着面貌不同的另一种哲人,且他们恰恰因此而能够存在。在"漫步"之七中,他描画了以忒奥弗拉斯托斯为代表的单数形式的哲人面孔。论及哲人的这两篇《遐想》也是卢梭唯一提及"自然研究"的两篇。[57] 如我们所见,对卢梭批判哲人而

---

[54] 《爱弥儿》IV,页 632 注释。

[55] 《遐想》III,段 11、16、23,页 1015、1017、1022;VII,段 12,页 1063。

[56] 参见《遐想》III,段 13,页 1016:"在党派领袖们身上还能发现什么诚意吗?他们的哲学是对别人宣扬的,我需要我自己的哲学。"

[57] 除"哲人"外,"漫步"之三中四处出现了"哲学研究"和"哲学":《遐想》III,段 5,页 1012 的"哲学研究";III,段 5,页 1013 及 III,段 13,页 1016 的"哲学"。就如"哲人"除在"漫步"之三外只在 VII,段 12 中出现过一次,"哲学"此外也只在 IV,段 6,页 1026 中出现过:"我记得曾在一本哲学著作里读到,说谎就是把应该显示的真相掩盖起来。"卢梭在此没有给出标题或作者却影射的书是《论精神》(*De l'esprit*)。其作者是著名

三 自然

言，自然研究至关重要，此处的自然研究一方面涉及对他本身的研究，另一方面涉及对自然、哲人以及人类天性的理解。至于这种批判在何种程度上关乎其他"现代哲人"及哲人们的计划需要启用的哲人，"漫步"之三中的抽象概念并未给出答案。㊽反之，毋庸置疑的是，"漫步"之七从原则上批判了现代科学，批判了它对自身的理解、它设定的目标及它在征服包括人类天性在内的自然时所唤起的期待。[129] 卢梭在临终时对植物学的赞许及对自然研究特征的描述再次表明，他坚持认为理论理性享有特权。在这点上，《遐想》与《论人类不平等的起源》完全一致，在后一著作中，卢梭无比透彻地研究了自然之统治的辩证法，㊾它最能体现出卢梭给予理论以首要地位（primat）。㊿

哲人爱尔维修（Claude-Andrien Helvétius），该书1758年的出版成了一桩丑闻。卢梭在此后的段落里写道："因此我就不去管那些互相矛盾的权威们，而根据我自己的原则来对这两个问题作出答复。"此处与"漫步"之七密切相关。参见《遐想》VII，段12、15，页1064、1065。此处所举的"漫步"之四和之七的段落包含了《遐想》中总共四次出现的权威：IV，段7；VII，段12（两次）；VII，段15。

㊽ 交叠谈论"现代哲人"（《遐想》III，段13）、"我们的哲人"（《遐想》III，段16）和"所有哲人"（《遐想》III，段23），对卢梭还有一个好处，我在章2，页[83]已经指出过这一点。

㊾ 参见《论人类不平等的起源》第二部分，页176、194-196、200-202、206、218-222、266，以及注释IX，页298-306、318。

㊿ 或许重读《论人类不平等的起源》核心注解中的一段会对我们有所裨益。在那里，卢梭回应了狄德罗使哲学成为潮流的主张："难道人们再也看不到那样的幸福时代的重现了吗？在那样的时代里，人民并不穷究哲理，但像柏拉图、泰勒斯和毕达哥拉斯那样的人则有着热烈的求知欲，只为了研究学问而从事长途旅行。他们到遥远的地方去打破民族偏见的束缚，从各民族之间的相同之点和不同之点出发去认识人类，去猎取普遍的知识。这些知识并不仅只是一个时代或一个地方的知识，而是所有时代、所有地方的知识，也可以说是一切智者都应具有的学问。"（《论人类不平等的起源》注解X，页342，我的强调）。参见《遐想》III，段5，页1013和VII，段12、15、23，页1063-1064、1065、1069。

在创作《遐想》前，卢梭凭借他最后一部作品开端那则有关"观念世界"（monde idéal）的寓言，对哲人的天性进行了深度刻画，即进一步阐明了"对人怀有深情的温柔的灵魂"及其沉思。读者"卢梭"用寓言的方式解说道，"观念世界的居民"因受惠于"把他们联系得更紧的"自然而保持了心灵的"天性"，因为他们自爱，但又不像爱交际之人那样受制于统治和依存关系：

> 初始的激情都是直接奔我们的幸福而来的，它只占据与此相关的目标，而且以自爱为原则，从其本质上来说，都是深情的、温柔的。

"观念世界的居民"专注于其唯一目标，这使他们在很大程度上能摆脱"人类社会的种种激情和偏见"，[130] 而"大多数人"则受制于它们。因为"他们〔观念世界的居民〕所向往的天国境界是他们的第一需求"。"天国境界"不仅是"观念世界的居民"唯一的渴慕对象，还是他们的真正需求。这种需求——这是他们天性优势及其真正受惠于自然的表现——"叫他们将自己心灵的全部力量都聚集起来，并且不断地使出这全部的力量以达到天国境界"；"他们当然对其余的一切都厌恶得要死，而且完全无所作为了。"卢梭并未说明这种"天国境界"对这些天生要聚精会神地努力的人来说到底是什么，然而，他在首段的描述中便谈及"观念世界"里沉思自然所能带来的"立竿见影的快乐感受"：

> 整个大自然是那样美好，以致欣赏大自然会使人的灵魂燃起对如此动人景象的热爱，在使他们产生要使这个美好的整体更加美好的愿望的同时，也使他们担心会破坏这个世界的和谐。这样便产生了极度敏锐的感受性。这种敏锐的感受性会给具有这种品质的人带来立竿见影的快乐感受。同样的景象却丝毫打动不了他

们的心的那些人,对这种感受,则是闻所未闻的。[61]

哲人追求哲理的渴望承载着他们对理论的需求。[62] 这并不表明哲人有意于征服自然。因此,沉思的快乐是"立竿见影的快乐感受",这种乐趣源自沉思本身,那种对此敏感的人无需进一步设定目标或理由,便可顺理成章地获得这种乐趣。它与社会利益无关,既不依赖于他人的舆论,也并非来自对未来荣誉的期待。对自然观察的热爱,即热爱观察自然所呈现的种种组织结构细节,观察自然所借以表达自身的秩序,[131] 观察自然为那些爱好自然中的事物并为其形状、颜色、气味所打动的人准备的景色,这种热爱与自爱和谐一体。两者都反对那些通过重塑自然来改变世界的好高骛远的计划,要求哲人温和节制。哲人渴望为"这个美好的整体做点贡献",并且他主要通过将它理解为"美好的整体"来实现这一渴望。他最独特的贡献在于他放眼整体,从整体视角看待事物和本质,在于他将事物当成部分来研究并为其整理排序,他认识到自身只是局部并思考自己与整体的关系,或者说对整体进行追问。他若想始终关注整体问题,便不能丧失自我。为了弄清这个"美好的整体",他必须从细节上去关注它,然后再回归自身。为了能观察自然,他必须自然融为一体。观察既需要拉近又需要保持距离。

对自然观察的褒扬必然包含对丧失自我、丧失距离的批判。这一

---

[61] 《卢梭评判让-雅克》I,"观念世界"段3、4、5,页669、670;I,页668。参见本书第一章,页[48]–[52]。

[62] 不言而喻的是,这则寓言对哲人只字未提。哲人在"现实世界"中的相关形象只有智者("观念世界"段4,页669),卢梭早在此前便一再使用了这一说法,以避免其与当时所谓的哲人相混淆。事实上,可以简明无误地将观念世界理解为一个充满了智者的普遍学问的空间,卢梭在《论人类不平等的起源》中引入了这种学问,并将它与"那些迂阔的哲人们常用的伦理学上的一个惯用语:天下的人全都一样"对立起来(注释X,页340–342,我的强调)。

批判的核心是想象力批判，卢梭对自己"乘想象之翼而致的欣喜若狂状"大放溢美之词，这使对想象力的批判显而易见。在"漫步"之七中，他将这种迷醉状归结于他所说的狭义遐想。在遐想导致的欣喜若狂状态中，心灵乘着想象之翼遨游宇宙，悬浮于空，如我们所了解的，这种状态"超越了其他任何一种享受"。然而，卢梭在接下来的一段中告诉我们，这种遐想带来的享受已成过往。它属于他生命的前五十年。此后的卢梭"便很少能重新尝到那种令人心旷神怡的境界了"。鉴于"一种不幸的知名度"给他带来的痛苦和艰辛，尤其是在迫害者的重压下，"我那促使我趋避一切愁思的本能"迫使想象力停止了活动。我们进一步了解到，只有此刻，只有在想象力被迫停止活动后，注意力才能集中在身边的事物上。进而，他以平衡阐述性开场白描写的笔触补充道，这种新的注意力使五十岁的他"第一次观察到了自然景色的局部，[132] 而在这以前，我只是大致注视过它的整体"。㉓ 卢梭并未满足于对事实的历时性研究。他的叙述呈现了其戏剧化生活经历中的必然区别，而他中断了这一叙述并插入两段，选取了另一基本层面来进行阐述。第一段谈论的是景象，它将满是动植物而生机勃勃的大地呈现在"人们"眼前，"这是我们的眼睛百看不厌、我们的心百思不厌的唯一的景象"。第二段则直截了当切入正题。他只谈到一位"沉思者"，这位"沉思者"沉浸于自然景象在他心头激起的"心旷神怡的境界中"：

> 甘美深沉的遐想吸引了他的感官，他陶醉于广漠的天地之间，感到自己已同天地融为一体。这时，他对所有具体事物也就视而不见。要使他能对他努力拥抱的天地的细节进行观察，那就得有某种特定的条件来限制他的思想，控制他的想象。㉔

㉓ 《遐想》VII，段5-7，页1062。参本章注㉔㉕。
㉔ 《遐想》VII，段9，页1062-1063。

谁若想观察世界，就必须经受住想要拥抱它的诱惑。谁若因无法察觉所有单个事物而看不到局部，谁就看不到整体中的任何事物。谁若在无法比拟的"美好整体"中丧失了自我，他就既无法认识自身，也无法认识这个"美好整体"。自然研究需要默想、思考和沉思，人们不能沉溺在遐想的迷醉中，这种遐想被想象所牵引和决定，且从根本上来说就是一种想象。对于卢梭为何在"漫步"之七中细化遐想这一概念，为何偏偏要在《遐想》中建议读者思考植物学，现在我们又多了一种认识，也知道了为何要依据"类型"和"品种"来区分该书的核心概念。

自然研究无法容忍观察者"一头扎进广阔无垠的大自然海洋中"，而若卢梭过早地湮没于这片海洋中，那么他将不会成为"大自然所希望造就"的卢梭。[65] 卢梭在最初七篇"漫步"中所设定的 [133] 最后一篇遐想里提出的区分必不可少，而如果没有对想象力的批判，也就没有该书的整体构想。卢梭对植物学提出了一系列明确要求：训练细致观察的能力，关注植根于大地的事物，钻研决定着"美好整体"的细节，适当拉近而又保持与所热爱对象之间的距离——这些使植物学成了卢梭为想象力批判选定的媒介。卢梭决定续写《遐想》后，他对想象力的批判也得以延续。第九篇"漫步"比其他任意一篇都更强调观看的乐趣，卢梭在其中广泛展开了想象力批判，他几乎花了同样多的笔墨解释道：他所想象出来的事件，所期待的他人的行为举止，他对他人为一件善行而感到的乐趣及满足感所能进行的生动描画，所有这些——即便他对自己的设想十分肯定——给他带来的乐趣，都只及他对事件的感官感知和亲眼所见所带来享受的一半。[66] 第

---

[65] 《遐想》VII，段 17，页 1066；II，段 1，页 1002；VIII，段 23，页 1084。

[66] 《遐想》IX，段 17，页 1093。任何一篇"漫步"都不像"漫步"之九这样频繁地提及观看（voir）。"漫步"之七（14 次）、之八（24 次）和之九（43 次）共使用该动词 81 次，远多于其余七篇中使用次数的总和（56 次）。

七篇"漫步"中的分析被扩展为"漫步"之七、之八和之九的三重关系,其中"漫步"之七探讨对自然的沉思,"漫步"之九是对人类的沉思,位于两者之间的"漫步"之八探讨的核心则是卢梭的自我回归。"漫步"之九进行了一次值得注意的运用,之八则进行了重要的深入探讨,而在这两篇中分别向两方面推进的核心问题,早已出现在了第七篇"漫步"中。该问题关乎孤独漫步者渴望追求哲理的天性,或如卢梭在《遐想》中所写,它关乎孤独漫步者"感情外露的心灵"。⑰ 这颗感情外露的心灵企图尽可能地融入世界,并倾向于认同外在于它的事物,这使它面临着丧失自我的危险。在它认同其他事物,尤其是认同集体和整个自然的过程中,它也面临着同样的危险,尽管这些认同导致的[134]后果各异。⑱ 这些便是进行想象力批判的场所,因为认同,或说与一个更大、更高级的整体的交融凭借的是想象力。但是,孤独漫步者不仅可能因想象力,也可能在植物学中迷失自我。他既可能在专注于个别和特殊事物时,也可能在遐想所致的心醉神迷中失去自控。因而,卢梭明确地将他热爱植物学所致的"疯癫"当作了自省对象。自然研究需要自我反思,它要求人意识到导致它的原因和兴趣,去探究激励它的心愿和希望。在"漫步"之七的开端,卢梭因自己的植物学狂热而哑然失笑,在该篇末尾,他对自己意欲通过自然研究来摆脱敌人的幻想也报以自嘲。他嘲笑自己的骄傲,嘲笑那位正直男人的古怪谨慎,因为此人宁愿使卢梭的生命受到威胁,也不愿违背其加之于自身的法则。所有这些嘲笑和自嘲都标志着卢梭的自我认识。而作为他对自己天性认识的标志,卢梭的笑是他自在状态的表现。

---

⑰ 《遐想》VII,段 17,页 1066;VIII,段 2,页 1074。
⑱ 参见《遐想》VII,段 16,页 1065–1066。

四　自在状态

[137] 在"漫步"之五中，卢梭对他的自在状态作了一番诗意的描画。《遐想》中所有的典型修辞手法都精炼地体现在这一描画中，从而衍生出一种独特的魅力。卢梭选取了他生活中一桩有着明确时间地点的轶事作为场景，这将他带回了十二年前——作者将其归整为十五年——一个有着确切名字的地方："比埃纳湖中的圣皮埃尔岛。"因为《忏悔录》第十二章详细描述了这次在圣皮埃尔岛的逗留，卢梭不仅使那些能用眼观瞧的读者明白了，他们在《遐想》中看到的根本说不上是《忏悔录》的"续写"，此外，他也使读者有机会将"漫步"之五的这十七个段落与《忏悔录》里描述这桩轶事的十七个段落进行比较。这样一来，他们就可以确信，从思想和诗意上而言，《遐想》作者的才能绝对不亚于创作《忏悔录》时的卢梭。①

"漫步"之五被公认为所有"漫步"中最美的一篇，它在《遐想》中仿佛自成一体，与其周遭、之前或之后的篇章毫无联系，宛如一座岛屿般凌驾于所有的关联性指涉之上，又堪称一场使人身临其境的盛会。事实上，不仅"漫步"之五讲述的轶事，而且该"漫步"本身也超出了《遐想》的叙述时间。它不处于指向"我前天读书时"的"漫步"之四和以"自昨天起"为开端的"漫步"之六间的任何一个时间点上。在介于"前天"与"昨天"之间的一系列《遐想》中，"漫步"之五是唯一一篇仅一次谈及永恒的"漫步"，它在这个系列中不占据任何时空。当然，这并不意味着它在这一系列遐想中出

---

① 《忏悔录》XII，页637–646；参见《遐想》II，段4，页1003。

现的论证过程中毫无立足之地。[138] 它在《遐想》的叙述时间中未占据特殊时间点，这更多是表明，该书围绕着"漫步"之五而展开，该书的思路线索进入、贯穿最后又回到此篇中，此篇所考虑或所要考虑的内容关乎此书的所有部分，就这点而言，此篇将各部分凝聚为一个整体。"漫步"之五看似湮没了种种讯息，这实属思考过程，思考可以打乱和取消时间顺序，也可以中断和逆转。要弄清"漫步"之五的思想，不仅得考虑它前面的，还得顾及它后面的内容。因此，要对"漫步"之五进行双重阅读，正如要从两方面来逐步理解自在状态：要对一座自足的岛屿进行考量；要对这个既有扩张又吸引人、既焕发影响力又反被这种影响力照亮的中心作深入研究。

"在我住过的地方当中（有几处是很迷人的），只有比埃纳湖中的圣皮埃尔岛才使我感到真正的幸福，使我如此亲切地怀念。"第一句话定下了主题，指明了方向。没有任何一篇"漫步"如此论及卢梭的幸福。它在一种由外向内的运动中接近幸福这一主题。它以空间为开端描述周围的环境，道出了比任何其他地方都更能让卢梭感到幸福的地点。卢梭所亲切怀念的比埃纳湖中的圣皮埃尔岛"即便在瑞士"也很不知名，因而他补充道，在洛夏岱尔人们称其为"土块岛"——显然是出于对其自然形状的考虑。据卢梭所知，没有哪个旅行家曾提起过"这个小岛"。"然而它却非常宜人，对一个想把自己禁锢起来的人来说，位置真是出奇地适宜。"这个很快便被命名为"卢梭岛"的小岛非常宜人，② 并且 [139] 它的位置出奇地适宜于

---

② 第一部描写"卢梭岛"的著作或许可以为这座小岛的宗教、自然以及哲学命名三步曲作证。其作者瓦格纳（Sigmund von Wagner）是一位年轻的伯尔尼人，他于1795年在他的家乡出版了《比埃纳湖中的圣皮埃尔岛》(*Die Peters-Insel im Bielersee*)。该书的法文译本于1815年左右问世，其德语原文及法文翻译都配有迷人的着色版画：Sigismond Wagner,《比埃纳湖中的圣皮埃尔岛和卢梭岛》(*L'Ile Saint-Pierre ou l'Ile de*

卢梭而非所有人的幸福。它到目前为止几乎不受关注，也听不到任何人赞美它。它之所以独一无二，是因为它能使"一个想把自己禁锢起来的人"感到幸福。它的独一无二性以那种在自为和自在状态中找到幸福的人为准绳。这一小块地方的位置正合他意，他能够舒适地住在这里，他四周被水环绕，受限于这种无限的元素。在"漫步"之七批判想象力的过程中，禁锢这个词再次出现在了关键之处,③ 该词在"漫步"之五中将开端与结尾连结在一起。因为末段谈到了适宜于他的"一个跟世界其余部分天然隔绝的丰沃而孤寂的小岛"，这明确回应了首段中的"一个想把自己禁锢起来的人"。④ 虽然卢梭坦率地表明他想要禁锢、限制自己并集中精力，故而这个天然与世隔绝的"土块岛"能够满足他的需求，但他在解释了"禁锢自己"这一需求后却紧接着暗示，他"或许是世上唯一由命中法则注定要把自己禁锢起来的一个人"。对这一法则的暗示，为卢梭在"漫步"之五中从政治角度为他的幸福辩护埋下了伏笔。卢梭只能去做他想做的事。命运强加于他的法则迫使他去追随自己的爱好。政治、道德、宗教使他关注自身。历史使他回归天性。他禁锢和退守自身，他认识到自己的需求与天性如此贴合，以至于他"无法相信［自己是］唯一"具有"如此合乎天生爱好"的人。尽管如此，他"迄今还没有在任何他人身上"发现这种爱好。圣皮埃尔岛的独特［140］与能在岛上"真正感到幸福"的人的独特之处相吻合，这是一种强烈的天然独特性。

Rousseau, dans le lac de Bienne, Bern, G. Lory et C. Rheiner Peintres）,页56。科勒（Pierre Kohler）重新出版了这个法语译本，并加入了前言和更多的资料：《比埃纳湖中的圣皮埃尔岛和卢梭岛》（*L'Ile Saint-Pierre ou l'Ile de Rousseau. Un Opuscule de Sigismond Wagner*, Lausanne, 1926, Collection "Vieille Suisse"）。

③ 参见本书第三章，页［132］注释⑭。主动态的禁锢只出现过两次：《遐想》V，段1，页1040和VII，段9，页1063。

④ 《遐想》V，段1、17，页1040、1048。

圣皮埃尔岛的独特处包含观察者观看环绕该岛的"幸福的湖滨"时的目光。对它的描述始于描述它所打开的视野。"比埃纳湖边的岩石和树林离水更近,也显然比日内瓦湖荒凉些、浪漫色彩也浓些,但和它一样秀丽。"对"日内瓦湖"的回忆使卢梭的故乡第一次,并且根据最初的誊清本来看,也是唯一一次出现在了《遐想》中。⑤ 这次回忆不带任何急切渴望或爱国主义偏见的痕迹。比埃纳湖边没有留下那么多文明的痕迹,田地、葡萄园,城市和房屋更少,"更多的是大自然中青翠的树木、草地和浓荫覆盖的幽静的所在",是一种丰富多彩的自然景观。因为它的"幸福的湖滨"没有可通车辆的大道,这片"土地"也就不常有游客光临,"但对喜欢悠然自得地陶醉于大自然美景中进行沉思默想的孤独者来说,它却很有吸引力"。自然的魅力与家乡和出身无关。它超越了集体,并使拥有它的"国家"对那种能过沉思生活的人魅力无限。它让一个孤独沉思者,一个因孤独沉思而感到愉悦并懂得认识自我的人到达一种幸福之境,即便他身在城外,远离城邦或共和国,甚至被驱逐或正在流亡。⑥ "漫步"之五只在此处,并且只在提及"孤独沉思者"时点名提到自然,作为外在自然的它从两方面促进了上述自然存在〔孤独沉思者〕:它引人观察,它为沉思默想提供了幽静场所。卢梭对这种幽静场所的描述是:"除了莺啼鸟啭、顺山而下的急流轰鸣之外别无声息。"他接着进行了一种诗意的刻画,从描述湖滨转而描述湖泊,[141] 这个"美丽的水盆""正中有两个小岛",水盆"差不多呈圆形"。在《忏悔录》中,这个湖是个"几乎规则的椭圆",⑦ 而"漫步"之五则几乎将其归整为一个完满的圆形,并使这个禁锢孤独沉思者的湖泊的天然形状

---

⑤ 直到《遐想》IX,段 17,页 1093 中才第二次提及日内瓦。
⑥ 参见普鲁塔克《如何受益于敌人》中关于"失去祖国对哲学之路的开辟和促进"的论述。
⑦ 《忏悔录》XII,页 637–638(参见第二段对圣皮埃尔岛逗留时的描述)。

极似于他所具有或保持的视野和眼界。在我们由边缘到中心而到达的这两个岛屿中,一个有人居住,种了庄稼,另一个荒无人烟。那个较大的、为人类所开垦的岛屿以那个较小的、无人管理和维护的岛屿为代价。较小的岛"最后终于遭到了破坏",因为人们不断从它上面挖土去修"大"岛上被波涛和暴风雨毁坏处,而大岛本身方圆也才不过半里。"这样,弱肉总为强食。"卢梭用这句从自然史向政治过度的警句结束了对自然整体的描画,圣皮埃尔岛是该整体中的一个局部。

卢梭[对岛屿及他的生活]进行了五番相互叠加、贯穿始终的描述,其中的最后两番描述关注了这个文明化了的岛屿及其孤独漫步者。岛上文化的中心点在岛上唯一的一所房子里。从重新描述小岛的首句话中,我们了解了这所房子的经济基础、政治归属和社会构成。它和整个岛屿一样属于伯尔尼医院的产业,因而隶属于伯尔尼统治。上述房子里住着一个税务官和他的家人及仆役。卢梭领我们从此人经营的家禽饲养场、鸟房和几片鱼塘,穿过田地、葡萄园、树丛、果园、牧地,越过小岛上一座纵向的山丘上的小树林,来到一个"漂亮的大厅"或说凉亭,收摘葡萄时,湖岸附近的居民每个星期天都来这里欢聚跳舞。卢梭在这样一种氛围里出现在我们面前。"在莫蒂埃村住所的投石事件以后,[142]我就逃到这个岛上来了。"我们在此看到卢梭对岛屿生活最核心的描述。它由"我"推动,这个"我"既可伸展,亦可聚拢,此番描述既能在始终贯穿的描述中扩张,也能够凝聚为一个点。这个岛屿因而与迄今发生在该岛之外的故事间有了关联。因为"莫蒂埃村住所的投石事件"正意味着:故事闯入了自然观察的空间里。这种自然观察把圣皮埃尔岛上的逗留和一个历史事件联系在一起,它不仅发生在一个确切的日期,并且它所象征的显然不只是卢梭的生活经历。⑧ 卢梭并非作为一个无名漫游者自愿来到这个岛上的,尽管它和环绕它的陆地一样,对孤独沉思者都具有吸引

---

⑧ 参见本书第三章注⑪。

力。他来这里是为了躲避神学和政治迫害。他断定自己在这个岛上将过上一种十分适合他的生活，除了将这种生活继续下去以外，他别无他求，他在这里的生活必然不受外界干扰，且毫无希望改变。卢梭用矛盾的方式表明了这种生活的必然性：他希望自己被迫去做自己希望做的事。⑨ 他希望人们把他的避难所变成他"终身监禁的监狱"，希望人们把他一辈子关在那里，并消除他离开这个岛的一切可能和希望，禁止他同外界发生任何联系。他用在"漫步"之五中首次采取的常人视角补充道："从而使我对世上所发生的一切一无所知，忘掉它的存在，也让别人忘掉我的存在。"⑩

世界恐怕不会忘记卢梭。"人们只让我在这个岛上待了两个月。""漫步"之五第一部分最后一段确定了这次停留地点，并引入了一个时间限制。它指明了圣皮埃尔岛上这种幸福被世界以伯尔尼统治的形式终结前所延续的时间，[143]这一统治政权将这位陌生人驱逐出了此地。⑪ 在岛上，与卢梭有来往的除女伴之外，只有那位税务官及

---

⑨ 参见《遐想》V，段1。

⑩ 参见《遐想》III，段1和段2的类似说法，并注意这一论证如何进一步展开。

⑪ 卢梭首先写的是"人们只让我在这个岛上度过了两个月"，之后又插入了"几乎"。事实上，这次停留时长六周半。卢梭于1765年9月9日到达圣皮埃尔岛。伯尔尼委员会于1765年10月21日最终通过了一道"立即执行的反对这个危险人物"的指令（CC XXVII，页154），因此，卢梭于1765年10月25日被迫离开此地。与《忏悔录》（页646-648、652-653）不同的是，卢梭在《遐想》中始终只字未提这道指令和伯尔尼市扮演的角色。他只在《遐想》V，段3中暗示，圣皮埃尔岛是伯尔尼医院的产业。这样一来，"莫蒂埃村住所的投石事件"便成了"漫步"之五唯一指涉的历史事件。人们禁不住要以为，与"漫步"之五中回顾的莫蒂埃村住所的投石事件相对应的，是基督教中所说的彼拉多（Pontius Pilatus）事件。[译按]彼拉多是罗马帝国犹太行省的行政长官，他被迫依照罗马刑罚判处无罪的耶稣死刑，将耶稣钉死在十字架上，并且以洗手来表明自己在耶稣被钉的这件事上是清白无辜的。

其妻子和仆役,虽如此,他若能在那里待上"两年,两个世纪,或待到来世",也片刻都不会感到厌烦。孤独漫步者无需任何同伴来抗拒无聊。自足者的富有足以让他永世不感无聊。谁若身处自在状态,那么,即便一个社交圈也无法分散他对更重要或更好之事的注意力,至少当这个社交圈里"确实都是好人时"是这样的。因为圣皮埃尔岛上的卢梭并非另外一个鲁滨逊。⑫ 在那里,他顶多能远离他的同伴几百步或几条小船的长度之遥,且不像他在巴黎或〔欧洲〕大陆任何其他地方的处境那样,他在此比较容易免受"始料未及和不合时宜的拜访"⑬ 之扰。卢梭使时间变得更为"圆满",就如他曾将空间变得更加圆满一样,这样一来,他便能撇开一切琐事,而去指出并阐释那些本质、典型和最具启发的事物了:"我把这两个月看成是一生中最幸福的时刻,要是能终生如此,我就心满意足,片刻也不作他想了。"阐述末了,卢梭又回到了起点。但他在这期间描述了第五篇"漫步"探讨的幸福所囊括的〔144〕时空。回归阐述起点蕴含着一种收获,这一收获是接下来所有内容的基础。最后一句话阐明了首句话所说的"真正的幸福"的含义:只有处于任何时刻都不滋生对另一种状态的渴望的境界,人才是真正幸福的。这篇"漫步"的其余部分都是用来说明第一部分的这一结束句所做的限定的。因此,不论是"漫步"之五的第二还是第三部分,都开始重新强调并探讨幸福的问题,这一做法顺理成章。⑭

"这到底是种什么样的幸福?享受这样的幸福又是怎么回事?我要请本世纪的人都来猜一猜我在那里度过的是怎样的生活。""漫步"之五的第二即核心部分将回答的问题是,在圣皮埃尔岛上,充斥着卢

---

⑫ 参见《忏悔录》XII,页 644 中第 14 段。

⑬ 《遐想》V,段 2,页 1045。

⑭ 第一部分包括段 1 – 5,第二部分段 6 – 11,第三部分段 12 – 17。幸福这个词在三个部分的起始段中分别出现过一次,即在段 1、6、12,此后,第三部分还四次用到该词,段 13、14 段各两次。

梭内心并使他不再渴望其他状态的幸福到底是什么。但他将间接回答这个问题。读者必须基于卢梭对他在那里的生活的描述，来"猜出"、来通过反思找出这里所谓的幸福到底是哪一种。大多数读者，那些被时代舆论、价值观及理所当然的事物所左右的读者顶多能"预感到"卢梭的乐趣何在，他那"两个月的"生活取决于什么样的情感和想法。"这个世纪的人"没有"漫步"之五开端所说的那种"合乎自然的爱好"，因而"一个想要禁锢自己的人的幸福"对他们来说只能是个谜，卢梭给了他们一个可被普遍理解和接受的答复：他首要且主要的享受是"可贵的闲逸"。在接下来的四段对卢梭的"生活进行描述"之前，卢梭先使用了一种易记的措辞，它从常人视角出发进行分类排列，并做出了一种极为无辜的判断。从远处观瞧，孤独沉思者的取舍仿佛是无为之举。而近眼观察，这是一种 [145] 在政治义务和社会诉求方面的无为。因为当卢梭谈到"献身于闲逸生活的人必须做的乐趣无穷的活动"时，"可贵的闲逸"这句口号也使人注意到一种特殊的活动。孤独沉思者的献身不遵从任何义务，包括他自选的义务，即"漫步"之五所探讨的他作为真理见证人的义务。孤独沉思者只献身于被俗语误解为一切忧虑的开端的"闲逸"，⑮ 但对他本人而言，这种"闲逸"却伴随着一种"单凭它就足以让生活变得幸福和甜美"的活动。⑯

卢梭对他在圣皮埃尔岛上生活的描述始于他提及的双重希望。"有人"盼望着让他待在他选择的与世隔绝环境中画地为牢，巴望他不得外力援助就不能在众目睽睽下同外界取得联系，更不用说从此处离开了；另一方面，这种盼望使他指望自己能在这里无比安宁地度过

---

⑮ 懒惰是万恶之源。《遐想》中除了 V，段 6，页 1042 外，V，段 17，页 1048 和 VII，段 6，页 1062 也谈到了懒惰。

⑯ 《遐想》VII，段 23，页 1069。对比"植物学适合一个无所事事而又慵懒成性的人去研究"，及它是一个"消磨时间的活儿"。

一生。而这两部分则将证明，他这种指望具有迷惑性，使他误以为自己有足够的时间悠闲地去过他的生活。所以，就像他所宣称的，他开始时并没有对自己的生活作任何安排。他被突然遣送到那里，"孤独一人，身无长物"，仿佛再次置身于一个新的伊甸园一般。他先叫来被他称为"我的管家"的伴侣，然后将他的书籍和简单的行李运了过来。但是他没有拆开行李，而是像住旅馆一样地住在这个他打算度过一生的地方。"所有的东西都原封不动地摆着，我连想都没有想去整理一下。"我们可将孤独漫步者对圣皮埃尔岛上的生活的不作为，看作他想在无家可归的状态中找到家的感觉的表现——卢梭首次运用这种不作为阐明了"可贵的闲逸"。他更为准确［146］地补充道："最叫我高兴的是我没有把书籍打开，连一件文具也没有。碰到收到倒霉的来信，使我不得不拿起笔来时，只好嘟囔着向税务官去借，用毕赶紧归还，但愿下次无须开口。"将"可贵的闲逸"转化成无需读写，并对此加以强调，突出了这一口号的修辞特性，并进一步挑明了这种描写意图向接受者传达的内容。事实上，在圣皮埃尔岛上这次长达六周半的停留期间，卢梭不但写了许多书信——我们保留下来的有他亲手所写的三十一封书信，而这绝非只是些对倒霉的来信的回复而已——他还在阅读和书写中研究他对科西嘉新政治格局的规划和方案。因此，他既没有忘记世界，也没有放弃自己的工作。⑰ 卢梭以他的书籍和文具为例具体表现了"可贵的闲逸"，这就使悉心的读者能

---

⑰ 纪尧姆·穆尔东（Guillaume Moultou）是卢梭遗著管理者保尔·穆尔东之子，他于1828年在他准备首次出版的《科西嘉宪政规划》的前言中就该文章的产生写道，卢梭"在圣皮埃尔岛居住期间负责该事。在他散步时，他总是带着两本小书，他会在上面书写人们会读到的片段，它们慢慢有一天会形成一部让它们所面向的读者倍感欢乐的书"。这篇前言被纪尧姆·穆尔东之孙附加在了首次发表的《科西嘉宪政规划》（这个标题并非源自卢梭）之前：Guillaume Streckeisen-Moultou,《卢梭未发表的作品和书信》(*Œuvres et correspondance inédites de J. J. Rousseau*, Paris, 1861)，页53。参见《退想》V，段4。

去检验这个惯用语，并认清这种修辞术的目的。"漫步"之五本身为读者做到这一点准备了一切必要条件。接下来的那句话便已引入了植物学，用以阐明"必须做的乐趣无穷的活动"，它牵动着闲逸的孤独漫步者。他的屋里没有那"讨厌而没完没了的抄写"和"书籍纸张"，而是堆满了"花木和干草"，因为那时的他"第一次对植物学产生了狂热兴趣"。此后不久，卢梭谈到 [147] 一项计划，而如果没有书籍和文具，这项计划绝无可能实施："我着手编《皮埃尔岛植物志》，要把岛上所有的植物都描写一番，一种也不遗漏，细节详尽得足以占去我的余生。"为了这些与他"必须做的乐趣无穷的活动"相应的举动——不论是撰写《皮埃尔岛植物志》，还是撰写《科西嘉宪政规划》——卢梭打开了他的书籍和文具。

卢梭将他对圣皮埃尔岛上生活的真正描述分成上午、下午和晚上，以此交代了他的日程概貌。[18] 这种描述始于"我们一起吃过"早饭。此后，卢梭"手上拿着放大镜，腋下夹着我的《自然分类法》"，出发去考察岛上的一个地区。[19] 此前，他将全岛分成若干方块，打算一个方块一个方块地研究岛上的植物志，并且准备每个季节都在各个方块上跑一圈。在描写了每次观察和发现带给他的"欣喜若狂"和"心驰神往"后，卢梭提到了植物的构造和组织，尤其是"性器官在结果过程中的作用"。他区分了不同植物类型的特征，并用这种区分来确认品种。他认为这么做意义重大，且以一种惊人的鲜明笔触描绘出他每日清晨采集植物时的欣喜。在"漫步"之二和之七中，卢梭用拉丁语来为他研究的植物命名，而在用特殊方式与普通读者进行攀谈的"漫步"之五中，卢梭则一反这种做法，他不再使用科学术语，

---

[18] 在《遐想》V，段 7 中，卢梭以下面的话开始了 V，段 6 中宣布的对"我所过生活的描述"："按照这个美好的计划，每天早晨我们一起吃过早饭以后……"

[19] 卢梭并没有提及林奈，他只是说他拿出了他的书。

而完全采用了常见的名称：

> 夏枯草两根长长的雄蕊上的分叉，荨麻和墙草雄蕊的弹性，凤仙花的果实和黄杨包膜的爆裂，[148] 以及我首次观察到的结果过程中万千细微现象，使我心中充满喜悦。拉封丹问人可曾读过《哈巴谷书》（[译按] 旧约圣经中的一卷书），我也要问大家可曾见过夏枯草的角。

这一类比使我们驻足，因为它出了一道谜题。夏枯草的角和《哈巴谷书》有何共性？有一点很明显：卢梭将他在自然中看到某物时的喜悦，比作一个诗人在圣经中读到某物时的心情。《遐想》虽未提及圣经，但却唯一一次提到了圣经中的一卷书，这足以让我们考察一番先知哈巴谷的故事。卢梭在此援引的是拉辛之子讲述的有关其父和拉封丹的故事。一天，拉辛（Jean Racine）带着一心只愿谈柏拉图的拉封丹一起进了教堂。拉辛注意到礼拜仪式让拉封丹倍感无聊，便给了他一卷包含小先知书的圣经以供阅读。拉封丹在《巴录书》（Baruch）中读到犹太人的默祷时对作者深表敬意。* 又过了些天，他在街上大声询问自己遇到的熟人："您读过《巴录书》吗？那是位真正的天才。"⑳ 卢梭在他的类比中用 [149] 圣经正典中的《哈巴

---

* [译按]《巴录书》是次经（即历史上有过争议，后才被列入正典的经卷）中的一卷。

⑳ 路易·拉辛（Louis Racine）这样写拉封丹道："他越是因为温柔的性格而可爱，社会的赞许就越发让他不那么可爱。他从不加入任何自己的东西，我那些年轻的姐妹们常在我父亲的饭桌前看到他，但对他没有任何其他想法，因为这个男人邋遢又无聊。他几乎不说话，或者一心只想着谈论柏拉图，因为他在拉丁语翻译中对柏拉图有着特别的研究。他努力通过对话了解古人，尽量利用与我父亲的对话并让他阅读一些拉丁语翻译的荷马作品片段。没有必要让他感受到美，他自己会感受到，所有美的东西都会打动他。有天我父亲把他带到教堂参加诵经，发现弥撒对他来说有点长，于是就

谷书》替换了次经中的《巴录书》。只有三个章节、仅寥寥几页之长的《哈巴谷书》是圣经中最短的经卷之一。人们若按卢梭的提示去阅读《哈巴谷书》，将会看到这样一位先知：他哀诉受压迫之人的不幸，他一直相信主是公正的，期待着耶和华惩戒他的敌人。在第二章中，人们将读到赋予宗教改革家们以力量和慰藉的话："唯义人因信得生。"[21] 在第三章中，人们将看到更为著名的异象，其间，上帝亲自显现，施行公正之举并消灭邪恶之人。在此，谜团解开了。因为那些角，那些被称为"分叉"的夏枯草的角——卢梭的类比经过了悉心选词——他所说的夏枯草的雄蕊上的分叉或叉形分裂，同样出现在《哈巴谷书》描述的异象中。它们对应的是出自上帝之手的那些角：cornua in manibus eius［他手中的角］。[22] 卢梭将他洞察到的植物生殖器官的作用过程，比作一位先知的美好异象，将自然的作用比做圣经的一个神迹。就这样，在"漫步"之五中探讨植物学部分的末尾，自然与权威、忒奥弗拉斯托斯与亚当间的对立提前凸现出来，在《遐想》中，这种对立是通过植物学得以表达的。[23]

我们再回头来看卢梭的日程安排。经过两到三个小时的实地考

递给他一卷包含了小先知书的圣经。他刚巧看到了《巴录书》中犹太人的默祷，于是赞不绝口，他对我父亲说：这个巴录是个天才，他是谁？第二天和随后几天，当他在街上遇到熟人时，寒暄之后，他就会高声说：您读过《巴录书》吗？那是位真正的天才"。（《包含让·拉辛作品和生活特点的回忆》[*Mémoires contenant quelques particularités sur la vie et les ouvrages de Jean Racine*]，见 Racine,《作品全集》(*Œuvres complètes*, Ed. Georges Forestier, Paris, 1999) I, 页 1187。

[21] 《圣经·旧约·哈巴谷书》2：4。译自马丁·路德。

[22] 《圣经·旧约·哈巴谷书》3：4（拉丁文圣经）：splendor eius ut lux erit / cornua in manibus eius / ibi qbscondita est fortitudo eius。路德译为："他的辉煌如同日光/从他手里射出光线/在其中藏着他的能力。"他为"辉煌"一词作了如下注解：Ebre. Cornua ut de Mose［《希伯来书》。摩西的角］。

[23] 参见《遐想》VII, 段 12, 页 1063 – 1064。

察，这位植物学家满载而归，下午如果遇雨的话，他也就不愁没有消遣了。上午剩余的时光都用以社交活动。卢梭与税务官及其妻子，以及在此被称作戴莱丝的女伴一起去看工人收割庄稼，遇上采摘果实时，他"大多"或偶尔动手帮帮忙。[150] 早上的活动"加上由此而必然产生的愉快心情"使他午饭吃得很香。如果用餐时间过久、天气又好，他就在"别人"——大概是指他的女伴，或许还有这幢房子的其他居民——还没有散席便溜出去，"独自跳进一只小船"，如果湖面平静，他就"一直划到湖心"。他躺卧在小船中，双眼仰望长空，"随风漂荡，有时一连漂上几个小时"。当夕阳西下，提醒他该回去时，他已经离岛很远而不得不奋力划桨，好在天黑以前赶回家。下午的时光是卢梭的描述重点。若想"猜出"此处的幸福为何物，我们仿佛要填补一段时间空白。在描述下午的活动时，卢梭在"漫步"之五中首次使用了遐想这个谜一般的词。在湖面上的几个小时里，他沉浸在"甘美的遐想中"，尽管遐想"没有明确固定的目标"，他却觉得这比他从"所谓的人生乐趣得到的甜蜜"要"好上百倍"。卢梭暂时并未进一步说明他的活动及其伴随的喜悦，这种喜悦带给他的享受比他从"人生乐趣"中能获得的甜蜜好上几百倍。就这样，"无数模糊而甘美的遐想"被铭刻于记忆中，在"可贵的闲逸"这一概述下，这些不确定的遐想与仰面躺在船中随风飘荡的卢梭一起，形成了书中最具诱惑性的一幅风景画，它决定了几百年以来人们对《遐想》的接受。

接下来，卢梭描写了下午的另一种活动，其间，他的目光没有投向天空、太阳或在头顶飘过的云彩，而是投向了植物、动物和人："有时"他不想划船奔向湖心，却沿着小岛青翠的岸边划行，那里的湖水清澈见底，湖岸浓荫蔽日，"常常"诱他畅游一番。他"最经常"从大岛划船到小岛，[151] 在那里弃舟登岸，整个下午漫步于稚柳、泻鼠李、春蓼和各式各样的灌木间，或者坐在长满细草、欧百里香、鲜花甚至岩黄芪和苜蓿的沙丘顶上，黄芪和苜蓿是前人尝试开垦此地时播下的。卢梭上午欣喜地观察植物繁殖的途径和器官,下午,让兔子安居于这个小岛的念头一直在他的脑子里萦绕,"它们可以在那里安然成长,一无所惧,也不至于糟蹋什么"。因夏枯草结果而感到的欣喜和促进兔子繁殖的想法根出同源。[24] 孤独漫步者的幸福明显体现在被造物的产生与传承带给人的喜悦中。卢梭说服税务官从洛夏岱尔买回来几只兔子,有公有母,并且在税务官的妻子和小姨及戴莱丝——这是卢梭第二次,也是最后一次只呼其名——的陪同下,卢梭亲自将这些兔子送到这个将被称为"兔子岛"的地方。"这个小小的殖民地的建立真是一个欢庆的节日。我踌躇满志地领着我们这支队伍跟兔子从大岛来到小岛,比阿尔戈号的指挥还要神气。"与伊阿宋不同的是,卢梭并不是带着一行武士,而是带着三个女人踏上了征程,并且这次冒险也不是为了抢夺神圣宝藏,不是为了劫掠由众神派遣并献祭给众神的怪兽的金羊毛,而是为了让自然生命获得自由,并在某一段时间内让一个小岛充满生气,为这座历经掠夺式开采的小岛增添自然财富。这块殖民地的创立者不仅为他的行为感到骄傲,他还"自豪地"注意到一个事实:税务官的太太向来怕水怕得要命,一到水上就要头晕眼花,这次却信心百倍地登上了他划的船,一路上一点也没有害怕。卢梭"孤独而窘迫"地〔152〕来到圣皮埃尔岛上,并用微妙的讥讽笔调举例说明了他的自尊的影响力。在对下午的不同寻常的描写中,卢梭把自己塑造成了一个善于社交的人。

在对下午进行了层进式和突降式的双重描写后,卢梭插入两段文字,勾勒了另一种可能的下午日程。这种离题式的做法打断了他的描述。此前,他仅将第七段用以描述,这是"漫步"之五中最长的一段,和此篇中最短的第十段一起,囊括了从清晨到夜晚的整日行程。就这样,阐述另一种可能的下午日程的任务便落在了第八和第九段,

---

[24] 参见《社会契约论》III,段4、9,页420;《科西嘉宪政规划》,见 *OCP* III,页904、918、928;见页907、915、935、937–938。

这是卢梭对他在圣皮埃尔岛上生活进行的描述的核心。两个段落分别以"我……"开始，它们描述的不仅是卢梭喜欢划船驶往这个或那个方向的另一种可能性。它们更多地涉及，卢梭所期望的必然性从严格意义上来说将他禁锢在了这个避难所，使他寸步不离这个小岛。当湖面波涛汹涌，当他遇风雨而无法行船时，他下午就步行在岛上周游。他到处采集植物标本，有时坐在"最宜人、最僻静的地点"尽情地"遐想"，有时坐在"平台或土丘上"，以便"纵目四望"，欣赏他无法步行抵达的风景。他欣赏"湖和周围岸边美妙迷人的景色"，湖的一边"被近处的山冈环绕"，另一边则伸展为丰沃的田野，"一直可以"望到"远处天际蔚蓝的群山"。站在高处观景台上的卢梭占据了一个环形视域的中心点，视域囊括"近似圆盘的"湖面的所有景观，并向外延伸开去。暮色苍茫时，孤独漫步者从岛的高处下来，坐在湖边沙滩上，就如他特意强调的，他十分乐意这样做，㉕ [153] 并且是坐在"隐蔽的地方"。在圣皮埃尔岛为卢梭提供的避难所里，自然也向他开启了避难所，使他免受社交生活的各种要求、义务和惯例习俗的侵扰，为他聚精会神地沉思和回归自身提供了庇护。㉖ 波涛声和水面的涟漪使他耳目一新，驱走了他心中所有其他激荡，使他的心沉浸在"甘美的遐想中"，夜幕时常就这样在不知不觉中降临。耳边的涛声和眼前的涟漪使卢梭置身于一种宁静之境。他看到湖水动荡，这平息了让他心潮澎湃或心神不宁的一切内心躁动。他的观看创造出一个宁静的空间，"一种甘美的遐想"在其间油然而生并占据了他的整颗心，以至于他丝毫察觉不到日夜交替。对下午的另一种可能性的描写中出现了"漫步"之五对遐想一词的第二次使用，此后不

㉕ "……高高兴兴地坐到湖边滩上……"（《遐想》V，段9，页1045）。在此，"漫步"之五唯一一次使用了高高兴兴地一词。
㉖ 《遐想》V，段9中仅一次提到了圣皮埃尔岛为卢梭躲避神学和政治迫害所提供的避难所里的庇护所。参见《遐想》V，段4、17，页1041、1049。

久该词又第三次出现。在此,第一次描述中以复数形式出现的"没有明确固定目标的杂乱而甘美的遐想",让位于简单的单数形式的"甘美的遐想"。从无数种到一种遐想之间的凝聚,与所述的聚精会神状遥相呼应,并且这一描述也暗示了遐想的对象:

> 湖水动荡不定,涛声不已,有时訇的一声,不断震撼我的双耳和两眼,跟我的遐想在努力平息的澎湃心潮相互应答,使我无比欢欣地感到自我的存在,而无需费神去多加思索。

"漫步"之五核心段中的核心语句集中刻画了湖水的动荡不定、来回流动以及潮涨潮落。岸边汹涌澎湃的湖水吸引着卢梭的眼球,节奏起伏的涛声不断冲击着卢梭的耳膜,他耳闻目染的有节奏运动的湖水回应着遐想在他内心引发的心潮。激荡的湖水通过视听打动了卢梭,涤荡了由各种情感、不安和心不在焉在他心中引发的心潮,从而为遐想开辟出一片天地。但显而易见的是,只有遐想才能暂时平息那些使他内心产生躁动的恐惧和希望,抑或同情与骄傲的情感冲动。这恰恰表明我们不能将遐想理解为这些情感冲动的表现。它更多是这些情感的真正抗拒者。当卢梭的内心沉浸于遐想或开始遐想时,他便与这些情感拉开了距离。问题只在于,是什么赋予遐想以力量,使其与这些情感保持距离或平息它们。卢梭只需听闻不断潮涨潮落的湖水,便能无比欢欣地感到自我的存在,并且就像他所强调的,他无需费神去多加思索。这种自我存在感极为基础和根本,只要[卢梭的内心]跟着耳目传递的自然节奏一起激荡,它便油然而生,并为卢梭带来喜悦的心情,且这并不依赖遐想本身的乐趣。"我不时念及世间万事的变化无常,水面正提供着这样一种形象。"遐想表现为卢梭看到的运动所引发的反思,也包含了让他感到自我存在的运动。卢梭对日程中描述的遐想作唯一一次阐明后,很快便又回到存在感这一基线上,他的遐想就是在这一基线上展开的,并且仿佛可被聚集到这一基线之内:

但这样的思想不但模糊淡薄，而且倏忽即逝，消失于持续的单调运动之中，这种运动轻轻抚慰着我，并且无需我心中有任何活动，便可使我保持平稳宁静的思绪，以至于到了按时或如约应该回归之时，我还不得不作一番努力，才依依不舍地踏上归途。

如果说，当卢梭驾着他的小船沉浸在"没有明确固定目标的杂乱而甘美的遐想"随波漂荡时，他必须用尽全部体力才能在夜幕降临前赶回岛上，那么，他的内心也需要一种力量来结束他在湖边观水时陷入的"甘美遐想"。

对下午的刻画后紧接的是对晚上的描述，再后来则是阐明另一种可能性的第八和第九段。[155] "晚饭以后，如果天色晴和，我们再一次一起到平台上去散步，呼吸湖畔清新的空气。"㉗ 我们在大厅里休息，欢笑闲谈，唱几曲老歌，"最终带着一天没有虚度的满意心情回家就寝，一心希望明天也是同样的欢乐"。在描述日程的最后一部分里，卢梭没再使用第一人称单数。夜晚，孤独漫步者和大家一起去散步，就如他也和大家一起吃早餐一样。他沉浸在一个"我们"的集体中，这里的一切看起来都使人倍感熟悉，充斥着温婉和顺的氛围，传统在此也并未失效。他融入了一个包含五人的"我们"之中，其中的人都对自己的存在感到心满意足，并且都怀揣着一个突显这种满意感的心愿，即希望明天与今天别无二致。描述所突出的社交性结尾形成的张力场，从孤独的离题杂想一直延续到天气晴好的下午的另一种可能性的终结。漫步者画出他那些孤独的圈子，与一切熟悉的事物拉开距离，冒着失去自己的危险从事思考；他代表他自己，他始终

㉗ 请比较《遐想》V，段 10 的开端："……晚饭以后，如果天气晴和……"和 V，段 8 中题外话的开端："当湖面波涛汹涌，无法行船时……"卢梭最初是这样写的："当遇上风或雨而无法行船时……"

是异乡人，因为他没有融进那个"一"。这个漫步者的中心在那隐秘的避难所中，若要重回社会，他就得撕裂自己，使自己脱离这中心。他的自我存在于他的自在状态中。

那么，卢梭描述他在圣皮埃尔岛的生活，是想让人从中明白什么呢？在描述了日程后，卢梭肯定道："除了有不速之客前来探望之外，我在这岛上逗留的日子就是这样度过的。"他还补充说，人们可能会问他这个岛究竟有何迷人之处，以至于它仍能引发他心中强烈、亲切和持久的锥心怀念之情，并且为何每当他念及这个可爱的住处时，总免不了产生一种仿佛又满怀期望地置身于其中的感觉。㉘"漫步"之五的第二部分［156］结尾提出要求，以通俗的语言提醒人们注意这部分开端提出的问题。至于圣皮埃尔岛为何如此吸引卢梭，"漫步"之五开端预先提及第二部分的描述，其中便已给出了暗示。这篇漫步的开端强调，这个小岛"对一个想把自己禁锢起来的人来说，位置真是出奇地适宜"。稍后的描述直观地展现了这个岛究竟为一个一心想聚精会神地投身自然的人提供了何种观察和沉思空间。卢梭最迟将在"漫步"之八的引言，在他确定孤独、深思与自然间的关系时，告知我们自我禁锢和自我凝聚指的究竟是什么，届时，卢梭将坚决支持那指的就是该书标题中的遐想。他孤独漫步时便沉浸于这些遐想中，只要他头脑完全自由，思维可以任意驰骋，种种遐想便如期而至："在一天当中，只有在这孤独和沉思的时刻，我才充分体现我自己，自由自在地属于我自己，能毫不含糊地这样说，自己正是大自然所希望造就的那种人。"㉙ 在圣皮埃尔岛上，卢梭内心充满了幸福，以至于他在任何时刻都毫不渴望另一种状态或处境，这种幸福是自在

㉘ "……每当我念及这可爱的住处时，总免不了心驰神往。"（《遐想》V，段11，页1045，我的强调）参见《遐想》V，段7，页1042："我被突然遣送到那里，孤独一人，身无长物……"

㉙ 参本书第三章页［105］、［106］。

状态的幸福。但他所享受的到底是什么？或者更确切地问：该如何理解卢梭的自在状态？

同样悉心构思并组织表达的日程描述告诉我们，若要试图理解卢梭的自在状态，我们该从何着手。这一描述审慎地将读者的注意力引向描述的高潮部分，并且适当缩小了读者所需填补的空白部分，读者若想进行像作者那样的活动，就必须像作者那样自我凝聚。高潮部分发生在下午，粗略看来，这个时间段中仿佛没有发生卢梭一再描述的活动。第一次描述具有模糊性。它将可贵的闲逸这一解决方案浓缩为一幅易记的象征性画面，并将其与无数捉摸不定的模糊淡薄的遐想融为一体。[157] 最后一次描述则具有独特性。唯一的关键点显得一览无余，并且最高端的活动呈现于一种看似懒散无为的状态中。卢梭在核心部分描述了思想者思考的高潮。他把高潮部分放在描写坏天气里另一种可能性的第二段，这段正是"漫步"之五的核心，其中讲到一桩与日程里所有插曲与众不同的轶事。其特点是，卢梭在开始描述这项活动时便对其情有独钟，并且在结束描写时又强调了他因外因而不得不中断这一活动时有多么不舍。当我们看到卢梭坐在湖岸边静静地观察湖水的潮涨潮落时，整个描述达到了高潮。㉚ 在此，在岛上这片坚固的大地上——而不是躺在湖面上摇摆不定的小船上仰望长空，随风飘荡——卢梭沉浸在沉思带来的毫无干扰的宁静中，一种持续不断的运动轻轻抚慰着他。这种为描述高潮衬以单一基调的轻柔抚慰并非源自波涛运动本身。这并非一种直接的抚慰。抚慰着卢梭的运动是他所耳闻目染的、出自他内心的一种感受，它通过直观、感知和感觉而得以传递，并且，它可以引发反思。这种持续不断的运动给卢梭带来了抚慰，以此为主题的段落显示出一种语言节奏，这使它比

㉚ 描述在此达到了高潮，这可以从第三部分得到证实，在该部分中，卢梭以我们预料中的微妙和清晰笔触，阐释性回顾了他所描述的日程。参见《遐想》V，段 14 末尾，页 1047。

《遐想》中任意一段都更具诗意。人们认为这一描写具有音乐性,[31]它折射出此处所描写的内心状态的音乐性。[32] 构成该段的三个语句的编排和其中语词的侧重以模拟的笔触与此处 [158] 谈及的运动相互呼应,使这一运动呈现在关注文本流动的读者眼前。

在描述的高潮部分,卢梭以省略的方式接近了他的存在的中心。在不断由外向内和由内向外的交替性描述中,被略而不谈的核心一步步、环环相扣地显露出来:从描述的方式方法对所描述状态的反映,到感官感知和沉思的相互作用,直到静与动的交融一体,从观察和意识想象的错落交叉,到感觉和思考的和谐统一。孤独漫步者有能力思其所感,感其所思。在对感觉和思考的和谐统一彻底提出质疑后,他仍能做到这一点。对他而言,这种统一既非理所当然的既定事实,也不依托于一种先定的和谐设想。世俗智慧宣扬的观点,即感觉通常有损于思考,而思考大多数时候则阻碍人们去感受,无法使他感到心平气和。他更倾向于有意识地选择一种奇特的立场。为了与传统中各式各样的人道主义幻想、人类中心主义偏见和教条主义惯例都保持一定距离,为了不因理性、思考和反思之故而提出任何预设,为了不在自我检验和研究时假定任何前提,他选择了一条道路来对异质性(Disparität)、对抗和矛盾进行谱系研究。他深入地发掘出事物先于理性、思考和反思的特性。他考察了处于兽性状态中的人。他追溯至社交性和语言、爱和死亡意识的背后,就是为了找到一种视域,在这一视域中,人之区别于动物的特性可以被当成问题来考察,人可以去思索这种同时确立人之伟大和危险处境的差异,在这一视域中,人类天性的最大可能性及其蜕变也会昭然天下。正是在这种兽性的视域中,

---

[31] 参见 Robert Osmon,《〈孤独者漫步遐想〉的心理研究》(Contribution à l'étude psychologique des, "Reveries du Promeneur Solitaire," Genf, 1935, La vie du souvenir – Le rythme lyrique),页 84、96-99。

[32] 肖邦(Frédéric Chopin)的《摇篮曲》(Berceuse)可谓以音乐的方式近似地表现了"漫步"之五第九段所刻画的状态。

卢梭对一个极具挑衅性的想法斟酌再三，即将思考着的人看成是一种蜕化了的动物，将反思状态看作违背天性的。㉝ 卢梭所采取的视角转换是为了诱导他最优秀的那部分读者，这一视角不仅对［159］普遍意义上的西方传统进行了空前抨击，还攻击了这一传统重视哲学的做法。在卢梭试着从健康或有益于生命的角度来看待反思，并用自足性来评判反思时，他脑中浮现了这样一种想法：反思打破了毋庸置疑的直接性包含的（人的）封闭存在，而这一存在状态中的自然人是遵守自爱原则的。反思使人远离了人获赐于自然、做自己并保持生机活力的存在感。反思开创了一个分裂的世界，使人以他人的看法为准绳，从而陷入了自我分裂状态。这是卢梭的作品对人类学问题的回应，他的作品为不同历史条件下、天性各异的人的快乐存在勾勒并拟定了不同的可能性。考察了卢梭的自我反思所采取的奇特立场后，"漫步"之五的核心便一目了然了。这种考察表明，孤独漫步者若是想说明他只有在孤独和沉思时才完全是他自己，并且只有这样才能成为大自然所希望造就的人，那他必须选择什么样的道路。考察还阐明了，处于描述高潮中的孤独漫步者在观看和尝试、思考和感觉的过程中看到和觉察到了怎样一条经验之路。因为认识这条充满了曲折和障碍、危险和进步的道路，此乃他的存在的不可分割的一部分，而感觉到这种存在则让他满是喜悦。卢梭写道：看到动荡不定的湖水足以"使我无比欢欣地感到自我的存在，而无需费神去多加思索"。而此时的他充分意识到了自己为何会这样说。卢梭无需再说服自己去相信他的思考与存在感之间毫无矛盾，因为这是一种由思考传递的存在感。他也无需再通过思考他的感与思的和谐统一来确认自我。

在"漫步"之五中的潮涨潮落这一核心运动里，卢梭的思维邂逅了他的感觉。他看到起伏不定的湖水时，便感觉自己也身处这种堪

㉝ 《论人类不平等的起源》第一部分，页88。

比一切生命根基的运动中。他同时也看到了已被验证为他的思维根基的运动：这一运动是对凸显出个性之共性的回归，[160] 是对反衬出繁复事物之整合绩效的本初的回归，是对使各种区别清晰可辨的混沌状态的回归。卢梭并没有忘却这一运动是一种共性，没有忘却本初经久不变，没有忘却这种运动深深地植根于混沌之中。从根本上来说，对潮涨潮落这一自足性思维运动的回归是一种否定性运动。呈现在我们眼前的最重要，实际上也最为根本的一个例子，便是自然状态的回归。卢梭不仅将这一状态重构为原始状态，将它看作一种长远发展的出发点，发展的结果是成为人、市民和哲人，他还认为这是一种自然状态。作为一种自然状态的原始状态是自给自足的，它不会受内在必然性的驱使而出格。在没有外来偶然因素的情况下，它可保持"永恒"不变。㉞ 因此，原始状态是对一切目的论的否定。它尤其与人类中心主义和哲人中心主义背道而驰。只有抛弃最易理解和想到的事物，远离自身的独特性，只有清醒地进行否定，才能真正凸显出沉思与凝聚，凸显出最终认可哲人是多么重要且会产生多么大的影响。把自然状态和幸福状态联系在一起的是自在状态。在野蛮人生活的原始状态里，自在是个体受必然性限制的结果。在孤独漫步者到达的自然状态里，自在状态建立在对禁锢和聚精会神的热爱之上，建立在一种广博而大胆的尝试之上，即试着证明沉思中的这种热爱是必然的。作为标准，这种原始的自在状态衡量着与自身偏好、愿望和希冀背道而驰的大胆尝试。此处的背道而驰标志着作为幸福的基础的思考活动的独特性。起初，十分值得怀疑的是这一思考活动是否有朝一日能汇聚感和思。人们并不期待思考状态和存在感协调一致。若说哲学可与生活和解，那么这便违背了思考活动的开端所 [161] 遵循的假设。对孤独漫步者来说，意料中成功的回归，于他不可能之事的出现，他视作对立的事物汇聚于心，在不忽略部分

㉞ 《论人类不平等的起源》第一部分，页 166。

性的前提下构建一个整体——这些都根本算不上自在的幸福。在观察永不停息的潮涨潮落时,他甚至感觉不到原始状态的野蛮人心中感觉到的那种喜悦。

孤独漫步者的幸福凸显于对比中,并因对差异性存在的认识而得以深化。但这种凸显与感知他人的不幸无关,深化也并非源自对其他形式的自在状态的轻蔑。当卢梭坐在湖边观察起伏不定的湖水时,他的幸福感并未因看到跟波涛作斗争的乘船遇难者而增强。他的喜悦既非因身处陆地,可免受遇难者被水吞没的不幸遭遇而产生了"甜美"感,㉟ 也并非得益于卢梭分析中最像自尊的同情所生发的同样的"甜美"感。㊱ 他的幸福与自身的存在相关,源自他特有的天性,植根于他自身的生活中。它凸显于退隐和回归的经历中,依托于他对最重要事物的信心,并因所出现的意外而得以增强。哲人的自在状态,不同于市民通过认同道德集体中的公共人格而致的自在状态,市民将自己理解为与这个集体密不可分的一员。它同样有别于拘囿于自然视域和物理身体的野蛮人的自在状态。赫拉克利特或柏拉图,尼采或第欧根尼,[162]一个罗马公民或日内瓦公民,一个加勒比人或霍屯督人,一只"类人猿"或"红毛猩猩",㊲ 他们根据各自能力和具体情况成功实现的生存状态有着不同的基本使命。然而,自在状态有"高等"与"低等"、卑微与优越之分吗?

㉟ "当狂风在大海里卷起波浪的时候/自己却从陆地上看别人在远处拼命挣扎,这该是如何的一件乐事;/并非我们乐于看到别人遭受苦难,/引以为幸的是因为我们看到自己免遭这样的灾难。"卢克莱修(Lukrez),《物性论》(*De rerum natura*)II,行 1-4。

㊱ 参见《爱弥儿》IV,页 503-504,以及考订版《论人类不平等的起源》中的《致斐洛珀利斯书》(*Lettre à Philopolis*),页 476。

㊲ 参《论人类不平等的起源》,注释 X,页 332-336;注释 XVI,页 376-378。

野蛮人未与自身分裂，他的自爱可使他完整地享受自己的存在感，他这种简单有限的自在状态是完整的，并且这种完整性无法超越。市民将自己看作秩序井然的集体中的一员，他的自在状态情况要复杂得多，同时也要棘手得多。它建立在将自爱扩展为爱国的基础上，其根基是以自尊服务于政治整体。它需要发展人的所有能力，培养人的所有政治美德，尤其是想象力和正义感。它最终关乎公民无法掌控的各种历史条件，且依赖于需由他人设立的各种政治机构和习俗。公民的自在状态最为棘手，因为他本身拥有最低的自足能力，他所亟须的帮助只是他鲜能真正实现的愿望和要求。公民和原始状态野蛮人的自在状态的共同点在于，它们从根本上来说都以外来因素为支撑和保障，并受这些因素的塑造。这种自在状态不以对差异的认识和否定性思维传递的内容为根基，也并非建立在有意识的否定和自我回归基础上，它极其脆弱，这一点，卢梭在圣皮埃尔岛上致力起草的《科西嘉宪政规划》中曾明确指出过。在这份手稿中，卢梭为他眼中"欧洲尚适于立法的这个国家"构想了一套政治制度，[38] 与现代各种信念和欧洲常见的进步观形成鲜明对比，从而能使市民获得存在感。对此，手稿言简意赅地写道："乡村生活的平等和简单对于那些丝毫没有经历过其他生活的人来讲有种让他们不想改变的吸引力。"[39] 一种基于无知的自在状态离不开必然性的庇护或智者的援助，离不开智

---

[38] 《社会契约论》II，段 10、6，页 391。

[39] 《科西嘉宪政规划》段 9，页 905。参见段 84，页 925："相反，这种制度所有的观点都让人在这种平庸状态中感到幸福，简单总受人尊重。它可以提供所有生活需要、所有的礼品而无需运输和买卖以及所有重要的本领，没有比这更好或更高贵的了。想要脚踏实地履行它的人实现了自己的荣耀，他们就像最初的罗马人一样开辟了条条大道。人们不想脱离这种状态，人们渴望与众不同，渴望比人实现得更好，获得更多收获，为国家做更多贡献，并且对得起选举中人民的选票。"（我的强调）

者的远见、智慧和谆谆教导。㊵ 哲人的自在状态则要独自应对与其他自在状态的较量，它是一种不受任何庇护、没有任何外援的自在状态，正是从这个意义上来说，它证明了自己的优越性。

然而，在认识到差异的情况下，孤独漫步者所说的最后一句话并非在强调其自在状态的优越性，而是将它撤回潮涨潮落的运动中。他懂得如何思考并说明其他自在状态，知道它们有值得他认可之处，而他却并不需要它们的认可，他正是这样证明了其自在状态的优越性。他对差异的最深刻认识在于，他明白最高的认可和最广的视角是哲人自在状态的独有特点，但这并不意味着其他自在状态有缺陷。野蛮人或公民的自在状态无法获得广阔视角，无法认可其他自在状态，而哲人的自在状态若离了这两点便无法想象，但这并不妨碍前者仍是自在状态这一事实成立。自然庇护下的各种自在状态都是自足的。通俗地说：即便自然不将反思的矛头对准自己，它仍能"证明"自身。
[164] 孤独漫步者的这一想法并不会削减他观察自然时的喜悦心情，就好比他撇开自身不谈而去考察非存在状态或死亡时并不会泯灭独自沉思带给他的快乐。孤独漫步者每每远望比埃纳湖水时，眼前便会浮现上述两种心境下产生的幸福图景。

在"漫步"之五第三部分中，卢梭对其自在状态的幸福进行了独到的阐释。㊶ 第三部分的阐释没有置政治于不顾，第二部分的描写也没有忽略这一因素。像此前的日程描述那样，他在阐释时运用了适当的框架或舒缓的结尾，最为重要的是，他考虑并运用了略去开端，

㊵ 参见《最后的回复》(*Dernière réponse*)，见 *OCP* Ⅲ，页 90 – 91；《论人类不平等的起源》注释 Ⅸ，页 318；《社会契约论》Ⅱ，章 7，段 1 及 9 – 11，页 381、383 – 384；Ⅱ，章 11，段 4，页 392 – 393；Ⅱ，章 12，段 5，页 394；《科西嘉宪政规划》，页 935 – 936、950；《关于波兰政体的思考》，页 955、956 – 959、969、1004。

㊶ 卢梭用我这个词开启了囊括第十二到十七段的结尾部分。第十二段是"漫步"之五中唯一以我为开端的段落。

给出一个自由空间或一段时间空白的手法,好让读者用此处被略去的活动来填补和结束这段空白。卢梭将他眼中与圣皮埃尔岛密切相关的幸福进行了归类。他亲自按照第二部分结尾向一位身份不明的读者提出的要求,试着解释为何这个岛仍然吸引着他,并且能够让他产生如此强烈的怀念之情。他回顾了自己"饱经风霜的漫长一生"后发现,"享受到最甘美、最强烈的乐趣的时期"并不是回忆起来最能吸引他、最能感动他的时期。这种"狂热和激情的短暂时刻"非常强烈,尽管也正因如此,它们只能是"生命的长河中稀疏散布的几个点"。这样的时刻是如此罕见、如此短促,以至于无法构成一种境界。卢梭所怀念的、能吸引和感动他的幸福并不是一些转瞬即逝的片刻,而是一种境界,一种单纯而恒久的境界。身处这种心境的人时刻希望这种境界能够永远持续下去。㊷ 这种境界本身并不包含什么强烈刺激,然而当它不复存在,当人回忆起它的时候却能产生强烈的怀念之情。[165] 这种境界越是持久,它的魅力就越大,以至于卢梭认为它最终可以引人于至高无上的幸福之境。也就是说,卢梭将"圣皮埃尔岛中的比埃纳湖"和至高无上的幸福之境关联起来。㊸ "漫步"之五探讨的便是这种境界。卢梭将"漫步"之五与他在圣皮埃尔岛停留期间发生的轶事关联起来并表明:他眼中至高无上的幸福之境并非一种源自异域的愿望和希冀,而是真实地存在于时空之中。它并非天国境界,而是尘世之景。㊹

㊷ 参见《遐想》V,段 5,页 1042。

㊸ 比较《遐想》V,段 12,页 1046 中的"……我的心所怀念的幸福……",V,段 11,页 1045 中的"……那里的生活是那么迷人,我心中的怀念之情是如此强烈……",以及 V,段 1,页 1040 的"……只有比埃纳湖中的圣皮埃尔岛才使我感到真正的幸福"。

㊹ "我……"所引领的第十二段以"……终于导人于至高无上的幸福之境"告终。《遐想》中其他任何地方都没有出现"至高无上的幸福之境"这一说法。

鉴于这种幸福被解读为一种境界，且从根本上来说是一种永恒的境界，人们对是否能实现它抱有怀疑便不难理解了。世界变化无常，又有种种感受的力量，人生的风霜雨雪，还有死亡。"人间的一切都处在不断的流动之中"，人何以能逃离奔流不息的人生之河？尘世间的支点何处去寻？"没有一样东西保持恒常、确定的形式，而我们的感受既跟外界事物相关，必然也随之流动变化。"我们的感受使我们受制于外物，让我们无法做自己，我们或是回顾已不复存在的过去，或是翘首期待某种或许永不降临的未来。我们的感受使我们心怀希冀或畏惧、抗拒或渴念，让我们受制于未到的将来或已逝的过去，却无法明确感觉到"我们的心可以寄托的东西"及任何牢固的或眼前能实现的东西。"因此，人间只有易逝的乐趣，至于持久的幸福，我怀疑这世上是否曾经存在过。"这样一来，我们似乎得出了相反的观点：卢梭仿佛质疑了幸福境界，认为它不可能持久，并由此否定了至高无上的幸福之境。[166] 然而，他对"持久的幸福在这世上是否曾经存在过"的怀疑，并不仅是为了唤醒人们对世间万物易逝性的记忆，不仅是为了让读者注意到这个无需任何特殊提醒便已知的事实，因为这只是世俗智慧宣扬的陈词滥调而已。㊺ 下面这句话已然表明他转向这句老生常谈的意义所在：此处所言之幸福的持久性与其说是时间上的量度，不如说是一个判断。正是由于这个缘故，卢梭也着力强调了他在前段强调过的情感的角色。"在我们的种种最强烈的快乐中，绝没有任何

㊺ 卢梭重复了世俗智慧的上述看法，甚至将其细化于他在《遐想》V，段13的具体措辞中，在"漫步"之九的开端，他重提这一观点："幸福是一种上天似乎并没为普通人安排的永久状态。在人世间，一切都在不停地流动，任何东西都不可能具有不变的形式。我们周围的一切都在变化。我们自己也在变化，谁也不敢说他今天所爱的东西明天还继续爱。因此，我们今生争取至上幸福的一切盘算都是空想。还是让我们在我们心满意足时就尽情享受，竭力避免由于我们的差错而把这份满足的心情驱走；千万别打算把它拴住，因为这样的打算纯属痴心妄想。"（《遐想》IX，段1）

一个刹那,我们的心能由衷地对我们说:je voudrois que cet instant durâttoujours［我愿这一刻永远持存］。"㊻ 鉴于"这种狂热和激情的短暂片刻"只是生命长河中稀疏散布的几个点,此处所谈的主题便不再是"我们享受到的最强烈的乐趣"的易逝性。衡量这种易逝性的标准也不再是"过于罕见和短促的时刻无法构成一种境界"。此处关乎一个原则性问题,即"我们享受到的最强烈的乐趣"是不是一种能经得起持久考验的东西,"狂热和激情"是否理应永久地持续下去。

卢梭在"漫步"之五的第十三段中道出了检验幸福的试金石。对永恒的渴望决定了一种幸福之境。他并没有说永恒是幸福的前提:如果有一刻能使我们说,但愿这一刻可以永远持续下去,这便是幸福了;而并不是说,只要［167］某一刻永久地持续下去,便是幸福。最直截了当地说,只要一个人将自己的幸福寄望于将来,寄望于某个愿望的实现,寄望于克服最后的障碍,寄望于导致幸福的某个因素的最终到来,他就永远不可能幸福。对易逝性的认识、对死亡的了解并不会推翻卢梭的判断。他的聪明之处在于,他把幸福与一个问题联系在一起,即我们是否懂得真正对某个瞬间说:我希望这一刻永远持续下去。这句幸福的宣言回应了与它相对的悲剧宣言:我希望自己从未降生过。浮士德明确地否定了卢梭在"漫步"之五中写成斜体予以强调的唯一一句话,且将它变成了他和梅菲斯特打赌的赌注,结果在歌德这部作品第一部分结尾,他又以同样坚定的语调道出了这一相反的悲剧宣言。在第二部的尾声,被义正词严地否定了的幸福又出现了,但它只是对某些幻境的预感,只是一种盲目状态和无可挽回的"为时已晚",在这种状态下,他错以为的最幸福的时刻与死亡融为了一体。㊼ 在死亡降临

㊻ 此处的法文依据手稿,那里毫无疑问写作 je 而不是 Je。众多编本也都清一色复制了手稿中的写法。卢梭在这七个词下面划了线。

㊼ 歌德,《浮士德》(*Faust. Der Tragödie Erster Teil* 1699–1706;*Der Tragödie Zweiter Teil*),行 11585–11586。

的那一刻,生活的另一种可能性和未实现的部分在浮士德眼前闪现,因为他对生活中各种不如意的逃避让其现实世界支离破碎,因无法得到永恒而产生的恐惧破坏了一切。这个悲剧性人物的盲目与他缺乏自我认识密不可分,[48] 正是他自我认识的缺失阻碍了他到达自在之境。

卢梭认为,这种倏忽即逝的瞬间并不能算真正意义上的幸福,它经不起永恒考验。它短暂易逝,因为它"仍让我们的心灵感到不安和空虚",因为我们仍在怀念这一刻之前的经历,或仍在渴望此刻之后的某一将来。说它是一种"逃逸状态"并非［168］相对于它实际上持续的时间而言,而是因为我们没有真正肯定它所受的限制。只有那种"不让心灵产生任何它想要填补的空虚"的状态的界限才能真正得到肯定。卢梭在第三部分两个核心段落中的第一段描述了这一状态的特征。他将其描述为"这样一种境界:心灵无需瞻前顾后,就能找到它的依托、可以凝聚它全部力量的牢固的基础"。在这种境界中,心灵可以找到足够坚实的基地,在这里归于宁静并凝聚它的全部力量,这是一种充实之境,它既不用逃向过去,也不用投奔未来,因为各种情感产生的离心力被一种卢梭未明说的力量给悬置或限定住了。[49] 在这一刻,心灵"不受时间的任何左右,既不显示出时间的绵延,又不留下时间更替的任何痕迹",因为此刻从容镇定的心灵没有任何能让其出格的牵挂,因为凝聚了全部力量的心灵时刻都能感到自己的存在。这是一种顿悟之境,"心中既无匮乏之感也无享受之感,既不觉苦也不觉乐,既无所求也无所惧,而只感到自己的存在,同时单凭这个感觉就足以充实我们的心灵"。只要这种安定、凝聚和顿悟的境界持续下去,只要这

---

[48] 用作者自己在舞台上的话来说:"他不认识自己,不知道该做什么。/末了,还会遭受致命的袭击/被他也不认识的命运。"1821 年 5 月柏林剧场开场序言,载《歌德作品集》索菲亚版,魏玛 1894,第 13 卷,页 116 及页 34、37、38。

[49] 参见《遐想》V,段 9、2,页 1045。

种植根于并充满了自我存在感的境界持续下去,(50)“处于这种境界的人[169] 就可以自称幸福”。这可谓真正的幸福之境。因为在描述这种充实之境特征的结尾处，卢梭区分了他从开始起一直在探讨的不同的幸福。他在此明确地谈到一种源自倏忽易逝瞬间的“不完全的、可怜的、相对的幸福”。对比“人们从生活乐趣中取得”的这种有限幸福,(51) 他强调了永恒之境的幸福。处于这种境界的人可以称自己“身处一种持续状态下”的“充分的、完全的、圆满的”幸福之境。

据第五次“漫步”的记载，卢梭“经常”或至少“有时”能到达这种至高无上而充分、完全、圆满的幸福之境，就如他对圣皮埃尔岛上“两个月”或六周半生活的描述:“这就是我在圣皮埃尔岛上，或是躺在随波漂流的船上，或是坐在波涛汹涌的比埃纳湖畔，或者站在流水潺潺的溪流边独自遐想时常处的境界。”在阐释的核心部分，卢梭回溯了他所描述的两个突出场景，这为阐释进行了铺垫，也邀请读者来思考阐释未尽之处。第一个场景让人回想起天气晴好的下午，它为“可贵的闲逸”绘制了一幅栩栩如生的图景：卢梭躺在“湖中央”的小船上，双眼仰望长空，慵懒地随风飘荡，“沉浸在没有固定明确目标的杂乱而甘美的遐想之中”。第二个场景则激发了读者对“漫步”之五核心情景的回忆和想象，这幅图画描绘了天气恶劣的下午：卢梭坐在小岛“中间的比埃纳湖”畔隐蔽的地方，望着动荡不定的湖水，思索着自我和世间万物，沉浸在“甘美的遐想中”，无比欢欣地感到自我的存在。第三个场景，即卢梭坐在一条美丽且流水潺潺的小河或小溪边，进一步突出了第二个场景的特殊性。第三个场景在描述中并没有对应物，它是卢梭虚构的一个逾越时空的场景，因为

(50) 《遐想》中存在这一概念共出现了十三次，其中“漫步”之五中出现了七次。V，段 14 中的出现是“漫步”之五里的第四次、整个《遐想》中的第七次出现。

(51) 参《遐想》V，段 14（页 1046）和 V，段 7（页 1064）：ce qu'on appelle les plaisirs de la vie［那被称为生活中的诸多快乐的东西］。

在圣皮埃尔岛上从未有过河或溪。㊾ 三个场景的共同点在于，它们都将孤独沉思和湖水联系在一起。但只有第二和第三个场景论及观察湖水的活动，它一举切中要害，既探讨了核心要素的表面和深层涵义，同时又与这一要素保持了距离。并且只有第二个场景既不是发生在岛附近，也不是一种虚构的补充，而是真实地发生在圣皮埃尔岛上。卢梭对日程回顾的补充，使第五篇"漫步"核心的高潮部分成了展现他完满幸福的主要范例。

这种经常或偶尔出现，但却无法永久持续的幸福之境，这种有着开端和间歇，能重温但最后将终结的幸福，到底有多充分、多完全、多圆满？显然，它与一个懂得自己的幸福及其有限性的人所能体会的幸福一样充分、完全和圆满。卢梭在第三部分的两个核心段落中两次插入了同样的限定语——这样的持续状态，并且他从未表示过，"这种在心灵中不会留下空虚之感的充分的、完全的、圆满的幸福"，跟撤销上述限定或暂时遗忘他的存在所受的限制联系在一起。"漫步"之五的精髓部分高度关注起潮落这一必要的运动，就极为清楚地表明了这一点。卢梭所说的至高无上的幸福之境，并非一个虚构人物的内心幸福，催生这种幸福的持久性也不以一种虚构的时间尺度为衡量标准。这种将卢梭引向至高无上的幸福之境的持久性首先是认知意义上的，它是认知的结果，以真知洞见为媒介，是时间的产物。这将至高无上的幸福之境与观念世界的思维空间联系起来。若没有对有限性的认识，没有对必然性的认识和对自身天性的洞见，人们便无法进入

㊾ 评论家们对卢梭的写作艺术未给予应有的关注，他们要么对第三个场景束手无策，要么仓促评论其为"轻微的不一致（岛上既无河流，亦无小溪）"（本书所引雷蒙编著版）。"人们是否真正注意到了圣皮埃尔岛上没有河流呢？不易察觉的是，对遐想的分析有种泛化的倾向，这与第二对话相似。"（本书所引罗迪耶编著版）要了解卢梭的虚构性补充所强调的内容，读者无需借助任何额外信息，只需认真考虑"漫步"之五第二部分对日程的描述及第三部分对这一描述的回顾。

这个不受时间限制的空间。

卢梭在湖滨观察动荡不定的波涛时陷入孤独的遐想之中,他的乐趣何来?第三部分的下半部[171]花了几乎同样多的笔墨来回答这个问题。回顾了这篇"漫步"的高潮部分后,卢梭紧接着提问:"在这样一种情况下,我们是从哪里得到乐趣的呢?"㊵ 答案是:"不是从任何身外之物,仅是从我们自身的存在获得的。"这一答案的核心思想,我们从文中第一次论及"漫步"之五的高潮部分以来便已熟知。㊶ 它的简练、犀利和直接使人惊叹,尽管这种自我享受的种种依托并未被言明,那就是:无辜或说对自身的善的认识,不受良心的谴责或说不受罪恶感的折磨。然而这一答案还有让人同感惊讶的后续部分,它成了卢梭思维过程中的隐遁点:"只要这种状态持续下去,我们就和上帝一样能够自足。"身处至高无上的幸福之境的卢梭完全是他自己。他享受着自身的存在,因为他是善的、自足的。若将上帝理解为一个完满者或至上者,我们可以说,这个人是最自在、最善和最自足的。因此,只要卢梭至高无上的幸福之境持续下去,它就是一种神性境界。㊷ 在《遐想》中第四次提到上帝后,卢梭紧接着谈到了该书中只出现过一次的存在的感觉。他再次谈到上帝与动物的共性,谈

㊵ 卢梭在"漫步"之五第三部分下半部开端提出的问题,承接了第二部分开端问题的下半部分:"这到底是种什么样的幸福,享受这样的幸福又是怎么回事?"更加值得注意的是,卢梭将原本的问题集中在了对他生活的各个顶峰的追问之上。读者只能从第二部分的描写中"猜出"他的幸福的全貌。"漫步"之五中只有第六和第十五段以问题为开端。

㊶ 参见《遐想》V,段9,第二句话和V,段14,第一句话。

㊷ 参本书第二章,而[97]-[98]、[100]-[101]。"……若我们将上帝理解为一个最为完美的存在,最为完美的人,那么,除了哲人便没有神(Sophist in princ:θεος πζ ελεγκπκος)。可怜的诸神?若以想象作为衡量标准的话,他们真的挺可怜。"(Leo Strauss,《理性与启示》[*Reason and Revelation*],见 Heinrich Meier, *Leo Strauss and the Theologico-Political Problem*, Cambridge, 2006,页163。)

到神性境界与天性境界的共同点：

> 排除了任何其他感受的自身存在的感觉，它本身就是一种弥足珍贵的满足与安宁的感觉，只要有了这种感觉，任何人如果还能摆脱不断来分我们的心、扰乱我们温馨之感的尘世的肉欲，那就更能感到生活的可贵和甜蜜了。

[172] 存在的感觉是神性和天堂境界共有的基本原则，它将未蜕化和蜕化了的状态区分开来。对未蜕化的状态而言，存在的感觉足矣，因为它本身就是心灵的一种"弥足珍贵的满足与安宁的感觉"，能让有这种感觉的人觉出存在的"可贵和甜蜜"。心灵一旦蜕化，怀揣各种激情和社会需求的人便不再关注"甜蜜"的存在感，各种喧嚣将淹没未蜕化状态中的存在感，使它变得迟钝。

使存在变得"可贵而甜蜜"的感觉深深地植根于自然中。它使个体保持基本活力，当个体懂得通过思考来获取这种感觉，并对自己的人生作出一切都很好的肯定性评判时，这种感觉会告诉他，他说的有理。存在感是一切事物的根基，却并非卢梭的全部。卢梭和狄德罗不同，他们的友谊尚存时，狄德罗愿在"宁静而快乐地享受慵懒带来的乐趣"时将幸福感等同于存在感，他愿以这样一种"纯粹感觉之境"为据去构建"人所能想到的最伟大、最纯粹的幸福的概念"。㊽

㊽ 狄德罗的文章《论趣味》(*Délicieux*) 1754 年 10 月发表于《百科全书》第四卷（[译注] 中译见《狄德罗哲学选集》，商务印书馆，1997），它因和"漫步"之五有着某种近似性而值得我们关注，正是这种近似性更加鲜明地突出了卢梭描写的不同之处："休息也有自己的趣味。但什么是有趣的休息呢？休息有着自己难以言表的魅力，休息中的器官敏感而娇弱；他从大自然中接受了柔嫩的灵魂和爱享受的性格；他有着完美的健康；他处在花季年龄中；他没有任何胡思乱想，没有任何过于强烈的情感的干扰；他从微微疲倦中整装待发，在身体所有各个部分都散布着一种与其他无异的快乐。在

"满足与安宁"联系在了一起。卢梭的幸福感不仅是跟上帝的自足相比后获得的存在感。卢梭的"完满幸福"建基于他的存在感,㊼ 卢梭的心灵正是在这一基础之上才"凝聚了它的存在的所有的力量",卢梭的思索,他的思想经历,他对自己历经的思维之路的回顾,都是这种存在的有机组成部分。因而,这位孤独沉思者在观看潮起潮落时能相应地有所见、有所想、有所感,而这是任何一位非哲人——不论是"红毛猩猩"、霍屯督人,还是日内瓦公民——都无法做到的。正因如此,卢梭的自在状态既非一种"完全被动消极的享乐"之境,他的聚精会神也不可理解为从清醒到睡梦的过渡中"迷醉和脆弱的时刻"。看完"漫步"之一后,我们便清楚地了解到,卢梭将结出遐想硕果的孤独沉思归结于某种源泉或思想活动,离了它,卢梭的心灵便无法成其所是。卢梭在"漫步"之二开端信誓旦旦地向我们保证,那些孤独和沉思时分是他一天当中唯一完全是他自己的时刻。值得一提的是,"漫步"之二描写了他缓慢复苏的过程,他从一种因巨大突变而导致的短暂无意识状态中苏醒过来,这是一种从睡梦到清醒间的过渡,它与该篇描写的奇特的失控状态形成鲜明对比,也阐明了"漫步"之五描写的自在状态。而〔之所以说这种过渡状态与失控状态形成了鲜明的对比〕这正是因为卢梭为这种"奇妙的宁静"大唱

这个快乐和虚弱的时刻,他没有过去的回忆、未来的渴望和现在的担忧。对他来说时间停止流动,因为他处在自己内心中,他的幸福感只会随着自己的生命而减弱。从醒着到睡着,他经历了一种难以察觉的运动变化,但在这种难以察觉的过渡中,在身体机能减弱的过程中,他还是醒着的,可能在思考其他事情,至少在感受存在的快乐。不过他从一种完全被动的享受中获得快乐,不过分依赖,不过多思考,不沉溺其中,也不沾沾自喜。人们如果能够通过思考来停留在这种身体机能和灵魂保持生机,又不过分活跃的纯粹感受的状态,就会了解到何为人们可以想象到的最极致、最纯粹的幸福。"(Diderot, *OC* VII,《百科全书》III,字母 D–L,页 9)

㊼ 参见《遐想》V,段 14,第一句:"单凭这个感觉就足以充实我们的心灵";V,段 9,第二句:"使我无比欢欣地感到自我的存在。"(我的强调)

赞歌，这种安宁是他在非同寻常、不复再现和无法持续的那一刻里，是他在"他的整个存在"中的感受，这［种存在状态］仿佛消解了自身存在的核心和内在关联而向外流泻，轻盈飘浮。㊽

［174］卢梭把自我享受与上帝的自足相联系，从而把对至高无上幸福之境的界定推向了顶峰，这个过程一完结，他便开始反其道而行之。不仅"漫步"之五中最具挑衅的那句话，还有他对哲学生活幸福的所有描述和阐释，都需要从政治角度加以考虑。在这篇"漫步"的剩余部分，卢梭便从政治角度缓和并限定了哲学生活之幸福的定义。在与上帝进行比较后，卢梭将目光对准了大多数人："但大多数人为连续不断的激情所扰，很少能经历这种境界。"这一插入语缓和了人与神之间的巨大落差，说明了存在感的普适影响，同时将存在感描述为"弥足珍贵的满足与安宁的感觉"，而"各种尘世激情和肉欲则不断来分我们的心，扰乱我们这种温馨感"。通过这一插语，人与神性之境的差距变得模糊不清，以至于我们无法判断文中所说的"大多数人很少经历"的那种境界究竟是指完满的幸福之境，还是指一种满足与安宁的状态。㊾ 然而，因为大多数人"仅在难得的片刻之

㊽ "天越来越黑了。我看到了天空、几颗星星以及一小片花草。这第一个感觉的一刹那真是甜蜜。我只是通过这一感觉才感到自己的存在。我就是在这一刹那间复活过来的，我仿佛觉得我所见到的一切都使我感到我那微弱的生命的存在。在那一瞬间我全神贯注，别的什么都记不起来了，对自己的健康状况也没有什么清楚的意识，对刚发生的事也毫无概念，我不知道我是谁，又是在什么地方；我既感觉不到痛苦，也没有什么害怕和不安。我看着我的血流出来，就跟我看小溪的流水一样，丝毫也没想到这血是从我身上流出来的。在我心底有着一种奇妙的宁静的感觉，现在每当我回顾此事时，在我所体会过的一切乐趣中我都找不出任何可与之相比的东西。"（《遐想》II，段10，页1005）

㊾ 事实上，卢梭在《遐想》V，段14第一句话中描述了一种堪称"充分的、完全的、圆满"的"幸福"，之后，他在"漫步"之五的剩下部分，在此篇第三部分的下半部则只字未提"幸福"或"快乐"。在此篇"漫步"中，

间不完全地领略了"这种境界，故而对它也就只有一种"模糊不清的概念，难以感到它的魅力"。经过这一温和而克制的改写后，[175] 我们不难想到，卢梭接下来绝不会提醒并鼓励人们远离这种蜕化了的状态。相反，他解释道："在当前这样的秩序下"，即在社交生活提出的种种要求下，如果人们全部都"去渴求那种醇美的心醉神迷境界"，而对繁忙的生活产生厌倦——我们可以将此理解为，如果他们都沉迷于一种他们所理解的"可贵的闲逸"状态——"这甚至不是一件好事"。因为他们有各种日新月异的社会需求，这就要他们在工作生活中履行社会职责。然而，对大多数人而言不好的事——不消说，对所有人来说这更不是一件好事——对因天赋而必然生活在观察中的人来说则可能是件好事。卢梭并未直说这一想法，而是再次运用了表示转折的"但是"，以外界约束为由，免除了孤独沉思者必须履行的社会生活职责：

> 但是一个被排除于人类社会之外的不幸者，他在人间已不可能再对别人或自己做出什么有益之事，那就可在这种境界中去觅得对失去的人间幸福的补偿，而这是命运和任何人都无法夺走的。

因遭受迫害，卢梭于人于己都无法做出什么有益之事，他的善只在自在状态中，只在于[自我享受的]快乐之中。自在状态给了他"补偿"，这是命运及任何人都无法从他手上夺走的。他所获得的对"一切人间幸福"的补偿是一种至高无上的幸福。[60]

于孤独沉思者而言重要的事并非于所有人而言都重要。卢梭在倒

幸福这个词出现了七次，第七次出现在高潮部分的"充分的、完全的、圆满的幸福"中；快乐这个词出现了五次，其高潮部分也在《遐想》V，段14第一句话中。

[60] 另参见《遐想》I，段 1、13、4、11、12，页 995、1000、996、999；II，段 3，页 1002 – 1003。

数第二段开头承认道:"不错,这种补偿并不是所有的人,也不是在任何情况下都能感受的。"与"漫步"之五的整体修辞风格一致,卢梭并未明说究竟是哪些才能使他的心灵在"所有人的心灵"中尤为突出,也没有进一步指出,究竟是何种力量让他能享受并非所有人都享有的那些"补偿"。同样,他也缄口不言为何回归自我不会给"大多数人"带来一种源自幸福的喜悦,而是让他们感到"无法忍受"。对于这一判断,他在"漫步"之八中还将详述。㉑ [176] 卢梭没有分析各种天性的不同,而是继续谈"各种情境"的区别。要享有这些"补偿",心必须静且不允许任何激情来扰乱它的安宁。"必须有感受者的心情和周围事物的相互烘托。"卢梭再次搁置了对天性或享受那些"补偿"之根基问题的探讨。另一方面,他则用诡辩的方式谈起了主体的种种心境及其周围客观事物的影响,这一做法使人们去关注"情境",并产生出这种补偿普遍可得的印象:无需绝对平静,也无需过分激动,只需要一种单纯、温和、既不激动又无间歇的运动。因为少了运动,生命就陷于麻木状态,而失衡或过于强烈的运动则使我们想起周围的事物,这将破坏遐想的魅力,使我们同自身剥离,转眼又置身于"命运和别人"的轭下。绝对的静止导致哀伤,使死亡的影像浮现。在这种情境下,周围的事物无法影响我们,仿佛死亡的警钟在我们耳边敲响,"满足与平和"也离我们最为遥远。正是在这种情境下,想象力第一次出现在了"漫步"之五中,而天堂则最后一次在《遐想》中出现。㉒ "因此,有必要向欢快的想象力求助,而对天生有这种想象力的人来说,它是会自然而然地出现在脑际

㉑ 参见《遐想》VII,段 8,页 1075。

㉒ 卢梭在"漫步"之五的段 16,页 1047 中第一次使用了想象力这个词,此后的段 17,页 1049 中还曾两次用到该词。天堂(le Ciel)出现在 II,段 24,页 1010;III,段 19,页 1019;IV,段 2,页 1025;IV,段 28,页 1034;V,段 16,页 1047。(根据上下文,卢梭手稿里的 VI,段 2 和 IV,段 28 中所指的应该是天堂,而不是像编者们所给出的天空 [Le ciel]。)

的。"欢快的想象力生发出与外界无关的运动，从而引导读者走出卢梭带他们步入的诡辩峡谷。尽管想象力导致的运动并不会使我们彻底保持宁静，但"当轻快甜蜜的思想前来轻轻掠过心灵的表面而不去搅动它的深处时"，我们会感到更为舒适。[177] 只要有相当这样的内心思想，我们就可以忘记所有的痛苦而只记得我们自己。生来有这种想象力的所有人仿佛很容易到达一种独立于外界环境的自足状态，仿佛他们可以随时随地在遐想中到达满足与平和的境界："只要我们能够安安静静，这样的遐想无论在何处都能进行；我时常想，如果在巴士底狱，甚至在见不到任何东西的单人牢房里，我都可以愉快地进行这样的遐想。"

临近该篇"漫步"的尾声处，卢梭展示了他如神来之笔般的想象力，它让该篇漫步的结尾占据了主导地位，持续稳固了"漫步"之五所描绘的画面。它帮忙掩盖了卢梭描绘圣皮埃尔岛生活时所探讨的问题的本性。它的重要贡献还在于使人忘却卢梭思想最为强硬的核心，而记住无辜漫步者的使人感到舒适而激动——如若不说是轻快且甜蜜的——的设想，漫步者虽古怪，却也并非完全不同于常人，他的自足不会侵扰任何人，因为这种自足几乎也仅是场梦而已。作为作者，卢梭有足够的想象力和丰富的经验来评判这种自足的影响力。他不难预料到，能根据核心部分的描写来检验他有关种种情境的诡辩的读者微乎其微，也极少有读者会以《遐想》高潮部分为准来衡量结尾处诞自想象力的遐想。在他看来尤为可信的是，大多数读者不会区别类型和品种，而是会非常乐意将"这种遐想"等同于他书中标题里［作为类型而］出现的遐想。[63] 有什么比这"种"源自想象力且地位如此突出的遐想更能让人了解"漫步"之五第二部分和《遐想》一书探讨的这"类"遐想，并使人忘却或完全忽视作为"类型"的遐想所包涵的所有特殊活动？这篇"漫步"结尾展现的常人的遐想，

---

[63] 参见《遐想》V，段7，页1043。

巩固了人们对无所事事者的印象：［178］他整天游手好闲、无所事事，在一个想象世界里寻找逃避现实的庇护所、安慰以及替代品。此后，极少还有读者会将遐想这一说法与深刻严肃的沉思联系在一起，几乎没有一个人会想到，这位孤独漫步者在圣皮埃尔岛逗留期间会构想出一个井然有序的政治集体，并且还考虑和研究了种种现实问题——地理的、历史的、政治的、经济的和人口统计方面的。对于这样一项工程，卢梭自己也评论道：这只是一种遐想。(64)

这种通俗的结尾完全是想象力作用的结果。在这一想象的牢笼里，卢梭“本还能继续舒心地遐想”，从中走出后，作者返回了他没再直接指称的圣皮埃尔岛。卢梭必须“承认”的是，跟巴士底狱相比，“在一个跟世界其余部分天然隔绝的丰沃而孤寂的小岛上进行这种遐想却要好得多、愉快得多”。在这个使他快乐的环境里，屈指可数的居民虽没有使他乐于与他们相处，但他能毫无挂碍地整日从事合他口味的工作，或置身于最慵懒的闲逸之中。卢梭没再进一步解释“合我口味的工作”，而是向读者保证，对“一个懂得如何在最令人扫兴的事物中沉浸在愉快幻想里的遐想者”来说，这个岛“毫无疑问”提供了最美的机会。在这里，他被“一切美好的事物”包围，他能将它们融入自己的想象中，这又能大大促进他的梦想。梦想家取代了孤独沉思者。(65) 想象与现实间的界限变得［179］模糊了。“虚

(64) 1764 年担任科西嘉岛立法委员会议员时，卢梭曾谈到“我的遐想”，同样，在 1771 年《关于波兰政体的思考》的末尾，他也把他对形势的分析和他的改革建议称作“我的遐想”。见 1764 年 12 月 8 日的《致苏格兰伯爵元帅乔治·基斯书》（*Lettre à George Keith, comte-maréchal d'Ecosse*），CC XXII，页 184；《关于波兰政体的思考》，页 1041（倒数第二句话）。关于卢梭为科西嘉岛起草的宪政规划中虑及的现实问题，参见 1764 年 10 月 15 日的《致上尉马蒂厄·布塔福科书》（*Lettre au capitaine Matthieu Buttafoco*），CC XXI，页 258－260。

(65) “梦想家”在《遐想》中仅在《遐想》V，段 17，页 1048 中出现过一次。

构"与"现实"不分彼此。过去和当下在"那段美妙的逗留期间的沉思与孤寂生活"之中混杂一体。"这样的生活现在为何不重现?"从他想让昔日生活重现的愿望中透露出一种渴望,他后来又渴望回到这"亲爱的岛上"去度过他的余年,永远不再离开,永远不必再看到"任何大陆居民",因为看到他们就会使他想起他们"多年来"加于他的"种种灾难"。这样的渴望可能会导致人们错以为"沉思与孤寂生活"对卢梭而言已成过往,仿佛一切都已是"十五年"前的事了。而卢梭则通过利用此前不久所引入的那"种"遐想的可能性,并通过在有效范围内充分发挥想象力的作用驳斥了这种错误印象。不论他身在还是远离这个岛,想象力都让他能够摆脱一切尘世羁绊,上升为"天使":[66]"摆脱了纷繁的社会生活形成的种种尘世情欲,我的灵魂就经常神游于这一氛围之上,提前跟天使们亲切交谈,并希望不久就将进入这一行列。"想象力仿佛可以摆脱身体的束缚从时空中得以解放。人们可以不给卢梭提供他渴望的"甘美的退隐之所",却无法阻止他每天"振想象之翼"飞到那里,"一连几个小时重尝他在那个岛上所感到的那种喜悦"。更重要的是,他能够像他在岛上时那样遐想,甚至比在岛上的遐想还更为生动活泼。当下的遐想是想象的手笔,它胜过想象力王国的遐想:"再添上一些可爱的形象,使得这一遐想更为生动活泼。"想象力开启的自由王国仿佛是无边际的,因而他的渴望也是毫无缘由和对象的。卢梭甚至夸张地解释道,跟他当年真在岛上相比,他现在"更经常且更舒适"地沉浸在自己的"狂喜"中。[180]"不幸"的是,想象力正不断"衰退",它属于一个过程,受制于时间的种种变化,它会衰老。说它不依赖身体也只是种错觉而已。"唉!正在一个人开始摆脱他的躯壳时,他的视线却被他的躯壳阻挡得最厉害!"

"漫步"之五最后一句话防止人们对想象力带来的全方位解放抱

---

[66] 有关"天使",参见《论人类不平等的起源》注释 IX,页 320。

有过高的期望。这样一来，它也就预示着卢梭将在"漫步"之五末尾修正一些东西。准确来说，这种修正关乎卢梭重回陆地时阐述的那两个最鲜明的观点：迫于阻碍他生活的外来压力，他不得不为至高无上的幸福之境正名，"漫步"之六将重提这一点；主要作为想象而出现的遐想倍受褒扬，"漫步"之七将对此进行考察。事实上，"漫步"之五的结尾要求对想象力进行批判，就好比"漫步"之七、之八、之九三章所形成的批判那样。这种批评并非毫无铺垫、从天而降，因为想象力的模棱两可性是卢梭作品中最重要的主题之一。就像谈论自尊那样，卢梭甚至可以同样理直气壮地谈论想象："幸亏有了它，我们才看到了人们身上最好和最坏的东西。"⑥⑦ 它可以打破束缚，也可以设置枷锁，可以帮人找到真理，也可以让人沉迷于错觉。它会使我们依赖虚构之物，但同样也会使我们更加努力地去摆脱时代舆论和偏见的束缚。它能巩固疯狂迷醉状态，也能促进自在状态发生。就想象力自身而言，它既不能摆脱各种社会激情，也离不开希望或恐惧。相反，它乐意乖乖地服务于各种情绪，充当中介和强化剂。对身处社交环境的人来说，"伴随着忧伤"的种种情绪始终在他脑海里萦绕不去——就好比卢梭在"漫步"之八中所回顾的，将他带入孤独之境，[181] 并且直到他逃至自然赐予的庇护所，这些情绪始终都纠缠着他的想象力。只要卢梭不能凭借他的理性、反思和决心而将自己从"骚乱嘈杂的世界"中解放出来，只要他并未清醒地摆脱"漫步"之五结尾所谓的"骚乱嘈杂的社交生活"，他的想象便一直是个"骚乱嘈杂的世界"。《遐想》第五篇的诗意描画淡化了自足性的种种

---

⑥⑦ 《论人类不平等的起源》第二部分，页256。有关想象力的作用参见：《论人类不平等的起源》第一部分，页108、156；第二部分，页206；注释IX，页308；《爱弥儿》IV，页504-505、651；《社会契约论》I，章6，段10，页361；II，章7，段3、10，页381-382、383；II，章12，段5，页394；IV，章8，段1、18、33，页460、464-465、468；《卢梭评判让-雅克》II，页815-816。

前提，这让卢梭信心满满地表示，自己哪怕在巴士底狱都还能够"愉快地遐想"。此篇中缄口不言的是，即便愉悦的想象也要接受"反思的考验"。《遐想》的第八篇将重提这一点，同样，它也比其他各篇都更加清楚地向读者展示出，为何孤独漫步者的自在是一种运动状态。⑱

---

⑱ 《遐想》VIII，段 22、2、23，页 1083、1075、1084。

五 政治

[185] 迫害将卢梭驱至圣皮埃尔岛。之后又是迫害使他离开那里。迫害限定了他所选择叙述的轶事,卢梭正是借这一事件在《遐想》中探讨了至高无上的幸福。孤独漫步者的自在状态处于政治包围中,他借这一媒介与政治嬉戏,而政治则要求他进行自我追问。自我失控状态对自在状态有何裨益?应如何看待政治在他生命中的分量和地位?在公共场合阐明自身,向人类进言,并以真理见证人的身份示人——这到底是对是错?这些问题将"漫步"之五前后的"漫步"联系在一起,且明确地服务于自我研究或自我阐明。① "漫步"之四探讨了终身献于真理这句被卢梭看作自己的公共存在的座右铭。该篇"漫步"研究了卢梭究竟怎样兑现他所宣称的道德要求。在"漫步"之六中,论证过程发生了大转折。其中,卢梭从自身的善的角度出发,考察了政治操守、道德义务和社会权利,并结合他的天性得出以下结论:他没有上升到政治操守的高度,生来便不懂顺从,因而从未真正适应过市民社会或者政治集体。② 乍一看,这两篇"漫步"间的"漫步"之五就好像一片迷失地——如若不说它是其间一块杂质的话——完全属于另一个世界。它仿佛打断了论证进程,却又并未掩盖"漫步"之四与之六间的紧密关联,只是让它暂居幕后。事实上,[186] 这一中断成了整个研究的转折点。"漫步"之五所围绕的自在状态开启了视角转换之门,这一转换发生在"漫步"之四和之六中,

---

① 《遐想》IV,段 1,页 1024;VI,段 1、3、6,页 1050、1051、1052。
② 参见《论人类不平等的起源》第二部分,页 172 及该页注解。

主要阐明了孤独沉思者对政治的态度。他对自在状态的熟识最鲜明地体现在卢梭的笑声中,这是一种源于自我认识的从容之笑,也是《遐想》第二部分探讨的主要问题。卢梭笑自己和他人,这种笑游离于一种无拘束的社交之笑——这是本书中的第一笑,它紧接在"漫步"之五的核心和高潮后——与作为《遐想》中最后一笑的自然之笑之间。不论人们怎么评价或谈论卢梭,不论他们如何敌视他、如何追踪迫害他,自然"永远向我露出笑脸"。③

卢梭在第五篇"漫步"中从政治角度出发描述了自足状态,之后,他转而在第六篇中开始界定他与政治的基本关系。在此,场景发生了一次大转换,将我们从"比埃纳湖中的圣皮埃尔岛"带到另一个同样颇具深意的地点——"地狱门"。卢梭无比深远的反思源自日常生活中的一次观察。当他"昨天"漫步走向巴黎郊区并沿着皮埃弗河畔采集标本时,他突然注意到自己曾多次绕弯走到这条"小河"边。④ 他"不自觉地"绕开了地狱门。他对自己这种无意识的行为思索再三,以期找到其中缘由,⑤ 之后不禁哑然失笑,因[187]为他

---

③ 《遐想》V,段 6,页 1045;IX,段 20,页 1095。在《遐想》中,卢梭十二次使用了动词笑,两次名词笑(le rire)。他自笑七次,或者如果将 V,段 6 的集体之笑(我们都笑了)和 IX,段 20 中的自然之笑(而大自然则永远向我露出笑脸)也算在内的话,他一共自笑七次。他的笑始于"漫步"之六 VI,段 1,页 1050,并在"漫步"之七中最为密集:VII,段 1、26、28、28,页 1060、1071、1072、1073;在"漫步"之八中,他两次嘲笑自己的追踪者:VIII,段 7,页 1076 及段 24,页 1084。"漫步"之九中提到了他人的笑:IX,段 2,页 1086,名词;IX,段 2,页 1086 两次提及;IX,段 10,页 1090;IX,段 17,页 1093,名词。

④ 《遐想》VI,段 1,页 1050;参见 V,段 14,页 1047。

⑤ "漫步"之六的开场句子是卢梭后来加上去的,包含了卢梭自我探索的纲领,此篇漫步正是在这一探索计划的影响下开篇的:"我们所做的不自觉的动作,只要我们善于探索,差不多全都可以从我们心中找到它的原因。"(《遐想》VI,段 1,页 1050)

意识到，他这么做只是为了避开一个小男孩，后者整个夏日里天天在地狱门附近逗留并向行人行乞。起初，卢梭十分愿意看到这个"非常可爱而有礼貌的"小男孩。当他从男孩身边走过时，"小家伙"总不免要跟他"客套一番"，而他也少不了"十分乐意地施舍几文"，一段时间内，他"一直都这样高高兴兴"地照做。然而，这种惬意之举渐渐变成一种习惯，也随之变成"一种义务"，让他立马觉得这是一种束缚。尤其是他每次都得听这位行乞者索要施舍前的一番开场白，"听他为了表示跟我很熟而叫我卢梭先生，而事实上他对我的了解并不比教他这么做的人更深些"。从此以后，他就不怎么乐意看到这个男孩，并且最终"不自觉地"养成了一个大多数时候都绕弯避开地狱门的习惯。⑥ 卢梭说，他在前一天思考自己观察到的现象时才发现了上述事实，同时，他还因这件事的启发而想起了"许多其他现象"。这些都让他更清楚地意识到，他并不像他原先所想的那么清楚自己大多数行为的"真正原始的动机"。对卢梭而言，他现在有足够的理由更仔细、深入和毫无保留地去观察，好让读者看到一些他目前为止尚未认清的东西，从而清楚看到一些可能会让他们颇感震惊的真相。

卢梭开始审慎地尝试对自我进行说明和阐释。迫于外界压力，他再次试图为自己正身。他援引了阻止他做善事的"悲惨命运"，并将这种尝试紧密地衔接于"漫步"之五中他从山顶走下时有关"人的幸福"的论述。

> 我知道，我也感到，做好事是人心所能尝到的唯一真正的幸福。然而很久以来，我就被剥夺了得到这种幸福的可能，而像我这样命途多舛的一个人，[188] 又怎能指望可以自由地、有效地办一件真正的好事！

---

⑥ 《遐想》VI，段 2，页 1050 – 1051。

他的敌人想要在充满假象的世界里操纵他，而"任何合乎道德的动机"都只是将他引入圈套的诱饵，道德也只是操控他的工具。因此，他此后唯一能做的善事就是"无所作为，免得在无意中，在不知不觉中把事情办坏"。这一结论自"漫步"之一以来就为我们所熟知，而这个开场白也完全吻合于我们所了解的该书的政治修辞。⑦ 然而，卢梭随后又回顾了他早期的一个生活阶段，想起了"幸福时光"，那时他还可以随心所愿，能"偶尔让另外一个人心里高兴"。他强调说，这使他内心感到无比喜悦："我现在可以毫无愧色地为自己作证，那时我每当尝到这种乐趣时，我总觉得这种乐趣比任何其他乐趣都要甘美。"心甘情愿地使另一个人满意，这会使他自己感到快乐，因为他会把他人的满意看作自己行动的成果。⑧ 卢梭称自己这种心愿是"强烈、真实而纯洁的"，随后又补充说，即便在那些幸福时光里，他也"时常"感到自己做好事所招致的"一系列义务"最后都成了一种负担，乐趣也随之消失，同样的行动在开始时使他非常高兴，久而久之却成了"叫人受不了的束缚"。卢梭对自己被追踪迫害前时光的分析，与前一天在观察的启发下的分析完全吻合。束缚、负担和窘迫，这些都是卢梭审度他与小男孩碰面这件事时的感受，它们奠定了"漫步"之六的阐释基调，也挑明了卢梭接下来的阐释主线：首先是一种乐趣变成义务后暗含的束缚；然后是窘迫，一种因被并不熟知自己的他人当成熟人及攀谈对象而产生的窘迫。对昔日时光的分析［189］与本篇开端的分析相会后，卢梭选取了色彩更激烈的措辞。⑨ 出于一片真心做的善事，变成了他始料不及的"层出不穷的义

---

⑦ 《遐想》VI，段 3，页 1051；V，段 15，页 1047；I，段 13，页 1000；参见 VII，段 3，页 1061。

⑧ 参见《遐想》IX，段 1、17，页 1085、1093。

⑨ 《遐想》VI，段 2 中的束缚到了 VI，段 4 中就变成了几乎叫人受不了的束缚。《遐想》中共八次用到束缚一词，其中四次都出现在"漫步"之六：《遐想》VI，段 2、4、8、21，页 1050、1051、1053、1059。

务"，他从此再也无法摆脱它们的"束缚"。此外，他"自觉自愿地"为某人做的好事，竟然给了受惠者"无限的权利"，以至于"他以后一有需要就来要求我为他效劳，即使是力所不及也无法推辞"。⑩ 通过乐趣与束缚、自愿善行与义务及权利、享受与臣服这些对立面，卢梭探讨的是如何维护与保留他天生的独立性和倾向的问题。如此一来，他的公共存在问题就成了我们关注的焦点。卢梭接着说，当他"不受公众瞩目而默默无闻地生活"时，这样的"束缚"于他还不算太沉重。然而，当他因自己的作品而知名，并引起公众的关注后——"这无疑是个严重的错误"，就像卢梭承认的或挑衅地补充的那样——情况便不是这样了。从那时起，他便有机会通过观察他的人生轨迹而"认识到，人性中的一切倾向，包括行善的倾向在内，一旦有欠谨慎，不加选择地在社会上应用开了，就会改变性质，开始时有用的也时常会变成有害的"。卢梭以作者身份确立的公共存在，最终让他彻底体会到社交生活的影响、力量和种种必然后果。"那么多惨痛的经验"慢慢地改变了他"原来的倾向"，"或者说得更正确些，这些倾向被纳入了应有的限度之内"，教会了他"不要那么盲目依从我做好事的倾向"。⑪

回顾了自己遭迫害和受人瞩目前的时光后，卢梭又回到当下。他十分坚定且毫无保留地表示，他对这些惨痛经验——指他在犯下那个"严重的错误"后又企图通过作品来表明自己政治姿态的经历——绝不感到遗憾，因为它们启发他"通过反思获得新的认识"，启发他"认识了自己"及"各种情况下"他所作所为的"真正动机"，他对这些动机的想法"时常是不切实际的"。上述说明开启了"漫步"之六前五段提出的主题的论述过程，它与"漫步"之三开端给人造成的印象形成鲜明对比，在那里，卢梭从常人视角出发探讨了经验、认

---

⑩ 《遐想》VI，段4，页1051-1052。
⑪ 《遐想》VI，段5，页1052。

识和不切实际的幻想,仿佛宁要无知也不要一种悲哀的知识。"漫步"之六明确表达了开始探讨哲学生活的"漫步"之三所暗含的内容。⑫ 卢梭不仅在进行论证前明确阐述了经验、反思和自我认识,而且同样清楚地表明了他要论述的主要对象,其中尤为突出的是对义务和顺从的态度。卢梭首先从义务谈起。通过反思,他认识到,乐趣变成一种义务后,最"甘美的享受"也成了一种负担。⑬ 在反思的启发下,他认为自己理应改变"长期"以来对自己的美德的看法:

> 因为顺乎自己的天性行事算不了美德,为天性所驱而给自己以做好事的乐趣也算不了美德,美德在于当义务要求时能压抑自己的天性,去做义务要求自己去做的事,[191] 这是我不如世上其他人的地方。

这位政治和伦理美德之师说得十分清楚,若将美德界定为不顾自己的天性及自身的善而去履行义务,且以这种美德作为衡量标准,那么他曾经并非一个有美德的人。⑭ 如我们从他的作品中所知,他曾是善的;只要别人打动他的心,就天性而言或者"甚至出于满腔热忱",他都"富有人情味、乐于行善和助人";如果他是最有权势的人,那

---

⑫ 参见《遐想》III,段1、2,页1009-1010;注意III,段5、8-10、14,页1012-1013、1015、1016-1017。

⑬ 卢梭用一个例子说明了同一种行为的不同方式——自愿或义务——对他而言有何区别,在这个例子中,他轻而易举便使人回想起神学政治戒律、法则和规章的有效影响力范围:"我看到,为了高高兴兴去做一件好事,我必须有行动的自由,不受拘束,而只要一件好事变成了一种义务,那做起来就索然无味了。正是义务这个压力把最甘美的乐趣化为一种负担……我认为,如果我在土耳其人中生活,当人们被要求按他们的身份地位恪尽职责时,我是当不了一个好丈夫的。"(《遐想》VI,段6,页1052)

⑭ 尤参见《爱弥儿》V,页817,并参见本书第一章注㊾。

么他"将会是最好、最仁慈的人";只要他感到自己有能力报仇,他心中那报仇的念头也就全消了。但是他过去并非有德之人:当他的义务和感情发生矛盾时,义务"极少"能取胜,除非不采取行动就能履行义务;而要他违反天性行事,那"总是不可能的"。卢梭之所以不是一个有德之人,是因为他不懂得顺从。"不管是别人、义务乃至必然性在指挥我做这做那,只要我的感情未为所动,我也就木然而不会下定决心,我也不会听从指挥。"不论发号施令的是"人""义务",还是"必然"法则,⑮ 抑或是命运,⑯ 听从命令就意味着臣服于陌生意志、一种权威统治。卢梭不愿这样。只有他在"心"里认同、愿意顺从,而不是必须顺从时,他才会顺从。准确来说,孤独漫步者生性不会顺从。

对卢梭而言,阐明他对社交生活的种种必要条件的态度极为重要,他一再强调这一点,不过他没再谈具体的时期,而是用一般现在时的语态再次回顾了自愿与束缚、乐趣与义务间的对立。一件事只要是强制性的,即便它符合卢梭的愿望,也足以使他的愿望消失并转化为厌恶。又举卢梭做善事的天性为例:"我乐于做的是纯粹没有功利[192]动机的好事。"但若受惠人以这种自愿馈赠为由要求他继续施恩,"不然就要以仇恨相报",若受惠人"强制我永远做他的恩人",困恼之情便开始生发,天性产生的乐趣也随之烟消云散。若卢梭让步而照办,那他是出于软弱和难为情。此时他的行为并非真心诚意,而是违心的。因为如果"善事"使他软弱而受制于人,那么它对卢梭而言就再无善可言,既然这样,他也就不可能真心诚意地去做这件"善事"。"束缚"在"漫步"之六中的第三次出现,标志着此篇主题论述的一个新高潮:良心成了监控卢梭的行为与其"心意"天性是

---

⑮ 参见《关于波兰政体的思考》I,段 5-6,页 955;III,段 4,页 961,XII,段 12,页 1019。

⑯ 参见《遐想》I,段 3 末尾,页 996;II,段 24-25,页 1010。

否一致的机制。⑰ 他的良心并非他人的价值判断、要求和命令的传声筒,并未使他臣服于他人的意志,良心也不是社交生活的代理人。良心的声音提醒他注意他对自己的亏欠。卢梭的良心呼声将他自身的善作为他取舍的准绳。他后来——在与政治和伦理美德的定义保持适当距离的情况下,因为根据"漫步"之六的说法,若以这些定义为准,他并不满足[有德的]条件——以自身的善为标准而认为他有"大大的美德"时,强调了他对良心的理解。他在"漫步"之七中写道,处于他的境遇,沉浸于让他感到乐在其中的"消遣确系大大的明智之举,甚至是种大大的美德:这是不让报复、仇恨的种子在我心中萌发的一种办法"。乍一看,[193]我们仿佛勉强可以对卢梭的说明做道德解读。然而,接下来的话立刻使人们打消了种种疑虑而去相信,从事诸如"植物学"之类的"消遣"所暗含的"大大的美德",并不以某种道德戒律或禁忌为标准,而是以卢梭自身的善为准绳:"这也是我向迫害我的人进行报复的一种办法:我唯有不顾他们的迫害而自得其乐,才能给他们最严厉的惩罚。"⑱ 一切报复和仇恨都束缚了自身的存在,让心灵变得渺小,它们不是让人自在,而是让人远离自我,而让自己远离这种报复和仇恨感便是大大的美德原则。卢梭在"漫步"之六中简述了这一原则:"毕竟,我爱己之心甚切,是不会

---

⑰ 《遐想》VI,段 7-8,页 1052-1053。卢梭在第八段末尾论及良心,其措词符合大多数读者通常情况下对"良心"的理解,而这段谈论也可纳入读者对这一概念的理解之中:"……那么,虽然我在开始时以此为乐,这时乐趣也就烟消云散,困恼之情随之而生。如果我让步照办,那是出于软弱和难为情——这里已经没有什么真心诚意;我在内心里非但不为此夸奖自己,反而为违心地去做好事而深自责备。"然而,读者只有一步步追踪"漫步"之六前几段的论证过程,并全面考虑这段看似传统的论证高潮,才能明白这段话的真正含义。请注意"心"(coeur)这个词在头两次使用束缚一词的上下文中起的作用:《遐想》VI,段 2、4,页 1050、1051。

⑱ 《遐想》VII,段 3,页 1061。

去恨任何人的。"[19]

然而，卢梭对社交生活种种必要条件的反思还未完结。他指出善行招致的"负担"后又说："我知道，在施恩者和受惠者之间是存在着一种契约的，甚至还是一切契约中最神圣的一种。"他将"漫步"之六以最基本的施舍关系为例所探讨的社会化问题解读为某种契约。在行善与受惠过程中，行善者与受惠人之间形成了"某种社会"，它比将"人们普遍联系在一起的社会"更为紧密。与囊括了一切人和事的社会相比，通过善行联系在一起的行善者和受惠者形成的社会更紧密、具体和现实，因为后者是一个特殊社会，它由个人化的社会关系组成，与人类"一般社会"的不同处在于，它建基于各种［直接的］义务。[20] 因此，卢梭在此说它是一种确立了系列义务的契约，不论它是明文签订的，还是像由"施恩者"和"强制"形成的社会那样被默认执行的，［194］也不管它是由契约双方都认可的唯一裁判者管辖，还是像在政治集体中那样，由确保社会秩序的暴力机构来监督各项义务的实施。但卢梭为何称施恩者缔结的契约为所有契约中最神圣呢？在《社会契约论》中，他将社会秩序称为"一项被神圣化了的权利"，"它是一切其他权利的根基"。卢梭称市民社会中这种衍生出所有权利和义务的［基本］权利为"神圣"的，这并不意味着它是一个凌驾于人之上、摆脱了人的意志而具有神性的权利源泉。卢梭在此所说的"被神圣化了的权利"，更多地建立在人类各项惯例的基础上，它们都可以追溯至第一项惯例，即"社会契约"。被神圣

---

[19] 《遐想》VI，段14，页1056。参见卢梭在《卢梭评判让－雅克》中对"观念世界的居民"的评论，"观念世界"段6，页671："总而言之，他们不比这里的人品德更高尚，但是至少从他们更懂得自爱这一点来说，他们对别人是不怀恶意的。"

[20] 参见卢梭在日内瓦手稿《社会契约论》卷I，章2，见 *OCP* III，页281–289 的《论原始社会》(*De la société générale du genre humain*) 中对一般社会这一构想的批评。

化了的权利最终来源于被"社会契约"建构的政治主体的意志。社会秩序这项权利只是被"神圣的"社会契约给"神圣化"了,这一"神圣性"中值得我们关注的因素有两个。首先是缔结契约时的自愿性,通过签订这一契约,契约双方创造了一个"公共人格",从此,每个人都是"全体不可分割的一部分"。其次是对这一契约的神圣性的信奉,公民宗教(Religion civile)承认这一信仰是其"正面的教条"或说"社会性的感情"之一,"没有它([译按]即这种信奉),则一个人既不可能是良好的公民,也不可能是忠实的臣民"。我们显然可以认为,不论施恩者缔结的契约的神圣性,还是"社会契约的神圣性",自愿性和信仰都是其最基本的特点。[21] 卢梭称施恩者缔结的契约为"所有契约中最神圣"的,对此我们可以理解为,上述两项最基本的特点在此体现得最彻底。契约的缔结完全是出于自愿,因为至少就施恩者而言,这是他随心所愿而并非迫不得已之举,[195] 而社会契约的缔结则源自所有人的一种共同需求,即避免相互残杀的战争。并且,牢不可破的契约建立在一种最高信仰基础上,因为只有当契约得到双方认可或说只有当双方有了责任感,它才有了保障;因为契约既不强制启用更高一级的暴力机构,也不以暴力机构为前提,除非契约方是这样想的。受惠者应默默感激,施恩者则只要受惠者没有对他不起,就应该继续好心相待,凡有所求就必有所应。卢梭将双方的义务解读成两者间关系的"必然结果"。然而,这种关系是否能形成,契约是否能缔结,都取决于施恩者。谁从一开始就拒绝了他人所求的"自愿施恩","他便没有给他所拒绝的人以任何抱怨的权利"。如果施恩者一开始就禁受住了他自然倾向的诱惑而没去行善,

---

[21] 《社会契约论》卷 I,章 1,页 352;卷 I,章 6,段 9、10,页 361;I,章 7,段 3,页 363;卷 IV,章 8,段 32、33,页 468。注意卷 I,章 7,段 2,页 362;卷 II,章 12,段 2,页 394 及卷 III,章 18,段 9,页 436 与卷 IV,章 8,段 1,页 460 间的关联。

他也就没有义务继续行善。而一旦做了善事,并在此后他人再有所求时又予以拒绝,那就是"使有所求者的希望幻灭,而这种期待却正是他让对方产生的",他使自己所培养的"期待"落空了。"这样的一种拒绝,人们就认为是不公正的,比前一种拒绝难堪得多;然而这样一种拒绝毕竟也是出自我们内心的、是不愿轻易放弃的独立自主性的一种表现。"针对因善行、好意和馈赠而生的社交行为的"必然结果",针对这种社交行为引发和要求的希望与期待,卢梭提出了"内心不愿放弃的独立自主性的一种表现"。他时刻坚持着他的天性要求的独立自主性,与此相应的是"纯粹没有功利动机的好事",因为这种善行是人天性所向。而由施恩招致的各项义务却并非如此,人们可以想见的最为自愿的社交"契约"也不是。"当我偿还一笔债务时,我是尽我的一项义务;当我赠予礼物时,这是我的一种乐趣。"[196]作者已让我们看到,如果他不能愉快地去做某事,他很快便根本无法去做它了。㉒ 在此,他又补充道:"尽义务的乐趣只是经常习惯于按道德行事"的人才能产生的乐趣。享受尽义务的乐趣需要通过长期锻炼、不断实践,并最终需将美德变成一种习惯。卢梭为教育公民而拟定的"公共教育"方案便是基于这一认识。㉓"全凭天性行事的人的乐趣是到达不了这种境界的",而卢梭在他的反思中想要获得的,也正是这种达不到如此高境界的乐趣。即便是最神圣的契约,最终也无法束缚卢梭的独立自主性,无法制约他的天性。㉔

为了能顺应天性行善而又不受义务束缚,不向社交生活的种种必

㉒ "在任何能想到的事情上,我要是不能愉快地去做的话,那马上就变得根本不可能去做了。"(《遐想》VI,段7,页1053)

㉓ 参见《关于波兰政体的思考》I,段5-7,页955;II,段5、7,页957、958-959;III,段1-14,页959-966;IV,段1-2、8,页966-967、969-970。

㉔ 《遐想》VI,段9,页1053-1054。

要条件妥协,"一个最愿跟人交往的人"需深居简出或默默无闻地生活。㉕ 如果卢梭按照他的天性一直自由自在、默默无闻、与世隔绝地活着,那么他"就能一直做好事",因为他心中"没有任何害人的激情的根苗"。那样的话,他"就能一直做好事",因为他有理性,会辨识善行,并且有实施善行的判断力——因为只做好事并不意味着只愿做好事。如果他"像上帝"那样不为人所见,他就会像上帝一样乐善好施:胸怀博大,大公无私,并且不期待人们的感激。㉖ 然而,卢梭生活在人们当中,并为人所见,他的天性却不为人所知。㉗ 他因作品而名贯天下,他的知名度远超出了他孤独漫步的地区和社会范围。他是欧洲最著名的作家之一。刻画他面容、身形及生活轶事的图片、油画、雕塑和版画,使他[197]成了其他任何同时代人都无法匹敌的视觉存在。与之相应,人们对这位乐善好施者抱有极大的希望和期待,他们对这位公众人物也有着极高的要求,同时,他的天赋也为他招致了无数义务,更不用说被他惹恼的对手和权威也对他进行了前所未有的攻击和追踪迫害。"漫步"之六公开阐述了这些矛盾冲突,而当卢梭在《遐想》中唯一一次提及文明社会且否认自己具有适应文明社会和进行社交活动的能力时,阐述这些矛盾的过程达到了高潮。"束缚"第四次也是最后一次得以彰显:

> 从这一切思考可以得出这样的结论:我这个人从来就不适合生活在这个文明社会中,这里到处都是束缚、义务、职责,而我的天性使我不能容忍为了跟别人生活在一起而必须忍受的束缚。㉘

㉕ 《遐想》I,段1、2,页995。

㉖ 《遐想》VI,段17–18,页1057。注意《社会契约论》卷II,章6,段10;卷II,章7,页380–384。参见本书章2,页[99–101]。

㉗ 参见《遐想》VI,段2、20,页1050–1051、1059。

㉘ 《遐想》VI,段21,页1059。

此处突出阐述的孤独漫步者与政治集体间的紧张敌对关系达到了巅峰，它使我们想起亚里士多德《政治学》（*Politik*）中的著名阐述：天性所致而不能在社会中生存或因自足而无此需要的东西，它要么是动物，要么是个神。㉙ 对卢梭而言，强调他独立自主的天性与社会束缚间的鸿沟极为重要；跟那些为了能发号施令而乐于顺从的社交爱好者相比，他具有如此之高且独树一帜的自足天赋，以至于他最终向他的同代人承认，他们把他"当作无用的成员而排斥于社会之外"的做法并非毫无道理。他们没道理的地方在于把他"当作有害的成员而摈弃于社会之外"，因为——他承认——虽然他"做过的好事很少"，但是他一生当中还从没有想过要做坏事，并且他怀疑世上是否有人"干的坏事还会少于"他。显然，卢梭承认和默许的有些过多。"漫步"之六的结尾完全置卢梭的作品于不顾。只有不考虑他的作品，[198]卢梭才算是行走于社会中的一个"无用成员"，也只有忽略"漫步"之六整篇所阐述的那种天赋，才能说他做的"好事很少"。因为作者认为他的作品绝非"无用"，他在《遐想》中还再次强调了这一点，且恰恰是在指名谈到给他带来最严酷的追踪迫害的那本著作时强调的。㉚ 在该篇"漫步"末尾，卢梭谈到了自己，仿佛他从来都不是个乐善好施者，从来都不是个作家或公众人物。在支配漫步运动的一切思考所得出的"结论"中，他虚构出一个游离于社会外的存在。他设想自己并未向"行善"的天性妥协，一直都"自由自在、默默无闻、与世隔绝"地生活着。他将他通过作品而招人注目、让自己成名的"严重的错误"从生命中一笔勾销㉛或者更确切来说，他试着将这一错误隔离开来，以便提出一个更迫切的问题，这个

㉙ 亚里士多德，《政治学》，1253a1–5 及 1253a26–29；参见 1267a10–12。注意《论人类不平等的起源》，注释 X，页 336。

㉚ 《遐想》III，段 17，页 1018。

㉛ 《遐想》VI，段 5、18、21，页 1052、1057、1059。

问题自"严重的错误"一词出现后便亟待解决,那就是:若以卢梭自身的善作为评判标准,他的作品真是个错误吗?

如果卢梭真因他的作品而无法保持自在状态的话,那么它毫无疑问是个严重的错误。若卢梭在回顾一生时得出结论,认为他的作品非但没有促进,反而阻碍了他对他天性的实时认识,那么也可以说它是个严重的错误。据我们所见,前一种情况并不成立。后一种情况是否成立,还有待我们进一步考察。让我们先从一种看似较为局限的解读方式开始。假设他的作品是个错误,那么卢梭能够避免,即能够预知这个错误吗?他将他的作品与他本人关联起来,是因为他不够聪明吗?[32] 然而,就我们所知的他的作品或所谓的他的作品而言,这种关联是作品的有机组成部分。他完全有理由以公民、人类之师和真理见证人的身份出现,其中一些理由直指他计划的核心,一些政治和哲学上的理由则使他的作品成了给不同读者的馈赠。[33] [199] 那么,错误在于作品的效果吗?还是说卢梭通过作品想要达到的目标过于高远?是因为它想促进天性不同的人到达幸福之境?抑或错误在于卢梭自愿的善行,因为它使卢梭服从了他本不该服从的束缚?这些或许可以让我们重新回到刚开始探讨的问题上。或者说,错误在于他对作品的态度?作者被自己的学说蒙骗了?他向一种违背天性的道德义务妥协了?这位真理见证人对所有人、时代和视角都隐瞒了真相,包括有关他个人及其作品的真实情况?在卢梭于"漫步"之六中否认他的美德、否认他有顺从和社交活动的能力之前,他用《遐想》中最长的一篇"漫步"专门探讨了一个问题,即他是否像他为自己公开选定的座右铭终生献于真理所说的那样,履行了献身真理的义务,是否将道德和政治美德付诸实践了。这篇"漫步"以政治为鉴折射出卢梭对他作品的态度,并要求这种态度是公正的,这使我们又想起了

---

[32] 参见《遐想》VI,段5,句3,页1052。

[33] 参第一章页[37]–[44]。

"漫步"之五中的上山和下山过程。

和"漫步"之六的思考一样,"漫步"之四也以一件微不足道的小事为开端,它之所以有意义,是因为它为卢梭追问并认识自己提供了契机。在整理作家们赠给他的小册子时,卢梭发现了"罗西埃教士的一部日记",其封面上手书着以下题词:Vitam impendere vero, Rosier——"终生献于真理,罗西埃"。从题词原文完全无法看出写下这话的人的意图,而卢梭却把它看成是该人试图貌似有理地"讲一句残酷的反话"。他将罗西埃与他的终生献于真理的格言间的关联看作是一种攻击,但他的解读显然只是基于他对该题词的认识或对其作者的揣测,并且他十分执拗地称该作者为"罗西埃教士"。㉞ [200] 他在同一天还阅读了普鲁塔克的《如何受益于敌人》。为了充分遵循"善良的普鲁塔克的教导",卢梭决意不马上驳回教士的攻击,或者说决意先对此事置之不理,而去探讨该教士究竟为何说这么一句"挖苦的话"。他决定把第二天的"漫步"用来就说谎这个问题对自己进行一番考察,以便让来自敌人的攻击帮他认识自我。㉟ 事实上,教士攻击的并非卢梭生活行为中的任何不足或细枝末节,而是他的公共存在,其

㉞ 在"漫步"之四中,罗西埃(François Rozier)曾三次被卢梭称作"罗西埃教士":《遐想》IV,段1、2、42,页1024、1025、1039。这个专有名词的意义不及"教士"一词重要。卢梭还在另一篇"漫步"即"漫步"之六中也谈到了教士。他在那里提及的巴莱教士和比尼斯教士都是他的老熟人,他指责他们出卖了自己,也就是说帮助了他的仇敌:《遐想》VI,段10,页1055。从卢梭死后不久罗西埃写给吉拉尔丹侯爵的一封信里,我们可以看出罗西埃是卢梭的崇拜者:"您在合上这位无与伦比的真正哲人的双眼时必定特别心痛,对这一损失我也万分遗憾……我对他的极度崇敬以前不太为人所知,随着他的逝去,他的形象反而更加鲜活。我已经把他翻阅我的植物图集时画的肖像制作成了像章……"(*CC* XLI,页33)有可能——如若不说是极有可能——罗西埃的题词并无攻击之意,也没有讥讽的意思,而纯粹是他钦佩卢梭的表现。

㉟ 《遐想》IV,段1,页1024。

目标是他的作品。卢梭在《致达朗贝尔的信》中曾引用终生献于真理这句座右铭,[36] 此后又用它为他不断增多的书信往来画上了句号,并最终将其所有字母大写,放在《山中来信》的扉页作为装饰,[201] 该书是他发表的最后一本政治和哲学著作,当时它可能就在教士面前摆着。因此,教士的攻击不仅使卢梭有机会阐明他是否"配得上"《遐想》中仅一次出现的"那句高尚的座右铭",[37] 与此相应,还使他有机会去思考,他到底该如何看待那句座右铭所担保的他的作品。"当我选定座右铭时,我觉得我的天性当之无愧,而当我看到罗西埃教士这行字并开始对自己进行更严格的审查时,我对自己确实如此这一点也毫不怀疑。"[38] 教士的"那行字"引发的审查只关乎他作品的主要特征,而没有触及他哲学生活的本质,这一点,卢梭在为读者整理他的审查过程前便已表示得很清楚了。[39] 开始对自己进行更仔细的剖析时,他"非常吃惊地"发现,有许多事是他杜撰出来的,当年他却把它们说成是真的,而且在说的时候还因热爱真理而自豪,因为他为真理所作的牺牲最大:"我正以人间别无先例的公正为真理而牺

---

[36] "我的作品之所以使我感到有点儿骄傲,那是因为我的写作动机是纯洁无私的。在这一点上,给我做出榜样的作家是很少的;而仿效我的作家,那就少之又少了。我不容许任何个人的成见来损害我为公众利益写作的动机。正是为了公众的利益,我才执笔撰文的,而且在文章中发表的意见还往往是对我本人不利的。终生献于真理是我奉为圭臬的座右铭。我已问心无愧地实践了它。各位读者,我也可能犯错误,但我绝对不会存心把你们引入歧途。你们可以担心我犯错误,但不要担心我起坏心。对公众福利的爱是促使我对公众发表意见的唯一动机。我要忘记我自己。如果有人攻击我,为了他的利益,我甘愿默不作声,以免在一怒之下做出不当的行为。这个原则对我是有利的,因为他们可以随意损害我而又不怕我报复他们!"(《致达朗贝尔的信》,页120)

[37] 《遐想》IV,段41,页1039。

[38] 《遐想》IV,段3,页1025。

[39] "漫步"之四的引言部分,即1-5段,以一个宣告结束:"经过一番仔细的审查,我终于作出了如下的解释。"(《遐想》IV,段5,页1026)

牲自己的安全、利益和性命。"㊵ 卢梭在此所说的"对真理的爱",并非指他对激励着哲学生活并使它一直延续下去的真理的爱,这种真理也并非指一种促使哲人在生活中对事物进行彻底考察的认识激情。不能将这种爱与卢梭在"漫步"之三中说的"对真理的热忱"混为一谈,后者是指一种想要认清"我的本性和用处"的热切渴望,指带着"任何人都不及的兴趣和细心去认识真理"。㊶ 卢梭在回顾时说他将自己的安全、利益和性命献给了真理,这种对真理的爱是一种美德,人们需要它来宣告真理,而不是为自己去发现真理。这是他通过那句座右铭想要为自己争回的美德。终生献于真理这句座右铭召唤的是真理的见证人,而不是真理的探索者,它所表明的是一个[202]公众场合下的而非一个私人的个体。㊷《遐想》中任何一处都没有修正"漫步"之三说的热爱真理,哪怕是把它改得稍微温和一些也没有。而卢梭对于所提出的"对真理的爱"的要求却完全不同,他在"漫步"之四中开始审查自己之前回顾了这一要求,并马上对它提出质疑。卢梭把自己杜撰出来的许多事情说成是真的,而他的"道德本能"却没有阻止他这么做,他也并未"良心"不安,甚至没有

㊵《遐想》IV,段4,页1025。

㊶《遐想》III,段5、22,页1012-1013、1021;参见III,段15,页1017。

㊷ 卢梭的座右铭引自尤维纳利斯,后者的第四部讽刺作品这样评述在暴君图密善朝中连任三届最高行政长官的克里斯普斯(Q. Vibius Crispus)的行为:Ille igitur nunquam direxit brachia contra / Torrentem, nec civis erat, qui libera posset / Verba animi proferre, et vitam impendere vero. [因此,这人从未知难而上,他也不是那种能畅所欲言其真心所想的公民,不是那种能将终身献于真理的公民](IV,行89-91)。日内瓦人文主义者科萨博努斯(Isaac Casaubonus)在其编著的著名《讽刺文集》(*Satiren*, Leiden, 1695,页98)中这样评论第91行:"瓦罗从[拉丁]谚语 vitam impendere vero [终身献于真理] 里取了一个词,随后给出解释:说真话——因为这[说真话]会滋生恨,就如古老的谚语所言。"这一复述吻合卢梭所转述的终身献于真理。参本章注㊱。

"丝毫真正的悔恨"之心㊸——这些是如何成为可能的呢?

首先,卢梭为他的谎言考察确立了一个引人注目的方向。他记得曾在一本"哲学著作"里读到,说谎就是把应说出的真相掩盖起来。㊹ 如他所述,他由此得出的结论是:一个人没有把他无义务说出的真相说出来,这不是说谎。此外,就像他所强调的,我们还可以推论出,若一个人在同样的情况下不仅没有说出真相,反而还说了真相的反面,这个人也没有说谎。若卢梭引用的定义是他整个阐述的基础,那就再也无需把人是否可以甚至必须在某个具体情境下 [203] 撒谎这个问题,当作被许可的、必要的或崇高的谎言这一问题来对待了。因为若一个通常意义上的谎言是被允许的或必要的,那么它就不是上述定义所说的谎言。而事实上,在卢梭的所有考察步骤中,人们都可以感到谎言是否可行或必要这个问题的存在,在他的论证的每一次转折或细化过程中,该问题都必须加以考虑。他在开端设定的论述方向着重关注的是理应说出的真相。我们所面临的对真相的追问首先是一个公正问题。卢梭以两个问题为出发点:什么时候,又是在什么情况下,人们应该向别人说出真相,因为人们并不总是有义务这样做?是否有时候人们骗了人,但并无恶意呢?他解释说,书上对于第二个问题给出了否定答案,因为"写书的人在提倡最严峻的道德时反正无需付出任何代价",而"在社会上,人们则把书本上的伦理道德看作无法实践的空话",因而这个问题在社会上的答案是肯定的。面对这些"自相矛盾的权威们",卢梭像个哲人那样,做了他该做的事。他将这些权威搁置一旁,既不管神学伦理宣扬的观点,也将社会实践中

㊸ 《遐想》IV,段 4-5,页 1025。

㊹ 卢梭拥有一本爱尔维修于 1758 年匿名发表的《论精神》,他在书中标记了下列语句:"德·丰特内勒先生对谎言进行了定义:掩饰需要吐露的真相。一个男人从一个女人床上离开,他碰到女人的丈夫。您从哪儿来?后者问他。他将如何回答?他应当说出真相吗?不,德·丰特内勒先生说,因为真相对任何人都没有益处。"(页 79,注释 c)

形成的观点抛诸脑后,并试图根据他的原则来回答这两个问题。⑮ 为了弄清人们该在何时、何种情况下向他人讲出真相,卢梭对真理本身进行了划分。他将普遍的、抽象的真理——它是一切财富中最可宝贵的——与特定的、个别的真理进行了比较,而后者并非总是好东西:

> 普遍的、抽象的真理是一切财富中最可宝贵的。缺了它,人们就变成瞎子;它是理性的眼睛。正是通过它,人才学会怎样立身处世,学会做他应该做的那样一个人,学会做他应该做的事,学会奔向真正的目标。特定的个别的真理并不总是好东西,有时甚至是个坏东西,更多的时候则是个不好不坏的东西。

卢梭在此只区别了普遍的真理与特定的真理,并没有进一步加以阐释。为了弄清这一区别,我们可借助最重要的范例——哲学真理与政治真理的区别。哲学真理指的是真正普遍的好与善,因为每个人都可以丝毫无损地享有它;[204] 而政治真理则关乎历史事件和事实,比如一种传统的起源或一个集体的创立。尽管卢梭没有再谈到"普遍的抽象的真理"与"特定的个别的真理"的区别,但这并不代表该区分对他的考察没有任何影响。凭借这一区分,他阐明了并非所有的真理都是好东西,有时甚至是个坏东西,更多时候它都是个不好不坏的东西。接下来,卢梭只阐述了其中的两种情况:当真理是好的东西时,以及当真理是个不好不坏的东西时,人们面对他人该怎么做。但卢梭对核心问题——若一个真理是个坏东西的话,人们面对他人该怎么做——闭口不谈。只要知晓真理是使一个人幸福的必要条件,那么这便是"属于他的财富"。他"无论在什么地方发现这种财富都有权利要求"。而人们则不能拒绝他,"否则就是犯下了最不公平的抢劫罪",因为真理是"人人共有的财富,谁把它给了别人,自己也并

---

⑮ 《遐想》IV,段 6-7,页 1026。

不因此就会失去它"。若这些话可以用来形容一种共有的财富,那么它同样也可以用来形容哲学真理。不论从哪个角度来看,卢梭的界定及所举的例子都可以最大限度且毫无保留地适用于哲学真理。显然,哲学真理是一种财富,只要它是他人幸福的必要条件,它便是人们对他人的亏欠。至于应当怎样把它给他人,我们可以认为,应该采取一种能促进他人幸福的方式。㊻

那些没有"任何用处"的真理则不同,它们"既然连财富都不是,怎么会是一种对别人欠下的债呢"?只有在谈到财富时,才会出现公正问题。对于事实上是否存在"完全没有用处的真相",世上是否存在着不论从哪个角度来说都对所有人和事毫无用处的真相,卢梭闭口不谈。而对于所提出的作为出发点的第二个问题,即是否有时候人们尽管骗了他人,也不算是行了不义,他的回答却假定了这种真相是存在的。如果一种真相无关紧要,那么"以说出跟真相相反的话来骗人的人,就并不比以不把真相说出来骗人的人更[205]不公道"。卢梭举的"没有用处的真相"的例子暴露了他论证的薄弱点:"我相信海底的沙子是白的还是红的,跟我不知道它是什么颜色一样,对我而言都是无关紧要的。"我们无需什么特殊的洞察力便可以知道,在某些情境下,诸如此类"没有用处的真相"会变得有用,并且也有些人可能会觉得它并非无关紧要。卢梭并没有直接回答第二个问题,他给出的是一种变相的回答,我们从中可以看出一种反问修辞,它结束了对问题的探讨:"既然不公道就是对别人造成了损害,那么一个人如果对谁都没造成损害,那他怎么会不公道呢?"㊼公道以一种可变成债务的财富为前提,因而,不公道的前提是对一种财富的损害。这里所提到的损害,使我们想起了卢梭提出却并未加以阐释

㊻ 《遐想》IV,段 8,页 1026。

㊼ 《遐想》IV,段 9–11,页 1026–1027。"漫步"之四的第二部分囊括了段第六到第十六段,其中第十一段是该部分的核心段。

的情况,即当真相是个坏东西的时候。给他人造成损害的真相是怎样一种情况呢?而有用的非真相又是怎样的呢?

该在何时且如何告诉他人真相,以及人们是否可以欺骗他人——在处理上述问题时,卢梭以效用为准绳,但这"还不能为实践提供可靠的应用"。因为不同的参与人并无真正的共同利益,而是各自有着特殊的利益,这些利益多种多样,且经常相互冲突,这样一来便出现了该如何正确判断的问题。要权衡利弊,要考虑各种短期后果和长远影响,就必须认清各种利害关系并加以整理分类,必须有聪明的头脑、知识和经验。"一个人的利益经常构成对另一个人的损害,个人利益又几乎总是同公共利益相冲突。"以效用为准绳将导致政治的诞生,且这种做法本身就是政治,准确来说,这种做法所导致的问题是政治问题。在卢梭一口气列举的七个问题中,中间三个分别是:

> 真相如果对一方有利而对另一方有害,是该说还是不该?是该用公共利益这唯一的天平,[206]还是该用个别是非的天平来权衡该说的一切话?我是不是有把握充分认识事物的一切联系,是否足以把我掌握的知识都运用得完全公平合理?

这些问题都需要进行政治判断和决策,它们的核心位置再次暗示,每一种从政治上对真相和谎言进行的阐述都困难重重,只不过现在问题变得更具体了:一个真相可能同时既是好事又是坏事,对一方有利而对另一方有害。看到"真相如果对一方有利而对另一方有害,是该说还是不该?"这个问题时,读者可能会想起一个众所周知的范例,即一个罪犯打听他想要加害的对象在哪里。若真在这种情况下被问到上述问题,估计卢梭不会感到为难。但是,读者也可能会想到奠定卢梭作品基调的那个场景,即卢梭 1750 年获奖之作的卷首插画中由普罗米修斯、少年和萨图尔构成的组图,并且读者眼前会浮现出作者

[对上述问题]的答复：作者可以在他认为适当的时候隐瞒真相，而为了使那些觉得真相有利的人获益，并让那些可能会因真相而受损的人免受损害，作者又可以说出真相。㊽卢梭在《论人类不平等的起源》中标出了他作品的修辞术准则，并在其收山之作《对话录》中强调了它。回顾这一准则可帮助我们正确地认识到，卢梭终于在此[《遐想》中]修正了那句著名的政治座右铭（[译按]即终生献于真理），而且，在了解并意识到有必要对真理进行区分后，卢梭仍然选了它当作自己的座右铭。在这一背景下，我们也能理解，为何卢梭在他的政治反思中没有回过头去谈共有的财富，即我们所说的哲学真理。它是一种共有的财富，因为就如卢梭强调的，把它分享给别人的人不会因此而失去它。但这并不是说，将它分享的人与分享到它的人都无损失可言，或说分享无论如何都不会给他们带来任何损害。我们考察的这段里的这些问题既涉及"普遍的抽象的真理"，也涉及"特定的个别的真理"。在这些问题中，作者并没有忘记对他来说最为重要的政治问题，即他自身的善的问题。卢梭问道：当他考虑对别人[207]有何亏欠时，是否充分考虑了他对自己有何亏欠？是否因为他在骗人时没有对别人造成损害，就可以说他也没有损害自己呢？并且，仅仅由于一个人从不曾有失公道，就可以说他永远是清白无辜的吗？卢梭以公道之名提出的问题超出了公道的界限。㊾在接下来的一段中，他将正义信念和无条件说出真相阐明为基本准则，这让我们形象地看到他所谈论的远非公道本身。若人们不论后果如何或接下来会发生什么都坚守讲出真相这一道德命令，那么所有的政治问题就都失效了，一切深入探讨也就都是多余的。"公理存在于事物的实在性之中。"一旦道德主义者说出上述答案，谎言就回来了："谎话总是不义。"谎言总是不对的，不论说出真相会有什么后果，都无需害怕他

㊽ 参本书第一章页[19]–[22]、[22]–[23]及第二章页[90]–[91]。
㊾ 《遐想》IV，段12，页1027–1028。

人的控诉，因为人只要不对真相添油加醋，就是无罪的。而卢梭却认为，[仅证明某人在]政治方面的无辜并没有解决问题。因为问题不在于"判定永远把真相说出来是好是坏，而在于判定是否永远都有同样的义务把它说出来"。这样一来，他便竭力消除了他之前强调的明显对立。因为他所阐述的正是永远说出真相是好还是坏这个问题，而他的阐述又恰恰否认了真相在一切情况下对所有人而言都是好的。重申一遍，上述道德异议的意义恰巧在于，它断言人们永远有义务说出真相。针对谎言的再现，卢梭接下来援引了谎言的一般定义。在此基础上，卢梭认为，人们并非永远有同样的义务讲出真相，他还试图将那些必须严格讲出真相的情况，与那些不说真相也不算有失公允、掩饰真相也不算说谎的情况区分开来："因为我发现，真的存在这样的情况。"如此一来，我们就在经历了一场错综复杂的政治讨论后最终得出一个肯定性结论：谎言在一些情况下是有道理的，因而，它此时并非谎言。㊿

[208] 在《社会契约论》第二卷论及立法者的第七章中，卢梭谈到他人的一个最有分量的谎言，却并未称之为谎言。这是《政治权利的原理》(*Principes du droit politique*)[《社会契约论》的别称]中最重要的一章，因为它探讨了合法秩序这一基本问题，即如何使符合政治权利原则的主权者权力与必要的认识相一致，或说如何使为集体谋福利的政治意志与对这种福利的认识相一致。在此前的"论法律"一章中，卢梭将法律界定为一种行为，通过它，主权者道出了关乎人民普遍事务的公意。凭借这一定义，卢梭将对[政治权利的]原则的阐述推向了顶峰，并把他指称的法律统治下的一切国家都称为共和国。合法秩序指的是共和国秩序。在共和国里，立法权在于民，

㊿ 《遐想》IV，段 13-14，页 1028。在《致博蒙书》中，卢梭阐明了身为作者的他对真相的态度："至于我，我曾许诺在有用时说出真相，有多少说多少。"（页 967，我的强调；参见页 994 等）

若人民想要拿自己的主权去干坏事,那么,就像卢梭在第二卷末尾所强调的,[51] 依据政治权利的原则,任何人——不管他是谁——都无权阻止人民去干有损于他们自己的事。然而,人民的意志总是要为自身谋福利的,因为每个人都愿意为自己好,没有人会自愿做不利己的事,这便是公意的柏拉图式前提。因此,最典型的政治问题在于如何使公意以对福利的认识为准绳,如何让公意具有洞察力,如何擦亮它的眼睛、对它进行启蒙、帮助它进行判断,这些都是公意达到其目标的必要条件。

> 常常不知道自己应要些什么东西的盲目群众——因为什么东西对于自己好,他们知道得太少了——又怎么能亲自去从事诸如系统立法这样一桩既重大又困难的事业呢?人民 [209] 永远是希望自己幸福的,但人民自己却并不永远能看得出什么是幸福。公意永远是正确的,但是那指导着公意的判断却并不永远是明智的。

为了形象地描述上述问题,卢梭提出了立法者这一形象:"正是因此,才需要一个立法者。"政治权利的原则确立了立法者存在的必要性,后者并不依托于这些原则本身,而是有着"更高的智慧",在合法秩序中也找不到他的相应位置。[52] 通过回溯《社会契约论》中的集体,卢梭赋予立法者以宪法外的地位,他身处宪法之外、之上,并拥有和掌握着智慧,这样一来,卢梭便无比清晰地展示了政治与哲学间

---

[51] "……人民永远可以作主改变自己的法律,哪怕是最好的法律,因为人民若是喜欢自己损害自己的话,谁又有权禁止他们这样做呢?"(《社会契约论》卷 II,章 12,段 2,页 394)

[52] 《社会契约论》卷 II,章 5,段 7、9、10,页 379-380;卷 II,章 7,段 1,页 381。

无法撤销的张力。[53] 立法者既不具备用来迫使主权者贯彻其洞见的强制手段，也无法用适合人民的语言将自己的智慧告诉他们并据理说服他们。"智者们若想用自己的语言而不是用俗人的语言向俗人说法，那就不会为他们所理解。"[54] 立法者的任务是将人民"调教"得能道出公意并能实现人民的目标。但因为他在执行这一任务时既不能依靠"强力"，又不能靠"说理"，故而立法者"有必要求之于另外一种权威"，这种权威不使用暴力便能约束人，不依仗论证便能说服人。

> 这就是在一切时代里迫使各民族的父老们都去求助于上天的干预，[210] 并以他们固有的智慧来敬仰神明的缘故了，为的就是要使人民遵守国家法也像遵守自然法一样，并且在认识到人的形成和城邦的形成是由于同一个权力时，使人民能够自由地服从并能够驯顺地承担起公共福祉的羁轭。

卢梭在此虽没用"谎言"这个词，但谈论的却是一种崇高的谎言，它不仅关乎"各民族的父老们"，这些神话般的立法者求助于上天干预，以他们自己固有的智慧来敬仰神明，以让立法获得神圣的权威；它同样也关乎一种信仰，这信仰可以使人民像遵守自然法一样遵守国

---

[53] 《社会契约论》中仅四处谈到了智慧。其中指涉个体的两处分别出现在卷II，章7，段10、11（页383-384），都关乎立法者。其余两处关乎贵族的议会机构：卷III，章5，段5等；卷III，章6，段13（页407、412）。请注意，探讨立法者"事务"的三章"论人民"（Du peuple）分别在开头和结尾使用了明智一词：卷II，章8，段1；卷II，章10，段6（页384、391）。

[54] "可是，有千百种观念是不能翻译成通俗语言的。太概括的观念与太遥远的目标，它们都同样超乎人们的能力之外。每一个个人所喜欢的政府计划，不外是与他自己的个别利益有关的计划，他们很难认识到自己可以从良好的法律要求他们所作的不断牺牲之中得到怎样的好处。"（《社会契约论》卷II，章7，段9，页383）

家的法律，使人民坚信国家的形成和人的发展真正源出于同一种权力，使人民能为了他们的公意和福祉心甘情愿地顺从并承担起“公共福祉的羁轭”。(55)“崇高的理性”教人说谎。因为建立和维持一个秩序井然的集体亟须这种超乎常人理解的理性，故而立法者要把自己的决定托于“神道设教”，“好让神圣的权威来约束那些为人类的深思熟虑所无法感动的人们”。(56) 立法并非神明的杰作，神明只是立法者用来为自己说话的代言人，同样，所立法制的持久也并不依托于立法者假托的神迹，因为“虚假的把戏”或许可能暂时会［在立法者和人民间］建立某种联系，但“只有智慧才能够使之持久不磨灭”。立法者要有智慧，这既是为了以真理见证人的身份找到信仰，也是为了能创造一套政治体系［211］来维护他找到的信仰。“唯有立法者的伟大灵魂，才是足以证明他的使命的真正神迹。”立法者的事业依托于他特有的崇高的理性、智慧和伟大的灵魂，亦即植根于他的天性中。若说崇高的谎言包含了真理，那么这种天性便是其中的真理。关于那些将自己的智慧假托于神明的创始者，卢梭既没有举米诺斯（Minos），* 也没有举努马（Numa Pompilius）的例子来进行说

---

(55) 《社会契约论》卷 II，章 7，段 10，页 383。

(56) 卢梭给卷 II，章 7，段 11，页 384 的这句话做了个脚注，他在其中引用了马基雅维利的《李维史论》（*Discorsi*）卷 1，章 11。第二卷第七章共有三个脚注。第一个脚注褒扬了吕库戈斯（［译按］斯巴达国王，斯巴达著名的立法者，参见普鲁塔克《希腊罗马名人传·吕库戈斯传》，商务印书馆，1967，页 86－126）的立法造就了“斯巴达人的幸福”（页 381）。第二个脚注谈到加尔文作为一个不同于神学家的政治创始人的贡献：“无论时间可能给我们的宗教信仰带来怎样的革命，只要我们对祖国和对自由的热爱并不熄灭，那么，我们对于这位伟大人物的怀念就会永远保留在人们的感恩之中。”（页 382，我的强调）在前两个脚注中，卢梭谈及吕库戈斯和加尔文，而在第三个脚注中，他引用了马基雅维利的原话。

* ［译按］在希腊神话中，米诺斯是克里特之王，宙斯和欧罗巴的儿子。古希腊的米诺斯文明就是以他的名字命名的。

明，* 而只是谈到了犹太法律或伊斯兰法律，两者分别援引各自启示信仰中唯一的神作为其创建者，卢梭称，它们“时至今日仍显示着其口述创立者的伟大之处”。(57) 有些哲人是借启蒙之名，打着《论三个冒名顶替者》（*De tribus impostoribus*）的口号旗帜跟启示宗教做斗争，卢梭则与他们截然不同，** 他补充道，“虚骄的哲学与盲目的宗派精神”只把这些人［启示宗教创立者］看成侥幸的骗子，而真正的政治学家则会“赞美主导着他们制度中持久功业的伟大而有力的天才”。

这样一来，我们又回到了“漫步”之四，在其核心部分，卢梭做了一个重要的区分：谁要是违反真相而赞扬或指责“一个真正的人”，那他就是在说谎；他若指责的是一个“想象中的人”，那么他爱怎么说就怎么说，这都不算是撒谎，除非他“违背伦理道德的真

---

* ［译按］古罗马帝国时期的萨宾人，曾被罗马人和萨宾人一致恳请出掌罗马帝国王权，参见普鲁塔克，《希腊罗马名人传·努马传》，商务印书馆，1967，页 127 - 165。

(57) 《社会契约论》卷 II，章 7，段 11（页 383 - 384）。卢梭在卷 IV，注 4 中提到了努马，并在《关于波兰政体的思考》II，段 6（页 957 - 958）对其进行了出色的分析。在那里由摩西、吕库戈斯和努马三人组成的关系中，“罗马真正的创始人”是真正意义上的宗教立法者典范。卢梭采用了马基雅维利的《李维史论》章 1，段 11 中对努马的描写，他的《社会契约论》卷 II，章 7，段 11 等逐字引用了该章的内容（与努马间的比较参见《李维史论》I，19）。摩西的名字在《社会契约论》中只在卷 IV，章 8，段 4（页 461）出现过一次，对此参见《关于波兰政体的思考》II，6，2 - 4（页 956 - 957）。与摩西在《社会契约论》卷 II，章 7 未被提名不一样的是，其中明确提到了“伊斯梅尔（［译按］和合本圣经译作“以实玛利”）的子孙们”。关于卷 II，章 7，段 11 中提及的该说法，参见《社会契约论》卷 IV，章 8，段 11，页 462 - 463 中对穆罕默德的评判。

** ［译按］《论三个冒名顶替者》是 17 世纪下半期流行于欧洲大陆批判启示宗教的书，其主要目的在于批判各种启示宗教的真实性，作者是谁并无定论，众说纷纭。

实而撒谎，而这种真实是比事实的真实更值得百倍尊重的”。(58) 这种区分出现在“漫步”之四探讨虚构的第三部分正中央。[212] 在该部分开始之前，卢梭先给出虚构的定义：“既无利己之心又无害人之意而说谎，那就不是说谎，而是虚构。”(59) 这一定义仿佛省去了从政治角度阐述虚构的必要性。因为若谎言既不利己也不害人时便可称为虚构，那么这个定义从一开始便宣称虚构与道德及政治无关。而若从一开始该定义——卢梭的阐述过程表明这个定义有待修改——就启发我们去分别看待它包含的各个因素并提出一个问题，即，如果虚构对某人自己不利而利于他人，如果虚构不损害他人而损害自己，那么这种情况是虚构还是谎言，情况则将完全是另外一个样子。(60) 事实上，卢梭首先谈论了那些包含伦理道德目的并被称为寓言的虚构，由此开始了他的阐述：它们用易于感受和令人愉快的方式来包裹“有益的真理”，这无疑对他人有益。寓言里的谎言事实上也只不过是“真理的外衣”，“宣称寓言只是寓言的作者则无论如何也没有说谎”。而卢梭关注的是那种宣称自身并非虚构，而是历史事实的虚构。卢梭举了《格尼德圣堂》（*Le Temple de Gnide*）为例，其作者假称这是一部希腊手稿的译文，并借发现这部古老手稿的过程来佐证其虚构的真实性。“如果这不是明摆着的谎言，请问什么才叫谎言？”(61) 卢梭的这一修辞性提问似乎不仅是在区分谎言与虚构，还是在评判《新爱洛伊丝》和《萨瓦代理本堂神父的信仰自白》的作者。因为从根本上来说，卢梭以《格尼德圣堂》为例谈论的其实是他自己的情况。他曾向自己的读者假称，他只是编辑了来自阿尔卑斯山脚下某城的一对恋人的书信，至于那个代理本堂神父的信仰自白，那也是抄录自一

(58) 《遐想》IV，段 21，页 1030 – 1031。
(59) 《遐想》IV，段 16，页 1029。第三部分包括段 17 – 24。
(60) 参见《遐想》IV，段 20、23、24，页 1030、1031、1032。
(61) 《遐想》IV，段 18，页 1029 – 1030。

部包含了某人学说［213］的著作，一个比他"身份更高"的人的著作。⑫ 然而，卢梭引入谎言与虚构间的区别并非为了马上抹杀它，他也没有在指出它后便对它不管不顾。若那位现代作家杜撰的有关希腊手稿的故事不是谎言，那么到底什么能被称作谎言？这个问题使卢梭有机会谈论"所有对自己真诚的人"都应关注的一些区别，比如"有文化的公众"与"大量头脑简单、易于轻信的读者"间的区别。后者真的会被那个虚构的手稿故事所骗，因为这故事仿佛是由一个严肃的作者"真心诚意"地硬塞给他们的，结果他们"放心大胆地喝下了装在古瓶里的毒药，而这毒药若是装在新瓶里的话，他们至少是会怀疑一下的"。⑬ 若虚构服务于伦理道德并能使人受益，那么它就是真理的外衣；若它盛放了损害常人美德的毒药，那么它就仍是谎言。卢梭让人毫不怀疑他关于虚构的论述的意义。在第三部分中心处，他在谎言与虚构间划了一道"明确的界限"，并由此修正了他之前的定义："一切有违于真相，以任意方式有损于公正的话都是谎话"；"一切与真相相违，但并不以任何方式有损于公正的话便只是虚构。"⑭ 乍一看，［214］这个真正有争议的问题仿佛再次被搁置了，但它正因如此而得到了答复。因为按照卢梭划定的明确界限，一切有

---

⑫ "读者诸君，你们别担心我会采取一个爱真理的人不屑于采取的小心翼翼的态度，我绝不会忘记我的方针，但是我每每要怀疑我的判断是否正确。我下面要告诉你们的，不是我心里的想法，而是另外一个身份比我更高的人的想法。我担保其中的事实都是真的。它们都是所抄录的这段文章的作者的真实经验。"（《爱弥儿》IV，页 558；参见 635）

⑬ 参见《遐想》IV，段 19、20，页 1030 及 III，段 17，页 1018 中分别使用的"真心诚意"。

⑭ 《遐想》IV，段 20，页 1030。卢梭补充道："我认为，谁若把纯粹的虚构看成是谎言而自责，那他的道德感简直比我还要强了。"他以这样轻描淡写的笔调记录下了他和别人的道德感可能不同，并且对不同的人而言，衡量道德感的标尺也不一样。对比《遐想》IV，段 20；参阅 IV，段 5、15、31、33，页 1025、1028、1035、1036。

违于真相而无损于公正或者甚至促进公正的，都不算是谎言。卢梭在此后一个恰当的时机又重新谈到他举的例子，为的是在第三部分结束时使人相信，区分谎言与虚构有助于人们评判孟德斯鸠的作品，也有益于人们评判卢梭的作品，因为它们同样求助于非真相："如果《格尼德圣堂》是部有益的作品，那么所谓希腊手稿这个故事就不过是个无罪的虚构；而如果这部作品是部危险的作品，那么这就是一个完全应受到惩罚的谎言了。"⑥ 然而，卢梭在运用谎言与虚构的区别并阐明它对自己的处境的重要性之前，还引入了一个人物，他代表着伦理道德真实所提的要求。卢梭勾勒了一幅诚实人的画像，与"世上"通常所谓的诚实人不同，此人真正称得上是真诚的或诚实的。这种诚实人很少理睬那些"无关紧要的事情"。他会毫无顾忌地用些"捏造的事来逗乐"周围的人，前提是这些事不会导致对生者或死者的任何不公判断。而对一切足以产生"有违正义与真理的利或害、尊重或蔑视、褒扬或指责"的言论，此人的态度则完全不同。这样一种谎言"从来也不会涌上他的心头，出自他的口头和笔下"。他的诚实在于他不想欺骗别人，对于真相，不论它会为自己增光还是会使自己遭人谴责，他都同样忠实，绝不为一己之利或为损害敌人而行骗。即便他的诚实"有损于他的利益"——或说恰恰当情况如此时——他也[215] 诚实不欺。对真理的热爱对诚实人起着决定性作用，但那只是他对正义之爱的一种表现。对他来说，正义决定真理，真理是他"衷心崇敬的神圣的真理"。作为"正义"的同义词，崇高而神圣的真理不仅需要人们尊崇，还需要人们作出牺牲。事实上，与世上所谓的诚实

---

⑥ 《遐想》IV，段 24，页 1032。卢梭在"漫步"之四中两次提到《格尼德圣堂》，都没有论及其作者的姓名。他这么做表示了对作者的尊重，因为作者出于其利益而希望保持匿名。在划定谎言与虚构间的"明确的界限"前，卢梭说："把一件可能受到赞扬或指责、确定一个人有罪或无罪的行为错误地归之于自己或别人，那就是做了件不公正的事。"（《遐想》IV，段 20，页 1030）

人相比，卢梭为大部分读者虚构出的这个诚实人的特点在于，他不像世上的诚实人那样严格忠实于"不需要他们付出代价的一切真相"，而是"只有在他必须为这一真相作出牺牲时才如此忠实地侍奉它"。⑯

在"漫步"之四的第四部分，卢梭开始［对自己］进行仔细的审查。他通过回顾生平阐明了自己对谎言的态度。他首先讲述了"以可怜的玛丽永姑娘为受害人的那个罪恶的谎言"。根据《忏悔录》的描述，这是他还是个半大孩子时撒的一个谎，他在维尔塞里斯夫人家当仆人时偷了已逝女主人的一条丝带，却诬陷说是那个年轻的厨娘给他的。⑰ 早在该篇"漫步"第一部分的考察中，卢梭就已暗示过这则谎言。⑱ 在此处和此前，卢梭用这个唯有他一人见证的故事来使读者们相信，他童年犯下的"那桩大罪"使他在余生中都没再犯"那种罪恶"。就像他在此所补充的，他不仅没再撒任何"这类的谎"，也没有撒过任何"有可能伤害他人的利益和名声"的谎。⑲ 卢梭保证，他不仅不许自己扯有害的谎言（mensonge nuisible），[216] 也不许自己说出于好意而编造的谎言（mensonge officieux），既不说谎损害他人，也不为了讨某人欢欣而说些有违公道的话。他并没有提到有用的谎言（mensonge utile）和善意的谎言（mensonge pieux）。在该篇"漫步"第一部分里回顾交谈中和社交场合下的谎言时，卢梭保证，他从来没有处心积虑地为自己的利益说过谎，他撒谎只是出于一时的难为情。他说过一些谎，但它们只关乎些"无关紧要的事"或顶多也只跟他个人相关，他说这些谎言只是为了摆脱窘态。他还说他虚构

---

⑯ 《遐想》IV，段 22－24，页 1031－1032。

⑰ （《忏悔录》II，页 84－87。

⑱ "……涌上心头的第一件事就是我早在童年时撒的那个恶劣的谎，这一回忆使我终生为之不安，直到晚年还一直使我那早已饱受创痛的心为之凄然。"（《遐想》IV，段 2，页 1024）（OCP 中所录为"早在我青年时"，这有悖于手稿原文。）

⑲ 《遐想》IV，段 3、25，页 1025、1032。

或编造过一些故事,但那只是为了在交谈中找到话题,以免双方陷入一言不发的尴尬。卢梭举的唯一一个具体例子,是他对一位年轻女士所提的鲁莽问题——他是不是有过孩子——的答复,这无疑使我们看到了一则"积极的谎言",前提是,卢梭在《忏悔录》中说的那件引起轰动的事是真的。卢梭解释道,他给出的否定答案既非出自他的判断,也非出自他的意愿,而是一时尴尬的"自然产物",对话中的一切谎言都是他难为情和害羞心理的结果。至于"漫步"之四开端提到的有关玛丽永的那个"恶劣的谎言",他也归咎于他不当的害羞心理和天生的腼腆气质——这是每个人都有的弱点,而诚实人则一定要避免这样的弱点。⑦ 在探讨了他说的谎言后,卢梭回忆的第二部分讨论了写作方面的谎言。他只谈了《忏悔录》,用的完全是一种作品发表后的视角,就仿佛这部书已经出版且就摆在他眼前,他已无法对其作任何更改,既不能更正,也不能增补。⑦ 卢梭一上来便解释道,他从没有比在写《忏悔录》时更能感到他"生性对说谎的厌恶"。他没有对任何不利于他的事保持缄默或进行掩饰,而是喜欢"朝相反的方向撒谎,并过分严厉地谴责自己"。卢梭是他自己最严厉的控诉人[217] 和审判者。他不惧怕任何法庭,也不害怕任何人的审判:"我的良心告诉我,人们在对我进行审判时不像我对自己进行审判时那样严厉。"⑦ 卢梭强调了他在《忏悔录》中所说的,认为他在其中已将诚实和坦率实践到了与任何前人相较都毫不逊色的地步。但与他虚构的诚实人不同的是,他无需为真相而牺牲自己或自身的利益:"我感到我身上的善超过恶,把一切都说出来于我有利,因此把一切都说出

---

⑦ 《遐想》IV,段 26–30、2,页 1033–1035、1024–1025。

⑦ 《遐想》IV,段 31–38,页 1035–1038。他在第四部分前半部提到"可怜的玛丽永"时,也理所当然地假设读者们都知道《忏悔录》中所讲的那个故事。

⑦ 《遐想》IV,段 31,页 1035。参照 IV,段 1 末尾、段 15 末尾,页 1024、1028 中卢梭的良心所想。

来了。"谁对自己进行最严格的审查而认清了自己的本性,认识了自己的善,谁就当得起做诚实人。但谁若是要让别人相信他是诚实人,那他就必须谨慎行事了。如果他要开始向不认识的读者"证明自己是一个天性率真的人",那么他必须好好斟酌他究竟该如何界定"率真"这个词。要取信于他人,品质优秀的人须得显得没他本来那么优秀。他不能把就自己可说和能说的好处都说尽了。为了道德真理的缘故,他能做到的诚实只能是那种向政治智慧致敬的诚实。因此,卢梭回顾他的生活的第二部分的真正主题是,他在《忏悔录》中绝没有把一切可说的都说出来。他承认他在那里有时说得过多,但这不是指他的事实说得过多,而是指他对事实如何发生说得过多,"同时这种谎言不是意志的产物,而是想象力错乱的结果"。他谈到自己那时已入老年,因此导致的记忆空缺需要填补,所以他偶尔会用想象来美化回忆的细节。他承认,他间或在描绘自己的一个侧面时无意中掩盖了丑恶的一面——而他在别处则指责了蒙田的类似做法。然而,他做的这些限定都只是为了突出其自画像中刻画的他的本性的真实性,[73]并为他要传递的最关键讯息埋下伏笔:他在《忏悔录》中很少极力宣扬自己性格中的可爱处,[218]时常根本就不置一词,却将自己毛病中的可耻之处渲染得淋漓尽致,以避免将《忏悔录》变成自我颂扬。卢梭用了两件生动的轶事来佐证他的心里话,他在《忏悔录》中之所以没有说到这两件事,是因为觉得它们可能会过分突出他的性格优点。这两件事将我们带回他的童年,且都关乎别的小孩因不慎而给他的身体带来的痛楚。他对这两件事中让他受伤的小孩和整个受伤过程都缄默不提。第一件事构成了谈论《忏悔录》部分的核心,具有特殊的意义,因为它不仅证明卢梭在《忏悔录》中对自己的性格优点不置一词,还包含了他在"漫步"之四中描述的最后一个谎言:

---

[73] "那么这种略笔却被另外一种异乎寻常的略笔弥补了:我在隐善方面时常是比隐恶下了更多的功夫的。"(《遐想》IV,段 32,页 1035–1036)

一个小伙伴转动飞轮把卢梭的两个指尖给压碎了,而后含泪恳求卢梭不要告他的状。事发后,卢梭一直说自己的手指甲是被滚落下来的大石头砸碎的。这显然是一则出于好意的谎言,而卢梭之前曾两次宣称这种做法有违公道,[74] 同时却在几十年后仍把它算作值得推崇的善行,并引用一个诗人的赞美诗对它进行褒扬,这是《遐想》中引用的唯一一句诗人之言:

> 宽宏大量的谎言啊!
> 难道有比这更美妙的真相,
> 有比它更值得去爱的吗?[75]

[219] 除了"漫步"之四中补充的两桩轶事外,卢梭在《忏悔录》中还忍住没提的"类似的事不下百次"。[76] 如果说他这么做为自己赢得了优势,那这并不意味着原因不在他。[77] 如果说他只有让"最好的

---

[74] "所谓的出于好意而编造的谎言也是地道的谎言,因为把这样的谎言强加于人,无论是为了别人或自己的利益,还是为了损害别人,都是同样的不公道。"(《遐想》IV,段21,页1030)"……我把这两种谎言[有害的谎言和出于善意的谎言]都视作有罪,不许自己犯其中的任何一种。"(《遐想》IV,段25,页1032)

[75] Magnanima menzogna! Or quando è il vero Sibélieche si bello che si possa a te preporre? 塔索(Torquato Tasso),《解放了的耶路撒冷》(*La Gierusalemme liberata*)第2部,歌22。索弗罗妮亚为搭救基督教徒而承认了她并未犯过的罪行。卢梭在写作《对话录》时翻译了《塔索节选:奥兰多与索弗罗妮亚》(*Olinde et Sophronie tiré du Tasse*),并在译文中漏译了这两句诗。"他把歌颂索弗罗妮亚勇气的诗句归为己有——他也做了一回索弗罗妮亚。卢梭不小心漏译了他很喜欢的两句诗,他的粗心(人们可以这么认为)意味着从此这些诗句更多地算是卢梭的文章,而非塔索的。"(Jean Starobinski,《塔索的仿作》[*L'imitation du Tasse*],见 *Annales Jean-Rousseau* XL,1992,页274)

[76] 《遐想》IV,段38,页1038。

[77] 参见《遐想》IV,段39,页1038。并见本章注[65]。

人"显得没有他本来那么好才能证明他的可信性,那他的此技艺所成就的则是读者的益处。⑱ 若《忏悔录》最终证明是一本有用之书,那么其中包含的谎言就是些值得褒扬的虚构。

在这篇"漫步"中对谎言和正义进行反思后,卢梭的收获是,他借那句座右铭公开发表了他的诚实宣言。这一宣言基于他将诚实和公正看作事物的真相,他在实践中遵循的是良心的指导,而不是真与假的抽象概念。他杜撰的所有"故事"——因为他"很少撒谎"——都没有伤及任何人,并且他从中也只得到了自己应得的好处。但他给了自己应得的好处吗?他是否充分追问和考虑过——"漫步"之四的第五即最后一部分在此处开始了反向论述——他有负于自己之处呢?⑲ 在公共场合里,他对他人是公道的。这对他自己也有利吗?"如果说对人要公道,那么对己也要真实。"⑳ 此处所说的对自己真实,指的是要满足自己生活中有理的且始终如一的各项要求,从而使自我和谐统一。㉑ 这样一来,我们便可看到卢梭在轻松休闲的谈话中勉为其难地去满足社交环境提出的要求,或者看到他在进行严肃创作时禁不住各种诱惑而去编撰故事,这些都使他偏离或错失了自我。他所有的思虑最后都回到[220]一个问题上:他当时选择终生献于真理这句座右铭是否对。真理见证人的身份对他有利吗?他的座右铭要求他比其他任何人都更严格地信守真理。他发出的道德呼吁使他不得不谨守政治道德,这种呼吁就等同于给自己套上了某种枷锁。

应该有在任何情况下都保持真实的勇气和力量,决不让任何虚构和编造的东西从奉献给真理的口中和笔下发出。这才是我在

---

⑱ 参本书第一章页[44]。
⑲ 参见《遐想》IV,段12,页1028。
⑳ 《遐想》IV,40,页1038。第五部分包括了段39–42。
㉑ 见本书第二章页[77]。

选择这条高尚的座右铭时应该想到的,并在敢于遵循它的期间应该反复去想的一点。

卢梭在紧要关头证明了他的勇气。他竭力展示哲人生活中所有必要的美德,以便将他的生活塑造成一种哲人的生活。[82] 而他的座右铭所要求于他的勇气则是另一回事。现在的他面临两种选择:是满足座右铭提出的伦理道德要求,还是放弃这条座右铭。在这两种可能性中,他选择了后者。"漫步"之四的结尾证明,他在"漫步"之三开端时引用而最后却否定的那句梭伦格言是对的:[83] "要学习,甚至是从自己的敌人那里去学习怎样做到明智、真实、谦逊,学习怎样避免自视过高,这总不会为时太晚的。"此刻的卢梭已经完成了自己的作品和任务,故而能够做到明智、谦逊、与自我和谐统一了。[84]

第四篇"漫步"结尾的宣告在第六篇"漫步"中成了现实,从《遐想》的叙述时间上来说,后者与前者衔接得滴水不漏。[85] 卢梭将成为符合他天性的诚实人,而不再宣称自己从道德义务角度来看是诚实的。他不再要求自己具有传统意义上的美德,且否认自己具有社交生活能力和顺从的能力。他不再以 [221] 真理见证人、人类之师和公民的身份自居。"漫步"之六从我们开始谈起,最后讲到我并以此结束,它提供了一个视点,卢梭现在从这个视点出发来看待自己的公众形象及其对他提出的要求。这位施恩者的看法虽然片面,却不失明朗。他仿佛从社会的外围出发去接近社会,又为自己作品之故而远离了社会,保持着自由自在、默默无闻、与世隔绝的生活。尽管他后来

---

[82] 见本书第二章页[79]–[82],并考虑本章脚注⑰。

[83] 梭伦的格言"我年事日长而学习不辍"囊括了第三和第四篇"漫步",它包含的真理不在于能选择和论证一种正确的生活方式,而是关乎一种选定了的生活方式中不断学习与加深自我认识之间的关系。

[84] 《遐想》IV,段41、42,页1038–1039。

[85] 参本书第四章页[137]–[138]。

从其他角度进行了补充并修正了这一看法，但"行善者"这一观念却表明，卢梭并不亏欠社会什么。如此一来，它（[译按]指"行善者"这一观念）便表明，卢梭对植根于天性的根本独立性的洞见是无法动摇的。⑧⑥ 这一洞见直指卢梭思想的核心，并且从一开始就展现了他作品的思想。⑧⑦ 卢梭在"漫步"之六末尾说出了他思考的结果：他"不适合生活在这个文明社会中"。诸如此类的观点并未见于他的作品中，这是情有可原的，至少没有用这么多笔墨来表达。但卢梭不厌其烦地暗示道，文明社会与自然之间必然存在着一种张力。想要明白这一点，我们无需读他作品中哲学性最强的《论人类不平等的起源》，而只需回想《社会契约论》中的一句话便可："凡是自然界根本就不存在的事物都有其不便之处，而文明社会比起其他一切来就更是如此。"⑧⑧ 尽管卢梭在该书中以公民辩护人［222］的身份主张建立

---

⑧⑥ "哲人身为哲人而具有的独立性只是一种更为根本的独立性的一方面，有些人强调一种先于社会的'自然状态'，有些人强调'人产生自天性和太阳'而并非社会，这些人也同样认识到了这一根本独立性。"（Leo Strauss,《迫害与写作艺术》[Persecution and the Art of Writing]，见 Social Research, 8∶4, November 1941, 页503 注释21）

⑧⑦ "如果一定要有某些人来从事科学和艺术的研究的话，那也只能是这样一些人：他们必须自信有能力踏着前人的足迹前进，并最后超过前人。能为人类才能的伟业树立丰碑的，就是这样一些少数人。"（《论科学和文艺》，页29）

⑧⑧ "什么！难道自由唯有依靠奴役才能维持吗？也许是的。是两个极端相互接触了。凡是自然界根本就不存在的事物都会有其不便之处，而文明社会比起其他一切来就更是如此。的确是有这种不幸的情况，在这种情况下，人们不以别人的自由为代价便不能保持自己的自由，而且若不是奴隶极端地做奴隶，公民便不能完全自由。斯巴达的情况就是如此。至于你们这些近代的人民，你们根本没有奴隶，然而你们自己就是奴隶。你们以你们自己的自由偿付了他们的自由。你们曾大肆夸耀你们的这种偏好，然而我发现其中却是怯懦更多于人道。"（《社会契约论》卷Ⅲ，章15，段10，页431）参见《山中来信》，第9封信，段45–47，页881。

一种合法契约,但他也谈到了——我们在考察该书第二卷第七章时看到——人民必须驯顺背负的"公共福祉的枷锁",众所周知他还在第一卷第一章开篇阐述道,人生而自由,却"无往不在枷锁之中"。在《社会契约论》中,卢梭并没有打算将公民从这些枷锁中解救出来,而是只能向公民阐明他们的状态,阐明这种身在枷锁中的状态是怎样"成为合法的"。[89] 至于这种合法化过程有什么要求,一个秩序井然的集体怎样才能消除文明社会与自然间的张力,卢梭又在《社会契约论》的"论立法者"一章中作出了最明确的答复:

> 敢于为一国人民进行创制的人必须自己觉得有把握能够改变人性,能够把每个自身都是一个完整而孤立的整体的个人转化为一个更大的整体的一部分,这个个人就以一定的方式从整体里获得自己的生命与存在;能够改变人的素质,使之得到加强;能够以作为全体一部分的有道德的生命来代替我们人人得之于自然界的生理上的独立的生命。总之,必须抽掉人类本身固有的力量,才能赋予他们以他们本身之外的,而且非靠别人帮助便无法运用的力量。[90]

在生命即将结束之际,卢梭坦言,自己生来就不可能为了获得一个局部和道德的存在,而放弃自己整体和自然的存在。他不适于认同集体并完全融入其中。他生来便无法在政治生活中获得幸福。

"漫步"之六的论证过程和 [223] 结果都与他的全部作品相符,不过,卢梭仍在最后一句话中对该篇"漫步"做了微调。他说,同

---

[89] 《社会契约论》卷 I,章 1,段 1,页 351。注意卷 I,章 9,段 8 中第一卷的最后一句话,页 367。

[90] 《社会契约论》卷 II,章 7,段 3,页 381-382,对照卢梭对完全转让(aliénation totale)的看法。参卷 I,章 6,段 6,页 360 及参见卷 II,章 4,段 6,页 373;卷 III,章 2,段 7,页 401。

时代人的过错并不在于把他"当作无用的成员排斥于社会之外,而在于把我当成有害的成员摈弃于社会之外"。这话其实是在暗指他发表于1750年的获奖之作中的一句名言:"在政治方面,就像在道德方面一样,任何好事都不做就是一桩大罪过,因此一个无用的公民可以被认为是一个有害之人。"刚开始创作的卢梭想让公众关注政治和道德,故而以公民的身份站出来说话,[91] 而此处的孤独漫步者则出面指责了这种将无用的公民等同于有害之人的做法。若卢梭当初只是自由自在、默默无闻、与世隔绝地活着,并且终其一生都苦苦挣扎在社会边缘,没有发表作品,那么他将会是一个无用的公民,但却远不是有害之人。[92] 若他果真只自由自在、默默无闻、与世隔绝地活着,他将会沉浸在无用的植物学中,但也会像世上任何其他人一样干不了什么坏事,并会成为《遐想》中所描述的那种梦想者。

正是卢梭从政治角度为哲人进行的辩护成就了他的作品。当孤独漫步者表露出他本可以放弃这种辩护的意向时,一个问题再次出现,即卢梭的作品对他自身的善而言意味着什么。没有他的作品,他能顺着天性成其所是吗?接过这项他为自己设定的任务后,他获得了什么启发,明白了什么他本不明白的道理?在所有漫步中,孤独漫步者都以直接或间接的评论和反思的方式,以限制、肯定或深入的口吻谈到他的作品,如果没有作品这一媒介,孤独漫步者该如何获得对自身的理解呢?"漫步"之四和之六所引发的诸如此类的问题,成了一些"漫步"的背景组成部分,卢梭在"漫步"之七中宣告结束遐想后,

---

[91] 在上述这句引自《论科学和文艺》第18页的话之后,卢梭紧接着说:"那么告诉我,著名的哲人们……"参见第30页:"对于我们这些上帝没有赋予如此惊世才华的凡人而言……"

[92] 卢梭最初所写的"漫步"之六的最后一句话为:"……把我如同危险分子一般放逐。"此后他将危险的(dangereux)改成了有害的(pernicieux),从而完全承接了《论科学和文艺》中无用的和有害的这两个词之间的对比。

又通过"漫步"再续他的《遐想》，以便为它画上一个自然的句号。我们感兴趣的首先是"漫步"之九，从某种意义上来说，它与"漫步"之六形成了对比。卢梭在第六篇"漫步"中强调了社交生活带给他的麻烦、束缚和窘境，而第九篇则着重指出社交生活给他带来的乐趣。[93]"漫步"之九包含种种影射，卢梭事后在该篇开端前又加了一段，这使人想起他第一部显白意义上的政治作品，而这一切并非偶然。他这部作品所面向的显然"不再是少数人，而是公众"，并且他在其中首次宣告了其座右铭。[94] 卢梭通过九桩轶事告诉我们，究竟是什么样的社交活动让他感到如此惬意、满足和兴趣盎然，以至于他会主动去参与。这些例子向我们展示了他遇见的各个年龄段的人，从小男孩到年长的残疾军人。其中最核心、最具有政治启发意义的，是一次他与二十个由"一个修女模样"的人领着的小姑娘的偶遇。[95] 卢梭私下 [225] 嘱咐一个以彩票方式兜售糕饼的人，说由他出钱，让原本买不起这种彩票的姑娘们抽奖。就这样，卢梭在卖糕饼者和自己妻

---

[93] 但这并不意味着"漫步"之九中不包含"漫步"之六中曾四次提及的束缚。"漫步"之九曾两次谈到它，一次与卢梭相关，另一次与卢梭并不想引发的一种反应相关。参见《遐想》IX，段6、7，页1088。

[94] "漫步"之九最初的开端关乎达朗贝尔的一部作品，该篇后来还再次提到了这部作品，除此之外，《遐想》中并未再提到达朗贝尔：《遐想》IX，段2、3，页1086。此后，卢梭引用了普鲁塔克用以描述吕库戈斯生平的引言里的前两句诗行，并在《致达朗贝尔的信》末尾借用这一引言，向达朗贝尔、日内瓦其他公民以及全世界阐明一个共和国到底需要什么样的娱乐表演：《遐想》IX，段21，页1095。在卢梭为"漫步"之九最终选定的第一段的高潮部分，他描述了自己看到"一大群人在节日尽情欢乐"时的喜悦心情，这种喜悦心情也是《致达朗贝尔的信》里最为重要的主题之一。参见《遐想》IX，段1，页1085。

[95] 有关这些帕西小姑娘的轶事是本篇九件轶事中的第五件，或者，若人们不把卢梭给出的时间当作每件轶事的开端标志，那么这就是本篇七桩轶事里的第四桩。"漫步"之九共包含二十四个段落，光这件轶事就占据了其中四个关键段，即第十一至十四段。

子的协助下，让这些姑娘吃到了她们都非常想尝尝的糕饼，这既使她们感到无比高兴，也使卖糕饼的人因获利而乐不可支。卢梭为这次抽奖活动制定了一套秩序，使姑娘们都有抽奖的机会，从而使她们为他的目的做好了准备。他悄悄嘱咐卖糕饼的人把平常使顾客尽量少中彩的窍门反其道而行之，以便让姑娘们抽得足够多的糕饼。他的妻子则劝导那些得彩多的小姑娘，让她们分一些糕饼给没那么走运的小伙伴。姑娘们在卢梭面前争先恐后地乱成一团，卢梭的裁定决定着公平分配，决定着这项使所有参与者最终都心满意足的娱乐活动。在卢梭干预并主持这件有利于所有人的活动前，修女不让姑娘们买彩票，而最后她也参与了这场集体娱乐活动。在卢梭的请求下，她也抽了奖碰运气。为这些获赠者带来快乐，使卢梭感到如此快乐，以至于他此后曾多次在同一时刻重返此处，希望再次见到这群小姑娘，并给她们和自己带来同样的快乐。与被地狱门附近那个行乞的小男孩所打动而行的善事不同，卢梭非常满足于这件由他自己主动发起、主持和安排实施的成功善行，并想再次施行此举。⑯

在"漫步"之九中，卢梭反思了是什么原因让自己决心创作并承担现身公众场合这种任务，接受这一任务使他获得了政治影响力。此篇"漫步"中的轶事，尤其是关乎帕西小姑娘们的轶事，与"漫步"之六开端讲的那个"小家伙"的故事形成对比，暗示出社交生活足够吸引卢梭的某些方面，[226] 它们偶或产生的巨大魅力能使他有条件地缔结"所有契约中最神圣的"、基于施恩行为的契约。[在这个缔约的过程中，] 他克服自己的弱点，施展最独特的才华，并收获了一种喜悦心情，除非我们把自尊算作卢梭的弱点，并将它看

---

⑯ 在偶遇帕西小姑娘们的轶事之前，还有一件关于格利尼盎古村的小男孩的轶事，卢梭在叙述中也提到自己曾多次重返遇见这个小男孩的地方，并且还买了些礼物回报那个向他表露自然和真挚感情的小男孩。参《遐想》IX，段 8–9，页 1089–1090。

成是他——在说他的作品是"严重的错误"时仿佛明确指出过的——自我偏离的真正原因[，我们上面的结论才不成立]。因为这些轶事探讨了卢梭乐于社交的一面，从这个角度来说，这些轶事也必然展现了他的自尊，如果没有它，我们便无法设想他性格中乐于社交的一面，没有它也不可能有政治。卢梭为修女所领的小姑娘们组织的娱乐活动体现了他的自尊。在另一桩轶事里——其中有个小姑娘摊儿上尚存的十来个苹果招得几个萨瓦小伙子很是眼馋——卢梭主动承担起赫拉克勒斯般的英雄角色，帮这些男孩摘得了"赫斯珀里得斯的果园"里的苹果，* 这也暗示了卢梭的自尊。"漫步"之五描写卢梭下午的一项社交活动时也暗示了这一点。那时，他陪同三位女士一起护送几只兔子渡水去湖中心的小岛，并满带自嘲地将自己描绘成指挥阿尔戈号的又一个伊阿宋。⑨ 在"漫步"之八中，卢梭毫不讳言身为作家的自己有着"相当强"的自尊，尽管"也许还没有别人那么强"。⑱ 在第九篇"漫步"中，卢梭变着法儿向我们阐述让他最终决定创作的另一个原因，即快乐，这种快乐在于他可以与他人分享它，可以将它传递给他人或说让他人快乐，在于他可以预先想到他人将和自己一样快乐。卢梭获得的观看乐趣是其中的主导因素：他观看人们及其反应，且着重观察那些行为受社会舆论和规范影响最小的孩子们，⑲ 他把这当成对人的天性[227]研究的一部分；亲眼观看自己的施恩行为引发的情景跟他想象这种情景不同，因为亲眼观看是一种近距离的切身

---

* [译注] 在希腊神话中，赫斯珀里得斯指夜神赫斯珀洛斯的女儿们，她们守卫大地女神该亚送给天后赫拉作为结婚礼物的金苹果树。

⑨ "……而我呢，花这么小的代价就享到这一欢乐，更因它出自我之手而感到高兴"（《遐想》IX，段15，页1093–1093；又参V，段7末尾，页1044）。

⑱ 《遐想》VIII，段16，页1079。

⑲ 在"漫步"之九的最后一桩轶事里，卢梭强调自己在很大程度上仍保留了孩子的那种本能和自如的特性。参《遐想》IX，段23，页1096。

体会;[100] 同样,他也观察他的作品及他虚构的孩子们的命运——如在"漫步"之九所提到的《新爱洛伊丝》和《爱弥儿》里——带给人们的影响,一旦这些作品或命运被公之于众,它们便各自有了生命。[101]

卢梭"看到流露出满意的笑脸时的那种乐趣",看到那些因他的举动而产生的满意笑脸,这些为他的创作提供了强劲的动力。卢梭自己说这是"一种感官方面的魅力"。[102] 这显然也体现在了《致达朗贝尔的信》这一狭义上的政治作品中。因为在"漫步"之九开端,卢梭从政治角度完成了"漫步"之五中反其道而行之的做法,[103] 他从考察那种"不具任何外在表征",但必须学会深入内心去体会的幸福,转而开始观察人们的眼神、举止、口吻和步伐流露出来的满意心情,并在"漫步"之九开场末尾高呼:"你看到一大群人在节日尽情欢乐,所有的人都心花怒放,流露出那穿透生活阴霾的喜悦时,难道还有什么比这更甘美的享受吗?"这位政治作家眼中满是全体人民的满意心情,建立了国家且正在进行节日欢庆的全体人民活生生地出现在他眼前。日内瓦在卢梭作品中代表着这位公民哲人所属的具体国度,它在"漫步"之九也成了该篇开端所说的节日欢庆的典范。此篇的第十七段提到了节庆无数的日内瓦——《遐想》中除"漫步"之五开端的对比外,唯在此处提到了日内瓦,[104] 卢梭在此阐述了他"看到流露喜色的笑脸时的那种乐趣"。同时,卢梭还不忘注明自己身处社会边缘:[228]"我用不着亲自参加这样的活动,就能享受这

---

[100] "如果我不能亲眼目睹别人由于我做了什么事而产生的满意心情,尽管我确信他有那种心情,我也觉得只是得到了不充分的享受。"(《遐想》IX,段17,页1093)

[101] 《遐想》IX,段5,页1087–1088。

[102] 《遐想》IX,段17,页1093。注意VI,段19,页1058中阐述的卢梭放弃巨吉斯指环的原因。

[103] 《遐想》V,段15–16,页1047;参见V,段7、10,页1044、1045。

[104] 《遐想》V,段2,页1040。

节日的欢乐。"[105] 卢梭基本上只通过观察去参与。[106] 如果说他参与了政治生活,那么就只是以观察它、思索它和为它著书的方式,这么做是为了能够重新观察并思考政治生活。

卢梭曾如饥似渴地不断学习,这只是为了遂他自己的良好意愿,让自己获得知识,而不是为了教育他人。他在"漫步"之三中保证道,在他一生"于人群之中"进行的"全部学习"里"几乎没有哪一项"是他不能在原打算在那里度过余年的"被遗弃的荒岛上便可以独自进行的"。[107] 我们可以猜测,他原本不想进行的研究包括那些受部分作品启发而进行的研究,他在这些研究中以建议或批评的方式表明了对时代政治的立场,并且参与讨论了其中有争议的事件。至于《致达朗贝尔的信》和《山中来信》,尽管它们在卢梭的作品中

---

[105] 《遐想》IX,段1、17,页1085、1093-1094。卢梭在《致达朗贝尔的信》中用了一个很长的,也是该书中最后一个脚注,来赞美日内瓦的公共节庆活动。他在描述其中一次节庆活动时插入了父亲的忠告:"让-雅克,你要爱你的国家,你看这些善良的日内瓦人,他们都亲如兄弟和朋友,心中都充满了欢乐与和睦。你是日内瓦人,你将来会看到许多其他国家的人。不过,即使你像你父亲这样走遍天下,你也见不到一个像他们这样好的人。"这位日内瓦人这样评论他看到的节庆盛况道:"我发现,使我深受感动的这一情景,在许许多多其他人看来是毫无趣味的,必须要有一双天生就喜欢看这种场面的眼睛的人看来才有魅力;必须要有一颗天生就能领略其中乐趣的心,才能对它感到其乐无穷。的确,只有大家都快乐,才是真正的快乐;大自然的真正感情,只能洋溢在人民的心中。啊!高位厚禄是产生骄傲和烦恼之源;受高位厚禄束缚的可怜的人们啊,像这种真正的快乐,终你们一生,可曾享受过一次?"

[106] 参见卢梭描述的他对孩子的偏爱:"……我从来没见过哪个人比我更爱看孩子们在一起嬉笑玩耍的了;我时常在街上或在散步时停下来看他们游戏打闹,那兴致之高是谁也不能比拟的。"(《遐想》IX,段3,页1087)"我对人心的认识之所以能有所进展,那是得之于我在观察孩子时的那份乐趣。"(《遐想》IX,段5,页1087)

[107] 《遐想》III,段5,页1013。

[229] 意义重大，且影响到后世，但若卢梭直到去世都被排除在人类社会之外，那么它们便属于他原本几乎不可能撰写的作品。他为科西嘉岛和波兰所撰写的宪政规划也同属这一类作品。与为日内瓦所撰的两部著作不同的是，卢梭并没有发表为科西嘉岛和波兰所撰的作品手稿。这两部作品并非，或者并非直接出自他的主动提议，但这并没有削弱它们在卢梭作品中的重要地位。这位哲人以公民身份发表了那部写给日内瓦的著作，而在为科西嘉岛和波兰所撰作品中，我们则有机会看到这位以立法者身份言说的哲人。这两部作品是他受政治委托所创成果，这一事实更加凸显了卢梭作品关注的问题，即这样的作品于作者本人到底何益。其中尤其值得我们关注的是写给科西嘉岛的宪政规划，因为卢梭曾在圣皮埃尔岛上钻研过它，它为我们提供了一个因"馈赠"而生出的"义务"的范例。之所以可以这么看，原因如下：1764 年 8 月 31 日，科西嘉民族英雄保利（Pasquale Paoli）社交圈内的布塔福科（Mathieu Buttafoco）给卢梭写了一封长信，请求卢梭为科西嘉立法，而他这么做只是因为卢梭在《社会契约论》中褒扬了科西嘉人。[108] 在第二卷第七章"论立法者"后的三章"论人民"中，卢梭延续了［有关立法者的］讨论，并在这三章末尾的一段中表示，欧洲只有"科西嘉岛"还可以立法，因而值得一位立法者在此有所作为。这一事关原则的小段分量极重，因为它尖锐地暗示了建

---

[108] "您在《社会契约论》中以颇为青睐的方式提到了科西嘉，这样的一种赞扬出自如此真诚的作家之手更让人受宠若惊；没有什么比它更能激起人们仿效及做得更好的愿望了。它也让这个国家期待您这位智者愿意领导他们去保全这份抛洒鲜血换来的自由。科西嘉人民渴望您将天赋、仁慈、德行和热忱用在他们身上，保护他们的利益，尤其是那些曾经沦为最残暴统治者的玩物的人民。如阁下一般的智者皆道德高尚之人，也不吝于为一个国家的幸福而牺牲几个晚上的时间，这样的国家越是不幸，就越是渴望这种牺牲。"（《马修·布塔福科致卢梭的信》[*Le capitaine Mathieu Buttafoco à Rousseau*]，1764 年 8 月 31 日，见 *CC* XXI，页 85–86）

立一个秩序井然的集体［230］是不可能的，且在 1762 年引起了轰动，因为它声援了保利领导下的、在欧洲广受尊重的科西嘉岛独立斗争。卢梭声明道，"这个勇敢的民族"在恢复和保卫他们的自由过程中所做的种种努力，值得有一位智者来教导他们怎样保全自由。[109] 两年后，布塔福科便要求卢梭来当"这位智者"，并为科西嘉岛拟定一套"政治制度"。这位服务于法兰西的上尉向卢梭的美德发出了呼吁。他坦率地认为，卢梭应为科西嘉民族的幸福做出牺牲。他让《社会契约论》的作者卢梭一眼便认出他是该书第二卷第七章的细心读者，因为他在信中的关键段落里逐字援引了卢梭向立法者提出的三个要求，在适当修改了这些要求后，他认为卢梭具备这些条件。这一切都是为了向卢梭证明，卢梭正是科西嘉岛所需的立法者。[110] 在短暂犹豫后，卢梭接受了这一邀约。他列出了所需信息的详细清单，要求［布塔福科］给他寄去各种材料，［231］而后开始撰写他的计划。他估算，写出粗

---

[109] "欧洲却还有一个很可以立法的国家，那就是科西嘉岛。这个勇敢的民族在恢复与保卫他们的自由时所具有的豪迈与坚决，的确值得有一位智者来教导他们怎样保全自由。我有一种预感，总有一天那个小岛会震惊全欧洲的。"（《社会契约论》卷 II，章 10，段 6，页 391）

[110] "一个国家只有通过制定良好的法规制度才能够自诩幸福、繁荣。就像阁下您所说的那样，我们的岛能够接受合理正确的法律。但它需要一位立法者：它需要一位与您信念相同的人，［1］这个人自身的幸福需与我们无关；［2］一个能深入认识人性的人，［3］他须能在时间长河中心怀长远的荣耀，在这个世纪里工作而在下个世纪里享受。您是否愿意屈尊勾勒一幅政治体系大纲，以造福国家呢？"（CC XXI，页 86，我的强调）布塔福科援引了卢梭所举的证明立法者为神明一般的人的四个特征中的三个："为了发现能适合于各个民族的最好的社会规则，就需要有一种能够洞察人类全部感情而又不受任何感情所支配的最高智慧［1］；它与我们人性没有任何关系，但又能认识人性的深处［2］；它自身的幸福虽与我们无关，然而它又很愿意关怀我们的幸福［3］；最后，在时世的推移里，它考虑到长远的荣耀，能在这个世纪里工作，而在下个世纪里享受［4］。要为人类制定法律，简直是需要神明。"（《社会契约论》卷 II，章 7，页 381）考虑本章脚注53。

略草案最少需要一年半，而要在此基础上制定出最后方案，则还需三年。尽管他知道委托他的这位"科西嘉爱国分子"根本无法证明这一委托是经某个国家机构授权的，尽管他清楚，科西嘉岛所处的政治外交窘境可能会使他这一计划成为多余的政治举动，他当时正处于遭受政治迫害的最糟糕阶段，而担当科西嘉岛的立法者则会让他面临与法国这一强势力量公然为敌的危险，并由此而身陷敌人新的阴谋中——尽管清楚上述所有情况，他仍然接受了这一任务。[111] 他为何这么做？

布塔福科援引卢梭所说的"长远的荣耀"来作为卢梭的牺牲将得到的报酬，这对卢梭而言很难有什么吸引力。[112] 假设他因看重后世的荣耀而借作品——尤其是他本可以或能独自在一个与世隔绝的荒弃小岛上创作出来的那些作品——去挣得其他秩序中的荣耀，他难道不会因此而感到担忧吗？此外可以排除的原因还包括他的性格弱点，即他无法拒绝他人的请求，无法拒绝一个具有爱国主义情愫的崇拜者向他提出的邀约。卢梭并不曾对布塔福科许下任何承诺。在与这位科西嘉人的通信中，他掩饰了他已对这项草案展开深入研究的事实，也没有给委托者任何形式的承诺。当他1765年3月咨询自己是否能申请在科西嘉岛避难时，他甚至说，如果他能迁居到科西嘉岛，他不会再致力于继续撰写政府规划，因为他永远也不想指摘或批判自己所生活其下的政府，也不想对这样一个政府进行任何形式的改革。[113] 卢梭接

---

[111] 参见卢梭1764年9月22日和10月15日写给布塔福科的信：*CC* XXI，页173–175、258–260；另参见1765年3月24日及5月26日的信：*CC* XXIV，页299–301和*CC* XXV，页337–339。

[112] 在第二卷第七章中，卢梭要求立法者能虑及"长远的荣耀"，他这么做更多不是想感化一个神明般的人致力于为人类立法，而是为了强调一个问题，即世上缺乏一种人类共同的利益。参见卢梭在《社会契约论》卷II，章7，段1，页381中的脚注。

[113] "但是，我应当向阁下开诚布公：对我的接待必须是无偿的，不过这并非在衣食等方面，这一点我不需要任何人负责，我指的是要给我的无条

受为科西嘉岛构建一种秩序［232］的"委托",并不是因为一位读者言中了他在《社会契约论》中看重的荣耀,也不是因为他不忍让科西嘉人民失望,而是因为构建秩序这一任务切中了他的兴趣点,因为他在这项委托中看到一种新的挑战,这使他有机会去扩展他作品大厦的核心部分,使他有机会为了自己而不断学习和充分发挥才能。如果没有这次机会,他的才能或许无法被挖掘:在《科西嘉宪政规划》中,卢梭探索了是否有可能提出一种与当时欧洲发展模式相对立的模式。因此,这项规划从一开始就与科西嘉人在涉及上述发展方面所抱有的种种"偏见"相左,因为［在卢梭看来,］这些偏见可能会误导他们将新近获得的民族独立成果当成尾随法国或英国发展模式的工具,也就是说,他们可能会以努力追赶［法国或英国］的姿态致力于不断推进商业化进程,并［像法国或英国所鼓吹的那样］认为这种进程会带来普遍繁荣。卢梭提出的这项规划强调"农业"的重要性,这是卢梭试图通过确立区域性的地位来抗衡普适主义的明证。然而,人们真的可以通过强化本土主义、民族性和自足性等因素,而有效地抵制那种以普遍均衡和趋同为标准、以金钱这一普适"价值"为准绳的、去除差异的一体化进程吗?此外,卢梭为科西嘉岛拟定的

件的避难权。因为［不这样的话,］就算我到了您那里,有关您所从事的计划,您都不要对我有任何期待。我再重复一遍,我无法思考这一计划,而如果我无法思考的话,就算我到您那里也无济于事。因为我在过去、在将来都将最大限度地对我现在居住地的政府持有最深的敬意,这一权利不可侵犯。我无意弹劾或批评或以任何方式促其进行改革。我读完了您的论述,发现我的思想与您的国家有着出奇的不同,而我提出的方案则有可能遭遇众多人的不满,或许您就是第一个。"(1765 年 3 月 24 日的信: *CC* XXIV,页 300)布塔福科通过了卢梭向他提出的考验,并承诺卢梭无条件地在科西嘉岛上避难(参见 1765 年 4 月 11 日的信: *CC* XXV,页 77 – 78)。但卢梭拒绝了这一邀请,之后反邀布塔福科造访他(这一访问并未成行),并表明他并未像自己之前所说的那样放弃这一方案的写作计划(参见 1765 年 5 月 25 日的信: *CC* XXV,页 337 – 339)。

宪政规划，使他有机会对［233］《社会契约论》进行颇具启发性的补充。一方面，该规划向人们展示了，除政治权利的原理外，卢梭所设想的井然有序的集体有着怎样的具体形态：[这种集体]应容许具有政治合法性的生活方式，且这种生活方式同时也是政治制度的目标。另一方面，该规划让我们注意到立法者何以能对一个民族的"风尚、习俗，尤其是舆论"产生影响，卢梭在《社会契约论》中将一个民族的上述方面看作是"一切法律中最重要的一种"，认为这就是"伟大的立法家秘密地在专心致力着的方面"。[114] 这份宪政规划的读者可以详细了解到，立法者卢梭借助哪些机构来塑造人民的生活方式，稳固政治体系，并实现科西嘉岛的自给自足；又如何通过经济措施，通过各种具有民族性的任务、节庆和荣誉，以及各种奖惩措施，来安排公众教育；他尝试用什么方法为政治阶层植入新的价值观，从而使自尊服务于集体，使公民能认同其公共人格。这样一来，读者便可更加清楚和明白，为什么作者卢梭强调风尚、习俗和舆论是一切法律中最重要的一种，尽管按照政治权利的原理来看，这些恰恰不是法律。[115] 最后，这份政府规划之所以对卢梭是个新挑战，是因为它与之前那部论述政治生活原理的论文不一样，后者相当于一部有关哲学基本问题的论文或说是一部有关教育的小说，而在这份规划中，卢梭研究了具体时空中的一种政治体系的形态，并钻研了其现实偶联性（Kontingenzen der Wirklichkeit）* 以及与现实相悖的经验。卢梭希望从这份规划中获得特殊收获，他认为这一宪政规划能得以实施，并希望通

---

[114] 《社会契约论》卷 II，章 12，段 5，页 394。
[115] 《社会契约论》卷 II，章 6，段 5 及章 7，页 379。
* [译按] 偶联性是德国社会学家卢曼（Niklas Luhmann）所代表的社会系统理论中的关键词，卢曼将其定义如下："当某些事物既非必然，也非不可能时，这些事物就是具有偶联性的，也就是说，某事物可以如其所是（曾是、将是）而存在，但是也可能以其他形式存在。因此，偶联性这个概念指的是人们从其他存在可能性的视角下所观看到的现存的（将要经历的、

过具象化立法者这一人物，通过对这一人物所必需的修辞术进一步提出适应现实的要求而有所收获，这一切都表明，当后来法国军队开进并占领科西嘉岛从而使这一政治规划完全无望实施时，他必将不再致力撰写该规划。

卢梭把为科西嘉岛和波兰撰写宪政规划看作十分值得去做的工作，因而愿意为此花上几个月甚至几年的光阴，[110] 而他对他作品的中坚部分的态度更是如此。他本可以在一个荒弃的小岛上独自完成他的作品所需的核心研究，但这并不意味着，对其作品的完善没有从根本

所期待的、所思考的、所想象的）事物；这个概念指的是可变性视域下的事物"（Niklas Luhmann，《社会系统》[Soziale Systeme]，Suhrkamp Verlag, 1983，页152）。

[110] 在1765年的好几个月里，卢梭致力于撰写《政体规划》，该稿最终成了未完成的残篇，成了我们今天所看到的《科西嘉宪政规划》，这个标题是1861年编者给该稿加上去的。他将自己大部分手稿于1765年留在了洛夏岱尔的杜·佩鲁（[译按] Pierre-Alexandre Du Peyrou，出版商，卢梭之友）那里，而这份宪法草案手稿则在他被迫离开圣皮埃尔岛时被一道带往英国。当1768年舒瓦瑟（[译注] Étienne François de Choiseul，法国军官、政治家、外交官，曾在"七年战争"期间担任法国外交部部长）吞并科西嘉岛时，卢梭将这份手稿装在一个标签为"科西嘉岛事务"的箱子里交给一位女修道院院长保管。卢梭在1770年到1771年春天致力于撰写《关于波兰政体的思考》，这是为当时欧洲占地面积最大的国家即波兰王国所写的宪法草案。1771年7月，他将誊清稿呈交给他的委托人维尔霍斯基（Michel Wielhorski），此人是法国的巴尔联盟的使节。这份委托源于1769年一次征询专家意见的国民议会中的一项决议。1771年7月，当时也正在撰写一份宪法草案的马布利修道院院长拿到了卢梭的文章。1772年4月，该文章的手抄本流行开来，并传到舒瓦瑟及其继任者拉·弗里利埃公爵那里（[译注] duc de La Vrillière，法国政治家、外交官，舒瓦瑟的继任者），也传到了爱吉永公爵（duc d'Aiguilon，法国军官，政治家、外交官，弗里利埃公爵的继任者）那里。就像之前对待科西嘉岛那样，卢梭在收到波兰王国的宪政规划撰写委托之前，也曾公开撰文提到过波兰王国。但不同的是，他并没有褒扬波兰王国，而是暗示了波兰政体衰落的原因。参《山中来信》VII，段13，页816。

上使他本人获得更大的收获。通过对比其他有可比性的学说体系，通过观察内在于其作品构想的种种实施可能性，并考虑它在面对不同接受者时可采取的不同形式，卢梭早先所设想的作品"体系"⑰的轮廓变得日益清晰。卢梭的作品对接受者，对接受者的舆论、需求、能力和期待的关注与研究，使它成了真正的天赋之作，而他的这种做法又提升了作者的自我认识，而这种认识源自卢梭对不同接受者的关注和思索。卢梭从远处着眼为日内瓦、科西嘉岛和波兰所著之书是卢梭作品的组成部分，从一定程度上来说，它们体现了卢梭与自身保持的最大距离。并且单从《社会契约论》的结尾来看，卢梭早在其主要的政治著作中就已经意识到他与自身的距离。⑱我们说卢梭与自身保持了距离，这并没有排斥卢梭所说的回归自身和回归自我中包含的那种内容更为丰富渊博的自我回归，⑲恰好相反，与自身保持距离使这种回归成为可能。这就好比说卢梭的作品使《遐想》可能成形，但也只因这本以卢梭的自在状态为核心的书与他的作品有所区别，它如今才能成其所是。在书中最能突出卢梭社交性的"漫步"之九中，作者不忘提醒他的存在和这部书的存在的重心："只有当我只身独处时，我才完全属于我自己。"这篇"漫步"也把我们重新带回"漫步"之二的开端，它指出了卢梭在何时才处于一种完全理性和自在的状态。只有在孤独和沉思的时刻，只有在这时候，他才可以真正地说自己是大自然所希望造就的那种人。只有在他独自漫步和遐想时，只有在此时进行的冥想和反思中，他的头脑才能无拘无束，才能让思想随意漫游，他才"没有阻力，没有束缚"。⑳

---

⑰ 《给博德斯的第二封信之序言》（1753/1754），页 105–106。
⑱ 《社会契约论》卷 IV，章 9 末尾，页 470。
⑲ 《遐想》II，段 3，页 1002；III，段 20，页 1019；VI，段 14，页 1056；VIII，段 23，页 1084 中间；参见 II，段 25，页 1010；VIII，段 16、21、23，页 1079、1082 及 1084 上半页。
⑳ 《遐想》IX，段 19，页 1094；II，段 1，页 1002。

六 爱

[239] 在卢梭对其作品的思考中，爱和对哲学生活的整体重视占据了特殊地位。爱孕育了一种独特的才华。它使人产生一种"自愿的善行"，只要爱一直存在，那么在由它引发的行为中，这种善行也就一直是天性所愿。它是一种最典型的因与他人分享而变成双份的快乐。卢梭的作品中涉及各种类型的爱：对亲近之人的爱、"遥远的爱"、对天生同类者的爱、自爱、自尊。其中承载着哲学生活的是对真理的热爱，对认识和学习的热爱。哲学生活从心怀爱意地关注世界的过程中汲取养分，它以"有爱的心"为前提，这颗心懂得如何在沉思中找到"内心喜悦"。只有对一颗"真正怀有爱意的心"而言，哲学生活才是真实的，这样一颗心致力于钻研它的沉思对象的特性，并兴趣盎然地关注对象本身，因为它想要认识对象，也想要认识自己。① 然而，卢梭的独处与他的爱之间有怎样的关系呢？他在《遐想》开端介绍自己为"最愿跟人交往，最有爱人之心的人"，然而，在接下来的那些"漫步"中，当论及对他人之爱时，他对自己的第二重界定也像最初的界定那样具有误导性吗？卢梭在"漫步"之一中告诉我们，他的《遐想》是写给作为未来朋友的自己的，卢梭只能跟自己做朋友吗？② 我们在"漫步"之十中了解到，卢梭有一位颇

---

① 《遐想》I，段 1、15，页 995、1001；II，段 3，页 1003；III，段 5、22，页 1013、1021；V，段 2，页 1040；VI，段 8、14，页 1053、1056；VII，段 21、23，页 1068、1069；IX，段 7，页 1088。

② 《遐想》I，段 14，页 1001。

合心意的女友。在他看来,他对女友的爱并非一种回忆的幸福,而是一种当下的幸福,因为他将这种爱看成为他一生成其所是[240]开辟道路的重大事件。

卢梭将最后一篇"漫步"献给了初恋。"漫步"之十由一个段落,二十九句话组成,其中八句话以"我"开始。此篇是除"漫步"之五外最为私密的"漫步",也是卢梭唯一标注了确切日期的"漫步":"今天是圣枝主日,* 同华伦夫人初次见面,至今已经整整五十年了。她和本世纪同龄,那时是28岁。我还不到17岁。"③ 这次初见值得被标注为一个历史性的时刻,因为就像卢梭所肯定的,它决定了他的一生,且"由于一种不可避免的关联而铸就了一种命运",一种决定了他终生的命运。对这一初见的追忆发生在确切的一天,因为这一时刻、这种追忆向卢梭展示了他成年生活中的一个片段。今天,1778年4月12日,这个生活片段曾在、正在且将在卢梭的思索和感觉世界里重现并永远伴他左右。他回顾这次初见时认清了自己的命运,它此时已不再像一张摸不透、看不穿的纱网——陌生人企图凭借这张千丝万缕、错综复杂的网将他玩弄于股掌之间——而是一种内在必然性的表现,并且这种必然性始于他通过对华伦夫人的爱而找到自我之时。因为是她最先使卢梭获得解放,找到了自我。她唤醒了他沉

---

* [译按]圣枝主日是复活节前的礼拜天,卢梭是在1728年的那一天(3月21日)同华伦夫人相识的。"漫步"之十写于1778年4月12日,还没有写完,卢梭就在5月20日离开巴黎迁居吉拉丹侯爵在艾尔姆农维尔的别墅,7月2日在那里猝然离世。

③ 《遐想》X,句1-3,页1098。卢梭为"漫步"给出了确切的日期,但这并没有准确说出他的年龄:华伦夫人生于1699年3月31日,1728年时是29岁,而卢梭则生于1712年6月28日,那时还不到16岁。1713年,弗朗索瓦丝-拉图尔(Françoise-Louise-Eléonore de La Tour)嫁给了塞巴斯蒂安-华伦(Sebastien-Isaac de Loys de Warens)。1726年,她离开丈夫,放弃新教信仰并迁居安纳西。[译按]安纳西是法国罗讷-阿尔卑斯大区上萨瓦省的首府,处阿尔卑斯山脉西北麓,安纳西湖北岸,位于尚贝里和瑞士日内瓦之间。

睡的心灵，帮其形成了独特的形态。与这位"富有机智和风度的迷人女子"——卢梭终生都称她为妈妈——的初识让卢梭体会到了感激。此外，她还使他产生了当时尚无法言表的"温情"：

> 我心灵中最可贵的气质那时还没有被我的器官培养出来，还不具备确定的形态。它正在迫切期待着这一确定形态的时刻，而这一时刻，虽然这次相遇起着加速的作用，却并没有那么早就到来。[241] 我所受的教育赐予我的是淳朴的道德，正当我看到爱情和纯真在我心中同时并存的这种甜蜜而短促的状态要长期延续下去时，她却把我打发走了。

卢梭将爱情引入这篇"漫步"后——爱情一词在此篇中仅出现过一次——便立刻更换了主体："她却把我打发走了。"她，这可以指卢梭的心灵或唤醒他心中爱情的华伦夫人，将他从她身边打发走了。在文中，卢梭的心灵与他整颗心里装着的华伦夫人水乳交融，这是宣布关键性转折的一种手法："一切都使我怀念她，我必须回到她身边。这次归来决定了我的命运，而在我占有她以前很久，我就只活在她的心中，只为她而活着。"④ 重返华伦夫人身边决定了卢梭的"命运"，因为在她那里，卢梭不断发展的爱情找到了支点并获得了满足，由此，他那日益发展的心灵也相应地获得了"形态"。在卢梭描述他爱情的发展和心灵的成型时，"重返"是一个关键词。与无止境的漫步不同的是，"重返"一词使卢梭外露的情感有了确切的内容和发展方向，从而将他的渴念和找寻变成了目标明确的有意识行为。"重返"一词将不确定的可能变成了具体的现实，使他情感外露的心灵能在全神贯注地关注一个人时体会到它力量的源泉，认识到它的能力范围。

---

④ 《遐想》X，句6-10，页1098。我按照手稿更正了第九句中的标点符号。

这种体会和认识对心灵获得"形态"而言具有根本性意义。卢梭认识到他的内心能得到某种满足,知道自己的内心最需要的并不是移动或变换[与他自己的内心的]距离的运动,而是回归或说深入运动,他将自己认识到的这一切都归功于初恋这一现实经历。对华伦夫人的爱对他而言是永恒的,他在这段爱情中"不受干扰、没有阻碍地充分体现我自己",并且可以因此而理直气壮地说这是他人生中真正"生活过"的唯一时期。⑤

他体会到自己有爱的能力,了解了自己的力量,意识到了自己能肯定生活,这些都奠定了卢梭内心的独立和自信的基础。在开始对自己的爱情和心灵形成过程作第二番描述时,卢梭说:"要是没有[242]这段虽短暂却宝贵的日子,我也许至今对自己还缺乏充分的认识。"卢梭在此第一次谈到了被爱状态。

> 在这短短的几年中,我得到了一个无比温柔体贴的女人的爱,做我愿意做的事,做我愿意做的那样一个人,同时充分利用我的余暇,在她的教导和榜样帮助下,终于使我这淳朴得如同一张白纸的心灵最好地体现它的本质,而且从此就永远保持下去。

这种被爱状态促进了卢梭与自我的和谐统一,促进了他自身能力的开发,使他对自己的天性更加自信。在第二轮描写中,卢梭强调,人首先要被爱,然后才有爱。⑥ 这种强调极有意义,因为被爱,或者说对

---

⑤ 《遐想》X,句10、14,页1098–1099。

⑥ "漫步"之十中,爱情(amour)、喜欢(aimé)和爱(aimer)分别出现过一次:爱情出现在第一轮描写中(第七句话),喜欢和爱则出现在第二轮描写中(第十七和二十句话)。决定该篇中描写的分水岭的是第十五句话:"从前在维斯帕西安治下有位大法官被贬而谪居乡间,他说:'我在这世上度过了七十个寒暑,但是我真正生活才七年'。"(此处的标点符号已按手稿进行了更正)

爱的回应才能够使人反观自身，使人确信自己的能力，弄清自己的身份，而人只有知道自己是谁后，才能真正去爱，才能作为一个既不逃避又不忘却自身的生命，作为一个为他人而存在的生命去爱。卢梭对华伦夫人的爱、他的被爱及他在这种精神状态下的爱，都使得他为华伦夫人、为自己而变得自由无比。⑦ 这也使他日后的生活方式更为自由。因为卢梭把对孤寂和沉思的爱好归功于这段对他影响深远的初恋时光。爱情与对孤寂和沉思的偏爱在他看来同出一源："对孤寂和沉思的爱好，它跟作为我心养料的易于外露的温柔情感一起，在我的心中滋生了。嘈杂喧嚣束缚并扼杀我的感情，而宁静平和则使之振奋激扬。"偏爱孤寂如何与爱另一个人兼容呢？卢梭最初写的是"对归隐和沉思的爱好"，[243]后来他用孤寂代替了归隐。⑧ 若此处是"归隐"一词，那他对归隐的偏爱也绝不会与"漫步"之十所描述的两人共度的幸福生活形成任何矛盾。卢梭的更改更加突出了其中包含的张力。这一更改包含的基本思想是，或说卢梭认为，将自己与华伦夫人联系在一起的爱情应理解为他灵魂的延伸，同时也是对相爱双方的一种限制，这将他们从喧嚣嘈杂的世界中解脱出来。从某种程度上来说，妈妈是卢梭自在状态的一部分，是他们两人共创的自足生活的一部分，从而也是他孤寂生活的一部分。直到生命的尽头，卢梭一直都只在孤寂、限制和专心致志时才能去爱，就如他在此紧接着简洁明了地说的："我只有在心思集中时才能有所爱。"⑨ 反过来说，包围妈妈的那种孤寂使卢梭首次体会到了自足感。这样一来，卢梭用孤寂替代归隐的做法不仅阐明了他的爱的诞生过程，还照亮了这位孤独漫步者

---

⑦ 《遐想》X，句 16–17，页 1099。参见第二十四句中的反复强调："我那时得到了充分的自由，而且更甚于自由，因为我只受我的爱好的限制，只做我想做的事。"

⑧ OCP 所附的研究资料中并未体现这一重要变更，尽管这在手稿中极易辨认出来，且在斯皮克和罗迪耶编著的版本中也被正确地标注出来了。

⑨ 《遐想》X，句 18–20，页 1099。

历经的人生之路。孤寂与沉思的结合——这是《遐想》中最后一次提及孤寂——强调了孤寂和冥想的特殊意义,在《遐想》中,我们便是在这种状态中首次邂逅大自然的。在"漫步"之二开端,卢梭孤独漫步归来后谈到他漫步时涌上心头的遐想,并在此界定了自己的天性和自在状态:"在一天当中,只有在这孤寂和沉思的时刻,我才充分体现我自己,自由自在地属于我自己,能毫不含糊地这样说自己正是大自然所希望造就的那种人。"⑩ 而在"漫步"之十中,卢梭为这一描述和界定画上了圆满的句号。

在《遐想》一书末尾,卢梭审视了他哲学生活之前的人生中经历的最重要的一件事。他回顾了自己的情欲天性萌发之时,这一时期清楚地呈现于他如何关注"这位最优秀的女人",呈现于他在孤寂中的自我觉醒及他的爱好沉思。这不但使他［244］能从一个源头出发去思考他的整本书,还使他将自己的幸福和不断影响他的那个幸福的开端看作是一体的。具体的时间点和更为确切的情境则是具有偶联性的。事情发生的顺序甚至可能与卢梭勾勒的顺序有很大偏差,但这不会削弱这个事件的重要地位。我举个例子来说明这一点。我们假定他是在几年后才遇到这次伟大爱情的,假定我们这位具有哲学天赋的年轻人早就清楚了自己对于孤寂和沉思的偏好,他在从"沉思"到"冥想"的道路上甚至可能已经迈出几步了,不论是因为他所研究的对象使他反观了自身,还是因为他那颗情感外露的心在遇到政敌后被迫回归了自身。也就是说,假定他是在这样一种心思集中的状态下邂逅了与"这位最优秀的女人"的爱情,那么,这一美好的初始体验给他带来的幸福在于,尽管他偏爱孤寂与沉思,却仍能对这份爱情感到满足。此外,这种幸福还在于,他认识到,他有了这份爱情后能更好地、更满意地去实践自己的偏好:他的孤寂、沉思和冥想状态并不妨碍他有能力去爱另一个人,而是使他更加有了爱的能力,使他的爱

---

⑩ 《遐想》II,段1,页1002。对比 X,句14、18 中的详细内容。

更加丰富多彩。回到"漫步"之十开端，这种初始体验带来的幸福体现在，卢梭与华伦夫人相恋时"别无他愿，只盼这种如此甜蜜的境界能继续下去"。这份爱情破灭了，因为它无法像满足卢梭那样使他的爱人心满意足。然而这却丝毫无损于它对卢梭的重要意义，无损于它对卢梭自我的形成、卢梭的自信及他日后的幸福的重要意义。因此，卢梭在"漫步"之十谈及这份爱情时丝毫没有流露出苦涩感，也没有像在与狄德罗的友谊破灭后那样公开哀诉爱情的破灭。⑪ 卢梭只是强调说，每当回忆起与华伦夫人相恋的时光，他总是充满了"喜悦和感动"，因为那是他"充分体现他自己"和他自我形成的时期。⑫

在此篇"漫步"的最后一部分，卢梭首先从可能实现的稳定性、持久性和永恒性方面考察了与妈妈〔华伦夫人〕度过的时光。这些因素共同造就了这次美好体验带来的幸福，尽管我们知道这只是一段短暂有限的时光。⑬ 卢梭说服爱人搬到乡间去住。山坡上的一所隐蔽的房子成了他们的隐遁之所。正是在那里，他"在四五年间饱享了一个世纪的生活，饱享了纯真而充分的幸福"，这种幸福"以它的魅力遮掩了我命运里的种种可怖阴影"。⑭ 该书末尾这一评判的基调明显区别于"漫步"之一的开端，且极有说服力地强调了这次美好的初恋对卢梭的持久影响力。初恋中的卢梭得到了自己所需，到了自己想到之处，他因得到了想要的自由而感到无比愉悦。他得到了一个称心如意的女友，在乡间过着深居简出的生活，只做他想做的事。对卢梭而言，这种状态本身就已让他很满足，如若不然，他怎么可能在其中享受到"一种纯真而充分的幸福"呢？他只愿这样的生活能够持续下去。卢梭害怕好景不长的担忧并非没有道理："我唯一的苦恼就

---

⑪ 《遐想》III，段 2、11，页 1011、1015。参见他在《致达朗贝尔的信》，序言，段 9，页 7 中对于失去这位朋友的哀叹。

⑫ 《遐想》X，句 11、14、17、26、29，页 1098 – 1099。

⑬ 《遐想》X，句 11、13、14、16、17，页 1098 – 1099。

⑭ 《遐想》X，句 22，页 1099。

是担心好景不长,而这种担心产生于我们的处境困难,并非是毫无根据的。"⑮《遐想》中最后一次提到的束缚——从他的生平经历的顺序来说这是第一次——再次暗示了社交生活给人带来的麻烦、束缚和窘境。卢梭的自足状态是从别处赊来的,因此也是一种极脆弱的自足。他始终依赖于华伦夫人及他们的命运。他们的困难处境必然影响到他。一旦他的爱不再能满足她,她由此而奔向他人,他们所共处的那种自在状态便会土崩瓦解。这种核心的分裂最终使两人回到一种最狭义的社交关系中。卢梭预料了他们自足状态的终结,而为了防止这种分裂,[246]他竭尽所能:"我想,培养出一些才能是防止困境的最可靠办法,为此我就下了决心去把余暇用在准备工作上,如有可能,使我能去报答我从这位优秀的女人那里得到的帮助。"卢梭充分利用了与华伦夫人在一起的时光为他提供的闲暇。他钻研哲学和数学,学习拉丁语,努力获得自然科学、文学和音乐方面的知识,以此来发展自己的才能。为了满足他认为最优秀的初恋女友,他努力改善自我,以求能像她曾经支持和教诲他那样去帮助和教诲她,以期能像她曾是他的榜样那般为她树立榜样。⑯

长两页的"漫步"之十的手稿结尾展示出一种动向,它衍生出了卢梭继续发展的可能性。他出于对妈妈的爱而在自我教育和才能培养方面所做的种种努力,为他的事业和作品创作夯实了基础。卢梭从自己的公众形象及其面临的种种敌意出发谈到一种"命运",一种注定要"重返"妈妈身边的命运。他说自己的爱情铸就了一种"不可避免的关联",这使我们有理由认为,如果卢梭有机会继续讲述他的人生,那么他一定不会再把自己的作品说成是一个"严重的错误"。他在"漫步"之十中选择了一条道路,回顾并强调了他的情欲天性和生命所遵循的内在必然性,这告诉我们,事实上他是将他的作品看

---

⑮ 《遐想》X,句27,页1099。参第五章脚注⑳。
⑯ 《遐想》X,句17、29,页1099。

成完善自我、发展自我才能的一种表达。并且就如他所试图阐明的，他对自我能力的完善正是服务于他的情欲天性的。他对自己才能的培养，只是他在多年后才开始的创作之路上迈出的第一步。他坦言与华伦夫人的初见决定了他的一生，其实是在暗示推动他人生进程的原则，这种原则逐步决定了他的克服了种种困难和挑战的一生。若卢梭能把"漫步"之十中开始的故事讲下去，那么他将再次克服困难，他可能会再次谈到［247］他与狄德罗的友谊及狄德罗对他作品的重要意义，他会认识到，他们亲密无间的友谊及无法忽视的对立差异不断促进了他的创作，并且使他的作品获得了明确的方向和侧重点。若他继续讲下去，德乌德托（Sophie d'Houdetot）也可能在他作品大厦的侧翼中获得一席之地。* 不能排除的可能还有，卢梭在讲述中对戴莱丝会有更多的话可说。** 这位女性在《遐想》中代表的是余留的社交生活的影子，在她形成的背景的衬托下，孤独漫步者的孤寂状态才得以更鲜明地凸显出来。⑰ 尽管卢梭并未表示他的自在状态之中也包含她，但她的确以她的方式为卢梭的作品提供了支持。⑱ 不论卢梭若

---

*　［译按］原名索菲·德·贝勒加德（Sophie de Bellegarde），因嫁给上将乌德托（César d'Houdetot）而成为德乌德托伯爵夫人。卢梭在《忏悔录》中对她倾慕有加，并承认许多作品的创作灵感都源于这位女性。

**　［译按］原名勒瓦瑟（Marie-Thérèse Levasseur），是卢梭登记结婚的妻子。1768年8月30日，身为天主教徒且几乎目不识丁的戴莱丝才与身为新教徒的卢梭举行了非教会承认的世俗婚礼仪式，直到卢梭1778年去世为止，她总共与卢梭一起度过了三十多年的时光。

⑰　卢梭两次提到戴莱丝的名字：《遐想》V，段7，页1043–1044。他提及她时有四次称其为"我的妻子"：《遐想》II，段12，页1006；IV，段29，页1034；IX，段11、12，页1090、1091。一次称其为"我的伴侣"：《遐想》V，段5，页1041。一次称其为"我的女管家"：《遐想》V，段7，页1042。其中的四次不同于"我的妻子"的称呼均是涉及卢梭尚未与戴莱丝正式结婚的时期。

⑱　在《忏悔录》中，卢梭这样写到自己和戴莱丝："……无论我怎样努力，我们始终都是不能合为一体的两个人。"（《忏悔录》IX，页415）

有机会再去回顾还会谈到什么，或还能更详尽地阐述什么，我们都可以从"漫步"之十的内容中辨认出他将遵循的大致方向。一方面，他的回顾将会循着从爱情到创作的红线；另一方面，他将会谈到他走向哲学生活的再生过程，他将这种再生与对妈妈的爱紧密联系在了一起。哲学生活的开端既非始于他的诞生，也非始于他所谓的再生，而是以他认识并意识到自己的天性为前提，同时也以哲学思考为前提。这种认识可能是一个渐进的过程，这种意识也是一个逐步推进的过程，但哲学生活的开端却只发生在某个突出时刻，只是一种从整体上辨认出区别的洞见。如我们所见，卢梭在"漫步"之三中探讨了哲学生活的开端，且称这一意义深远的转变为一次"彻底审查"和一场"重大革命"。除"漫步"之十外，"漫步"之三还首次且唯一一次提到了华伦夫人。她是卢梭开始哲学生活之前的经历中极其重要的人物，[248] 就算卢梭在最后一篇"漫步"中不阐明她为何如此重要——除她之外，卢梭的回顾中没有直接提及任何其他人的姓名——他在回顾彻底审查前的人生经历时也必然要提到她。之所以第三篇"漫步"必然要提到她，另一个原因直接关乎此篇"漫步"的主题：卢梭以他青春年少时从改宗女教徒［华伦夫人］那里获得的"教导和榜样"为例，强调了信仰的重要性。就这样，华伦夫人在"漫步"之三中首先代表了确立哲学生活的严肃研究，代表了孤独漫步者所摆脱的束缚。"漫步"之十则让我们了解到他从哪里获得严肃研究所需的力量、勇气以及自信，又是什么一直陪伴着他走完人生之旅。⑲

在第十篇"漫步"的核心部分，卢梭盛赞他的初恋时光为"不受干扰、没有阻碍地充分体现我自己的时期，并且可以理直气壮地说这是我真正生活过的唯一而短暂的时期"。他还继续夸大这一言过其实的褒扬："从前在维斯帕西安治下有位大法官被贬谪居乡间，他

---

⑲ 《遐想》III，段6，页1013；参见 III，段14、15，页1016 – 1017 和 X，句16，页1099。

说：'我在这世上度过了七十个寒暑，但是我真正的生活才不过七年。'我现在差不多也可以说这样的话。"这是卢梭能取信于常人的最后一个评判，它衬托出贯穿《遐想》的修辞术。卢梭竭力申明他只在青年时期、只在恋爱的那一短暂时期内才真正生活过，这不恰恰证明了这位"被斥于人类社会之外"的受迫害者的不幸吗？之前"孑然一身、举目无亲"的卢梭曾自言自语说，"天之生我本是为了要我活下去，然而我却没有生活过就要死去了"，[20] 而比起这话，上述申明会给很多人留下更为深刻的印象，也会更长久地停留在人们的记忆中。因为再读八篇"漫步"后，所有读者都将知道，这位孤独漫步者至少偶或体会到一种强烈的幸福。[249] 而作者能运用的最易懂的缓和手段，便是将这种幸福划归久远的过去，将其变成往事。然而早在其作品中，卢梭就已运用过这种易记的方法来强调何为真正的生活。他可以料到人们会拿他"漫步"之十中的褒扬与以前的表扬作比较。在1762年1月26日的《致马勒泽布的信》中，卢梭引用一句罗马格言适当描述并称道他深居简出的退隐生活："直到1756年4月9日，我才真正开始生活。"[21] 在第三封《致马勒泽布的信》中，卢梭盛赞1756到1762年间为自己真正生活过的一段时间，他的大部分作品也都创作于这段时间，从《致达朗贝尔的信》和《爱洛伊

---

[20] 《遐想》II，段6，页1004。

[21] "我的痛苦是品性造就的，但我的幸福是自己的。无论人们如何讲述我曾经的睿智，我曾经感受到了品性允许我拥有的幸福：我并没有去远方寻找极致幸福，我只是在身边探寻而且我也找到了。塞巴蒂安说图拉真的朝臣西米利斯没有因远离朝廷和所有任职去隐居乡野而感到任何不满，而是让人在自己墓前写下了这些话：我在这世上度过了七十个寒暑，但是我真正的生活不过七年。这就是我想要说的，无论我的牺牲如何微小，我的生活在1756年4月9日才真正开始。"(《致马勒塞尔伯的信》[*Lettres à Malesherbes*] III，页1138) 有关卢梭在"漫步"之十中援引的图拉真治下的西米利斯，及与卢梭的记忆稍有偏差的维斯帕西安治下大法官的历史资料来源，参见本书所引的斯皮克著作。

丝》,到《萨瓦代理本堂神父的信仰自白》,再到《社会契约论》和《爱弥儿》。而如果说"漫步"之十核心部分毫不掩饰的表扬堪比对[卢梭]作品的褒扬,那么整个第十篇"漫步"包含的褒扬便可与"漫步"之五媲美。这种褒扬让我们回到该书的中间部分,在那里,卢梭以空前绝后的迫切口吻和细致笔调探讨了他的人生幸福。他选取了1765年秋天他在圣皮埃尔岛上度过的那段时光为例,且无拘束、无保留地称它为"我人生中最幸福的时刻"。他还补充说,这段时光如此幸福,以至于"要是能终生如此,我就心满意足,片刻也不作他想了。"[22] 与华伦夫人在一起的时光、隐居时光以及在[250]圣皮埃尔岛上度过的时光是卢梭的自在状态的三个范例。卢梭分别以盛赞的口吻突出不同的轶事,乍看上去仿佛自相矛盾,但他这么做意在使读者注意到,孤独漫步者在各种不同环境下和人生阶段中都懂得如何生活,如何使自己感到自在和幸福。[23] 关于他因受迫害而陷入"谵妄"状态的持续时间、开端和结尾,卢梭的陈述或不确定、相互矛盾,或有所重叠,这么做显然也都服务于上述目的。[24] 事实上,卢梭在"漫步"之八结尾处以同样多的笔墨解释道,"漫步"之五描述的那种幸福状态是他最稳固和长久的状态。[25]"漫步"之十中的盛赞促使我们去进行比较,而这又导出了另一同样重要的事件。作为"漫步"之十和之五主题的两件轶事有一个共同点,即都发生在《遐想》写成前的几年或几十年。二者的区别则在于发生在它们中的"重大审查"并不相同。卢梭在作品中详细研究了这两次审查。在《遐想》一书

---

[22] 《遐想》V,段5,页1042。

[23] 参见《遐想》II,段3,页1003。

[24] 参见《遐想》I,段2、3、7,页995、996、997;II,段2、3、22,页1002、1003、1009;III,段1,页1011;VI,段11,页1055;VII,段6、15,页1062、1065;VIII,段12,页1078。

[25] 《遐想》VIII,段23,页1084;注意II,段1、3,页1002、1002-1003。

中，发生于夏梅特（[译按] Les Charmettes，卢梭故居所在地）的轶事是卢梭开始哲学生活前最幸福的时刻，而圣皮埃尔岛上的那件轶事则正是在暗示这种生活的幸福。在"漫步"之十中，卢梭谈到的是一种纯真而充分的幸福，而"漫步"之五则谈的是一种充分的、完全的、圆满的幸福。为什么他的幸福不是完全的、圆满的，当时身在夏梅特的卢梭不得而知。㉖

《遐想》一书并未描绘出卢梭从爱情走向创作的红线。第十篇"漫步"关注了这一发展的开端并回顾了结尾，却未提及中间过程。然而，这篇"漫步"不仅展示了开端，还指明了原则。此外，卢梭早就向他的读者暗示过，在没有给出具体故事的情况下，要在"所给出的两个事实"之间建立关联，[251] 就得依靠思考的力量。那么，一种超越了最后一篇"漫步"所追溯的生平初始经历的爱情，怎么与他的作品联系在一起呢？问题的答案显然在读者身上，并且是在卢梭的作品整体所面向的那种读者身上。正是这种读者能够看透卢梭为不同读者精心撰写的不同方案，并且能将这位人类之师向公民、有爱心者和有德之人讲述的内容恰当地进行分门别类。也正是这种读者能从卢梭作品的内在结构出发去思考它们，从它们的根本意图出发去理解它们。总之，这种读者才是卢梭从一开始便为他的作品选定的首要的、最终的或者说真正的读者——正是这些少数人才"懂得倾听"。具体到卢梭为其作品开端选定的由三人组成的卷首插图来说，我们必须观察那位少年：普罗米修斯将左手搭在他的肩上，而右手则举着为他准备的火把。我们还必须再看看《卢梭评判让-雅克：对话录》，该书逐一探讨了不同读者的问题，展现了读者卢梭所代表的理想读者，并最终为作者卢梭的作品画上了一个句号。㉗

㉖ 《遐想》X，句22，页1099及V，段14，页1046。参见V，段12最后一句话及V，段15最后一句话。

㉗ 见本书第一章页[19]-[21]、页31以下及页[66]-[67]。

六 爱 **223**

在《卢梭评判让-雅克：对话录》开头，读者卢梭用"观念世界"这个寓言来向他面对的那位法国人表明，作者让-雅克之所以在法国人看来是"怪物"，是因为作者来自法国人感到陌生且永远无法理解的世界。在寓言中，卢梭明确阐述了为何这个世界的居民会成为作者，并以极为复杂的方式探讨了非哲人中的哲人的问题，还最终解释了是什么促使"这个观念世界的居民"撰写并发表著作。卢梭列举了四个原因，来说明这些遵循自爱原则且看重自身根本独立性的"观念世界的居民"，他们为何能够做到这一点，且他们为何永远不会将写书当成职业。卢梭认为，"利益乃至荣耀"都［252］不足以成为他们写作的主要动力，㉘但以下四个原因却可以：（1）"有什么欣喜的发现要公布"；（2）"有什么美好的、伟大的真理要传播"——与使人感到惊喜幸福的新发现相比，这也许只是一种现存的、重新或以新的方式表现出来的真理；（3）"有什么普遍的、有害的错误要与之抗争"；（4）"总而言之，有什么公用事业要创建"。只有这些"动机才会叫他们拿起笔来，而且还得思想新颖、漂亮、动人心弦，足以让他们热血沸腾，迫使其热情迸发"。㉙读者卢梭试图展现并善护作者让-雅克的独特处，他意图说服谈话对象相信，有一类人无论如何都不能算作"这个观念世界的居民"，即那些为了生计而写作的作家。他曾不下三次强调，作家对这些居民而言绝非一种职业。与标志着他们的特征、使他们变得独特的主要活动相比，与他们的天性相比，作家这份职业只是他们的存在方式所附带的、瞬间的产物。卢梭这一系列醒目的阐述让人觉得，这些人的写作仿佛只是些自成一体的零星插曲或者说一时兴起之举。而事实上，他的论述有前提、有背景。这些居民都认识到自己属于这个观念世界，并且一直都

㉘ 参见《社会契约论》卷 II，章 7，段 1，页 381。并参本书第五章注⑫。

㉙ 《卢梭评判让-雅克》I，"观念世界"第 11 及最后一段，页 673。

在相互交流。他们要创作一部作品时,远不止将这个发现或那一认识公诸于世,这要求他们首先得建立一种关联。一部作品必须由建设性力量、清晰的结构和起到整体凝聚作用的核心构成。它迫使人们去追问作者的意图及何为读者对作品的恰当理解。卢梭所列的上述原因,或许足以用来研究"观念世界"里"这些性情独特的"人为何提笔创作,却不足以说明为何让－雅克这位作者费尽大半生心血去撰写作品。并且这些原因都不能回答一个问题,即这些作品的作者为何想要让那些能理解它们［253］的少数读者明白他的意图。卢梭所列四个动因中最值得注意的地方在于,它们都不是最深层的原因,该原因并未得以言明。它并非可以补充上去的、与上述四个原因并列的第五个原因,而是深嵌在该书的对话行为中。读者必须自己去发现它、挖掘它,并为它命名。在第一篇对话的题外话中,卢梭穿插了《遐想》的开端关键词"孑然一身",读者卢梭在此坦言,他之前都是孤独的,直到从让－雅克的文字中找回他自身。[30] 而此后的卢梭则不再孑然一身,因为他在让－雅克身上认出了自己的同类,正是通过让－雅克的写作,他才找到并重回了自身,才有了理解和不再孤独的体会。从作者的角度来看,情况刚好相反:让－雅克写作就是为了获得卢梭的理解。由此,我们可以为推崇作者和读者统一的《遐想》得出以下结论:在《遐想》中,让－雅克·卢梭声称只为自己写作,而在他事先设想出一种懂得《遐想》是为他们而作的读者的那一瞬间,他便不再孑然一身了。

让我们再回过来看卢梭面向不同读者的作品。上述从他者身上认识并重回自身的哲学渴望,意味着作者能预知读者的经验和体会,预知读者所经历过、所视为必然或能使自己感到幸福的经验。因为经验是无法教导的,所以他以读者能亲身体会的方式将这些经验娓娓道来。正因为如此,卢梭自《论科学和文艺》以来便运用显白－隐微

---

[30] 《卢梭评判让－雅克》I,页 728－729。

写作艺术，这一艺术在他的创作过程中逐渐达到炉火纯青的地步。它不仅能使卢梭向不同读者传递不同讯息，还使哲人读者有机会体会到哲学文字无法传递的经验。对哲人读者而言，[254] 要找出作者在谈论某事时的所思所想，方法只有一个，即全神贯注地去钻研这种显白－隐微式写作所依赖的思考活动。他必须用细致的阅读艺术来回应这种细致的写作艺术，并从他面对的作品——从修辞术细节来看，这种作品仿佛一个自相矛盾的整体，因而读者在阅读时必须全神贯注——出发去追问作者的意图；他需靠自己的力量，去恰当理解和解码那种见诸作品却又不拘泥或等同于作品的哲学思考活动。因此，由哲学激发的写作艺术，其任务不仅在于尽可能保护集体不受哲学的侵害，或保护哲学不受集体的侵害。它的功能尤其还在于引导那些有哲学思考能力的人踏上思考之路，并在这条道路上伴随他们左右。这并不是说它要说服他们走上哲学之路，而是说，它要激发并考验他们的特殊才能。从事细致写作艺术的哲人，其所述的哲学内涵各有不同，但都借作品表明哲学生活是有益的。如果他们不认为这种生活有益于他们自身及同类，那么在不确定未来哲人是会赞同还是会反驳他们的学说的情况下，他们便不会有意识地凭借作品走上哲学生活的道路。作者期待被作品的真正读者所理解，这种愿望证明了类似于上面所述的根本经验，也由一种类似的反思活动得到确认。卢梭不愿被《论科学和文艺》卷首铜版画中央的那位少年所理解，他怀疑这种理解，怀疑这种通过研究作品来寻找自我的做法是否对理想读者有益。

爱足以成为哲人创作的动因。爱对作者而言不同于声望。不论作品是否能使作者声名大振，作者都将收获爱。与对声望的追逐相比，不论是爱所释放的情感的强烈程度，还是它将产生的规训式影响，抑或它将教会人们的细致认真，及它所提倡的专心致志，都不会使爱本身陷于不利之境。以哲学求知欲为己任的哲人，与他为作品所确定读者，双方的主要共同之处就在于他们对 [255] 真理、学习和认识的热爱。他们享有一种共同的财富，这开启了一片他们共有的天地，搁置了时间上的隔离,模糊了过去与将来的界限,并使二者成为一体。他们的所感所思有了交叉重叠。卢梭称这片天地为"观念世界"。如我们所知,其居民仅凭一个特征便可以辨认出彼此,那些懂得如何进入这个世界并在其中游走自如的人共有此特征,它凸显于他们整个存在方式之中:既体现在他们所经历的生活中,也体现在他们的作品里,而不依赖于他们所存在的时间。"观念世界"中的人不是时代的仆役,他们在最重要的事务方面不受历史限制。这个"观念世界"不以历史视域的交融为根基,而是建基于天性相近者的偶遇。这些天性相近者在一种永恒的同时性中相互交流。[31] 交流的主要媒介是他们

---

[31] 尼采在第二篇《不合时宜的沉思》(*Unzeitgemäßen Betrachtung*)中谈到了"构成荒凉的生成之流(Strom des Werdens)上的一种桥梁的个人",他们"永远地同时生活着","感谢历史,它允许这样一种共同的作用";"他们在叔本华曾经讲过的天才共和国里生活着"([译注]译文源自:尼采,《不合时宜的沉思》,李秋零译,上海:华东师范大学出版社,2007,页221)。正因为这些个体接受了过去那些伟大的个体为"创造伟人"之故而向他们解说的历史,他们才能[与过去那些伟大的个人]永远地同时生活着。叔本华选择了卢梭的终身献于真理的座右铭,将其作为他封笔之作的扉页警句,他这样解释天才共和国:"这个共和国的形成过程如下:一个巨人穿越诸时代的荒芜的间隔向另一个巨人呼喊,而他们底下那些匍匐前进的侏儒世界则只将这一呼喊理解为狂妄的大话,并且认为这呼喊无关紧要。那些侏儒在下面肆意吵闹、大搞不恭的恶作剧,且吃力地背负着那些巨人丢弃不要的物件艰难前行,把那些本是侏儒者捧为英雄,等等,但那些巨人却毫不为诸如此类的琐事所搅扰,仍继续着他们的高等的精英对话。我认为,每个天才都懂得几个世纪前他们的同类之言,尽管他不为同时代或此前的人们所理解,他仍说着同时代人无法理解、但有朝一日会被他的同类所珍惜和回应的话。"此段论述与卢梭观点的吻合处不容忽视,但两者之间也有区别。与卢梭的"观念世界的居民"不同,我们从这短短几句描述中可以判断出,叔本华的"巨人"仿佛牢固地建立在历史视野的基础上。不论是叔本华还是尼采,都没有用一个特征来进一步界定或标注天才或个体。叔本华所说的天才间的灵魂对话——这些天才给走上哲学之路的尼采留下了深刻印象——尽管指出了历史主义的种种不足,

共有的［256］根本经验，并且他们渴望听到"这个观念世界的其他居民"的见解，渴望自己的见解得到其他居民的评判，这些也都促进了他们间的交流。维系交流依靠的是永不停息的追求真理的兴致，它导致了一种循着论证力量向前或向后，且在两个方向上均产生影响的思想活动。正是怀着这样的兴致，马基雅维利才在晚间身着盛装把那些"先古圣贤"请进自己的书房，与他们畅谈，从中汲取他生而所需的唯一养料。㉜而卢梭则前往雅典学院，向他的同类发表了他面向人类的哲学演说，并且想听听他们对此有何高见。㉝

声望不足以触动"观念世界"的哲人进行高要求创作，但这并不意味着可以忽略声望的作用。谁"若想超越他所处的世纪而活着"并与未来的哲人对话，㉞他就不能完全忽视自己的声望，对一位倾注巨大精力和创造力、面向不同读者进行创作的作家而言，情况更是如此。享有公众中最低限度的名望，这是打开读者注意力大门的钥匙，它将使作品到达它主要面向的、尚算不上"观念世界的居民"的读者手中。甚至对观念世界的居民而言，注意力经济学中的一些基本原则也有效。卢梭在《对话录》中谈到"致命的名望"，并认为让－雅克绝无意追逐它、无意为它而生而活，但他也提到名望所带来的至少一样收获，这绝非偶然："科学院所提出的那个不幸问题"使他内心

但他这一论述并未像卢梭的哲人世界寓言那样，对历史主义作出简明扼要的回应。参见叔本华，《遗著手稿》(*Der handschriftliche Nachlaß*, Dritter Band, Berliner Manuskripte 1818 – 1830, Ed. Arthur Hübscher, Frankfurt am Main 1970)，页188。尼采，《历史学对于生活的利与弊》(*Vom Nutzen und Nachtheil der Historie für das leben*) IX，段6；*KGW* III，段1，页313；*KSA* I，页317。

㉜《马基雅维利致维特里书》("Niccolò Machiavelli a Francesco Vettori"，佛罗伦萨，1513年12月10日)，见 *Opere* VI, *Lettere*, ed. Franco Gaeta, Mailand, 1961，页304。

㉝《论人类不平等的起源》，序言，页72－74。

㉞《论科学和文艺》，页3。

陷入［257］"激动情绪"，这种情绪能使这些"观念世界的居民"公开发表自己的著书（参见《卢梭评判让-雅克》Ⅱ，页829及"观念世界"，段11，页673）。㉟ 要求他高度集中注意力的作品正是这样诞生的：

> 他学会了如何进行深思，且瞬间以自己的作品震惊了欧洲，那些俗人在他的作品中只看到了雄辩的口才和精神，而世外天地的那些居民却欣喜地从中辨认出了一颗与他们相近的灵魂。㊱

不论让-雅克多么不在乎从俗人那里获得的荣誉，这些作品引起的轰动对卢梭都是有利的，即利于促进他与真正读者的接触和对话。而作者能否凭借作品在那片"超然世外之地"（［译按］即观念世界）收获名望，则取决于他的作品是否包含某一重要发现，或说是否开启了一扇重要的通向真理的大门，是否能有效地驳斥某种普遍且有害的谬误，是否能有利于公共福祉。最后还需要考虑的是，他怎么看待自身与作品间的关系。从长远来看，作品对公共福祉的贡献决定了它所能收获的名望。作者凭借作品参加了一场大比拼，他将自己与他人作比并解读他人，在强调自己与他人的联系时又明示了自己的不同，使自己隐身于他们之中而又超越他们。"观念世界"的居民最重要的共同点，即他们有着共同的生活方式，与他们之间的比拼式交流并不矛盾。这一共同点使得这里的比拼式争论获得了由严肃和游戏态度构成的特殊形式：严肃性在于，论争围绕真理而进行；游戏性则在于，其中每个人所获得的声望都不会有损于他们的共同善。

哲学求知欲是通向"观念世界"的钥匙，它并非必须出现在一部作品中，甚至都无需表达于文字。然而，追求得到这个世界的居民

㉟ 参见《卢梭评判让-雅克》Ⅱ，页829及"观念世界"，段11，页673。
㊱ 《卢梭评判让-雅克》Ⅱ，页827-829。

在研读作品时的认可，是除爱以外能产生影响的另一个因素。至于爱和追求认可分别占多大的分量，则取决于作者对自身的认识。重点在于要把对同类的爱、对知识的爱和对自身的爱囊括进爱中，［258］以此来对抗单纯的争名夺利行为。这种对抗的源头可以追溯到自爱与自尊的区别，卢梭在试图阐述自我认识时已初步分析了这一区别，并将其当作他认识自我的工具和手段。被理性光辉照耀的自然人卢梭坚持将爱自己当作自己的行为准则。根据他的评判，身为作者的他自尊极强。㊲ 自爱和自尊在他的作品中相互交融。如果说让－雅克·卢梭的作品助他成了顺乎天性的人，使他可以肯定自己的作品的话，那么他最终也可以肯定作者的自尊，因为自尊接受了自爱的督导而服务于后者，由此被带回“自然秩序”中。但是在这位哲人肯定他的自尊前，他必须区分这两者［自尊和自爱］，以便跟自身和作品保持一定距离。有了对这种区别的追问，他的肯定才有内涵和分量。㊳ 在对自我进行审查并弄清爱和追逐声望该各占多大分量时，卢梭的重点不在于证明心灵的纯洁性，而在于为自己的缘由进行辩护。他力求获得对自身的清晰认识。他从回归自我的角度出发去考察他偏离自我时的状况。他对自我的研究是他自爱的表现。

㊲ 《遐想》VIII，段 16，页 1079。参见《论人类的不平等》，第二部分，页 255 及此处评注。

㊳ 参本书第四章页［160］－［161］。

七　自我认识

[261] 从根本上来说，孤独漫步者的自在状态是一种自我回归。这种状态与自我认识运动相关，后者则以远离自我或者说以非自在状态为前提。自在状态是感悟和思考时的一种聚精会神状，它贯穿于"对沉思的考察"中，并能经受住这一考察。卢梭的自在状态表现于他对信仰的钻研，体现于他的政治知识、他对自然的观察和对爱的体会。卢梭将政治、信仰、自然和爱选作为作品的几大主题。它们作为他自我认识的对象重新出现在了《遐想》中。自我认识与自在状态间的关系成了他完成其他所有作品后*所撰该书的一个特有主题。卢梭用两篇"漫步"探讨了哲学生活中自在状态与自我认识相互交叠且彼此区别的关系。在"漫步"之一中，卢梭迫不及待地尝试阐述这一关系，又在"漫步"之八中重复了这一论述，并使其发生了一个重要的转变。这两次阐述使［他的］自我认识运动中的深化变得显而易见。由于这一重要转变是通过卢梭回溯自爱和自尊的区别而实现，而这种区别又是承载他整个学说体系的基本构想，因而，卢梭对该主题的第二番阐述，实际上暗指了他在二十五年的深思熟虑中所创作的所有作品。卢梭将自我认识中的一个核心问题当成他的哲学的核心问题，这种做法并非此处的独创。①

---

*［译注］在本书作者看来，《遐想》不属于严格意义上卢梭的"作品"系列。

① 参见 Nietzsche,《瞧，这个人》(*Ecce homo. Wie man wird, was man ist*) I, 6；注意前言，段 3；I, 段 3 及 II, 段 10；*KGW* VI, 段 3, 页 271、256–257、265、293–295。

七　自我认识　**231**

　　在第一篇"漫步"的首段，卢梭引入了自我认识问题。该书的第七句话［262］向我们描画了一位立于人群和事物的秩序之外而孤立无援的发问者："而我脱离了他们，脱离了一切，我自己又成了怎样一个人了呢？这就有待我去探索了。"卢梭选择了一种最极端的表述。然而与他之前和之后的某些哲人不同的是，他注重以平和的方式引入这个问题。他没有开门见山地直接发问，而是从政治角度引入问题。之所以要探讨这个问题，是因为他所处的特殊情境迫使他这么做。他这么做并非发自内心，而是迫于外界的压力。当他转而面对自身时，他只是在行使一个被阻止向他人施善行的人的权利，这种人能做的只有探索自己、探索自身的善。在阅读《遐想》的过程中，读者从一开篇——"我在世间就这样孑然一身了，既无兄弟，又无邻人，既无朋友，也无可去的社交圈子"——就不断会有新收获。就在开篇号角吹响后，作者紧接着强调了他愿与人交往及博爱的性格："最愿跟人交往，最有爱人之心的人竟在人们的一致同意下遭到排挤。"他补充道，人们将他跟他们之间的一切联系都粗暴地斩断了。尽管如此，他原本还是会爱他们的。只要他们还是人，他们是不会拒绝他对他们的感情的。"然而他们终于在我心目中成了陌生人，成了从未相识的人，成了无足轻重的人，因为这是他们的本愿。"从人性角度阐述了他的［只面向和研究自己的］计划的理由后，这位64岁的老者终于可以开始一项他终身都在为之准备的探索活动了，② 他在《论人类不平等的起源》这部最具哲学颠覆性和最有修辞素养的作品中也探索过这一问题。［卢梭］从政治角度引入孤独漫步者的自我认识问题，这一做法本身就意味深长地表达了卢

---

② 早在他开始创作之前，卢梭就已经提到了自我认识。比如他在《化学教育》(*Institutions chimiques*, Ed. Bruno Bernardi und Bernadette Bensaude-Vincent) 中谈到身体时就提到了该词（页9）。

梭的自我认识问题。③

没有哪个哲人生来便完全孤立无援、脱离人群并脱离 [263] 人们关于事物秩序的舆论，没有哪个哲人生来便"脱离人群，脱离一切"。为了回到其研究的出发点——"是他们迫使我这样做的"，卢梭首先将自己的孤立当成时空中的一出社会剧，并追忆了它。他给他回归自身这一过程披上一件由叙述编织的外衣，这一叙述涵盖了疏远和排斥、迷失和重新找到方向、丧失所有安全感和最后再次赢得内心安宁。"不幸的是"，在谈自己的幸福前，他必须谈谈自己——就如他所说的那样——"十五六年以来"一直所处的境遇，在他看来，这一境遇仍像"一场梦"，④ 就仿佛他在不知不觉中"从清醒转入沉睡，或者说得更确切些，从生转入死"。卢梭想方设法强调自己被排斥于社会之外后陷入了何种"奇怪的景况"。

> 我也不知怎样就被排除于事物的正常秩序之外了，眼看自己被投入无法理解的混沌之中，现在还是什么也看不清。我越是对当前的处境进行思考，越是不明白我现在置身何处。

迫害使他陷入了一种"无法理解的混沌"，而他"数十载以来"因反抗迫害者而误入的另一种"谵妄"，则使情况变得更糟。他告诉我们，"不到两个月以前"，他的心才"恢复了彻底的平静"。文中给出

---

③ 卢梭在第二句话中开始引入这一问题，这可能会让读者想起亚里士多德和柏拉图："最愿跟人交往，最有爱人之心的人……"第七句话中则采取了笛卡尔的立场："而我脱离了他们，脱离了一切，我自己又成了怎样一个人了呢？"

④ 《退想》中头两次用到的梦这个词都包含贬义色彩。在此后的那句话中，卢梭的梦被阐述为噩梦："我总想象我是受着消化不良的折磨，老是在做着噩梦，总想象我就要摆脱一切痛苦，醒来时可以跟我的朋友们重新欢聚一堂。"（《退想》I，段2，页995）

的十五六年以来和不到两个月以前这两处时间说明，乃是卢梭自我失控状态的标记，⑤ 而他对这一状态的回顾并未告诉我们，他在试图找回他曾受到敌人强烈质疑的身份："我过去是这样一个人，现在还是这样一个人，怎么会被别人看作是、被毫无疑问地确定为一个没有心肠的人、一个下毒害人的人、一个杀人的凶犯？"卢梭回顾道，他带着因受[264]不公正待遇而产生的愤怒拼命挣扎，他在他人的怂恿下一错再错，一误再误，做了许多傻事，并且他想要对抗"操纵我命运的人"的种种努力也都是徒劳的，他的命运陷入了一种万劫不复的境地。这种愤怒既使他无法安于自在状态，也不利于他自身。卢梭对愤怒的批判最终消失在"漫步"之一第四段引入的安宁中，并称"我的一切苦难也就因此而得到了补偿"。关于这种安宁，他还说，他是通过听由天命而"不再跟这必然对抗"才得到了内心安宁的。卢梭首次提到"漫步"之一中的内心安宁这一核心主题时，将它看作是"补偿"，同样，对于该书高潮过后的"漫步"之五中唯一提到的至高无上的幸福之境，他也称其为"补偿"，⑥ 且他两次都在预防忌妒和愤怒情绪的出现，都以一种证明其自我认识的审慎来约束自己的行为。⑦ 在愿与人交往的人的种种情绪中，希望和恐惧是妨碍内心安宁的两个最大因素。不论是在回顾过去时，还是在此后反思回归自身时，卢梭都集中关注了这两种情绪。探讨这两种情绪，对于探明卢梭对死亡——前三篇"漫步"徘徊于死亡话题所构成的视域中——

---

⑤ 所给出的这两次时间说明分别出现在第二和第七段开端，其中的第一次（"十五六年以来"）在第三段中稍有变化："陷于谵妄状态中达十年之久。"（页996）考虑本书第六章脚注㉔。

⑥ 《遐想》I，段4，页996；V，段15、16，页1047；此外参见II，段3，页1002。

⑦ "一个幸福的人所能唤起他人的嫉妒多于爱慕；人们往往会指责他没有权利独享这种幸福，而我们的自尊心也会更加备受煎熬，它让我们感觉这个人一点也不需要我们。"（《爱弥儿》IV，页503；注意页506-507）

的态度有着特殊意义,也对弄清卢梭在第三篇"漫步"中表露的来世信仰有着特殊意义。根据卢梭回忆中的描述,迫害者们对他恢复内心安宁作出了重要贡献,因为他们将他从希望和恐惧这两种情绪中解放出来。迫害者将他推到了苦难的顶峰,以至于他再也无需抱任何希望或恐惧什么。他们的"计谋"不够深,不懂得让卢梭心存"一线希望",从而使他长期成为任他们摆布的"玩物",也好引他入圈套、一再地折磨他。他们一下子施展出全部的能耐,将他排斥于社会之外,[265]以致"全部的人间力量,再加上地狱中的一切诡计"也不能使他的社会境遇变得更糟。⑧ 因为看不到改善境遇的任何希望,将来再没什么能使他感到恐惧,所以他"摆脱了所有恐惧及由希望而生出的不安情绪"。就如之前克服愤怒情绪时那样,卢梭着重强调了极端恶劣的外界环境。他仿佛将自己重获内心安宁归功于第三方的盲目行为,并且坚持说自己基本上采取了一种被动的态度。

但卢梭的描述并非只限于他所说的内容,而是超过了他所言说的内容。在描述自己的不幸和回顾自己的命运时,卢梭运用了夸张这一修辞术,但无法掩盖的事实是:决定如何理解他的命运的人是他自己,负责判断他的不幸何时以及从何种意义上来说"无以复加"的人是他自己,而负责从表面的善意(sub specie boni sui)中辨认出必然性的人也是他自己。对愤怒的批判归功于他的洞见。如果说他最终将成为主人来掌控自己的希望和恐惧情绪,那也是他的洞见使他做到这一点。卢梭以自己的想象为例——《遐想》中首次出现的想象关乎卢梭的自我失控状态——向我们展示出,对某种未知情境的想象和猜测,以及出于对未来的某种恐慌而生的幻象,能对各种情绪产生

---

⑧ "他们对我的诽谤、贬低、嘲弄、侮辱早已无以复加,当然不会有所缓和,但也无法再有所增强,我也无法从中逃脱。"(《遐想》I,段5,页996–997)

何等火上浇油的作用,而清醒的认识又如何能适时遏制这些情绪。⑨卢梭的迫害者压根儿不懂得掌控卢梭的情绪,故而他们没有任何"计谋"可用来控制和利用他的情绪。他评论这些迫害者时认为,"他们既然对我不留余地,也就使自己黔驴技穷",即他们使自己丧失了对他的所有威力。而后他又在另一处强调,这些人缺乏他所拥有的关于人类心灵的知识。知识给他带来的优越性,使他能借迫害者之力去达成内心安宁。* 他说他们的行为给他带来了"好处",而事实上,使他得到这些"好处"的人 [266] 是他自己。意识到了知识给他的优越性后,他便不再因他们而感到愤怒,而是"从此"可以去嘲讽他们了。"他们对我已无计可施,使我从此就可以去嘲讽他们了。"⑩

他对自己失控状态的回顾止于不久前:"不到两个月以前,我的心恢复了彻底的平静。"我们这时才了解到,尽管卢梭"很久以来"就不再害怕什么了,但他仍存着希望,尽管迫害者没有给他留下一丝的希望。直到几周前,他内心仍怀着的希望都还在不断地"激动着他的心,使他思绪万千"。显然,放弃希望比克服恐惧要难得多,而同时,放弃希望对内心安宁来说也重要得多。卢梭心头"一线微弱的希望之光"被"一件始料不及的惨事"给磨灭了。我们并未得知究竟是哪个事件使他顺从,他在回忆中开始阐述希望和恐惧情绪之前,就已将自己重获宁静归功于"顺从"的态度了。⑪ 我们可以认

---

⑨ 参本书第三章页[133]–[134]和第四章页[180]–[181]。

* [译按] 内心安宁(德语 Unerschütterlichkeit [坚定不可动摇],也作 Ataraxis,古希腊语为 ataraxía,源自 a-tárachos,unerschütterlich)是伊壁鸠鲁派(Epikureer)和皮绒派(Pyrrhoneer)哲学对人的心灵的最佳、最理想状态的称谓。

⑩ 《遐想》I,段 1–6,页 995–997。

⑪ 卢梭在第四段最后一句话中提到的"顺从",在第七段最后一句话中实现了:"使我看到我那今生无法逆转的命运,从而反得以重获安宁。"

为，更微小的细节无关要旨。重要的是，卢梭所摆脱的希望依赖于可发生、可不发生的外界事件，而与他认识自己的解放紧密相关的是，他想起了发生这一解放的隐秘时刻。在讲述自我解放的故事末尾，卢梭提到了那个［使他重获内心宁静的］外界事件，它与故事开端提到的"奇怪的革命"遥相呼应。与"漫步"之三提及的开启哲学生活的"重大革命"不同的是，这种"奇怪的革命"并非卢梭为自己启动的，而是由他人为对抗他而启动的。如果说"重大革命"创造了一种他想要的秩序，那么，"奇怪的革命"则使他陷入了某种"混乱"，他必须从中走出来。尽管卢梭自己进行的革命和他被迫接受的革命有差别，但二者［267］也有共同点，即它们标志着引导卢梭走向自在状态的两条道路。卢梭在叙述末尾提到了使他不再希冀外界成就或他人赞誉的偶联事件，该事件表明，各种迥异的情境、偶遇和逆境产生了对他极为重要的同一个结果。

　　回顾他的经历后，卢梭紧接着在一番反思中再次探讨了自己的解放，在这一重复铺叙中他着重探讨了自己的内心态度。⑫ 他坚持认为，他一看出与他作对的阴谋的"全部规模"，便"永远"放弃了在有生之年重新把公众争取到自己这边来的念头。此外，他还表示，他对同时代人的蔑视使他开始厌恶他们，并进而摆脱了对他们的情感依赖。末了他还解释道，使他最终能够实现自我解放的，并非"无以复加的"不幸，而是他在孤寂生活里体会到的幸福："而我生活在孤寂之中要比生活在他们之中幸福百倍。"⑬ 卢梭强调自己彻底结束了与同时代人的关系："不管他们对我行好还是使坏，我对他们的所作所

---

⑫ 从某种程度上来说，第八段"复述"了第六段，第九段"复述"了第五段，第十一段"复述"了第四段，第二段"回溯"了第一段。

⑬ 《遐想》I，段8，页998。卢梭在《遐想》中首次谈到孤寂的地方，也是他首次谈及自己幸福状态的地方。幸福和孤寂在"漫步"之一中只出现了这一次，并且它们位于该篇的核心位置。约十五年前，卢梭在《致博蒙书》中公开表示："我并没有一直沉浸在独居的幸福中。"（页963）

为都已感到毫无所谓。"然而，一个人不依赖时代的舆论和评判是一回事，告别自己的后世生活则是另一回事，尤其是当以后世为标准还能支持他独立于自己所处的时代时。⑭ 在反思的第二步中，卢梭揭露了其自我失控状态的最后一个根源：对后世生活的担忧。在进行"万千愚蠢的尝试"之前，他所怀抱的希望是面向"较优秀的一代"的，他希望他们"将最终看清我的本来面目"。他说，正是这种希望促使他写了《对话录》，[268] 他试图通过这部预先设想过一位理想读者的书，为读者按他的本意接受作品夯实基础。在此提及《对话录》，也就在《遐想》中第一次提出了自己与作品的关系问题，这也是《遐想》所研究的自我认识问题的重要组成部分。卢梭一开始便抛出最后才真正被提出的问题：当作品已创作完毕且就在眼前放着时，作者怎么可能完全不在乎作品到底是会成功还是会失败？或者说，将作者与其作品割裂开来后，他还剩什么？为了确保作品能完整、全面并真实地传诸后世，卢梭迷失于"万千愚蠢的尝试"中。⑮

---

⑭ 见本书第一章页[38]。

⑮ 卢梭担心自己的手稿会落入弄虚作假人之手，会被销毁或伪造。这种担忧不仅涉及其著书的手稿，尤其是他生前未获许出版的《对话录》和《忏悔录》，还涉及其涵盖内容广博的遗著，他在欧洲穿梭逃亡期间不得不将这些大捆的作品、草稿、断片和书信分别存放于不同的地方。他亲眼所见的那些伪造赝品能够轻易地点燃他的想象力。比如，《爱弥儿》的巴黎出版商内奥尔莫（Néaulme）于1762年委托了福尔梅（Jean-Heinri-Samuel Formey）教士一部《基督徒爱弥儿——献给公共慈善事业》（*Emile chrétien, consacré à l'utilité publique*），该教士在几十年后介绍该书道："我用一段相反教义的话替代了萨瓦代理本堂神父的自白。"在一封1763年1月8日写给他的阿姆斯特丹出版商雷伊（Marc-Michel Rey）的信中，卢梭谈到了福尔梅的这个计划（"文学史上的一桩删改扭曲并窃取我个人财产的闻所未闻的丑陋行为"），并且提醒雷伊注意被添加至一部盗版的《社会契约论》之中的一段伪造文字："或许您知道有人以我的名字在某盗版《社会契约论》中插入了一封与我无关而且我从未见过的信。也有人到处流传不知道多少所谓我的手稿，它们是我的敌人伪造或者篡改的，甚至都已经无法辨认真假了。"（*CC* XV，页16及注释c）

这种寄于［269］未来"较优秀的一代"的希望，使他陷入一种不安，就如他自我批评时所说，这不亚于他寄望于"本世纪"时将会产生的不安，并且这照样使他"成为今天大家的取笑对象"。直到他不再担忧自己的后世声望，他"才幸而及时地"在最后时刻到来前达到一个"充分安定、绝对宁静的阶段"。他几乎每天都有"新的思考"来证实他放弃这种担忧是对的。卢梭提到一种想法，它不受制于任何偶联性事件，在他的回忆中也找不到任何相对应的事物，这个想法就是：尽管迫害他的个人会死去，但是对他表示强烈反感的"团体"仍会继续迫害他。即便他死了，这些敌视他的机构和组织也会心怀"长生不死的"仇恨继续跟他纠缠。只有这样他才能说服自己相信，彻底放下对身后名声的担忧是保持内心安宁的前提，而只有在这种安宁中，在不对任何他人或外界事件抱有希望和恐惧时，他才能达到自在状态，才能从容、镇定，才能像"上帝本身一样"泰然自若。⑯

卢梭从常人视角和强调独特性这两个相对立的视角出发。对他放弃希望和摆脱恐惧的经过进行了双重描述。完成这一描述后，他又回到《遐想》的出发点。"从此"他学会了将一切身外之物，将一切不

这段带有"于阿姆斯特丹，马克－米歇尔－雷伊出版，MDCCL XII"注解的伪造文字不是只出现在一个版本中，而是至少出现在六个以上的版本之中，它的标题为"让－雅克·卢梭的日内瓦来信，包括他对公民社会的放弃，及写给唯一朋友的向人类最终的告别"，它下面的署名为："让－雅克·卢梭，迄今为文明人和日内瓦公民，但目前为猩猩自然状态。进入阿尔卑斯山附近的侏罗山脚的黑森林的那一年。"在我的藏书中，有一版《社会契约论》包含了一段强加给卢梭的"文字"。在这个版本中，原版扉页上用来标明自由的寓言花饰被篡改为一幅头戴桂冠、手拿里拉竖琴的尼禄像，以便让卢梭的《社会契约论》看起来仿佛表现出对被美化为"阿波罗"的尼禄的好感。

⑯《遐想》I，段 8－10，页 997－999。

属于自我且会导致自我失控的外物与自我区分开来。⑰ 他将把他的"余生"用来研究自己。他将思考自己的"内心素质",如果他能因此把它理得"更有头绪",那么他的"沉思也就不至于完全无用"。事实上,他从自己长年的经验——[270]他思考自己如何重获内心安宁时再次回溯了这些经验——中得知,他的沉思结果于他是有利的。他将与自己的心灵亲切交谈,并将"完全沉浸在这样一桩甜美的事里"。他的心灵是别人无法夺走的"唯一的东西",从中他可以获得一切所需:不需要他人施予的慰藉;只有他自己才能夺走的平安;使他不依赖于他人的希望,因为这希望乃是基于他自身的能力和天性。他的心灵也是他要感谢的对象。他只想研究自己,研究那些包容他、造就他并使他区别于其他人的活动。他要用文字记录每天漫步时脑中浮现的那些"令人神往的沉思",以使自己今后每次重读时还能获得一点新的快乐。他想记一本有关他的遐想的"无定形日记",并凭借"我所处的奇特处境中每天在我头脑里出现的感情和思想",获得"有关我的天性和气质的新认识"。最后,他想将他的"最后余暇"也用来研究这样"一种理应值得研究和描写出来的奇特处境"。为了达到这个目的,他将像试图认识大气变化的物理学家那样,为自己的心灵装上"气压计",以便阐明它的变化和这些变化的来龙去脉。《遐想》将记录下卢梭生命中最重要的事情,也记下他心中所思和他生命的独特之处。这些遐想将围绕他的自在状态这个主题而展开,将注明他的自我偏离,记录他的自我回归,以此助他完善其自我认识。它们所检验和描写、挖掘和展示的内容将不仅对卢梭很重要,

---

⑰ "一切身外之物从此就与我毫不相干。在这人间,我也就不复再有邻人、同类和朋友。在这块大地上,我就像是从另外一个星球掉下来的一样。"(《遐想》I,段12,页999)与第一篇"漫步"的修辞术相符,该"漫步"宣称许多对卢梭而言早成事实的事情现在才开始,它由此也成了《遐想》中从此一词出现得最频繁的篇章(整本书中共出现该词十六次,此篇"漫步"就出现了七次):《遐想》I,段6、8(两次)、12、13、15(两次)。

尽管卢梭说《遐想》纯粹是为他自己写的。⑱ 只有他自身的 [271] 善能决定他的行动。日后再读该书时，不仅以前那些感动过他的、先于文字的遐想会再次浮现，并且他也能重尝撰写时的"甘美"。阅读它们能够使逝去的岁月重现，使他的生命"延长一倍"。"我将在衰迈之年跟另一个时代里的我生活在一起，犹如跟一个比我年轻的朋友生活在一起一样。"卢梭借《遐想》为自己创造了一个的独特的社会。他为自己创造了一个比自己年轻的朋友。⑲

在"漫步"之一结尾，孤独漫步者转变了对作品的态度，这一转变形象地突出了由他的自我认识生发出的泰然自若状态。卢梭最后的作品《对话录》和《忏悔录》在他去世后才得以发表，他撰写它们时"经常焦虑操心"，还将这两部书称为自己的"第一番"忏悔，这不免令人产生错误的期待。⑳ "我在写第一番对话和忏悔时经常焦虑操心，总想找到一个方法来使他们不致落入我的迫害者的贪婪之

---

⑱ "我现在所做的是跟蒙田同样的工作，但是目的完全相反。他的《随笔集》完全是写给别人看的，我的遐想纯粹是写给自己看的。"（《遐想》I，段14，页1001）《遐想》的出版者们本来同样能将此处再现为："……我的《遐想》纯粹是写给自己看的"，就像他们在第九和第十五段中三次写道"我的《对话录》"，在第十二、十三和十五段三次写道"我的《忏悔录》"那样。因为在手稿中的书写方式为"我的对话"（mes dialogues）（以及一次"我的《对话录》"[mes Dialogues]，"我的忏悔"[mes confessions] 和"我的遐想"[mes rêveries]），这种书写方式只在斯皮克的版本中得到了沿用。同样，卢梭在《遐想》VIII，段23，页1084 中最后一次使用遐想一词时，情况也是如此："这种状态我在《遐想》的另一篇里已经描写过了。"

⑲ 《遐想》I，段12-14，页999-1001。在第十二和十三段中，复述形式的概念默想（méditation）、沉思（contemplations）、遐想（rêveries）、感情（sentiments）、思想（pensées）依次出现。在此之前的第十段中出现了思考一词（réflexions）。

⑳ 卢梭先是谈到，他将在《遐想》中继续进行他"过去称之为我的忏悔"中的"严格而坦率的自我审查"。而后他表示这些遐想可以看成"是《忏悔录》的一个附录"，而他不再给它们这个名称，是因为他觉得自己再也

手，使它们尽可能传诸后世。"而现在写作这部书［272］（［译按］指《遐想》）时，这种焦虑已经不再折磨他了："因为我知道即使焦虑也是枉然。"《对话录》和《忏悔录》这两部书不是写给卢梭自己看的，而是为了将来产生政治影响而写的。但卢梭在写作《遐想》时已不再受焦虑折磨，这首先说明《遐想》不再属于他的作品集之列。但卢梭新有的泰然自若状并非仅限于他不愿再继续创作。他也没必要继续创作，因为他的作品已经构成了一个整体。他认识自我后所采取的这种泰然自若态度，明显也关乎那些使他"经常焦虑"的作品，涉及他与经重新定义的狭义上的作品间的关系：

> 得到大家更好的理解这样一个愿望已在我心中熄灭，留下的只是对我真实的作品以及能表明我清白的证物的命运彻底的不在乎，这些作品和证件本也可能早就永远销毁了。

卢梭放弃了希望，他甚至不再想纠正"人们"对他的评判。至于他希望"观念世界的居民"认出并理解他，他则胸有成竹地提也不提，因为这种希望丝毫无损于他的自在状态。卢梭考虑到能表明他清白的"证件本也可能早就永远销毁了"时，其中的可能一词明显无疑地展示了源自他的自我认识的沉着镇定。[21] 这种新的态度并非基于妥协并

没有什么能和这一名称相称的事情可说了。"第一番忏悔"的说法很容易让人认为接下来还会有新的或其他忏悔出现，而这一说法则出现在一个明确表示《遐想》绝非此类忏悔的段落的开端：《遐想》既非《忏悔录》的续写，也非该书的一个附录。不难理解，《遐想》与《忏悔录》这部标题已暗示了其与社会指涉性的作品之间有着根本区别：它们目的的不同，读者不同，所处理的问题也不同。《遐想》I，段 12、13、15，页 999、1000、1001。

[21] 见本书第一章页[28]、[40]及第六章页［194］。

服从于盲目的厄运——《忏悔录》和《对话录》的手稿已被销毁。可能一词给了卢梭的担忧——迫害者可能得到并销毁他的作品——和扭转所担忧情况的希望以足够的空间。卢梭结束"漫步"之一时的不为所动乃是基于一种洞见：控制担忧和希望情绪对他有利。他知道，内心安宁无法与系挂作品的命运相容。㉒ 作品已经［273］完成。至于《遐想》一书，"已经和人们及一切隔离开来的"卢梭则将既不隐藏它，也不想将它出示于人。

> 如果有人在我生前把它抢走，他们却抢不走我在撰写时的乐趣，抢不走我对其中内容的回忆，抢不走我独自进行的沉思默想。正是这些沉思默想产生了我的遐想，而它们的源泉只能跟我的心灵一起枯竭。

卢梭写作《遐想》时完全处于自在状态。这些篇章不会给他带来任何忧虑从而使他远离自我，因为它们是"绝对无偿的善举"。对他来说，这些遐想就像产生它们的独自沉思默想那样，是人们抢不走的，因为它们产生自一种随他的心灵一起枯竭的心理活动。如"漫步"之一所

㉒ 此书所引的斯皮克指出，卢梭在表达上面一番顾虑时手头既有《忏悔录》的副本，也有《对话录》的副本。然而斯皮克不知此处流传下来的卢梭作品事实上到底是指什么，因而束手无策。他在注解中澄清了这一问题，认为它们是指卢梭于1765年留在洛夏岱尔的作品，在这一点上他是错误的。从上下文中我们可以明确地推断出，卢梭在此所说的"表明我清白的证物"只能是指《忏悔录》和《对话录》："甚至在工作的书房里，卢梭的身边也至少会有一本《忏悔录》和一本《对话录》，但或许他想到了留在洛夏岱尔的迪佩罗手中的那些文稿。"斯皮克没有适当重视卢梭的可能一词。按照他的说法，作者卢梭将一切所需资料都交给了读者，以便让读者能思考卢梭所说内容的根本想法，能设身处地领会"漫步"之一中所展现的卢梭的整个自我认识过程。

述，这种沉思默想活动同样也是卢梭内心安宁的基础，[23] 迫害者们"此后"再也无法损害这种安宁："他们那无所不用其极的阴谋诡计也就扰乱不了我的安宁，正如他们今天虽已得逞，却不能使我稍为所动一样。"

"漫步"之八是"漫步"之一的自然延续，且顺应了卢梭的天性。它提升了"漫步"之一所达到的自我认识水平。但它首先展现了一个新开端。清晰地呈现了第一至八篇"漫步"后，卢梭重新开始总结并深化那些值得他这么做的内容。他将自己的生活当成一个整体，思考了自己一生中各种境遇下的心情。[24] [274] 确切来说，卢梭思考的对象是他的幸福和自在状态，这也是他在"漫步"之二引子中所探讨的对象。与"漫步"之二的引子相同，"漫步"之八的引子也由四段组成，这两个意图相同的引言与"漫步"之五中探讨自在状态的幸福，分别形成了先行和后续的完美对称。卢梭［在"漫步"之八中的］的思考证实了之前的《遐想》篇章的成果，且巩固了"漫步"之二、之五和之七中逐步形成的论证过程。[25] 卢梭的幸福以限制［自我］为前提，它从根本上来说是一种聚精会神状，且因传递［给他人］而增强。卢梭首先将他一生中"短暂的得意幸运"时刻留下的近乎褪色的记忆，与他"一生中苦难的日子"给他内心留下的"深刻印象"进行了对比。迫使他专注于自我的外在逆境强化

---

[23] "漫步"之一中，唯有第四和第十五两段以我（Je）开始。在第四段中，卢梭引入了内心安宁一词，第十五段中，他称沉思默想为这种内心安宁的基础。在本书页［271］注释19中所列的一系列概念中［译按：指默想、沉思、遐想、感情、思想］，只有默想一词出现在"漫步"之一的最后一段中。

[24] ［"漫步"之八］开篇是这样写的："当我把一生经历中各种境遇里的心情默想一番的时候，我发现我的命运是如此多变，而我在各种情况下的欢乐和痛苦观同这些情况又是如此不协调，这一发现给我留下极其深刻的印象。"（页1074）在此，《遐想》中最后一次出现了"默想"（méditer）或"默想"（méditation）。

[25] 见本书第一章页［31］-［34］及第三章页［105］-［106］。

了他的自我存在感。

> 我觉得，当我的情感为我的命运所迫常在我的心中萦回而并不分散到那些不值得别人尊重的人所珍惜的事上去时，并不分散到自以为幸福的人一意追求的事上去时，我就尝到了更多的生活的甜蜜，也就当真多活了一些岁月。

因追求那些不值一提的人"所珍惜的事"而丧失自我是一件危险的事，而对一个心怀有爱的人，或者如卢梭所言，对一颗感情外露的心而言更为危险的事情是，因追逐某些自身爱好或貌似自身爱好的事而忘却自身的存在。卢梭对自己先后度过的一些时光进行了历时性描述，以此为例阐述了上述危险。在这些时光里，他周围的"一切都还正常"，他"对一切都感到满意"且"没有谁对我怀有敌意"：

> 我那感情外露的心灵向着别的事物，[275] 我总是被各式各样的爱好所吸引，各式各样的眷念也不断地占据我的心，可说是使我忘记了自身的存在，使我整个地属于身外之物，同时使我在我心的不断激动之中尝尽了人事的变迁。

从表面看来，他是幸福的，但他知道自己并不幸福，因为他"没有哪一种感情可以经得起思考的考验"。

卢梭所批判的这种看似幸福的状态——这是一种自我丧失于身外之物的状态，是一种非自在和自我遗忘的状态——与真正的幸福形成鲜明对比，就像卢梭在该篇"漫步"结尾所说的那样，他在"其《遐想》的另一篇中描述"了这种幸福。就像"漫步"之二的引子那样，"漫步"之八的引子也为"漫步"之五作了一个清晰的注解。当他明确地将思考作为最后的检验机制而谈到思考的考验时，这一注解显得格外清晰，它强调思考已渗入孤独漫步者"至高无上的幸福之境",也强调了"漫步"之五中有关幸福的陈述是一个判断。[26] 卢梭的批判可归结为一个想法:他那种表面的幸福缺乏对自身的回归。卢梭可以将这一点和他在"漫步"之七中得出的认识关联起来,即,孤独漫步者天生的哲学求知欲是以整体为基准的,这种天性渴望吸纳整体,意欲将自身扩展为一个整体,在这个过程中它也极易丧失自我。"感情外露的心灵"一旦因外界动因——尤其因为它对爱和敌意的回应——而开始思考,便会回指自身。被爱状态对自我认识的意义在"漫步"之十中得到了表达。敌意则构成了关乎卢梭哲学生活时期所有《遐想》篇章的背景,并且在每篇中都备受关注。在第八篇中,卢梭表明了敌人在他那段看似幸福的时光是缺席的,而敌人的在场则促使他回归自身,并要求他保持自己的自足状态。"如今我孑然一身,确实只靠摄取我自身的养分生活,[276] 但我自身的养分是不会枯竭的。"谁若想靠自身的养分存活,他就必须得有足够的养分,谁要是想在内心找到幸福,他内心就必须有足够丰厚的宝藏。[27] 迫使卢梭回归自身的不幸命运使他有机会觉察到,"大多数人"绝不会认为回归自身是一种幸福。"困厄迫使我们反躬自省,而也许正是由于需要下这番功夫,所以大多数人才觉得困境难

---

[26] 在解读"漫步"之五时,我一刻也没有忽视"漫步"之二和之八对该篇的注解。

[27] 卢梭早在"漫步"之二的引子中就已谈到他只靠自身的养分而活: "……在这块大地上已找不到可以哺育我心的养料的时光——正是在那时,我才慢慢习惯于以我的心自身来哺育它,就在我自己身上搜寻它的全部养料。"他紧接着作的解释对《遐想》来说是根本性的,它也直接关乎"漫步"之八的引子:"这个来源,虽然我发现得已经太晚,却是非常丰富,马上就使我对一切都得到补偿。省察内心这种习惯终于使我丧失对自己苦难的感受,甚至是对它的回忆。我这才亲身体会到真正的幸福源泉就在我们自己身上,要想把懂得怎样追求幸福的人置于真正可悲的境地,那真是非人力之所及。"他认为是迫害者使他发现了自身的宝藏:"要是没有他们,我就永远发现不了,也认识不到在我自己身上的这一宝藏。"(《遐想》II,段 2-3,页 1002-1003)

熬。"孤独漫步者体会到的那种自在状态下的幸福关乎一种善，它异于常人所理解的善。㉘

["漫步"之八的]引子为接下来的所有内容奠定了基调。该篇接下来先回顾了"漫步"之一中所述的戏剧般[的放弃希望、不再担忧]的解脱过程。卢梭描述了自己对"那个阴谋开始有所怀疑"时的不知所措。他谈到，"愤慨、暴怒、狂热"攫住了他的心，谈到自己"最初的那阵惊讶"，因为他看到自己"在霎时间变成了前所未有的怪物"。他还在此回顾了自己所面临的那种让他怎么也猜不透的"奇怪变化"。他提到自己想要逼那些迫害者跟他讲理，并且在很长一段时间内还期望找到一些［277］"有头脑的人"，找到一些拒绝接受他人的这些"胡说八道"的人，或者找到一些"会鄙弃这种骗局和背叛行为的正直的人"。最后，他终于清醒地认识到，他过去一个劲儿地对别人的见解提出抗议，说明他还戴着别人见解的桎梏而不自知。复述中的一切都是为了强调，这场戏剧最后发展出了对卢梭有利的结局。很快他便中断复述，将自己曾经和现在仍处于其中的这种"可怕境地"的生活描述为一种"幸福与安宁"，还向读者保证，他已对迫害者及其种种徒劳的尝试报以嘲笑。㉙"漫步"之八的描写中透着一种在"漫步"之一中看不到的欢快。事实上，卢梭不仅表示找回了内心的安宁与平和、快乐和幸福，㉚并且第八篇"漫步"中此

㉘ 《遐想》VIII，段 1 – 4，页 1074 – 1075。另参见《遐想》V，段 15、16，页 1047。

㉙ "……我过着幸福而安宁的生活；我对迫害我的人在无休无止地给他们自己徒增苦恼不免付之一笑，而我自己则保持内心的平静。"(《遐想》VIII，段 7，页 1076，我的强调) 在 OCP 版本中少了徒增 (en vain)。

㉚ "……我得到的是安详、宁静、平和，甚至是幸福。"(《遐想》VI-II，段 9，页 1077) 此处是《遐想》中唯一一次使用宁静 (sérénité) 一词。在"漫步"之一中，幸福 (bonheur) 一词只在幸而 (par bonheur) 这一词组中出现过，参见《遐想》I，段 9，页 998。

处第一次提及幸福时的表述,也跟他在描述圣皮埃尔岛上的日程结尾时对幸福的表述相同:他每天的生活都使他愉快地想起前夕的生活,并且希望明天也正是同样的日子。㉛ 卢梭重述解脱过程主要是为他探讨自在状态做铺垫:"尽管我现在受到四面八方的压力,却能保持平衡,因为我不再依附任何东西,而仅仅依靠我自己。"㉜

之所以能够重获内心安宁,卢梭认为,这"只有一个原因,那就是因为我学会了毫无怨艾地戴上必然加之于我的桎梏"。在这一点上,"漫步"之八的复述与"漫步"之一相吻合。㉝ 卢梭顺从了必然,但这种必然并未体现在一个夺去他对未来"较优秀的一代"的希望的事件中。卢梭承认了必然,但这种承认也并非 [278] 以下考虑所导致的结果:不死的敌人将会决定他作品的命运。此处论及的并非卢梭对自己后世名声的担忧,而是他与生者间的已发生转变的关系。他引入了一种新的想法,以使自己独立于同时代人的意志、想法和感受。他将不再把同时代人看作是道德存在,而是把他们的行为和反馈完全看作必然王国使然。他将忽略他们行为的动机。这一想法也有着其传记性和历史性的来源。卢梭经过长期探索后坚信,他们在对待他时"脑子里没有半点理智,心里没有半点公道"。他看到"一代狂人都听任他们的头头们盲目狂怒的支配而去对付一个不幸的人",而这个人则从没有也从未想过要使坏。他像第欧根尼那样苦苦寻找一个 [真正的] 人十年而不可得,之后只好把灯笼吹灭,高叫一声:人已经不复存在。卢梭由此再次回到《遐想》的出发点:"我这才开始发现我在这世上是孤独一身,我明白我的同代人对我来说都是些机械性存在,他们完全靠外力推动,我只能根据物体运动的法则来计算

㉛ 《遐想》VIII,段 9,页 1077;V,段 10,页 1045。

㉜ 《遐想》VIII,段 5–11,页 1075–1077。有关"而仅仅依靠我自己",参见《遐想》V,段 14,页 1046。

㉝ 《遐想》VIII,段 10,页 1077;I,段 4、7,页 996、997。

他们的行动。"卢梭所承认的必然,是纯粹自然事件所组成的世界里的必然,他在这个世界里不会碰到任何他必须顺从或者能奋起反抗的他人意志。若想成功地将同时代人与那些遵循物体运动法则的"机械性存在"区分开来,他就得使他们和自己恢复到非社交性的、毫无道德观念的自然状态。"我在他们身上看到的只是一团团各以不同方式运动着的物质,在对待我时缺乏任何道德观念。"作为在时空中存在的"一团团各以不同方式运动着的物质",他们可能会对他造成物质上的伤害,但却无法对他的心理整体造成任何损害。就好比卢梭在1776年10月24日散步时被一条"高大的丹麦狗"扑倒而受伤,这并没有使他产生任何仇恨和愤慨。卢梭在"漫步"之二中将这次跌倒经历描述成一场意外而非袭击。他并没有把这条狗看作迫害者或者命运的工具。它是上述"运动着的物质"的范例。为了摆脱与陌生意志的对抗,[279]卢梭探讨了由纯粹自然事件组成的世界。㉞ 他的这一做法刚好和那些"不幸的人们"相反,他们为了从遭受的痛苦与不幸中找出意义,就将它们"归咎于命运,把它加以人格化,说它有眼睛,有脑筋,有意来折磨他们"。智者则对事情有另外一种看法,他把落到自己头上的一切痛苦不幸"仅看成是盲目的必然给他的打击"。他"在痛苦时也叫喊",但不会发脾气,不会产生道德愤慨。他在所遭受的不幸中"只感到物质上的打击"。他所受的打击尽管可能伤害他的身体,"可打不中他的心"。㉟

㉞ "在落到我们头上的一切祸害中,我们看重的是动机而不是效果。一块瓦从屋顶掉下来给我们的伤害可能大些,但不比带有恶意故意投来的一颗石子那么叫我们痛心。打击有时会落空,但动机却从不会达不到它的目的。"(《遐想》VIII,段13,页1078)

㉟ 《遐想》VIII,段12–13,页1077–1078;II,段5–13,页1003–1007。在第十三段末尾有一句被卢梭删掉的话,它与"漫步"之一的整体修辞术极其吻合:"我与这个人(即这位智者)相去甚远,但我已学会如何成为他,迫害我的人就是我的老师。"

七 自我认识　249

在"漫步"之八的中心部分，卢梭极为简洁地宣告自己不会试图去解释上帝的定命（Vorsehung）。他在"漫步"之二结尾曾经有过一种想法，认为自己的命运早就写在定命上了，并非盲目的。若将人们的歹意只看作上帝借以实现定命目的的工具，那么他也就摆脱了对他人意志的情感依赖。若他的敌人的意图都听命于一个必然的意图，那么敌人的意图也就变得无足轻重了。在这种情况下，他知道自己是清白的，且相信上帝是公正的，而这两条则保证了他的内心安宁。卢梭在"漫步"之二中将"人们歹意"的产物看成是"人的理性所无法识透的上天的秘密"，与此不同，他在"漫步"之八中则忽视或无视了道德。他在此不再假设一种引导和掌控全世界的定命的存在，而是看到了一个只是由毫无意图的自然和必然事件构成的世界。[280]卢梭试着摆脱人们的种种意图和意志，这两种尝试不能二选一——在前一种情况下，顺从这些意图便意味着臣服于定命，在后一种情况下，忽略人们的意志则表示将它们视作必然王国的组成部分，这表明了卢梭在"漫步"之八第十三段中对一种错误，即认为命运有眼睛和意向性的批判。卢梭解释命运的尝试是"漫步"之二的高潮，[而在"漫步"之八中，]这种尝试则遭到了全面批判。从第二篇"漫步"中的尝试，到第八篇中批判这一尝试，这样的步骤必不可少，因为卢梭对受制于他人意志所造成的恶劣影响的分析，也适用于对所有陌生意志的依赖。我曾在恰当处暗示，自然人这一构想有其神学内涵，对此卢梭从一开始就思考过。在"漫步"之八中，他最后一次证实了我的暗示。他认为智者是在无道德秩序的世界中进行推论的那些人。

"漫步"之八显然将读者带回了《遐想》的开端，[36] 由此看来，该书一开始仿佛就已预示着［卢梭］要将同时代人简化为

---

[36] "我这才开始发现我在这世上是孤独一身……"这句话刚好处于"漫步"之八的中心位置，参见《遐想》VIII，段 12，页 1078 中间。

"漫步"之八中所说的"机械性存在"——或说"各以不同方式运动着的物质"。这样一来,该篇中的这一宣告便是卢梭的新想法,而它是对自始抱有的一种想法的展开。㊲ 卢梭一开始就向读者谈起那些已不能再称之为人的人,对此,我们可以做一番纯道德意义上的解读。而卢梭则必须对这一解读方式持不置可否的态度,如若不然,他后来便无法尝试去参透定命。然而,当我们在"漫步"之八的指引下再次阅读该书的开端时,则会发现开端与"漫步"之八中心之间存在着一种极为直接的关联,这种直接关联突出了[281]"漫步"之二结尾的那个有所偏差的尝试。但这并不是说,这种尝试对论证过程没有作用,也并不意味着它所阐述的对象没那么重要。卢梭通过这一尝试将启示信仰的上帝引入了《遐想》之中。㊳

我们继续来看"漫步"之八中我们尚未谈完的自我认识运动的问题。因为卢梭既没有简单地否定定命,也没有简单地认为同时代人尚未成为人或已不再是人——尽管他这样看待他们后便不再受制于他们的意志——而是进一步追问人们信奉世界道德秩序的根源,探讨人们究竟为何会因他人意图而受伤并心生愤怒:

> 要做到这一点已经很不容易,但这还不是问题的全部。如果到此为止,那就是斩草而没有除根。这个根并不在别人身上,它就在我们自己身上,正是要在我们自己身上下功夫,才能把它除掉。

㊲ "尽管如此,我原本还是会爱他们的,我觉得,只要他们还是人,他们是不会拒绝我对他们的感情的。然而他们终于在我心目中成了陌生人,成了从未相识的人,成了无足轻重的人,因为这是他们自己的本愿。而我脱离了他们,我自己又成了怎样一个人呢?"(《遐想》I,段1,页995,我的强调)

㊳ 《遐想》II,段24-25,页1009-1010。

这位智者知道，他应该把他命运中的"一切细节都看成是纯粹的定命的所作所为"，把这定命假设为"既无定向，又无意图，也无伦理动机"。他的理智告诉他，为了自己好，他必须认命。理智赞成他在看透"一切细节"的必然性后保持认命的明智态度，然而他的心却还在"嘟囔"，拒绝听从理智的指挥。第八篇"漫步"对卢梭的首次尝试进行了补充，说明了他那次尝试——他试着将敌人的全部阴谋诡计看作是他本可以顺从的命运的产物，以便"不再因这种必然性而感到愤慨"——为何没有像他的洞见和决心仿佛预示的那般获得成功。第二篇"漫步"表明，臣服于盲目的命运并不足以使卢梭摆脱种种情绪，因为他是在涉及具体的个人、行为和言语的情境下切身体会到这种命运的。卢梭［在"漫步"之八中进行］的实验对该问题作出了回应，它用一种有预见性的命运替代了那种盲目命运，这样一来，有预见性的命运便可以凭借一种必然的掌控和一种意图来迫使个体的行为和言语听信于道德。［282］卢梭在"漫步"之八中再次谈到，"我应该把我的命运中的一切细节都看成是纯粹的定命的所作所为"，此时他想到的是能让他的理智与心之间产生矛盾的一个个具体情境，而［他在"漫步"之二的尝试里］只从大体上承认命运的必然性，则无法决定这一矛盾最终是否能化解。至于心对理智的不满来自何处，这个问题使卢梭开始谈及虚荣心。虚荣心之所以能避开人们对自我的研究，是因为它披着热爱正义的外衣，将自己改扮成了与它极易混淆的自尊（estime de soi-même）。然而，也正是这件外衣使卢梭能够在一摆脱那些充满虚荣心的幻想后，便立刻将虚荣心诊断为一切的根源：它是将命运人格化这一做法的根源，也是道德愤慨产生的真正源泉。[39]

直到"漫步"之八中，卢梭所表现的自我研究才达到了他在其作品中所构想的层次和高度。他在"漫步"之一中只谈到敌人的虚

---

[39] 《遐想》VIII，段 14–15，页 1078–1079。

荣心,⑩ 而现在却明确谈到自己的虚荣心。

> 我从来不是一个具有强烈虚荣心的人。然而当我在上流社会中时,特别是当我成了作家时,这种人为的感情却在我心中膨胀起来了;我那时的虚荣心也许没有别人那么强,然而已经相当可观了。

承认自己有虚荣心是卢梭进行[自我]批判、克制和引导的前提。他必须遏制这种反抗他的理智、使他受制于他人的虚荣心。如果卢梭不想因为自尊心——这是"有自豪感的心灵的最大动力",是传统中所谓的灵魂之伟大(megalopsychia)或慷慨(magnanimitas)的美德——而在不知不觉中受制于社会的价值评判和同时代人的舆论,那么他就必须以批判的眼光看待虚荣心。对虚荣心的正确引导最终要求卢梭——用他的一个基础性的措辞来说——始终以自爱为准绳。当卢梭最后一次将虚荣心描述为一种"人为"的,即产生于并受到社会塑造的现象时,他其实又在[283]《遐想》与《论人类不平等的起源》中引入虚荣心与自爱区别的经典段落之间建立了关联。⑪ 接下来,卢梭用空前犀利的笔触表达了自己的想法:他可以使虚荣心重返它原来的疆域并使其重新成为自爱。

> 通过自省,通过把那些使虚荣心变得苛刻的对外联系一刀两断,通过不再跟别人进行比较,我的虚荣心也就以自己能洁身自好为满足,那时,虚荣心就重新成为自爱,回到了人性的正常轨

---

⑩ 《遐想》I,段10,页999。
⑪ 参见《论人类不平等的起源》,注释15,页368。在《遐想》中,卢梭不再像在《论人类不平等的起源》中那样将虚荣心称为人为的情绪,而是将其称为人为的激情,从而细化了他的构想。

道之中,把我从舆论的桎梏中解脱出来。

卢梭暗示,上述想法应当以他在论及虚荣心和自爱的那句话之前所提到的那一点来解释:起初他的虚荣心是反抗不义,但至终却变成了鄙视不义。虚荣心驱使他去跟他人及其意见和行为进行比较,而只要这种虚荣心不是去争取别人的承认并吁求正义,而是主动与他人的论断断绝关系——因鄙视他们的既没见识又不义——那么卢梭便能开始摆脱自我失控的状态。卢梭用对比的目光反观敌人,从中得出的认识让他看到了自己的高明之处;他讥讽敌人,嘲笑他们处心积虑让他遭遇不幸的徒劳作为。这一切都表现了卢梭的虚荣心,这样一种虚荣心使他变得更加独立,使他不再为争取社会的尊重和喜好而挣扎,并促使他满足于自身的善。一旦虚荣心有利于促进卢梭自身的善,它便发挥了类似于自爱的作用。虚荣心"就重新成为自爱之心"。而一旦这两者都能促进真正的而并非表面的善,那么他分析两者的区别之举也就没有白费,因为一旦虚荣心可以促进卢梭的自在状态,它便又"回到了人性的正常轨道之中"。同样,卢梭在"漫步"之六及之七当中以自爱为准绳,分别重新定义了他的良心及美德,并使得它们经得起思考的检验。㊷

[284] 从卢梭使虚荣心服务于自爱的那一刻起,他就像他在此前确切解释的那样,"重新取得了心灵的和平,甚至可以说是至上的幸福"。"当虚荣心不再流露而理性恢复发言权时,理性就会使我们不再为我们无力避免的一切不幸而感到痛苦。"由此,理性成了虚荣心的真正对手,它使卢梭能看穿虚荣心编织的一切"幻景",使他能将自己的不幸转变成幸福。卢梭重回纯粹自然事件组成的世界,并重新思考自身,这一切都归功于理性。他再次总结理性给他带来的收获:

㊷ 《遐想》VIII,段16,页1079;VI,段8、14,页1053、1056;VII,段3,页1061。

> 对一个在所遭到的任何伤害中都只看到伤害本身而不去看别人的动机的人，对一个在自己心中自己的地位不受他人毁誉影响的人，冒犯、报复、亏待、委屈和凌辱都算不了什么。不管人们对我有怎样的看法，他们改变不了我的存在。

卢梭心思缜密地暗示，以褒扬理性为开端的那段最终将会暗示敌人给他带来的好处。他在"漫步"之一的基础上强调，他之所以会完全无动于衷，这都归功于他的敌人而非他的智慧，是敌人使他对将来可能遭遇的一切不幸"无动于衷"。他将不再因任何事情而感到不安，并且再无畏惧。卢梭对自己一切不幸的回忆，对敌人推波助澜所造成的不幸的回忆，再次助他描绘了他一生的幸福的轮廓。尽管他倍受打击，但这种幸福的核心却丝毫未损："天之生我是要我过幸福而甜蜜的生活，现在的一切都在把我引向这样的生活。"卢梭简略地指出天之生他时要他过的生活里的种种活动。他生命的"四分之三"是这样度过的：(1) 研究"富有教益，甚至是亲切可爱的事物"；(2) 跟他创造出来的幻想中的孩子们在一起；(3) 自得其乐地跟自己在一起。我们可以认为，卢梭创作出来的幻想中的孩子不仅包括他在著书和漫步期间创造出来的人物，也包括诸如"观念世界的居民"之类的人物，凭借这些人物，他为自己创造出了有判断能力的谈话对象。他所划分的这三类活动要么使他"兴高采烈地"有所寄托（1），要么使他"无比幸福"（3），[285]它们分别代表：(1) 他对自然的沉思；(2) 他与天性及身份各异的人的对话；(3) 他对自身天性的研究。卢梭在所有这些活动中始终遵循着他的自爱原则。[43]

而他参与社交时所呈现的则是另一番景象。此时，他的虚荣心又强力重返。在卢梭和人们一起度过的那些"可悲的时刻"，他成了"他们的奸诈友情、虚伪恭维、口蜜腹剑的玩物"。当"看到"他们

---

[43]《遐想》VIII，段 17–19，页 1080–1081。

心底的仇恨和敌意时,他无法克服它们给他带来的直接影响。此时感受到的刺痛直抵他的心窝。而在现实中遭遇同时代人时只将他们看作机械性存在,这并不能使他免受情绪的影响;仅认识到他们的所作所为是必然所致,而非受某种自由意志所控,这也无法遏制他油然而生的气恼和受伤感。卢梭以为只要认识到了虚荣心便很容易克服它,且对这一认识不加任何必要的限制,这样的认识其实是错误的。他必须承认,他在某些情境下根本无力克服虚荣心,尽管他已完全意识到它"无比愚蠢"。㊹ 虚荣心如此根深蒂固,以至于他既无法"扼杀"它,也无法一劳永逸地遏制它。只要身处社会中或接触社会,卢梭就会感觉到它的存在。卢梭的自我研究和《论人类不平等的起源》中的人类学研究不谋而合,据后者称,虚荣心与人的社交性一面同出一源。㊺

卢梭认识到,在直接面对他人时,[286]仅靠一种全新的准则或一次彻底的行动,根本无法克服自己的自然反应,也无法摆脱他人的影响。他从这一认识中得出一个结论,我在此想将这一结论称为感性的简约(die sinnliche Reduktion)。[也就是说,]只要感官印象持续存在,他便屈服于这种印象及自己的自然情感反应,并且他确信,只要这种感官印象不复存在,他也就摆脱了他人对自己情绪的影响。

> 我这个人是受感官控制的,不管做什么,从来就拗不过感

㊹ "……但是当这个骗局终于揭穿,虚荣心无处藏身时,也就没什么可怕的了,我们虽然难以把它扼杀,但至少比较容易把它加以遏制。"(《遐想》VIII,段15,页1079)"……而当我想到我竟被他们看成是这么个傻瓜时,悲痛之外又添上了一分幼稚的气恼——这是愚蠢的虚荣心的产物,我感到它无比愚蠢,然而难以克服。"(《遐想》VIII,段19,页1081-1082,我的强调)

㊺ 《遐想》VIII,段19;页1081-1082。参见《论人类不平等的起源》,第二部分,页268及此处的注解。

官印象的支配，只要一个对象作用于我的感官，我的感情就受它的影响；但是这影响跟它产生的感觉一样，都是稍纵即逝的。

卢梭无法避免自己看到迫害者时所感受到的刺痛。而一旦他看不到迫害者，他对他们也就无所谓了，也就是说他便摆脱了仇恨和敌意。在看不到任何人的那些日子里，他不再想起自己那人为的命运，而一旦他不再想起这些，他也就感觉不到这种命运的存在了。那时的他"就幸福，就满意，既无任何分心，也无任何障碍"。他的内心安宁止步于他所感知到的障碍和让他分心的事情。㊻ 在对感性进行简约的过程中，在认识到让他分心之事和障碍皆稍纵即逝之后，他的心灵便找到了依托。感性的简约以他此前的自我研究和自我解脱为前提，而并非与它们同时发生或者甚至发生在它们之前，对于这一点，卢梭借回忆往昔做了清晰的阐述，那时，他还没有使自己的虚荣心重返其原本的疆域而服务于自爱。㊼ 如今的他只要独处便立刻会趋于平静，而那时的他即便远离社交人群，也仍然会受到社会喧嚣的影响，并且这些喧嚣仍会充斥他的想象。如今在他看来"如此甘美"的孤独漫步，那时却显得那么［287］乏味和无聊。那时"虚荣心的迷雾和上流社会的喧嚣"使他根本看不到"完整的自然"："只是在我对社交生活不再有任何热情以及摆脱了它那可悲的人群以后，我才

㊻ "然而有些感官可以觉察出来的伤害我还是很难躲过的；在我最料想不到时，只要我见到一道阴森的目光或一个不祥的手势，听见一句恶毒的话，碰到一个心怀敌意的人，我就不知所措。"（《遐想》VIII，段21，页1082）在 *OCP* 和斯皮克编著的版本中少了一个手势（un geste）一词。

㊼ 卢梭将这个对比放在了"漫步"之八的倒数第二段中。第二十二段回指了谈及他昔日的虚荣心的第十六段。漫步之八中唯有这两个段落以我开始。

重新发现大自然的全部魅力。"㊽

　　从历时性角度分析了他解脱自我的种种尝试后,卢梭在结束自我研究时找到了一种对待他的第二天性［社交性］的明智方法。他将既不忽略自己的社交情感,也不试图去压抑它们,而是将顺应自己油然而生的情感,以便能够掌控它们。因此,他首先任由自己完全沉浸在因被诽谤和污蔑而产生的怒气和愤慨中:"在每次发作时,我就让我的热血去沸腾,让怒气和愤慨去控制我的全部感官;我就听任自然,反正这阵爆发是我无力阻止或推迟的。"只要理性懂得如何获得发言权,他便不会为了让社交生活情绪臣服于理性而去阻止它们的生理表现:"在最初这阵发作听任自然地过去以后,人们是可以醒过来,恢复自制能力的。"卢梭认识到何为可能之事,承认必然之事,在此基础上,他构想出一套以自身的善为准绳的方案,以便凭借理性去引导他的直接情感反应,这类似于他之前处理虚荣心和自爱间关系时的做法。然而,与他在"漫步"之八的中心十分清楚地强调理性的主导性地位不同,卢梭在"漫步"之八结尾处明确地削弱了理性的重要地位。㊾他解释说——他的解释与他逐步阐释过的内容相互矛盾——理性在他与社交情绪斗争时所取得的"胜利的光荣"中"几乎没份",这种光荣都归功于自己"反复无常的气质"。"把我煽动起来的是我那易于激动的本性,使我平息下来的是我那懒散的本性。"当必然之事仿佛自动出现时,理性的力量显得无足轻重。这是卢梭最后一次采取《遐想》的总修辞方针,［288］它首次体现在书的标题中,并在第五篇"漫步"中达到了高潮。

㊽ 《遐想》VIII,段 20－22,页 1082－1083。
㊾ "……而是等待着我的理性奋起而取得胜利的那一时刻,因为理性只在我听得进它说话时才会和我对话。哎!我刚才说了些什么傻话!我的理性?我要是去把胜利的光荣归之于我的理性,那就大错特错了,因为这里几乎就没有理性的什么份。"(《遐想》VIII,段 23,页 1083－1084)

不论"反复无常的气质"在卢梭激动后迅速恢复平静的过程中起多大作用,我们显然都不能将"漫步"之一和之八所论的安宁,理解为他的无常情绪自动调节的结果。卢梭[在"漫步"之八结尾]最后一次拒绝了给理性以其应得的"光荣",这使我们看清了卢梭在其他情况下对待理性的类似态度,只不过他之前从未暗示过自己这种态度。卢梭的内心安宁建立在理性的基础上,就如他的幸福建立在深刻的认识上一样。他对他的第一天性即最独特天性的认识,让他在面对第二天性即社交天性时泰然自若,这种心态体现在"漫步"之八的最后一段中。

只要人们能影响我的感官,我就会是个合乎他们心意的人,而只要这影响稍有停歇,我马上就重新恢复大自然所要我做的那样一个人;不管他们怎么行事,这是我最经常的常态,也正是通过这种常态,不管命运如何,我尝到我认为是生来就该尝到的幸福。这种状态,我在《遐想》的另一篇里已经描写过了。

"漫步"之五描写的幸福如此合乎卢梭的天性,以至于他就像他所说的那样别无所求,只愿它能永远持续下去,唯恐它被扰乱。他继续强调说,人们过去加于他的伤害丝毫不能使他动容,而对他们还可能加于他的伤害的担忧则是会使他心神不安的唯一原因。如果他的强调内容属实,或说,若卢梭坚持他对他的担忧的陈述,那么——就如"漫步"之一所述——情况将十分不利于他的安宁。卢梭在该篇["漫步"之八]最后一句话中再次回顾他的担忧,并想到自己在尝试简约感性时所感到的痛苦。我需要补充的是,卢梭信誓旦旦地保证,只要感官印象消失,他便会摆脱他人对自己的情感束缚,但在这同时他必须暗示这种保证只适用于他没有任何担忧的情况,因为一旦开始担忧，他的幸福便岌岌可危。㊿ 他那"反复无常的气质"并不足以 [289] 平息未来可能碰见的伤心事带给他的担忧。除非理性告诉他，他人的任何阴谋诡计都无法危及他的幸福——因为只要他还活着，就没有人能够一直阻止他的自在状态——他才能够克服这种担忧。就这样，卢梭用一句话结束了这篇"漫步"，而这句话并未否认他此前的所有思考，同样也没有否认虚荣心向其原本疆域的回归："但是，我确信他们已耍不出什么新花招来使我永远感到不安，我对他们的阴谋策划嗤之以鼻，照样自得其乐。"

"漫步"之一和之八是仅有的两篇以相同的话结尾的"漫步"。两篇都以卢梭被排除在"他们"、其他人之外，被排除在同时代人之外结尾。然而与第一篇末尾不同，卢梭在第八篇末尾对他们报以嘲笑。两篇之间的第二、第三、第七篇"漫步"描述并进一步界定了他的自在状态的幸福，第五篇"漫步"明确指称了这种幸福，而第八篇"漫步"最后一段则特地回指了第五篇"漫步"，这不仅标志着该书高潮部分，并且卢梭此后也首次对同时代人报以嘲笑。� 在之前篇章对卢梭的自我研究提出各种方案并得出各种结论的背景下，"漫步"之八重拾"漫步"之一中的自我研究。它先是谈到"感情外露"的心灵面临失去自我的危险，而后批判想象力，再强调敌人对他自身的善的重要意义；它谈到沉思的自足性，谈到作品对他的自我形成过程的模棱两可的意义，并宣称自己不具备过市民生活的能力。有了之前七篇遐想的铺垫和支撑，"漫步"之八显得格外有深意。"漫步"

㊿ "使我产生这种印象的对象一消失，等我孤独一人时，我马上就又恢复平静。我这时如果说还有什么不安的话，那就是担心在路上再碰到使我伤心的东西。这是我唯一感到伤心的事，只要有这样的事，就能把我的幸福破坏。"（《遐想》VIII，段 21，页 1082）卢梭最初的表达更为犀利："……就能毒杀我的幸福。"（这个版本只出现在斯皮克编著的版本中，而没有出现在 OCP 版本中。）

㉑ 参本书第五章页 [186] 及脚注③。

之一为卢梭的自我研究确定了框架——迫害者的阴谋诡计,在此框架内,"漫步"之八承接第一及第二篇"漫步",并在该框架允许的范围内选取了极端的解决方法。然而,它的论述超出这个框架而反观了卢梭的整个生命,它表明,那些阴谋诡计并未伤及卢梭生命的本质。第一篇和第八篇"漫步"结尾[290]都强调卢梭的泰然自若状态,前者涉及他的身后名誉,后者涉及他的第二天性。直到"漫步"之八才明确指出,使他在这两种情况下都能泰然自若的力量是什么。直到在这篇计划外的"漫步"中,使卢梭成其所是且维持并承载他生命的主线才得以彰显。但这并不是说,有了"漫步"之八,读者便无须亲自去找出各种关联及进行各种必要的推论。并且若想从第一、第二和第八篇"漫步"中卢梭为解脱自己所作的尝试——单看这其中的任何一次尝试都是不够的——中有所心得,读者也只能靠自己。

卢梭《遐想》一书的理想读者有能力将卢梭所说的思考的考验与卢梭的存在感联系起来,并认识到,第五篇"漫步"中的存在感须经受住的考验不是别的,正是卢梭对他的哲学的根本追问和探寻。㊾ 卢梭为《遐想》设定的理想读者,能够对我[卢梭]最经常的常态的持续时间这一矛盾说法作出以下解答:卢梭所谓的幸福之境指的是一种回归的状态,人在其中不会感到幸福变少了,而是感到幸福更强烈、更深入了。因为人们有理由期待这种幸福之境的回归,故而它的持续时间将远远超过它现实存在的时间。《遐想》的理想读者能在卢梭对其自身天性的认识中看到,卢梭何以有理由相信自己能一再回归自身并实现自在状态。卢梭将自己置身于"一个凡人所无法经历的最奇特的场景",为的是向自己证明那句古话说的对:Naturam expelles furca tamen usque recurret[用干草叉逐走自然,它却总是回来]。*

㊾ 经受住了这种考验之后的感觉可能是无比欢欣且"无需费神去多加思索"的。参见《遐想》V,段9,页1045。

* [译注]该引言出自贺拉斯,《书简》(*Epistulae*)1,10,行24。

第二卷

《萨瓦代理本堂神父的信仰自白》(《爱弥儿》卷三)
1762 年版卷首插图

卢梭与萨瓦代理本堂神父的信仰自白

[295]《萨瓦代理本堂神父的信仰自白》在卢梭的作品中有着特殊地位。作为一部独立构思且被归于一位不明身份的作者名下的作品，它成了《爱弥儿》的第四卷，并且在此承担了以下任务：以典型的方式向人们展示，在考虑到历史现实的情况下，一个常人该如何按照他的理性和天性去学习宗教事务。因为卢梭曾一再阐述过，宗教和信仰是道德的基础，并且对政治有着重要意义，所以，这份信仰自白的分量远非一篇论文中一个事关教育的例子所能担负。卢梭在"漫步"之三中证明了这部作品的分量，他认为，有朝一日常理和诚心若重现人间，是会在人们之间掀起一场革命的。然而，且不论这种信仰自白能产生何种政治影响，也不论它是否能有利于实践——事实上，萨瓦代理本堂神父不只被赋予了教好常人的使命——它首先有一种理论意义。在这篇文字中，一位心怀道德意图的代理本堂神父宣扬了自然宗教的信念及其详细教义，生动具体地阐明了所探讨的宗教问题，并用艺术手法揭示了一个有德之人的信仰所赖以生存的必然基础和前提。同样也是在"漫步"之三中，卢梭提到，他详细探讨了如何正确生活，探讨了信仰所要求的顺从及宗教的种种预示之后的结果，对此人们"大致"可以在他于此间"写下"的《萨瓦代理本堂神父的信仰自白》中找到——[296]他这么说，其实是在向哲学读者暗示这部作品的理论意义。① 至于他这篇文字

---

① "漫步"之三第十七段在手稿中的完整写法如下："我这痛苦的探索的结果大致就跟我后来在《萨瓦代理本堂神父的信仰自白》中所说的那样。这部作品遭到这一代人可耻的践踏和辱没，但一旦常理和诚心在人间重新出现，它是会在人们中间掀起一场革命的。"

具体向哲学读者阐明了哪些内容，人们不得而知。因为这部作品是审慎的。通往该作品内部的大门被以下想法给死死封住了：代理本堂神父的信仰自白其实就是卢梭的信仰自白，卢梭和代理本堂神父是一体的，从根本上来说两者有着同一个目标。然而，将这位代理本堂神父有关自然宗教的言论当作卢梭的教义，与把《法义》第十卷中雅典外乡人向谈话对象克莱尼阿斯和梅吉卢斯讲述的自然宗教当作柏拉图的信仰一样，都是错误的。尤其是因为，卢梭比柏拉图更关心距离，也更注意保持距离。这不仅表现在他借一位神职人员之口托出他对自然宗教的理解，也表现在他在以各种形式发表的该作品中都拒绝承认自己是作者。在将该文章刊印于《爱弥儿》中之前，他首先保证，他只不过再现了这部经他"抄录"的"文稿"而已，之后他又在所谓的抄录内容之后紧随的首段中再次强调这一点。② 这份抄录不仅包含《萨瓦代理本堂神父的信仰自白》，还将一个框架故事当作开端，上述身份不明的作者在听过该言论三十年后，根据记忆把代理本堂神父的言论写进了这个框架故事。因此，传递［代理本堂神父言论的］链条上又多了一环，卢梭与这份信仰自白的距离也又远了大大一截。许多人一眼便看穿了这些苍白无力的保证的虚构性，认为它们都是卢梭为预防因代理本堂神父第二部分言论，即对启示宗教的强烈批判［而招致攻击和追捕］之故而采取的措施。但极少人将它们理解为关乎代理本堂神父第一部分言论的预防措施，之所以这么说，原因虽与上面所述恰好相反，但却同样重要。早在《爱弥儿》发行几天后，其中信仰自白的第二部分就致使卢梭遭到追捕，③［297］这是导致人

---

② 《爱弥儿》卷 IV，页 558、635。
③ 1762 年 5 月，第一批印刷的《爱弥儿》开始在巴黎流传。同年 6 月 7 日，索邦大学神学院谴责了该书，两天之后，政治当局步索邦大学的后尘：巴黎议会大法庭公布了国家对此书的审判，并颁布了捉拿卢梭的缉捕令，就在同一天，卢梭向日内瓦方向逃亡。6 月 11 日，《爱弥儿》在司法宫的台阶上被刽子手当众烧毁。6 月 18 日，日内瓦召开小议会，谴责了《爱弥儿》和

们忽视第一部分所探讨问题的原因之一。还有什么比大胆批判启示宗教更能证明这份自然宗教信仰告白的真诚与坦率呢?④

卢梭赋予《萨瓦代理本堂神父的信仰自白》双重特殊地位:[298] 他的任何其他作品都不像该书一样既是部分又是整体,既属于又不属于[严格意义上的]他的作品之列。其中所谓的第三方文字是一种虚构,《爱弥儿》的作者将这一虚构纳入其教育小说中,并

《社会契约论》。在日内瓦检察官特龙桑(Jean-Robert Tronchin)的建议下,两部作品于6月19日被公开焚毁,追捕作者的通缉令也在同一天发出。6月23日,荷兰和西弗里斯兰明令禁止卢梭的出版商雷伊出售《爱弥儿》。7月1日,卢梭被禁止在伯尔尼辖域内居留。同日,索邦大学开始对《爱弥儿》进行详细审查,其内容主要涉及《萨瓦代理本堂神父的信仰自白》第二部分。7月8日,伯尔尼将《爱弥儿》列为禁书。8月2日,该书在奥地利尼德兰([译按] 历史地区概念,指的是包括今天的比利时和卢森堡两国在内的一个地区,其存在时间为1714—1795年)被禁止。8月20日,巴黎大主教博蒙(Christophe de Beaumont)签署了针对卢梭的主教通告,命在主教辖区内的各教堂予以公开宣读,并且宣告,谁要是阅读或私藏这部被认定为"满口胡言""无视神明""亵渎上帝"和"异端邪说"的书,必将受到严惩。1762年9月9日,《爱弥儿》在罗马被列为天主教禁书。(除诸多其他颇具启发意义的同时代人的反应之外,巴黎大主教的主教通告也被刊印在以下文献中:《1672年禁止〈爱弥儿〉和〈社会契约论〉发行的官方和当代文献》[Documents officiels et contemporaines sur quelques-unes des condamnations dont l'Emile et le Contrat social ont été l'objet en 1762, Recueillis par Marc Viridet, Genf, 1850],页41-65。)

④ 在回应巴黎大主教的通告时,卢梭所用的论证方式类似于他在强调非正统信仰自白的可信性时所用的方式:"我看起来并非一个会伪装自己的人,而要看到伪装自己会带来何种利益也并非易事。人们或许会觉得这个人能自由表达自己不信的事,那他对于所信之事必定非常虔诚……"此外,卢梭强调道,若他公开宣布自己是个无神论者,他完全有权要求自己免受如此严酷的追捕和迫害,人们应该"像对待其他人那样"很快又还他安宁,且不应诋毁他为可怕的怪物。卢梭曾先后四次在狭小的篇幅内一再频繁使用如果我公开赞同无神论这一说法。参见《致博蒙书》,页962及964-965。

以出版人的身份将这些文字公之于众，这些都使卢梭能借机批判启示宗教，从而在他的作品中为自然宗教学说腾出一席之地。他这种做法既不失机智谨慎，也［与自然宗教学说］保持了距离，既为该文异乎寻常的长度——它在首版中长达204页——给出了合理解释，又证明了探讨宗教问题在《爱弥儿》中的重要性。编者必须忠实地还原他抄录的内容，他所面对的是一部值得重视的作品。其内容、其内在完整性、其文学性及其规模和篇幅，都表明该书终将引起人们的关注，并对他们产生影响。⑤ 同时，它也是构成《爱弥儿》整体的一部分。在这个部分里，作者无需以自身名义向那位受教育者传授宗教知识。比如，我们对第四卷中教育者和爱弥儿之间的一段对话一无所知，它发生在爱弥儿进入青春期之后，那时，社会促进了他"激情的增长"，这要求他加快"认识步伐"，以便让激情（passions）与认识（lumières）保持平衡，即通过规范来控制新的激情。卢梭向我们隐瞒的这番宗教教诲属于道德教育范畴，对于这一点卢梭表达得毫不含糊。⑥

［299］爱弥儿十五岁了还不知道自己是否有灵魂，也从未听说过任何有关上帝的事情。卢梭猜测，宗教在爱弥儿十五岁甚至可能是十八岁前的教育中完全缺失这一情况，会"使许多读者感到惊讶"。

---

⑤ 长久以来，《萨瓦代理本堂神父的信仰自白》一直以单行本的形式发行。在此首先值得一提的是马松（Pierre-Maurice Masson）编著的具有里程碑意义的版本，该版使用大八开纸张，共718页，是迄今对该文章及其流传手稿的最详尽的编辑：《卢梭的〈萨瓦代理本堂神父的信仰自白〉》（*La "Profession de foi du Vicaire Savoyard" de Jean-Jacques Rousseau*，根据日内瓦、洛夏岱尔和巴黎的手稿出版版本，附马松的历史评论和简介，Fribourg, Librairie de l'Université, Paris, Hachette, 1914）。其余分别带有引言和注解的还有博拉封（Georges Beaulavon）于1937年（Paris, Hachette）和贝尔纳迪（Bruno Bernardi）于1996年（Paris, Flammarion）的编注版。

⑥ 《爱弥儿》卷 IV，页 557；接下来的内容参见页 549 – 558。

在遭到卢梭些许为难的一些基督教读者看来,⑦ 上述情况势必显得有些奇怪——甚至使人感到震惊——原因在于,爱弥儿童年时接受的是一种"负面教育",这种教育可使他在天性允许的范围内最大程度地像一个自然人那样生活。⑧ 虽然爱弥儿被卢梭描画为一个有常识的常

---

⑦ "如果要我描写一件令人生气的蠢事的话,我就想描写一个冬烘先生用问答法给孩子们讲教条时候的情形;如果我想把一个孩子气得发疯的话,我就叫他给我讲解一下他所说的那些教条是什么意思。你也许会反对我说,基督教的教义大都是玄妙的,如果要等一个人的思想能理解它们的时候才教他,那不仅是要等孩子长成大人,而且要等到那个人不在人世的时候才能教了。关于这一点,我首先要回答的是,有一些玄义不仅是人不能理解的,而且是不能相信。如果不是教孩子们从小就学着撒谎的话,我看,用教条去教他们就没什么好处。……但是,一个自称信仰基督教的孩子,他所信的是什么呢?他只能相信他懂了的东西;他对你教他讲的那些话理解得如此之少,以至于你拿相反的道理去教他,他也马上同样会接受。小孩子和许多成年人的信仰是一个地理问题。他们是不是生在罗马就比生在麦加的禀赋好呢?你告诉这个人说穆罕默德是代替神说话的人,他于是就跟着说穆罕默德是代替神说话的人;你告诉那个人说穆罕默德是一个恶棍,那个人也就跟着说穆罕默德是个恶棍。如果说两个人的位置换一下,这个人就会相信另一个人所相信的说法。我们能不能因此就把两个禀赋如此相像的人,一个送进天堂,一个投入地狱呢?当一个孩子说他相信上帝的时候,他所信的并不是上帝,而是张三李四,因为是他们告诉他有一个普通人都称之为上帝的东西,所以说他对上帝的信仰就如同欧里庇得斯所说的:

啊,丘比特!对于你,我只听说过你的名,而未见过你这个神。

(《爱弥儿》卷 IV,页 554、555)

⑧ "……虽然我是想把他培养成一个自然人,但不能因此就一定要使他成为一个野蛮人,一定要把他赶到森林中去。我的目的是:只要他处在社会生活的漩流中而不至于被种种欲念或人的偏见拖进漩涡里去就行了;只要他能够用他自己的眼睛去看,用他自己的心去想,且除了他自己的理智外,不为任何其他的权威所控制就行了。"(《爱弥儿》卷 IV,页 550 – 551)

人,⑨ [300] 且他并非注定要成为一位哲人,但反观他所受那种教育的目标——反对根深蒂固的偏见和舆论的统治,反对臣服于权威——却无法否认这种教育正是以哲学为导向的。在儿童时期结束时,爱弥儿并非从他人的评判中获得了自我存在感。他并未像信仰所要求的那样学会顺从。他时刻都更倾向于承认自己的无知,而不爱那些虚有其表的知识。然而,对他进行的宗教教育则结束了上述"负面教育"。就在忠实地再现抄录的文字之前,卢梭用极富说服力的两段描述了爱弥儿所面临的困难。

> 一个孩子要受他父亲所信的宗教的教养,人们经常向他论证这种宗教无论如何都是独一无二的真正的宗教,而其他的宗教则都是荒唐无稽的。在这个问题上,这种说法有没有说服力,纯粹看它是哪一个国家的人说的。

宗教的真理问题事关地理、传统和权威。就如习俗(moeurs)和法律(nomoi),宗教也是建立在惯例基础上的,它是一个舆论问题。特别是在宗教问题上,人的偏见压倒一切。"可是,既然我们不想让他受任何偏见的束缚,不想屈服于权威,既然我们不想用爱弥儿在其他地方自己不能学懂的东西去教他,那么,我们要培养他信什么宗教呢?"事实证明,在一项不应屈服于舆论的教育计划中,宗教教育不仅是最难的。而且,作为这项计划所主要探讨的问题,宗教教育自始便是抗拒舆论与权威的头等要务。而且,最终将需要卢梭式教育的常人与能通过自我教育走上独立之路的人区分开来的,也是宗教。⑩

对应培养自然人信奉哪种教派这个问题,卢梭的答案"非常简单":我们既不叫他加入这一教派,也不叫他加入那一教派,而是

---

⑨ 《爱弥儿》Ⅰ,页266;参见Ⅳ,页537。
⑩ 参见《爱弥儿》卷Ⅰ,页266及《论科学和文艺》,页29。

"让他能够自己正确地运用他的理智去选择"。然而，要使他具备这种能力，显然绝非一件容易或者能当机立断的事。卢梭中断阐述，用诗人的一句话表明了他在处理这个问题时面临的危险处境：

Incedo per ignes ［我向前迈进］
Suppositos cineri doloso. ［在余烬掩盖的火上］⑪

在一番面向读者的阐述中，卢梭强调了自己的大胆行为的危险性，为的是向读者保证，他们无需担心他所被迫采取的这些"预防措施"将会"使一位真理之友有失体面"。卢梭永远不会忘记他的终生献于真理的座右铭。尽管爱弥儿所需的那番言论仿佛是之前一切铺垫的目的所在，但卢梭是不会亲口发表这番言论的。他明确告诉《爱弥儿》的读者，此时此地他不会把自己的想法告诉他们，而将代之以"另外一个身份比我更高的人的想法"。卢梭担保他所抄录的这段文章中的"事实都是真的"，都是这位无名作者的"真实经验"。但卢梭并未担保文章中的谈话内容都是真理。他并没有为萨瓦代理本堂神父在信仰自白中陈述的教义作担保。读者是否能够从读到的作品中得出一些有关宗教、信仰和道德的"有用的看法"，这都取决于读者自身。

---

⑪ 在此，卢梭引用了贺拉斯《歌集》（Carmina II, 7 - 8）中的两行诗，贺拉斯当年曾以此诗句针对罗马执政官、作家和历史学家波利奥（［译注］Gaius Asinius Pollio，公元前 76 年生，公元 5 年卒，罗马时期远西斯班尼亚的执政官，身为共和主义者的他曾一度在共和派与凯撒派之争中支持后者），波利奥撰写了他所处时代的内战史，并且据贺拉斯称，波利奥是支持被控诉者的。在引用时，卢梭将贺拉斯诗句中的 incedis ［你向前迈进］改成了 incedo ［我向前迈进］，以此代替那个不得不对付致命冲突的人接过了被控诉者的辩护人这一角色。

卢梭不会剥夺任何人自主判断的权利。⑫

这篇文章由三个部分组成，包含三个人的声音。开篇是无名作者讲述的一个包含十九个段落的框架故事。接下来便是信仰自白，长达181个段落，可以分为三个主要部分：第1到第105段再现了代理本堂神父有关自然宗教的言论，第108到第181段再现了他对启示宗教的探讨以及他为宗教实践提的建议。由两部分组成的代理本堂神父的言论被中途打断，插入了叙述者听了代理本堂神父宣扬自然宗教后的反应，以及第106和107段中包含的叙述者与代理本堂神父间的一小段对话。第三部分由十八条对代理本堂神父言论的评注构成——第一和第二部分各有九条评注，在这些评注中，卢梭亲自开口说话了。⑬ 框架故事并非只是起点缀作用的附属品，它也属于文章的一部分，从另一个角度审视了代理本堂神父有关宗教的言论，并确定了这番言论的任务。它交代了信仰自白的情境，大致描述了这份自白中的一个年轻人的故事，且首次较为详细地描述了发言的代理本堂神父的能力和愿望、兴趣和品质。故事一开场便交代了故事情节发生的时间和地点，指明了这次道德和宗教教育尝试开始之前的情况："三十年前，在意大利的一个城市里，有一个背井离乡的年轻人穷困到了极点。"这位无名青年流落异乡，因少不更事而囊中羞涩，而当他为了糊口度日而改宗时，他陷入了极端的困境。在这位原本是加尔文教教徒的改宗者看来，宗教乃惯例所致，一旦时机发生变化，是可以更改或放弃它的。直到在收容他的天主教寓所里，他才切身体会到宗教关乎他的

---

⑫ 《爱弥儿》卷Ⅳ，页558。

⑬ 我在此引用了沃兹（Charles Wirz）和比尔热兰（Pierre Burgelin）编注版：*OCP* Ⅳ，页558 – 635，并且在引用时标明了段落数，框架故事的段落数用罗马数字标记，《萨瓦代理本堂神父的信仰自白》的段落数用阿拉伯数字标记，遇到卢梭的评注时则标以附注（*Note*）。引文在 *OCP* 的页码数被标注在段落数后面的括号中。手稿异文均引自我亦颇为关注的马松编注版，它是该文章最为全面和清晰的考订版，但大多数读者无法轻易接触到它。

存在：（1）人们把宗教上争论的问题告诉他，使他产生了前所未有的怀疑；（2）除了人们告诉他的那些"新奇的教理"外，他还看到"一些更新奇的风俗"，他竭力抗拒它们，以免自己成为它们的牺牲品；（3）在"暴虐的人们"的摆布之下，[303] 他发现自己因不愿意犯罪而被当作罪犯来处理，还被剥夺了自由。第一点，让他产生怀疑的对宗教问题的认知从某种程度上来说自成一体，而第二点和第三点，即他所处的道德困境和所蒙受的政治耻辱则紧密相联。叙述者强调说，这位改宗者在收容所的经历——它首次体现了区域性宗教（partikulare Religion）——是其人生中"第一次遇到的强暴和不公正的事情"。没有一个人听到这位无名之辈向上天和人们的祈求。只有偶然结识的一位"诚实的教士"帮助这位受压迫者设法逃跑。此处所引入的这位神职人员品格正直，穷得自身难保，但为了解放这位改宗者，他毫不迟疑地"冒着为自己招来凶恶敌人的危险"帮助对方设法逃跑。这一框架故事的第一段末尾勾勒出一个危险敌人的形象，这显然在暗示教士的计划从一开始就面临着人们的敌意。这一暗示使读者想到，那位"真理之友"也认为自己有必要采取防范措施。

背井离乡的年轻人不懂得好好利用自己重获的自由。直到再次陷入困境时，他才想起了自己的恩人，他甚至都没有向恩人表达过感激之情。他回到恩人那里，并且受到款待。教士一看到他，就想起自己做过一件善事，想起了行善的功劳，"这种回忆始终使人的心灵感到快慰"。这位教士"天生就是很仁慈和富于同情心的"，他设法为年轻人找了个住处并竭尽所能帮助他，把自己仅有的生活必需品分给他。教士还教育他，安慰他，教会他"耐心度过逆境这门最难的艺术"。⑭ 我们了解到，"知识的熏陶和豁达的德行使他[教士]的天性

---

⑭ 叙述者还为哲人们加了一句话："你们这些有偏见的人啊，可曾想到这样的事情会出现在一个牧师的身上，会出现在意大利啊？"见段 III（页 560）。

更加善良"。叙述者在初步描述完这位"诚实的教士"(honnête Ecclesiastigue) 的性格后继续讲道:他是"萨瓦地方的一个贫穷的代理本堂神父",由于"年轻且一时莽撞"与其主教发生龃龉,背井离乡、翻山越岭地去了意大利。他在那里得到许多人的照顾,并且被安排在一个官员家里当家庭教师。官员对他颇为赏识,但他还是很快辞去了这份工作,因为他宁愿清贫也不愿寄人篱下。他因"生活高尚"而受人爱戴。他一心想体面地回到主教那里去,他请主教在山区为他安排一个小小的神职,以便在那里度过余生,他最终的志向不过如此。换句话说,代理本堂神父的志向仅在于有个职位,以便在简单的人际关系范围内做些善事:给人们提供帮助和建议,为人们所需要和爱戴。他的愿望在于,在帮助他人时实现自身的善。关于这位代理本堂神父的精神特质,除了仁慈和谦恭外,我们还了解到,他"并不是一个没有智慧和文化的人"。这种有节制的描画使我们不禁想到了爱弥儿,很显然,他将会发现这位代理本堂神父是他的同道中人。随着代理本堂神父和卢梭的受教育者的出现,书中的天性相近者也碰面了。[15]

代理本堂神父认为这个年轻的逃难者是和他天性相近的人。他"自然而然"地开始关心起这个青年来,对他"进行了一番悉心的研究"。叙述者在此所说的这种自然的好感,绝不只是对一个身陷困境者的同情而已。这种好感比代理本堂神父此前和此后曾多次表现出的普世仁慈更为具体和特别。他对这位改宗者的故事饶有兴致,因为他在其中看到了自己故事的轮廓。像这位改宗者那样,他也曾清楚感受到自己的信仰危机。他发现,不幸的命运已使青年心灰意冷,耻辱和轻蔑已使他完全丧失了勇气。

> 他的骄傲已变成对常人的憎恨,认为人们不仁不义的行为完全是由于他们天性邪恶和道德虚伪所致。他认为宗教是自私的面

---

[15] 《爱弥儿》,段 II – IV(页 559 – 560)。

具,而神圣的崇拜在他看来也成了虚伪的盾牌。⑯

导致改宗者叛离宗教的［305］首要原因在于,他经历了不公后相信人生性邪恶,并目睹了信徒、非信徒和神职人员的虚伪嘴脸。此外,导致他叛离宗教的原因还有一些关乎启示宗教的教义。他发现,在有关教义的空洞争论中,"天堂和地狱成了文字游戏的对象",亦即,咬文嚼字成了走上正统信仰之路的必要条件。他还发现,"起初对上帝的庄严朴素的观念已经被人们的胡乱想象歪曲得不成样子",并且由于他相信,"人们要信仰上帝就必须抛弃上帝所赐予的理性",他便对"我们可笑的遐想"、对传统教义以及"我们遐想的对象"同样加以蔑视。在此,框架故事中仅一次出现的上帝使我们认清了代理本堂神父面临怎样的任务。只有使上帝摆脱主导教义的束缚而变得可信,只有让一种改宗者判断力能接受的教义在他心中重获一席之地,才能挽救他对上帝的信仰。代理本堂神父感觉到,这位改宗者自身没有办法完成这项任务的核心部分,他缺乏对事物真相的认识,不了解它们形成的原因。这尤其表现在,他仿佛不愿意倾听他人的教诲,而准备停留在"愚蠢的无知状态",因为对那些自认为在存在、产生和消亡、道德和上帝方面知识比他丰富的人,他打心眼里都是鄙视。因此,代理本堂神父首先必须赢得这位改宗者的尊重,使他能够接受他人的宗教教诲,很显然,他在道德方面亟须这些教诲。因为就像代理本堂神父的报告所言,改宗者的怀疑和贫穷使他的"自由精神"(Freigeist)陷入一种危险境地,这将使他最终

---

⑯ 文章强调了代理本堂神父认为青年和自己天性相近,这一强调在该文中体现为:在他发现及紧接着三次出现的他曾认为之间,原本存在于代理本堂神父与改宗者之间的主语转换因为用了同一个人称代词而消失了,从而这两者间的转换仅表现为从简单过去时(passé simple)到愈过去时(plus-que-parfait)的转换。代理本堂神父在改宗者的当下经历中看到了自己过去的一些经历。参见段Ⅴ(页560)。

认可"乞丐的行径和无神论者的道德观"。⑰

[306]"把宗教忘得一干二净,结果将导致人们忘记做人的义务。"这个浪子的心在"遗忘"宗教和道德的旅途上"已经行进了半程以上",但尚未到达不可收拾的地步。在对这个青年进行一番研究后,代理本堂神父决心"要使他从罪恶中拯救出来的受害者恢复美德"。这一崇高的动机使他勇气倍增。为实现这一发自内心而并非源于义务感的伟大目标,他制定了一系列周全的计划。⑱ 他要做的是延缓一种状况的出现:改宗者的心被"狂烈的感官"所奴役。改宗者目前还未到此地步。而卢梭为其学生所做的,也正是尽量延缓这种状态的出现,且正是由于这一状态,卢梭才要对爱弥儿进行教育。这部作品的作者[卢梭所虚构的不明身份的作者]对卢梭说,他发现那位逃亡者的激情的发展延缓了,这表明他十分了解卢梭的教育方案:"天生的廉耻心和怕羞的性情长期束缚着他的心灵,其情形与你那个受到百般束缚的学生一样。"改宗者在收容所里试图抗拒种种滥用宗教的行径,后者非但没有刺激反而遏制了他想象力的发展:"在很长的时期中,他之所以能保持天真,完全是由于他对事物的憎恶而不是由于他自己的德行;天真的心只有在令人迷醉的引诱之下才会败坏。"因此,代理本堂神父可以只关注这个青年当下的道德状况。他明智而含蓄的举动,他和青年间平等的交流方式,使他获得了信赖。他善解人意,设身处地为青年着想,这使青年打开了心扉。最终,年轻人主动对他的人生进行了一次总忏悔。⑲ 他描绘的图景引起了教士

---

⑰ 段 V–VI(页 560–561)。

⑱ "不论结果怎样,他相信他的时间都不会白白浪费。当一个人一心一意做好事的时候,他最终必会成功的。"(段 VIII〈页 561〉;参见段 V〈页 560〉)

⑲ "当那个年轻人高兴地发现代理本堂神父在倾听他的时候,他便乐意地把他心中想说的话都说了出来。这样一来,他把他所做的事情从头到尾都讲清楚了,而他还以为一点也没说呢。"(段 IX〈页 562〉)作者仿佛轻描

的警觉:"虽然从年龄上看不能说他是个一无所知的人,但是他已经完全忘记他应当知道的一切事情",并且"由于命运乖戾而蒙受的耻辱扼杀了他心中真实的善恶观"。这位无名小辈不知道自己该如何生活、该为何而活。这才是他真正的痛苦。[307]代理本堂神父看到改宗者正濒于"道德死亡"的边缘。为了将他从这一死亡威胁中解救出来——就如作者在这个框架故事的正中央所说的——代理本堂神父首先做的是唤起这位"不幸的年轻人"的自爱心和自尊心。* 代理本堂神父告诉他,只要他善于利用自己的才能,他就可以获得"更美好的前程"。代理本堂神父用"别人的善行"去重新激发年轻人心中"敦厚的热情"。他使年轻人对行善者生出敬佩心,进而萌生了效仿那些善行的愿望。代理本堂神父力图借自爱心提供的种种可能性,将改宗者从麻木、沮丧和茫然失措中拯救出来。他通过比较年轻人当下的痛苦与将来有望获得的幸福来鼓励年轻人,他用振奋人心的事例和楷模来鼓舞年轻人,他激励年轻人通过与他人比较来促进自己的进步。他运用自爱心来使改宗者以美、崇高和美德为准,为的是唤醒改宗者的自信心。他给这个年轻人一些较小的活儿干,使其有机会练习表达感恩。选取一些合适的读物也是代理本堂神父所施行的道德教育的一部分。为了让年轻人不再觉得自己一无是处,代理本堂神父竭力帮助他"充分地看重自己"。当框架故事讲到这位无名者不再鄙视自

淡写地暗示了一种卓越的教会机构所应具有的人类学基础。只有将启示宗教及其相关机构看作人们心中深怀的愿望、希望和渴求的结果,才算是真正理解了这种宗教的历史性成就。

* [译注]法语词 amour-propre 的词典含义为自爱心、爱己之心、自尊心。但是在卢梭的作品以及在迈尔对卢梭作品的分析中,它的意义却显得格外微妙,如在《论人类不平等的起源》和《爱弥儿》以及迈尔对这两部作品的分析中,该词又被当作明显区别于自爱(amour de soi)和自尊(estime de soi-même)的概念来使用而意指虚荣心。接下来的论述中,amour-propre 则明显偏向于"自爱心"这一义项,故而若无特殊标注,以下提到的自爱心原文均是 amour-propre。

己时,作者告诉卢梭,他就是自己一直用第三人称所讲述的那个不幸的逃亡者。[20] 他认为他已经完全告别了年轻时的种种胡闹,故而现在敢于承认它们。此外,他要向曾将他从歧途上拉回来的"那只援手"表示应有的敬意。因此,他接下来将把这个故事当成自己的故事来讲,并且将用第一人称来表达三十年前那位代理本堂神父"使他油然心生"的"崇高的感激之情"。[21]

[308] 从最开始起,代理本堂神父的生活方式便给叙述者留下了恒久而深刻的印象。他看到代理本堂神父"德行高洁而不虚伪,心地仁慈而不优柔,说话坦率简明,言行始终如一"。这位"可敬的老师"通过行为方式和特点赢得了他的好感,与那些道貌岸然的信徒对他的排斥态度截然相反。他尤其注意到,不论所帮助的人是否合乎教会的设想和要求,代理本堂神父都同样对他们施以德行。而与此相反,代理本堂神父的信仰问题对他来说却是个谜。代理本堂神父对"自由思想者"的思维方式并未表示出反感,甚至偶或赞同与天主教教义相反的教理,且他仿佛不是特别看重天主教的所有仪式。若非亲眼目睹代理本堂神父在实践中虔诚地注重并贯彻他貌似不太在乎的那些习俗、礼仪和教义,改宗者甚至会认为他是个乔装改扮了的新教徒。然而,因为代理本堂神父不论是在无人见证的情况下,还是在有公众参与的情况下,都同样准时地履行他的神职义务,所以,年轻人从未有过要指责代理本堂神父虚伪的念头。但他不知道该如何评判"这些矛盾的现象"。尽管如此,他对代理本堂神父生活的评判仍颇为关键:代理本堂神父的生活可以作为我们的模范,其行为无可指摘。这一评判未谈及代理本堂神父的"一次过失",它曾迫使他走上

---

[20] 叙述者讲到第十二段时以我开头,且再次与卢梭进行对话,将卢梭称为"亲爱的朋友"。他知道卢梭为何需要这篇文章,他也表明了自己的日内瓦公民身份。段 XII(页 563);参见段 VII(页 561)。

[21] 《爱弥儿》,段 VI – XII(页 561 – 563)。

逃亡之路。我们此后会从代理本堂神父自己口中得知，他这次"无法彻底弥补"的过失关乎与女性的交往。虽说这次风流韵事丝毫无损于代理本堂神父的生活在改宗者眼中的模范作用，也没有危及代理本堂神父无可指摘的行为方式，但作者这一暗示显然抛出了一个问题：道德能对爱情起到怎样的指引作用，宗教又能为爱情提供什么样的支持，其中尤需注意的是，卢梭认为爱弥儿生来便应接受宗教教诲。与此相关的问题是，代理本堂神父到底有多需要宗教。是宗教无法使他弥补自己的过失吗，抑或宗教是他的弱点的永恒见证，且他一生如此难以克服这个弱点，以至于宗教堪称这一弱点的表现？不论如何，代理本堂神父的生活给改宗者的印象，使他"急切而激动地"想找个机会［309］了解代理本堂神父是依据什么原则，才能"始终如一地度过这样奇异的一生的"。至于代理本堂神父的生活究竟是怎么个始终如一法，读者要进一步了解了奠定他生活基础的"原则"之后才能进行评判；与代理本堂神父对他这种生活的理解一样，这一原则也是内在于这种生活之中的。在向改宗者吐露支撑和承载他生活方式的原则之前，代理本堂神父在对改宗者的道德教育征程中迈出了重要的第二步。与第一步一样，这个步骤同样关乎自爱心。叙述者回顾过去的时候讲到，那时他身上最难克服的是"一种愤世嫉俗的骄傲心理，是对世上富人和幸运者的一种痛恨"。代理本堂神父若想为他指出一条通向幸福的可行之道，就必须先治愈他的怨恨和他对那些所谓享受更好待遇的人的仇视，就必须使他摆脱一种盲目的观点，即他人都是牺牲了他才幸福的，"他们所谓的幸福"都是从他这里夺去的。一句话，代理本堂神父必须约束改宗者的自爱心，因为它会误导他去做些错误的比较，进而使他陷入无可救药的仇恨心理。如果说，道德教育征程中的第一步主要是"唤醒"［改宗者的］自爱心，激发它的建设性力量并鼓舞这个不幸者，使他恢复自信，那么，现在要做的就是适当约束自爱心，因为它的膨胀导致了改宗者的骄傲心理，使他不仅"更加看不起"常人，而且更加仇视常人。这样一来，人们一眼便可看出自爱心的两面性。它两次出现在框架故事中，这毫无疑问凸显了它在道德教育过程的两个步骤中的核心意义。尤其值得关注的是，自爱心在宗教教育中有着怎样的作用，框架故事对它的双重探讨是否会重现于代理本堂神父信仰自白的两部分中。㉒ 为了调和其弟子的自爱心，代理本堂神父致力于"使他在弟子心中撒播的理智和善意的种子［310］生发出幼苗"。他没有直接打击弟子的骄傲心理，而是让弟子从另一个角度看待他人，并由此培养其理智和善意。他启迪弟子认识自身和他人的种种谬误，让弟子看到他们其实都是些值得同情的人。他揭开他人幸福的面具，让弟子看到他人的痛苦；他打破富有所制造的虚幻假象，让弟子看到他们真正的不幸；他告诉弟子，这些人不值得他去嫉妒和仇恨，反倒该引起他的惋惜和怜悯。弟子由此看到，人们处处都沦为他们自己的和别人的罪恶的牺牲品。于是，这位弟子现在能够发现，"穷人在富人的桎梏下呻吟，而富人则在偏见的桎梏下呻吟"。这种看待同伴和自己的新方式使他有了一种新的优越感，跟他以前的骄傲心理相比，这种优越感不仅更柔和，且两者之间主要的区别在于，这种优越感能使他认清自身的不足。由此看来，这位学生仿佛学到了课程的核心内容。在其所受道德教育的第二部分末尾，作者首次让我们直面改宗者所受教诲的内容。从改宗者所转述的代理本堂神父的简洁言论中，我们看到，后者更像是廊下派智慧学说的信徒，而并非基督教信仰之师：

> 相信我，我们的幻象不仅不能掩盖反而增加了我们的痛苦，因为它们使本来没有什么价值的东西变成了真品，使我觉得缺少这又缺少那，但实际上，要是没有那些幻象，我们就不会觉得缺少什么东西了。心灵的宁静，在于把所有一切扰乱这种安宁的东

㉒ 在框架故事里，自爱心在段 X（页562）和段 XV（页564）中分别出现过一次。神和上帝分别在段 V（页560）中出现过一次。

西都不放在眼里。事事把生活放在第一位的人,其实是最不会享受生活的;而一个人若汲汲于谋求幸福,他往往会落得极其不幸。㉓

　　紧接着代理本堂神父的言论,是该作品中他与叙述者的两场对话的第一场。叙述者并未就他的第一部分言论提出任何问题,也没有追问他开场白中那句惹眼的话与他的信仰之间到底有何关系。叙述者完全沉浸在第二部分言论给他留下的深刻印象中,认为这部分讲话的意思是要人们绝望地放弃幸福:"如果要摒弃一切的话,我们为什么要来到这个世界上呢?如果把幸福也要视作粪土的话,谁还知道怎样才能使自己幸福呢?""我",这是代理本堂神父对该问题的简要回应。叙述者惊讶地追问他究竟做了些什么使自己幸福,他说,他将以自己的信仰自白来回答这个问题:"我的孩子,我愿意[311]告诉你。"幸福是改宗者本身真正感兴趣的问题,而他对代理本堂神父充满矛盾的信仰的兴趣则是有条件的。他追问代理本堂神父的幸福,这使后者必须解释其信仰的前因后果,因为在后者看来,信仰是他的幸福的根基或说原则,也是改宗者所谓的始终如一的生活赖以存在的基础。代理本堂神父要呈现其信仰的全貌,就意味着他要表露内心。在听完弟子的内心自白后,代理本堂神父也要将自己的内心向弟子开诚布公,他要向弟子和盘托出自己内心的所有情感和信念,要让弟子有机会如他审视弟子般来了解他。代理本堂神父宣告他有意于和弟子展开心灵交流,之后用一个拥抱表示他重视这一意向。在开始向叙述者发表他对启示宗教的批判性见解之前,他还将在自己信仰自白第二部分的开端重复拥抱这一动作和姿态。在听完代理本堂神父的整个信仰自白并详细了解其心灵境界后,改宗者将不仅能明白为什么代理本堂神父说自己是幸福的,而且——若他的想法和代理本堂神父一样——还会明

㉓ 段 XIII – XVI(页 563 – 564)。

白他应当怎样做才能幸福。这份信仰自白承诺将阐明代理本堂神父是如何到达幸福之境的，并向改宗者指出通往幸福的道路。然而，学生能够效仿老师走上幸福之路的前提是，他必须在最重要的问题上与老师取得共识，并且要像老师那样去思考。代理本堂神父的信仰自白中所述的幸福既不是一种崇高的热忱，也非源于纯粹的体会，而是基于一种独特的思维方式。代理本堂神父本着其"天性爱好"认为，这种思维方式与改宗者的天性吻合。代理本堂神父打算通过一次谈话向弟子讲述他对"人的命运和生命的真正价值的所有看法"。谈话选在一个夏日，地点在城外的一座小山上，它实际上是代理本堂神父的一次长篇讲话，其间，作为听众的学生只打断了他一次。在冉冉升起的旭日光芒沐浴下，在蜿蜒曲折的波河（der Fluss Po）与层峦叠嶂的阿尔卑斯山的注视下，师徒两人开始了这场对话。"我们可以说，大自然之所以这样把它整个的灿烂景象展现在我们眼前，为的就是要我们以它作为我们的话题。"在此之前，文中只一次提到过自然，即改宗者相信人的天性［译注：即人的自然］是邪恶的，这在很大程度上导致了改宗者的信仰危机。而在此，在这个框架故事的末尾，[312] 自然恢复了其整体风貌，它的出现显得气势恢宏而磅礴。代理本堂神父将试图解读的是伟大的自然之书，它是一切宗教文书的前提和先锋。叙述者回顾性地提到内心的和平——这是代理本堂神父有关幸福的讲话的核心对象，并展望了宗教和平——这是代理本堂神父有关启示发表的讲话的政治目的，他称代理本堂神父为心地平和的人（the man of peace）："这位心地平和的人就开始向我这样讲了。"㉔

㉔ 段 XVI – XIX（页 564 – 565）；参见段 X（页 560）。——起初，卢梭在这个框架故事最后一句话中称呼代理本堂神父为我尊敬的导师（马松编注版，页 34），这种提法曾出现在段 XIII（页 563）。称代理本堂神父为心地平和的人只出现在了此处这个最显眼的位置。与框架故事里心地平和的人相对应的，是信仰自白里心地平和的上帝，这是代理本堂神父用来对比启示宗教上帝时的一个称谓：段 170（页 624）；参见段 115（页 610）、段 125（页 614）。

要成功地解读《萨瓦代理本堂神父的信仰自白》,关键是要弄清,我们读到的是谁的信仰自白。成功的解读取决于我们对萨瓦代理本堂神父的认识和了解,我们要熟知他的故事和天性,要明白他如何看待其信仰自白所面向的读者,要明晰他陈述这份信仰自白时所抱有的目的。因此,要理解这份信仰自白——尤其是作为这份自白核心内容的自然宗教学说,框架故事是我们的基础。这个故事发生在具体时空中,不论是对其讲述者还是对其倾听者来说,它都并非无关紧要。我们若想正确理解自然宗教学说,或者说,我们若想明白作者让人陈述这一学说的意图,就应该悉心关注作者为陈述这一学说所选择的确切措辞及框架。举例来说——这个例子的意义绝不简单——作者在信仰自白前面插入的一番报告显示,自然宗教学说是否能成功地影响改宗者,取决于代理本堂神父是否正确估计和确定了其弟子的天性。如果这位学生是另一个爱弥儿的话,那么这一学说可能成功地影响到他,而如果他是另一个让-雅克·卢梭的话,则情形正好相反。自然宗教学说所面向的是非哲人,且它在这份信仰自白中也是经一个非哲人之口陈述的。如果说 [313] 有一两个读者听了代理本堂神父在框架故事中就幻象和内心平和发表的言论后,还可能会推测他是一个伪装的哲人的话——因为读者这时还不知道代理本堂神父是怎样理解"内心平和"这个词的——那么他们读到的信仰自白很快便会让他们有更清晰的认识。在信仰自白的开端,代理本堂神父承接了他之前的宣告,以"我的孩子"的称呼打开了话匣子。他解释说,这个"孩子"不应指望从他这里获得什么"渊博的学问"或"艰深的道理",因为他"不是一个大哲人",也不想做大哲人,但他多少有些常识,而且始终热爱真理。他坚信自己只是想将心中朴实的想法陈述出来罢了。接下来代理本堂神父对其人生经历所做的简单勾勒表明,他的开场白虽然远非一种意在让没有哲学天赋的听众忽视或远离哲学的修辞姿态,但这并不表示他是带着一种哲学意图存心与哲学保持距离——就如卢梭经常所做的那样。事实上,紧接下来的自白最重要的功能很可能就在于阐明代理本堂神父并非且为何成不了哲人。

首先,这位天主教神父和那位无名的加尔文教徒一样,都认为宗教事关传统惯例。传统和习俗决定了他要去"从事教士这一行当"。他出身贫苦农户之家,尽管人们想方设法让他去学习当教士,但父母和他本人都很少想到要借此去寻求美好、真实和有用的学问,他们只想让他获得从事该职业所必需的知识。他宣下做教士的誓言后却发现,他当初允诺"不做世俗之人时"便许下了自己不能遵守的诺言。他因与一位未婚女性的关系而陷入了一桩丑闻。他因此而被捕、被革除一切教职并遭到驱逐。虽然教士认为自己之所以遭遇这样的祸害,更多的是因为他犹豫狐疑,而不是因为他无法自制,然而,暴露他的"过失"的却是他"对婚姻的尊重"。㉕ 从少年时候起,[314] 他就把婚姻看作"第一个最神圣的自然制度"。在这位自然宗教学说之师看来,破坏婚姻将是一桩罪行,因为不管是现在还是过去,他都认为婚姻是经过了自然的神圣见证的。而他违背誓言却顶多只能算是一个过失,因为他认为这个誓言建立在传统习俗基础上,它的内涵是违反自然的。代理本堂神父所举的"第一个最神圣的自然制度",乃是这份信仰自白中集三个首例于一身的例子。首先,它是最早说明年轻代理本堂神父的信仰的例子,当然,代理本堂神父那时对他所信奉的婚姻神圣性的理解与他现在的理解不一样。其次,我们在此例中看到,代理本堂神父首次将"自然秩序高于人类一切律法和机构"这一学说运用于实践当中,或者说,代理本堂神父坚信人们更应服从自然而不是人类,而上述事例则刚好证明代理本堂神父在此信仰基础上提出了一项具体的道德要求。最后,上述事例首次向我们展示了代理本堂

㉕ 代理本堂神父在承认自己的"种种过失"时,是否愿意透露比叙述者所说的"与一个少妇的风流韵事"更多的内容,也就是说,"这些过失"是暗指他与一些女性的关系,还是说也表明他曾多次违背了自己的誓言,这一点并不肯定。段 5(页 567);段 IV(页 560)。参见段 XIV(页 563)。

神父的信仰中的一条教义。《论人类不平等的起源》的读者都知道，这条教义与卢梭的一个著名立场明显相左，这使他们在信仰自白的第四段里就能看清卢梭与代理本堂神父间的差别，从而避免将两人混为一谈。代理本堂神父回忆中的那个年轻的代理本堂神父还没有习得自然宗教学说。他还没有真正意识到良心与自然秩序的一致性，也不清楚井然有序的自然允许或安排他去做的事有哪些。㉖ 他从他因犹豫狐疑而招致的惩罚中得出一个结论：犯的过失越大，反而越能逃避惩罚。他身陷一系列杂乱无章的行为指令与虚伪的行为方式中无法自拔。他所遭受的不公正待遇使他陷入了信仰危机，就如后来他从天主教收容所拯救出来的 [315] 改宗者身上出现的信仰危机一样。他对"正义、诚实和做人的种种义务"的看法被颠覆，之前所接受的大部分思想也都已不复存在。他不知道自己该怎么想才好，并且最终落入了改宗者现在的处境：他身陷怀疑之中。㉗ 为了鼓励自己的弟子，代理本堂神父强调道，他所处的怀疑状态比改宗者的"更加难以打破"，因为他的怀疑是他在年岁日长和历经许多痛苦之后才产生的。然而，他更为强调的是，这种怀疑叫他无法忍受，并且怀疑本身就使人难以忍受，因而人们必须消灭它或放弃它。他从一开始就明确表示，如果他的弟子希望借助哲学来克服怀疑的话，那么这一定是别人给他出了个坏主意。他将自己以前的怀疑与"笛卡尔所谓的为了追求真理所必须抱有的那种怀疑"进行了比较，尔后又立刻补充说，只有"追逐利益或懒惰的心"能让我们停留在这种状态下，不然这种状态是无法持久的。代理本堂神父知道，哲人们能因他们的理论兴

㉖ 第三段中，代理本堂神父以"啊，我的好孩子"开端并面向听众发表了意见，这中断了第二段中以"我生在一个贫苦的农家"为开端的自传简介。他引入自然宗教学说的一些基本概念，并在此基础上评判他少年时犯下的过失，从而使叙述和反思这两个层面交织在一起。

㉗ 代理本堂神父身陷怀疑之中发生在信仰自白的第六段（页 567），而改宗者身陷此状则发生在框架故事的第六段（页 561）。

趣或灵魂中某种热切的渴望而保持怀疑状，且因此能够游离于不确定性之中。他发现，这种思考和冥想状对他们而言绝非毫无乐趣。即便在对哲人们"无所事事的激情"和他们的"自以为是"进行道德批判时，他也以他的方式承认，那种决定哲人生活的活动是自足的。[28] 但他这么说的意思是，他们的怀疑和心性不定不是万能的，它们无法切中对他们而言最重要的方面。

> 如果对我们应当知道的事物表示怀疑，对人的心灵是有强烈的戕害的。它不能长久地忍受这种戕害，它在不知不觉中要作出这样或那样的决定，它宁可受到欺骗，也不愿意什么都不相信。[29]

代理本堂神父认为，我们追寻真理时所获的知识并不能［316］告诉我们什么叫正确的生活，也无法使我们形成一种连贯的生活方式。因此他觉得，哲学生活只能建立在一种信仰的基础之上。此外他还认为，奠定哲学生活的基础的信仰，或者说被哲人当作基础的知识，并不足以使人们过上好的生活。我们可以认为，代理本堂神父所谓的"我们必须知道的那些重要的事情"，指的是其自然宗教学说能回答的一些问题，而在他看来，怀疑这些问题的答案是"过于暴力的做法"，或者说，这种怀疑须被另一种坚定的信仰所克服。这一点尤其体现了代理本堂神父与哲人的区别，也体现了他与卢梭的区别。与某些宣称不同的是，[30] 卢梭在［创作］这份信仰自白之前和之后都曾力证，他本人懂得如何带着代理本堂神父所谓的"怀疑"去生活，而一

---

[28] "……一个人如果爱他自身更甚于爱他的财富的话，就能保持他运用思想的习惯。"(段7〈页567〉。注意段177〈页631〉)。

[29] 段2–10（页566–568）。

[30] 参见《致伏尔泰的信》（*Lettre à Voltaire*），1756年8月18日，见 *CC* IV，页29。

位近代哲人则认为卢梭恰好有着一颗"能很好地将怀疑做枕的头脑"。㉛ 代理本堂神父描绘的哲人肖像再清楚不过了。虽说他尚未"败坏"到竟乐于处在笛卡尔认为的追求真理所需的怀疑状态中,但为了摆脱因怀疑而产生的痛苦,为了让自己不再胡乱怀疑,为了弄清"我存在的原因和尽我职责的方式",他不得不"请教"哲人们。他"翻看他们的著作",研究他们的种种看法,发现他们"都很骄傲、武断和自以为是",永远处于相互矛盾状态中的他们强于相互攻击和破坏,但却无力自卫。他们喜欢彼此嘲讽,因而他们之间能达成的共识也就只剩争论了。听他们的那些看法将不可能找到一条新的、通向坚定信仰的道路。代理本堂神父认为,这些杂乱无章、千差万别的看法,由人的智力不足和[317]哲人们的骄傲心理所致。人是一个庞大整体的一小部分,这个整体之庞大超乎我们理解,我们既不知道它"最重要的法则"和"最终目的",也无法理解我们周围那些"奥妙莫测的神秘事物"。他列举了人类无法认识的对象,并在其中说,我们不懂得"我们的天性和我们能动的本原","甚至连人是一个简单的还是一个复合的存在也不知道"。因此哲人的傲慢在于,他们以为拥有了人类根本不可能获得的知识,或者说他们立志要去研究他们必然无法明白的事情。然而这还不够。代理本堂神父评判哲人们的道德说,哲人们的动机并不是对真理的热爱,而是对荣誉、显赫声名和出人头地的追逐。他们当中每个人都知道,自己的"那一套说法"并不比其他所有人的说法更有道理,而他之所以维护它,仅仅因为那是

㉛ 施特劳斯,《论卢梭的意图》(*On the Intention of Rousseau*),见 *Social Research*, 14: 4, Dezember 1947, 页 482。有关[哲人]性格的描述参见尼采,《朝霞》(*Morgenröthe*) I, 46, 见 *KGW* V, I, 页 49;狄德罗,《哲学沉思录》(*Pensées philosophiques*) XXVII, 见 *OC* II, 页 33;蒙田,《随笔集》, III, 13, Albert Thibaudet und Maurice Rat 编, *Œuvres complètes*, Paris, 1962, 页 1050–1051 及 Ed. Jean Balsamo et al., Paris, 2007, 页 1120。

他自己的说法。㉜ 代理本堂神父还进一步评论道："看出真伪之后，就抛弃自己荒谬的论点而采纳别人所说的真理，这样的人在他们当中是一个也没有的。"在如此警告了要远离哲人之后，代理本堂神父转而求助于他的内心，也就毫不使人感到惊讶了。从此，他"请教"的对象从哲人变成了"内心的光明"。他认为"依照自己的幻想"去做，会比听信"他们的谎言"使他受害更少，也更有益于他的独立。代理本堂神父将出生以来依次影响过他的看法回想了一遍，以便在心里依次判断其盖然性（Wahrscheinlichkeit）的大小。"毫无偏见"地比较了它们后，他得出结论：第一个最为共通的观念即为最简单、最合理的观念。如果说它仍无法取得所有人的一致赞同，这只是因为，它不是人们所能给出的最后一条建议，也不是那些被最后问到的哲人所代表的观点。代理本堂神父闭口不提他在评判这些看法时如何做到丝毫不带偏见。如果人们未曾对偏见进行一种极端的批判、严格的审查，[318] 又何以做到这一点？相反，他展示了他弥补一种不足的过程，展示了他怎样使第一个流传最广的看法成为内心评判时最有发言权的看法，以便使它获得人们所一致认可的约束力。他邀他的弟子参与一项与历史事实不符的思想实验，并设想"所有古代和现代的哲人"首先对"[1] 力量、[2] 偶然、[3] 命运、[4] 必然、[5] 原子、[6] 有生命的世界、[7] 活的物质以及 [8] 各种唯物主义说法等一些怪异的想法体系"做了一番研究，穷尽了他们所能想到的一切可能之事，而在他们之后，"著名的克拉克擦亮了世人的眼睛"，因为他揭示了"生命的主宰和万物的施予者"。代理本堂神父惊呼道："难怪这套新说法会得到人人的佩服和赞赏。"我们愿这套新的

㉜ "最重要的是要跟别人的看法不同。在信仰宗教的人当中，他是无神论者，而在无神论者当中，他又是信仰宗教的人。"（段 14〈页 569〉）在手稿中，最后一句话起初是："在信教的人当中，他不信教，而在无神论者当中，他又是信徒。"（马松编注版，页 56）

说法真的有最后发言权,并且每个人论及它时看法都跟代理本堂神父所说的一样——尽管它跟之前的所有说法一样都包含一些"不可解决的疑难",因为人类的精神力量不足以解决一些最根本的问题,但只有它"把一切都解释清楚了",并且它与其他说法的主要区别在于提出了"直接的证据"。若想知道代理本堂神父所说的是哪种类型的证据,我们只消看看他对这位英国代理本堂神父的"安慰人心的新说法"的描述,他对比看待了它与哲人们——应正确理解为所有古代和现代哲人——的"那些怪异的想法体系"。他反对那些哲学体系将必然和原子看作其各项因素的核心,并适时用赞誉的口吻对这套一神论体系的特征进行了双重描述,说它"如此适合于培养心灵和奠定道德的基础"。㉝ "这套新说法"的优越性在于它的实用价值。这项思想实验逐步向我们提供了答案,告诉我们如何将第一个最简单、最合理的看法变成"最终的"看法。克拉克在代理本堂神父发言的大致日期前不久辞世,而代理本堂神父却用一个此后三十年才出名的修饰语暗示和描述了他,[319] 但这一暗示本身并非答案。㉞ 代理本堂神父很清楚,这套"最终的"说法被人人钦佩和一致赞赏的情形只是他的想象而

㉝ "……这一套新的说法是这样的伟大、这样的宽慰人心、这样的崇高、这样的适合于培养心灵和奠定道德基础,而且同时又是这样动人心弦、这样的光辉灿烂、这样的简单,难怪它会得到人人的钦佩和赞誉,而且在我看来,它虽然也包含人类心灵不可理解的东西,但不像其他各种说法所含的荒唐的东西那么多!"(段 17,〈页 570〉)

㉞ 克拉克(Samuel Clarke),1675 年生,1729 年卒。使他声名远播的两部作品都出自他 1704 和 1705 年在圣保罗大教堂的布道词:《上帝的存在与属性的证明:尤答霍布斯先生、斯宾诺莎及其追随者问:必然和命运反观下的自由观念及其可能性和确定性何得论述证明》(*A Demonstration of the Being and Attributes of God: More Particularly in Answer to Mr. Hobbs, Spinoza, and their Followers: Wherein the Notion of Liberty ist Stated, and the Possibility and Certainty of it Proved in Opposition to Necessity and Fate*) 及《论自然宗教的永恒义务及基督教启示的真理与确定性》(*A Discourse Concerning the Unchangeable*

已,事实并非如此。对这套说法的褒扬意在表明他对哲人的根本性批判,而并非为了把克拉克树立为权威,因为在这份信仰自白中,克拉克的名字除此之外再也未被提及。代理本堂神父转而请教内心这一做法,不可能只限于内心对他人的看法进行评判这个层面。如上述思想实验所述,这种请教内心的做法要求人们从历史上依次出现的"各种思想体系"中走出来,同时打破"这些观念"的传记性顺序。为了使他的"第一个"观念成为"最终的"观念,代理本堂神父必须用自己的方法找出最简单、最合理的观念,且在这个过程中,他必须能随时想到其坚定信仰,随时能总览其论证过程的核心步骤。代理本堂神父将"一切哲学"都抛诸脑后,只听信他对真理的热爱。他撇开了"种种空洞而使人难以捉摸的论点",始终坚持一个最简单的原则,即将那些他不能不"真心实意地"接受的认识看作是自明的,把同它们有"必然联系"的认识看作是真实的,对其余的认识,他都不作任何深入探讨地报以不置可否的态度。代理本堂神父并不急于获得"没有任何实用价值"的知识,[320] 也不急于去解决或回答诸如此类的问题。他倡导的是一种无条件的实践理性优先主义。㉟

代理本堂神父求助于内心的做法抛出了一个问题:究竟谁能对各种观念作出肯定或否定的评判,能判定认识是自明的、真实的或无关紧要的,而评判事物的合理根据又是什么。代理本堂神父开始了依靠

Obligations of Natural Religion, *and the Truth and Certainty of the Christian Revelation*)。我的引文出自这两部著作的一个合集版:第五版(修订版),London, 1719。伏尔泰在1734年的《哲学通信》(*Lettres philosophieques*) 中这样写克拉克:"阿里乌斯教派最坚定的导师是著名的克拉克博士。这个男人具有严谨的德行和温柔的品性,从他那劝人改宗的见解来看,他劝人改宗时发表的观点中业余多于狂热,他完全被计算和证明所占据,是一台十足的理性机器。"《第七封信,关于索齐尼派教徒,或阿里乌斯派,或反三位一体论者》(*Septiéme lettre. Sur les Sociniens, ou Ariens, ou Anti-Trinitaires*),朗松(Gustave Lanson) 考订版,Paris, 1919, I,页79。

㉟ 段7、9、12 – 18(页567、568 – 570)。

自身力量来获取一种新的坚定信仰的工程，他的方法是试图确定自我，而这个尝试显示出他阅读哲人著作的痕迹。"我存在着，我有感官，我通过我的感官有所感受。"第一个真理——根据他的区分我们应更确切地称其为——被他当做出发点的自明认识，导致了第一个怀疑："我对我的存在是否有一个特有的感觉，或者说，我是否只通过我的感觉就能感到我的存在？"奠定代理本堂神父的确定性并将他的自我与非自我区分开来的，既不是思考，也不是知觉，而是感觉。外在事物通过感觉刺激他，从而确保了他自身及宇宙的存在，这个过程并未包含对自我和非自我的特性的探讨，也就是说，这种首要的确定性在"唯心论者"与"唯物论者"的论战中持中立态度。代理本堂神父对他的感觉对象的思考进一步细化了他所作的区分。他感觉到自己内含一种能力，这使他可以主动在感觉对象之间建立起各种联系，并主动对它们进行比较和评判，而并非只是被动地去接受它们。他由此得出结论：感觉既是被动性存在（être passif），又是主动性存在（être actif），其主动性的一面包括比较和判断，包括注意、冥想和反思。"在我看来，能动的或聪慧的生物的辨别能力是能够使存在这个词具有一种意义的。"存在的意义基于一个判断。如果没有能动的或聪慧的生物，就没有世界这一说，也没有代理本堂神父最先怀疑的我的同一性（Identität des Ich）。有能力进行判断包含了误判的可能性。感觉与判断的区别，对应的是二元对立论中的被动性存在和主动性存在两个概念，这一区别导致的结果是，主动性存在被当成了差错与错误的来源。当理智确定个体、区分类别、[321]划归特性以及判断各种关系时，"它把它的错误同显示客观事物的真实的感觉混淆了"。各种感觉奠定了第一重二元论——我之存在与宇宙存在之间的二元对立——中的确定性后，又被代理本堂神父辗转运用到了第二重二元论中，并在其中代表了直接、无差错和毋庸置疑的真理。对感觉的被动性存在（être sensitif et passif）无需进行任何批判，因为它是先定的，故而也就对一切判断有了免疫力。代理本堂神父据此提出一个论据来说服弟子相信，与理性相比，感觉具有优先地位。他在进行判断时越少将"我的成分"掺杂进去，也就是说，他的判断中含有的主动性和智慧越少，他就越有把握接近真理——这真理内在于事物本身而并非在于对事物进行判断的精神之中："因此，我之所以采取多凭感觉而少凭理智这个准则，正是因为理智本身告诉过我这个准则是正确的。"到此为止，文中只一次提到过感觉，即在代理本堂神父将他的存在的感觉当作第一怀疑对象时。感觉必须经受得住怀疑，且必须获得理性的确认，只有这样，它才能成为可引证的可靠依据。代理本堂神父赋予感觉的被动存在以优先地位，认为它更接近真理，这使他能够顺理成章地从谈感觉（sensations）过渡到谈知觉（sentiment），进而主张感觉应享有优先地位。这同时使得能动的聪慧的存在（être actif et intelligent）扮演了一个易犯错且面临自欺危险的角色，而它又恰恰是代理本堂神父的信条得以建立的基础。㊱

代理本堂神父在求助于内心之后便开始关注外在世界。在宣称了感受的优先地位后，他并未径直谈及良心的声音。在确定了自我之后，他也没有立刻过渡到对其义务的考察。要依据实践理性优先原则来论及道德，他仿佛必须从与此最遥远的另一个领域开始谈起。代理本堂神父"胆战心惊"地发现自己被抛入巨大的宇宙之中，"迷迷茫茫地不识路径，宛如淹没在一望无际的生物海洋里"，既不知道它们是什么样子，也不知道它们之间以及它们与自己之间是何关系。他研究、观察它们，拿它们同自己作比较。他通过感官发现的一切东西都是物质，有些处于运动中，有些处于静止中。[322] 他由此推断出，运动并非物质的本质。若没有外力的作用，物质是不会运动的，因而它的自然状态在于静止。在这个对后续论证过程极为重要的地方，卢梭介入了，他用一个脚注更正并解释了代理本堂神父的说法：代理本堂神父所发现的静止只是相对的。我们之所以倾向于把相对的静止看

㊱ 段 19–32（页 570–573）。

作是绝对的,是因为我们将静止看成了我们多少可以"很清楚地想象出"的两个极端之一。如果可以把物质想象为静止的,那么,说运动是物质的本质就不对了。然而,我们可以把物质想象为静止的,这并不能推断出物质的自然状态是静止。同样,从代理本堂神父的被动性存在和主动性存在这一设想,我们也无法推断出感觉中不含任何判断,因此也不能说感觉能直接揭示刺激感官的对象的真理。这又好比我们不能说,代理本堂神父看到的物质的静止就是他自以为看到的那个样子。代理本堂神父相信,物质本身是被动的、静止的。因此,他必须,或者说他可以假设一种主动的非物质性存在来使物质发生运动。他发现物体有两种运动,即:因他物的影响而发生的运动,以及自发的或随意的运动。钟表的运动是一种被传导的或说外力作用产生的运动。而生物具有自发运动能力,对比他是通过类推知道的。他之所以知道有自发运动,是因为他感觉到自己有随意运动的能力:"我之所以知道有这种运动,是因为我感觉到了它。我想运动我的胳膊,我就可以运动它,这里除我的意志外,就不需要其他的直接的原因。"正是在此处,正是为了将意志确定为一种自发的,并非被传导或源于外界的运动的原动力,代理本堂神父提出,感觉是能为他提供确定性的最终依据,它能对抗我们可以想到的一切理由:"不论是谁都无法提出一个什么理由来使我不相信我身上的这种感觉,因为它比一切证据都更为明显。要不然,你就给我证明一下我不存在。"代理本堂神父感觉自己能凭意志使物质运动而引起一系列因果连锁反应,并且能将它们传递给其他物体,这种感觉激发他萌生出一种大胆且颇有成效的类推。他认为人的意志产生的种种行为具有自发性,[323]并由此出发推导出所有运动的第一原因,它们都源自一种自发的行为,而它们的产生也必定归结于一种意志。肉眼可见的整个宇宙都处于运动中。一些恒定法则决定着宇宙中的各种运动,这些法则是人们可以通过观察而认识到的。宇宙并不像自发运动的生物那样具有自由。作为一个整体,宇宙并不像一个生命物那样,各部分连在一起、有组织、有共同感觉,亦即宇宙并非一个能自发运动的庞大生物。因此,组成宇宙的分散而无生命的物质,必须由外在于宇宙的某种原因来推动,据说,他无法感觉到这种原因的存在:

> 然而内心的信念使我觉得这个原因是这样的明显,以致我不能不在看到太阳运行的时候设想有一种力量在推它,而如果知道地球在旋转的话,我简直觉得看见了那只转动它的手。

关于推动世界的外在原因,代理本堂神父认为,他虽然无法感觉到这种外因,但他内心的信念,或者更确切地说,他在内心的说服下却觉得这个原因如此明显,以至于若地球真在转动的话,他简直觉得自己感觉到了那只转动地球的手。这一切都表明,代理本堂神父的确定性的最后依据不是他的感觉,而是他的信仰。然而,光靠信仰还不足以获得"内在于事物的真理",所以代理本堂神父并未明确回答到底是太阳绕着地球转还是地球绕着太阳转这个问题。但信仰为人们在世上的实践指引了一个方向,也使我们了解了代理本堂神父类推的前提和结果:因为物质的自然状态在于静止,所以它的运动必然是由一种非物质性存在引起的。而因为世界不是一个庞大的生物,却仿佛是法则治下的一个整体,所以世间种种运动的原因就必定在于物质世界之外。第二个推理和第一个推理一致,且指出了代理本堂神父的目的:为避免原因和结果间的无穷倒退,必须找到这样一种第一运动,它本身不是由其他运动引起的,而是源自一个自发的、自由的活动。非生命体无法自行产生这样的活动,因为"它们只有在其他运动的影响下才能活动,并且没有哪一个真正的活动是没有意志的"。就这样,代理本堂神父从他内心最深处的确定性出发而推导出了最外在的原因,但却又仍停留在了他的[324]"第一原则"之上。但当他宣布这种类推的结果时,他已经不再谈感受,而是直接开始谈信仰:"我相信,有一个意志在使宇宙运动,使自然生机勃发。这是我的第一个定理,或者说我的第一个信条。"㊲

提出了第一个信条,便迈出了关键的一步。设定它后,就不难使其他信条以它为准则和基础,也不难将它们与它关联起来了。因此,它的状况尤其值得我们重视。代理本堂神父承认,他所设的定理是很模糊的,然而"它终究说出了一个道理",且丝毫不含有悖于理性和经验之处。因为就如代理本堂神父所说的那样,这一定理所指称的[世间运动的第一]原因是无法被经验到的,因而自然也就不会有悖于经验。至于该定理说出了个道理,这一点毫无疑问,因为它正是为此目的而被设定的。但它的模糊性如何能与理性相融呢?人既不知道又无法设想的事物——这难道不有悖于理性吗?代理本堂神父坦言,他对奠定他信念根基的最高原则,即意志的活动,一无所知:"一个意志怎样产生物质的和有形的活动呢?这我不知道,但是我在我本身中体验到它产生了这种运动。"他想移动他的身体,他的身体就移动起来;他体验到了某些事情,但他不知道自己所体验到的事情具体是怎样发生的。"我是通过意志的活动而不是通过意志的性质去认识意志的。"而关于他所说的推动物质的意志,他则既不知道其性质,也不知道他所说的活动。他只有借助自己的身体才能让意志去影响其他物体,即便他与生命体没有身体接触时想通过手势或言语行为来使它们运动,情况也是如此。在进行类推时,代理本堂神父必须假设意志能脱离身体而存在,且主动性存在也能脱离被动性存在。但是他却以各种方式解释说,发生在他身上的"两种实体"的联合,在他看来是"绝对不可理解的"。既然他都无法理解他身处两种实体的联合状态时所经历的事情,那么,对他根本无法经历到的"两种实体"的分离状态,他又能发表何种与理性不矛盾的看法呢?有关推动宇宙、

㊲ 段 33 – 40 及注释 2(页 573 – 576)。

使自然生机勃发的意志的信条是［325］模糊的，因为它源于某种意志活动。一旦这一信条中包含的——人们从一开始起就希望从它那里听取的——道理被公之于众，它便没那么模糊了。代理本堂神父紧接着便使它的图像明朗了不少："如果说运动着的物质向我表明了一种意志，那么，按照一定法则运动的物质就表明了一种智慧：这是我的第二个信条。进行活动、比较和选择，这些是一个能动的和有思想的实体（être actif et pensant）的动作。"意志决定于理智。推动宇宙的力量依据思考而赋予宇宙以秩序。世界秩序并非偶然和必然的游戏，而是深思熟虑的活动的结果。被代理本堂神父假设为开端的意志活动表现在立法者的作品里，代理本堂神父认为，立法者确保了整个宇宙有一个目的。虽然代理本堂神父不知道这个目的是什么，但是这两个信条却表现了他内心的信念，表现了他想要并希望这个目的存在。代理本堂神父打了个比方，说自己是一个首次看见打开了表壳的表的人，虽然他不懂得机器的用途，也从未看过表面，但却发现其中的每个零件都恰恰与另一个零件吻合，齿轮和齿轮之间配合得天衣无缝。这使他不禁佩服制表师的手艺，且深信，所有部分都有着一个共同的目的，只不过他无法感觉到目的何在罢了。就好比一块表暗示着一个制表师的存在，"宇宙中显而易见的秩序"也暗示着一种最高理智（suprême intelligence）的存在，它带着某种意图统治着这一秩序。只有这样一种意图，只有具有最高认识能力的存在的意志所宣告的道理，才足以使代理本堂神父找到一种新的坚定信仰。因此，代理本堂神父按照对作品（ouvrage）和工人（ouvrier）这对概念的理解，提出了他对世界的构想。他借用一个手工制作者的模式来解释世界，其目的在于让一切不动用意图、计划、目的等概念而去解释物质运动、世界和生命的形成、人的地位的尝试，都显得不合情理。因此，他揭穿了以下"谎言"［326］：有人说只消把铅字随便一扔，便能创作出像《埃涅阿斯纪》（*Aeneis*）这部实为遵从了其作者意图的

艺术作品。㊳这并非因为他懂得驳斥这个突出的例子所暗指的论据。㊴导致他这么做的关键原因不在于理论上的考量,也不在于他权

㊳ [原注39]([译按]因译文通畅之需,原书两个注颠倒了顺序。此为原注39,下一个注为原注38)不论出现的历史先后顺序,代理本堂神父在此所说内容关乎狄德罗的《哲学思想录》(*Pensée philosophique*)中最著名的一处:"我打开一位知名教授的记事本,开始阅读:无神论者们,我向你们承认物质是运动的;你们从中得出什么?……世界来自原子的偶然喷射?我倒希望你们能告诉我荷马的《伊利亚特》或伏尔泰的《中国孤儿》也是文字的偶然喷射。我会避免和一个无神论者进行这种争论。这种比较只会让他占便宜。他可能会这么对我说,根据偶然事件分析规律,如果一件事情具有可能性,那当它发生的时候,我就一点都不应感到惊讶,粒子的数量会对事件的难度进行补偿。无论用来创造出《伊利亚特》的字母最后的数量为多少,总会有一定数量的粒子让我更有优势:如果说给予的粒子数量是无尽的话,那我的优势也是无尽的。"(XXI,见 *OC* II,页28)卢梭不仅熟知该书的第二十一篇哲学思想对可见世界的偶然形成的思考,且狄德罗的论证还给他留下了持久的印象。1756年,他在《致伏尔泰的信》的一段中——这段对这篇充满异域色彩的文章而言显得过于大胆,因而最终遭到了卢梭本人的压制——写道:"我回想起关于世界的偶然形成方面,让我一生中最为震惊的是第二十一篇哲学思想,在其中他指出根据偶然性分析规律,当粒子数量不确定时,事件的难度就会通过粒子的数量增长而得到弥补,因此,人类应该对混沌的假设的存在期限,而非世界的真实诞生感到更为震惊。因为前者是在假设运动的必要性,在这种讨论方面,这是人们对我说过的最难以相信的内容。对我而言,我对常识不作任何回应,既不说它不是真的,也不说它是假的,不然的话,那就成了否认物质是运动的这一未知观念。"(*CC* IV,页61)有关《致伏尔泰的信》,参见一篇澄明的文章:Victor Gourevitch,《卢梭论天命》("Rousseau on Providence"),见 *The Review of Metaphysics*,53:3,2000年3月,页565–611。在《论人类不平等的起源》中,卢梭通常使用的论据是"时空平衡了事件发生时较低的盖然性",第一部分,页168并参见此页的评注。

㊴ [原注38]代理本堂神父承认:"说事物在可能产生的时候便产生,这我一点也不觉得奇怪,说困难的事情多做几次就能做成,这我也同意。"(段47〈页579〉)

衡了一种供参考的解释的可信程度。代理本堂神父认为他所举的二元实体论"是完全无法理解的",他在自己实践理性准则的指导下坚信整个宇宙有一个"统一的意图",并将它跟他认为没意义的"盲目命运"[327] 对立起来。存在的意义取决于一种明察秋毫的、能动、智性和有思想的活动。㊵

在接下来的七段中,代理本堂神父阐明了头两个信条的内容及其对他的好处。这七段构成了代理本堂神父言论的第一部分及他的信念的核心,包含了有关上帝及人在世间的地位的学说。㊶ 代理本堂神父首先细化了他对第一个信条的表述:"所以,我认为世界是由一个有力量和有智慧的意志统治着的,我看见了它,或说我感觉到了它,我是应该知道它的。"对他来说,重要的是知道什么导致了他的存在并规定了他的义务。一个有力量和有智慧的意志对世界的统治之所以对他很重要,是因为这关乎他在整体中的位置和他的生活方式。然而,他并不知道,而是相信自己应该知道什么。他相信一个有力量和有智慧的意志存在,这并非建立在所见的基础之上,而是建立在感觉或认为感觉到的东西之上。㊷ 而代理本堂神父明确地告诉弟子,是否知道世界是永恒的或被造的,是否知道万物只有一个本原还是有两个甚至多个本原,是否知道万物的本性,这些都无关紧要。只要这些知识对他"有意义",亦即,一旦实践理性原则要求他必须知道它们,他便会努力寻求它们,不然他是不会去考虑"这些空洞的问题"的,因为这会激发他的虚荣心,却"丝毫无益"于他的生活方式,而且还超出了他的理解能力范围。当代理本堂神父论及关键之处时,即当他论及"世界是永恒的还是被造的"这一基本问题时,他不但明确强调自己以实践理性为准,还提醒改宗者要记得他的警告:不要求助于

㊵ 段 41-49(页 576-580)。考虑本书卷一第七章页[279]-[282]。
㊶ 段 50-56(页 580-583)。
㊷ 参见段 38(页 575)。

哲人。因为这对他们来说绝非一个"无关紧要的问题"。在对启示信仰的探讨中,"必然还是创世于虚无中"这种表述成了一个关键,因为[328]启示信仰若想要阐明自身,就必须宣告这个问题,而这一表述也质疑了哲学的可能性。如果世界是从虚无中被造的,那么创世的权力便是无限的。它不受制于任何不由它创造的必然性,并且也能够毁灭、打断和撤销这种必然性。要谈论全能,创世于虚无中这一说法是必然的前提。而一说到全能,也就意味着一切皆有可能,没有任何事情是必然的。而如果没有任何事情是必然的,那么哲学也就是不可能的了。因为没有必然性,也就没有知识,也就没有"有关世界的智慧"了。代理本堂神父熟知其中的种种关联。然而,他想让改宗者远离哲学,这并不意味着他从哲人那里什么也没学到。至于他从他们那里究竟学到了多少,可以从以下情况看出:他在阐明自己的第一个信条时,并未将世界的统治权归于一个万能意志名下,而是归于一种有力量和有智慧的意志。㊸ 代理本堂神父很清楚,"世界是永恒的还是被造的"这个问题事实上关乎什么,㊹ 这体现在,他在下一段开端重提这个问题,并且将其中的"世界"换成了"物质":"不管物质是永恒的还是被创造的,不管它的本原是否消极或是根本没有本原,总之整体是一,而且还暗示了一种独特的智慧的存在。"在陈述了上面所有内容之后,代理本堂神父假装没有阐明他不得不阐明的内容。一直到结束其第二部分言论之前,他都避免与启示宗教正面交锋。但他自己很清楚,自然宗教与源起于全能和创世于虚无的信条无法相容。巴黎大主教尖锐地指责了卢梭,因为卢梭回避了代理本堂神

㊸ 不难理解的是,卢梭在阐明公民宗教(Religion civile)的第一个信条时提到一个神,这个神是强大的(puissante),但却不是全能的(tout-puissante)。参见《社会契约论》卷IV,章8,段33,页468。

㊹ 在第五十一段开端,代理本堂神父不无道理地声明说:"你始终要记住的是,我不是在传播我的见解,我只是把它陈述出来。"(段51〈页581〉)此处关乎一种特意表明的"谨慎"。

父所说的根本问题。而从卢梭在《致博蒙书》中对这一指责的回应来看，他显得比代理本堂神父更大胆。他不仅指出，历史上的哲人们[329]"都一致摒弃了创世这一可能性"，㊺他还明确界定了"创世观念"，即创世于虚无这一观念："在并非明显自相矛盾的所有观念中，这种观念对人类来说是最无法理解的。"㊻他认为，创世于虚无是一切神迹中最大的神迹。人们若认可了它，便没有理由认为其他一切神迹是不可能的了。

基于以上两个信条所假设的特性，代理本堂神父推论出一个集这些特性于一身的存在，而它在统治世界的过程中又展现了这些特性："这个有思想和能力的存在，这个能自行活动的存在，这个推动宇宙和安排万物的存在，不管它是谁，我都称它为上帝。"上帝一词在这份信仰自白第五十一段中首次被提及，代理本堂神父补充说，他"在这个词中"注入了他之前引入的智慧、能力和意志观念——洞见此时接过了指挥棒，有关意志和洞见的信条里包含的权力则处于核心地位。此外，他还使该词涵盖了仁慈这个观念，因为它是"前面几种

㊺ 在回应大主教指责的同时，卢梭还举了一个极富启发性的例子，为的是阐明该怎样解读身处作品审查环境中的作家们的作品："如果说我们难以理解物质的永恒和必然的存在，那么物质的被造肯定不是最难的；诸多普通人和哲人都从各个层面思考了这一主题，他们都一致抛弃了创世的可能性，除了一小部分人似乎虔诚地使理性臣服于权威，而他们的利益动机、他们的肯定态度和言论都让他们的虔诚颇为可疑，而一旦人们论及事实，就不可能保持这种虔诚了。"(《致博蒙书》，页 955) 另参见施特劳斯，《柏拉图〈法义〉的论辩与情节》(*The Argument and the Action of Plato's "Laws"*, Chicago, 1975) 页 150，及《迫害与写作艺术》(*Persecution and the Art of Writing*, Glencoe, Ill., 1952) 页 121、123 - 125。[译注] 中译见《柏拉图〈法义〉的论辩与情节》，华夏出版社，2011；《迫害与写作艺术》，华夏出版社，2012。

㊻ "……人们在创世这种观念中想象出，虚无仅靠一个简单的意志活动就变成了事物，在并非明显自相矛盾的所有观点中，这种观念对人类来说是最无法理解的。"(《致博蒙书》，页 956)

观念的必然结果"。他并未解释为什么第四个是前面三个观念,或说其中的一个或两个观念的必然结果。但他在首次提到上帝时便确信,上帝的这些属性之间有着必然关系,故而上帝也受制于必然性。[330] 代理本堂神父再次展示了,他究竟从哲人那里学到了多少,他在对他最重要的一个方面援引了哲人们的自然神学,但却没有且无法对此作出解释,尽管他接下来对这一点直言不讳。因为他接着说,他不能因此而认为他对他以"上帝"这个词所称呼的存在知道得更多,它躲躲藏藏地不让他的感官和理智发现它,并且他越去想它,便越是感到迷惑。[47]

> 我在它创造的万物中到处都看见上帝,我觉得它在我心中,我发现它在我周围,但是,当我想思考它本身时,当我想寻找它在什么地方,想知道它是什么样子,想知道它是什么东西构成的时候,它就逃避我,我迷茫的心灵便什么也看不到了。

代理本堂神父仿佛径直采取了一种做法,即禁止自己去想上帝到底是什么这个问题。然而,当人的理论理性提出这个问题时,它可以被看作无益或不允许的,可以被当作人类好奇心和狂妄自大的表现而予以驳斥,而当人类的实践理性要求人们去探讨它时,它便成了一个刻不容缓或说理应探讨的问题。故而,代理本堂神父在第五十二段大张旗鼓地强调实践理性准则的优先地位,且向读者保证说,因为他能力不足,所以他绝不会用理性推断去揣测上帝的性质,除非他所感受的上帝和他之间的关系"强迫他"这么做,即除非因为上帝的性质关乎它对他的影响,关乎他对自身的理解及他的义务、希望和恐惧,从而使他不得不去推论上帝的性质。用理性去推断上帝的性质"永远是很斗胆的事情"——故而各种启示宗教从一开始便禁止人们这么做,

---

[47] 参见西塞罗,《论神性》(De natura deorum) I, 60。

而"一个聪明的人必须如临深渊般谨慎从事",因为比起根本不去设想上帝,对上帝抱有不好的想法"是更为严重的渎神"。我们见证了以下整个过程:在实践理性的指导下,代理本堂神父首先肯定了探寻上帝性质的禁令,为的是从他的目的出发而使这一禁令失效;然后,他从听众所具备的前提条件出发,援引上帝的荣耀为支撑,从而要求人们很好地、正确地且不辱没上帝性质地对上帝进行思考,并由此为他 [331] 之后研究启示宗教信仰准备了第一条诉诸人身的论据(Ad-hominem-Argument)。⑱

代理本堂神父从思考上帝回到了思考他自身,为的是在他有关自然宗教的言论中心回答以下问题:神为他在其统治的万物中指定了哪个位置。他向改宗者提供了令人骄傲且振奋人心的发现和信息:由于他是人类,故而他"无可争辩"地占据了第一个位置。因为他有意志,又掌握着能用来实现意志的工具,所以他的

---

⑱ 卢梭曾用这条诉诸人身的证据来为其教育实践辩护,即:他对爱弥儿到十五岁了还对上帝一无所知这一情况持听之任之的态度:"我们不要向那些没有能力理解真理的人宣讲真理,因为那样做,等于是散布谬误。他宁可对上帝一点概念都没有,也不可对上帝产生鄙俗的、荒诞的、侮辱的和不尊敬的观念:不知道上帝的存在,总不如亵渎上帝的害处大。忠厚的普鲁塔克说:'我宁愿人家认为世界上根本就没有普鲁塔克这样一个人,而不愿人家说,普鲁塔克为人既不公正又很爱妒忌,而且还是那样专横,硬要人家去做那些做不到的事情。'"(《爱弥儿》卷 IV,页 556)卢梭在此指涉的是普鲁塔克《论迷信》(*De superstitione*,169E – 170A)中的一处,长久以来,它在对启示宗教的批判领域中占有重要的一席之地。参见狄德罗,《哲学思想录》XII,见 *OC* II,页 21;沙夫兹伯里(Shaftesbury),《一封有关热忱的信》(*A Letter Concerning Enthusiasm*)V,见 *Characteristicks of Men, Manners, Opinions, Times*,第五版,1732,I,页 40 – 41;培尔(Bayle),《有关彗星的种种思考》(*Pensées diverses sur la comète*),par A. Prat 和 Pierre Rétat 编,考订版,Paris,1984,两卷本,CXV,页 306 – 308;培根,《论说文集或实践和道德建议·第十七篇"论迷信"》(*The Essayes or Counsels, Civill and Morall* XVII, "Of Superstition", Michael Kiernan 编),页 54。

力量比周围“所有物体”的力量都大；因为他有智慧，所以只有他能总揽全局。奠定人类在世间的杰出统治地位的三个特性，是代理本堂神父赋予上帝的前三个属性的忠实写照，而不容忽视的是，他对人类第二个属性的限制具有重要意义。他在第五十三段末尾问道：“如果说只有我才能把一切事物同我联系起来，那么又有什么理由笑我认为一切都是为我而做的呢?”这显然体现了目的论，从其起源和结果来说，它等同于人类中心主义。在自然宗教的人类中心主义里，代理本堂神父的信仰自白与卢梭哲学之间的鸿沟赤裸裸地展现在我们面前。㊾ 代理本堂神父在勾勒人类对自身的理解所带来的后果时，一直在与卢梭作比。㊿ 代理本堂神父发表了一番振奋人心的讲话，将人类看作“地球上的主宰”，认为他“能够伸手触碰到统治着宇宙的手”，并因此而有了主宰者的尊严。他以此驳斥了那种“可悲的哲学”，这种哲学将人与动物做比并使人类近似于野兽。(51) 他认为——与卢梭不同——自己是个“朴实且真挚的人”，没有野心去当某个“学说派别”的首领，他对上帝给他安排的位置感到满意，并且如果他自己可以选择的话，这将是他为人类所能选择的最好的位置——这个想法并没有使他感到骄傲，而是使他十分感动。“当看到我的地位这样优越时，我怎能不庆幸自己占有这个光荣的地位，怎能不颂扬那把我安置在这个位置上的手呢?”他

㊾ 参本书卷一，第四章，页[158]-[163]。

㊿ 第五十四到第五十六段陈述了人类对自身的理解所带来的后果，这与第五十到五十二段中有关上帝的学说形成了完美的对称。上帝在第一部分的七个核心段落中出现了四次，神一词出现了两次，我们人类的创造者出现了一次。

(51) 马松及其后的很多评论者都认为这里面包含了卢梭对爱尔维修的《论精神》的指责。他们当中没有任何人考虑过，代理本堂神父有可能会同意《论人类不平等的起源》的作者认为他面临的不仅仅来自教会方面的那种批判。

对人类的"创造者"充满感恩,对这慈悲且"至高无上的权力"充满崇高的敬意。他不需要别人教他心怀感动、感恩和敬意地去崇拜上帝,因为这是"天性教我这样做的"。"我既然爱自己,难道我不会自然而然地去尊敬和爱戴保护我们、造福我们的人吗?"然而,代理本堂神父所崇拜的至高无上的权力既没有像保护其他生物那样保护人类,也没有像造福其他生物那样造福人类,而是展示了人类是地球的主宰,并且,与代理本堂神父对"人类的创造者"所产生的感恩和祝福直接相关的是,人类在万物的秩序中占据第一的位置。自然宗教崇拜的根本养分是虚荣心。虚荣心与代理本堂神父认为人类拥有的特殊地位之间的联系如此紧密,这就好比那个雅典异乡人对人类的褒扬——他认为在一切生物中,人对神最为崇敬——[333]是随着神对人类的偏爱而诞生的一样。㊾

代理本堂神父的信仰自白与雅典异乡人的信仰学说之间展现出来的共同点意义深远,足以使我们在此驻足片刻。这些共同点首先体现在,异乡人阐明了他向一个假想青年发表的言论——穿插在他与来自克里特和斯巴达的两位老者的谈话之中——的意图,即他想通过自己的指导,使这位尚可塑造的听众有能力正确地思考众神,从而去过"一种高尚的生活"。㊿这些共同点还体现在他们的教诲内容中,既包括我们即将了解到的一些关乎道德的重要内容,也包括我们已了解的信仰的关键前提。比如,异乡人预示了代理本堂神父后来用以支撑其

㊾ 柏拉图,《法义》X,902b5 – 6(Ed. Eduard des Places und Auguste Diès)。"人类的虚荣心与其对宗教的虔信密不可分。"Seth Benardete,《柏拉图的〈法义〉——发现存在》(Plato's "Laws". The Discovery of Being, Chicago, 2000),页309。在第五十六段末尾,代理本堂神父谈及的不是虚荣心,而是自爱,这仿佛重新承认了人与其他生物的共性,从而适当掩饰或缓和了他之前极力突出的人的特性。

㊿ 柏拉图,《法义》X,888a4 – b4。

前两个信条的根本性设想和论据。㊺ 但两者之间最主要的共同点似乎在于，他们都反对哲人们将世界的形成理解为自然与偶然［334］相互作用的结果，反对他们将世界的持续存在看成是内在于世界的某种运动的结果；同样，就像异乡人所明确表示的，也正是这些哲人认为，众神的存在不应归功于自然，而是应归功于传统和惯例。㊻ 代理本堂神父的信条与异乡人学说的共同点在于，它们所代表的是同一件事情的不同说法，它们都是具体历史时期中对自然宗教的改写。与实证性或说区域性宗教不同的是，自然宗教的基础并非传统或惯例。没有任何权威能代表和保证它，它依据的是纯粹理性，它源于并始终依赖理性的信念。自然宗教是理性对社会人的信仰需求作出的回应。在历史上，一旦实证性宗教不再或即将不再可信，自然宗教就有了现实意义。这种情况可能出现在以下情境中：宗教代理人的实践损害了人们顺从宗教的意愿；宗教内部矛盾爆发而导致人们背离宗教；各种区域性宗教之间相互矛盾，使人们必须寻找另一种更高级的宗教；这些区域性宗教有了一个不断撼动其权威的竞争者。不论是过去还是现

㊺ 这位异乡人将运动和被推动这一连锁反应归结于一种自发运动的存在，他称这种存在为灵魂，并认为它是有生命的。他设想，ψυχή［灵魂］、νοῦς［人的心智］、τέχνη［技艺］先于物体及可见世界诞生，他和代理本堂神父都使用了作品和作品创造者这一手工业者解释模式。他没有解释灵魂是怎样推动物体——如太阳及其他天体——的，就好比代理本堂神父没有解释主动性实体是如何影响被动性实体的。那个异乡人自己并没有得出结论说，宇宙整体的运动由最好的灵魂所导致、听从神性智慧的领导，而是把这个任务留给了虔信的克里特岛人克莱尼阿斯；与此相对的观念则是无神论的、邪恶的。柏拉图，《法义》X，892a-b、893a6-7、893b、894b-895c、896a-b、897b1-3、898c1-9、899a3-4、899b2-8、902e5-903a3；参见 XII，966d9-967a5 及 d4-e2。

㊻ 柏拉图，《法义》X，888c-890a，尤 889b2 和 c6（自然和偶然）、889e4-6 及 890a5-6（众神的存在）。参见《爱弥儿》卷 IV，页 552、646；《社会契约论》卷 I，章 1，段 2，页 352 及卷 IV，章 8，段 1，页 460。

在，当出现崇拜、信仰和道德等危机时，哲学从未表示过无动于衷的旁观者姿态。萨瓦代理本堂神父和雅典异乡人都明确指出了哲学可能引发的种种危险。然而，被这两人认为应该考虑这些危险的自然宗教——不论由谁来宣扬它们都一样——却从哲人们的思考和行动中获益匪浅。卢梭和柏拉图都毫不怀疑，自然宗教学说始终在关注来自哲学方面的挑战。[56] 两人陈述过程中的共同点在于，他们都考虑了各自所处的历史环境、信仰形势、哲学影响，并且都准备恰当地去适应这些环境。因为自然宗教存在的理由在于靠理性 [335] 去促进信仰，所以，为了能影响信仰或唤醒信仰，它必须以其接受者所处的历史视域为准绳。而自然神学（Natürliche Theologie）则完全不同，它既无需哲人们当作学说来宣扬，也不需要信仰。自然神学的研究对象是 ϑεός [神] 这个与哲学同出一源的问题。[57] 它的任务在于思考上帝的性质、阐述上帝的特性以及阐明何为上帝这个问题的依据是什么，它服务于对衡量标准的阐述。自然神学进行的是反思和批判工作。[58] 这

---

[56] 参见 [卢梭对《自白》的] 附注 10, 页 607 及附注 18, 页 632 - 635；参见段 107, 页 606；Platon,《法义》X, 886b10 - 887a2、891b2 - 4；参见 XII, 948c。

[57] 参见 Heinrich Meier,《施米特的教训》(*Die Lehre Carl Schmitts*), 页 138 - 141 及其第三版 (Stuttgart-Weimar, 2009) 页 299 - 300；《神学 - 政治问题——论施特劳斯的论题》(*Das theologisch-politische Problem. Zum Thema von Leo Strauss*, Stuttgart-Weimar, 2003), 页 45 - 47。

[58] 本书谈及的自然神学所指的只是哲学反思和批判，它们在文中以及上面所引的第 2 和第 4 章之处都有进一步界定。我很清楚，大部分作家对自然神学和自然宗教这两个概念不作区分，把它们当作同义词用。而这种区分若能够帮助我们澄清事实并且不忽视哲人的意图时，就会显得尤为重要。比如，根据我们对自然神学与自然宗教的区分，萨本德的莱蒙特（Raimundus Sabundus）的著作《自然神学或万物之书》(*Theologia naturalis seu liber creaturarum*) 中所呈现的是一种自然宗教学说。该书于 1485 年至 1852 年之间再版不下十四次，蒙田对该书的译介使得"自然神学"这个概念在托马斯主义（Thomismus）和加尔文主义（Calvinismus）之外的意义上广为人知。此外，

并非代理本堂神父要做的工作,尽管我们已经看到,只要是自然宗教所必须或能吸收的哲学思考的重要结果,代理本堂神父都加以援引。

然而,代理本堂神父带着一个大大的"但是",从他对宇宙看法的光辉灿烂的道德制高点走下来,他离开了人类在万物秩序中占有的第一位置,也不再对至高无上的权力顶礼膜拜,而是下行至充满罪恶阴影的人类世界。[336] 当他想认识他个人在人类中的地位时,他所看到的景象与他之前设想的秩序井然的整体——这一设想让他相信世界由一个有力量、有智慧的意志统治着——形成了鲜明的对比:大自然是那样和谐,那样匀称,而人类则那样混乱,那样无序,一团糟糕。

> 所有的动物都很快乐,只有它们的君王才是那样的悲惨!啊,智慧呀,你的规律在哪里?啊,上帝呀,你就是这样治理世界的吗?慈爱的神,你的能力用到什么地方去了?我发现这个地球上充满了罪恶。

人类中心主义颂扬人是自然的目的,并赞誉人为受上帝恩赐的地球的主宰,但它却使上帝为受恩赐的人类的苦难而忧心忡忡。若不能把立法,不能把对世界的直接统治看作是智慧的杰作的话,那么人类世界的罪恶便成了智慧的问题。若所有运动的产生最终都可归结为一种蓄意的行动,那么一切事物就都面临着其道德合理性问题。代理本堂神父为减轻上帝负担而选择的出路——划定一个自由王国,并将罪责转嫁给人类——在他之前多人都曾试着走过。代理本堂神父在这条路上一直前行,直到他找到了温和的道德主义所提供的答案:罪恶存在的

这本著作于作者身后出版,其成功的标题并非出自作者本人之手,他当时所起的标题为《自然或万物之书》(*Liber naturae sive creaturarum*:Friedrich Stegmüller 编,Stuttgart-Bad Canstatt,1966,页 25)。

合理性在于，它能唤醒开启内心幸福之境的道德功劳意识。代理本堂神父以内心幸福之境为准绳缓和了道德主义，而只有在他所发现的最伟大的弟子的严格的法律思维中，他才无需这种缓和举动。然而对此我要抢先一步进行说明。代理本堂神父向这位他首次称呼为"我亲爱的朋友"的年轻听众解释说，他所寻到的"关于灵魂的崇高的观念"，恰恰归功于这些"悲观的看法和明显的矛盾"，即：罪恶才是促使他内心形成这一崇高观念的真正动因。他认为，他在思索人的天性时发现了它的两个截然不同的本原。其中一个本原促使人"去研究永恒的真理，去爱正义和美德，去进入智者怡然沉思的知识领域"；而另一个本原则"使人故步自封，受自己的感官和欲念的奴役，而欲念是感官的指使者，正是这些欲念妨碍他接受第一个本原对他的种种启示"。代理本堂神父感到自己就像"两种矛盾的运动" [337] 相互斗争的战场。从这一体会中，他首先推导出一个人类中心主义的二元论，而后又推导出一个形而上学的二元论："不，人的感受不是单独一方面的；我有意志，我又可以不行使我的意志，我既觉得我受到奴役，同时又觉得我很自由；我知道什么是善，并且喜欢善，然而我又在做恶事。"对主动性存在和被动性存在的区分，曾指引着他从人类行为出发找到了头两个信条，在此，这一区分又以新的分类法再次出现了。现在他认为，当他听从自己的理性时，他是主动的，而当他受到欲念牵制时，他是被动的。我们已经可以从代理本堂神父的措辞看出，他重新运用主动和被动时缺乏一种说服力，而在有理性的常人看来，有关引发运动的主动意志的言论，以及有关被迫运动的被动物体的言论是有说服力的。在代理本堂神父的新用法当中，主动意味着对欲念的掌控，被动则意味着被欲念掌控。意志被理性所决定时，它是主动的或自由的，而意志被欲念所掌控时，它则是被动或不自由的。在我们得出理性统治与欲念统治之间的对立后，代理本堂神父插入一段题外话，再次开始强调良心（la conscience）在教育中的作用,(59) 将人身上相互矛盾的“两个本原”归结为一种道德对抗关系，且它又绝不等同于理性与欲念的二元对立。代理本堂神父稍后将展开论述他的良心学说，而若像他将假设的那样，即，“如果承认爱自己甚于爱一切是人的一种自然倾向，如果承认最基本的正义感是人生而有之的”，那么人们要解释清楚上述对抗关系，就必须承认有“一种以上的实体”。(60) 出于道德方面的考虑，［338］代理本堂神父提出一个形而上学的二元论，且驳斥了唯物主义者对它的异议。在此，他再次援引之前推论时所依据的内心信念：“每个运动的第一原因”必然是一种意志，因此必然听从一种意图。(61) 在这段题外话末尾，*主动性存在*与*被动性存在*的区别，转化成了*无形的存在*（être immateriel）与*有形的存在*（être materiel）的区别，并且，战胜“肉体法则的灵魂的声音”——欲念也是肉体法则——证明了“自由的感觉”。当代理本堂神父再次论及“能被看作自由的意志取决于什么”这一问题时，他又涉足了另一片领域。确切来说，顺从理性而不受制于欲念的人的意志所遵循的是人的判断活动，这种判断取决于他

---

(59) “年轻人啊，你要深信不疑地听我的话，因为我始终是诚诚恳恳地说的。如果说良心是偏见的产物，我当然是错了，而公认的是非也就没有了，但如果……”（段 59〈页 583 - 584〉）代理本堂神父第一次谈到良心是在第三段中，他那时称改宗者为“啊，我的好孩子”：“人们告诉我们说，良心是偏见的产物，然而我从经验中知道，良心始终是不顾一切人为的法则而顺从自然秩序的。要想禁止我们这样做或那样做，完全是徒然的；只要我们所做的事是井然有序的自然所允许的，尤其是它所安排的，我们就不会受到隐隐的良心的呵责。”（段 3〈页 566〉）

(60) 在对道德对抗关系的表述中，代理本堂神父所论的“最基本的正义感”承接了他赋予“第一原则”的核心目的：“爱正义和美德”。但他没有提及暗示了哲学的其他两个目的。段 58、59（页 583、584）。

(61) “没有哪一种物质的存在其本身是能动的，而我则是能动的。人们徒然地同我争论这一点，因为这是我感觉得到的，这种感觉对我的影响大过同它斗争的理性对我的影响。”（段 63〈页 585〉；参见段 36〈页 574〉）

的由智力中演化出来的能力或说他的判断能力。简短来说:"决定性的原因存在于他的自身"——即便不依靠所设定的形而上学的二元论,这一说法也照样成立。代理本堂神父坚持认为他的意志自由必然以自身的福祉为准绳,他还花同样多的笔墨阐明,自由并不意味着人需撇开他的身份,更不是说他需放弃他的天性,这些也都不依赖于形而上学的二元论:

> 当然,我虽然是自由的,但不能自由到竟不希求我自己的幸福,不能自由到竟愿意自己受到损害。不过即使我这样做,我的自由也在于我只能希求适合我的东西,或者在没有他人的影响下我估计是适合我的东西。能不能因为我只能作为我而不能作为另外一个人便说我不自由呢?

直到代理本堂神父从"主动性原则"中总结出他的第三个信条,有关形而上学的题外话才给他带来了收获:"因此,人在他的行动中是自由的,而且在自由行动中是受到一种无形的实体的刺激的,这是我的第三个信条。"从这前三个信条可推导出其余所有信条。[62]

[339] 从第三个信条中,代理本堂神父直接推导出为上帝减负的方法。既然人是自由的,人的行为也是自由的,那么"他的一切自由行为就都不算是上帝有系统地安排的"。人与其他生物不同,他内含无形的实体,这为人类开启了一个自由王国,它"不能被划归为"天意。尽管如此,就如我们稍后将看到的,这一王国仍处于神性审判权的治下。天意"绝不希望人滥用天赋自由去做坏事,但却并不阻止人做坏事"。若天意能阻止人做坏事,却任人在它秩序井然的总辖区中作恶,难道它不该对此负责吗? 也就是说,它为何不阻止人类滥

---

[62] 段 57 – 66(页 583 – 587)。

用自由？作为这些问题的答复，代理本堂神父列举了两种可能性，它们分别与第一原理中人的哲学天性和道德天性相符：这要么是由于"这样柔弱的人所做的坏事"在上帝看来"算不了什么"，要么是由于上帝若阻止的话，就不得不妨碍人的自由，不得不因为"贬损"人的天性而"做出更大坏事"。第一个答案与代理本堂神父至此所阐述的自然宗教明显不相符。它不仅恰好否认了人类中心主义所强调的人类作为"地球上的主宰"的重要性，更重要的是，它与奠定三个信条基础的整体道德观相左。不过代理本堂神父立刻又保证道，上帝对人的力量施加了极严格的限制，"以致即便人滥用上帝给予的自由，也无法扰乱总的秩序"。关于人在总的秩序范围内所能做出的恶事，代理本堂神父用缓和的口气补充道："人做了坏事，就自受它的恶果，对世界上的万物并无影响，而且，尽管人类遇到了人所做的坏事，也无碍于它的生存。"然而，这些补充都无法掩饰第一个答案的关键点，即人类所做的坏事在上帝眼里算不了什么，因此，智慧的神并不操心人的道德问题。[63] 故而，代理本堂神父只能完全依靠第二个答案。若天意要实现其为人确定的目的，那它就不能阻止人做坏事。因为神不是万能的，但它关心人类的道德问题，这个问题与人的目的密不可分。上帝赋予人类优良的道德、自由的天性，使人类具有使自身行为"高尚"的道德，并赋予人类"修持美德的权利"。人类由此看到，幸福的前景主要在于通过道德功劳来实现自我。"人最大的快乐就是对自己感到满足，正是因为应得到这种满足，我们才在这个世界上诞生，才拥有自由，才受到各种欲念的引诱和良心的约束。"道德功劳意识以恶事的可能性为前提。当人们意识到道德功劳并因此享受其中时，恶事便有了存在的合理性。以此为背景，代理本堂神父第一次在言论中向上帝发出了呼喊："不，我灵魂的上帝，我

---

[63] 参见柏拉图，《法义》X，885b7 - 8、888c4 - 5、899d5 - 6、900b2 - 3、901b8 - c1。

绝不责难你按你的形象来创造我的灵魂,使我能像你那样自由、善良和快乐!"根据所见所闻,我们可以认为,代理本堂神父是按照有德之人的形象来设想神性幸福之境的。也正因如此,他向上帝发出的呼喊凸显了神的正义的问题,而要充分回答这个问题,光靠从自由和道德必然性中得出恶事的合理性显然不够。代理本堂神父退回一步,从更远处着手将上帝为人类设定的特殊目的暂且搁置一边,为的是首先阐明何为天意注定的普遍的善。"精神上的痛苦毫无疑问是我们自己造成的,至于身体上的痛苦,若不是我们做的恶事使我们感到痛苦的话,是算不了什么的。"不论从哪个角度看,人都是作恶者。除掉人的进步、谬误和过失,没有了人自身的作为和作品,一切就都是善的。[64] 若一切都是善的,便不存在任何不公之事了。上帝的善是对[341] 人们追问上帝正义的第一个回应。普适天意秩序为人安排的道路使人充满了期待,与此不同的是,代理本堂神父并未将上帝之善与上帝的造物之善关联起来。事实上,他与之前和之后自然宗教学说的某些拥护人的不同点在于,他并没有从上帝之善的影响来推导出上

---

[64] 在第68和69段,代理本堂神父使用了一个论据,卢梭在《论人类不平等的起源》中和其他地方都曾用过它,为的是将天性还原为一种动物性状态或说朴实状态,并为这种状态"辩护"。若不是因为外在生活环境的各种变化使人不得不远离这种状态,他本可以"永远"保持这一状态。但在自然宗教学说中,这一论据丧失了一切说服力,因为世界在此被看作是上帝有意安排的,人发展成为道德存在是上帝的旨意为人类设定的目的。比如代理本堂神父在论及欲念和死亡时是这样说的:"生活在蒙昧而朴实无知状态中的人们痛苦何其少!他们几乎没患过什么病,没起过什么欲念,既预料不到、也意识不到死亡";"预料到死亡必将使我们恐惧死亡,从而加速死亡的步伐;我们愈是想逃避它,便愈是觉得它在我们身旁;因此,我们这一生是被吓死的,且临死时还把我们因违背自然而造成的罪恶归咎于自然。"(段68〈页588〉)根据代理本堂神父刚刚阐述的教条,作为道德存在的我们获得"最大的快乐"的前提是"受到各种欲念的引诱",并且就如代理本堂神父所认为的那样,我们的行为中体现出来的高尚道德与对死亡的预知紧密相联(段67〈页587〉)。

帝之善，而是把这种善本身理解为一种必然性，即"善是一种无穷的力量，是一切有感觉的存在所不可或缺的自爱的必然结果"。通过创造和保存一切，上帝展现了这种善的权力，并且"可以说是将它的存在延伸至万物的存在中"，因此，上帝若是"行毁灭和为害于人之事"，便会伤及自身，这便是代理本堂神父所谓的上帝的自爱。⑥
无穷的力量意指这位——在必然性王国内的——"无所不能"者一心向善。在此，代理本堂神父依据了自然神学的一个基本构想，卢梭在他加注的一个解释中强调了他在重构自然状态时提出来的这一构想：善来自力。此处的"力"应理解为一种不会招致妒忌的强大力量，它是一种能在需求与满足需求的手段之间保持平衡的能力，是一种自足性。代理本堂神父解释道，一个存在之所以是至善的，那是因为它至大至强，或者说只有在一个存在至大至强时，它才是至善的。他这么说，其实已涉足了卢梭的自然神学和人类学领域。但代理本堂神父并未止步于探讨善的存在，他旨在探讨正义。[342]"因此"，他认为，一个至善的存在也必是最正义的，如若不然，"它便是自相矛盾的"。至善理应是持久性的。⑥ 若它不具持久性，或它是非理性的，那便不能被称作是至善的。代理本堂神父的说法再次暗合了自然神学。至于为何说至善的存在若非最正义的存在便是自相矛盾的，代理本堂神父通过一些定义给出了回答，这些定义将善和正义看作一个事物的两个方面："因为我们所谓的善，就是因爱秩序而创造秩序的行为，而我们所谓的正义，就是因爱秩序而保护秩序的行为。"向善的意志表现于爱秩序，若这种意志不愿保存它创造的东西，那它便是自相矛盾的。就这样，代理本堂神父在理应持久的至善存在与理应关怀他人的最正义的存在之间架起了一座桥梁，并由此离开自然神学领域，表露了自然宗教对最高存在的自足性的要

---

⑥ 参见柏拉图，《法义》X，902b8-9。
⑥ 参本书卷一，第二章，页[51]。

求。⑦ 有了这些准备工作后,代理本堂神父踏入启示宗教的领地——他第一次谈到了被造物,并开始与保罗及其后继者的恩典学说针锋相对:⑱

> 人们说,上帝对被造物没有欠付任何东西。我则认为,它欠付它在赋予他们生命时所应允他们的一切。它使他们具有善的观念,使他们感觉到对善的需要,这就等于是许下了要把善赐予他们的诺言。

在援引正义的基础上,代理本堂神父认为[人]理应获得的善不是别的,正是至善。他在他内心读到了"被刻入的这样的话:行正义之事,你便可得福"。正义之神亏欠正义之人的酬劳是幸福。但"从人类当前的处境来看",他却发现正义之人并未获得这份酬劳。现在的情况是"坏人命运亨达,而正义之人则一直受压迫",这使正义之人内心充满了愤怒;甚至良心也奋起反抗[343]"它的创造者",为的是以正义的名义控诉它的创造者。这一切都表明,自然宗教提供的至高快乐,或人会意识到他赚到了道德功劳这一事实,在正义之人看来都不足以为恶的存在辩护。⑲

[自然宗教]解答恶的合理性时所提出的答案,暗示了普适的天意及其为人类设定的特殊目的,但这个答案是不足的,这促使代理本堂神父要求正义的上帝逐一关怀世间万物。人类对天意的期待与他们当前的处境之间出现了一道鸿沟,因而,代理本堂神父在此设想,人

---

⑦ 参本书卷一,第二章,页[92] - [93]、[97] - [98],及第五章页[193] - [195]。

⑱ 保罗,《罗马书》IX,11 - 23。参见卢梭对保罗的批判:《山中来信》I,段 49、58、69,页 700、702、705;III,段 31 注释 3、段 95,页 735、754;V,段 122 注释,页 798。

⑲ 段 67 - 71 及附注 7(页 587 - 589)。

在死后的生活中将会得到弥补。[70] 这种弥补的前提是有关两种实体的学说。"如果灵魂是无形的，那么，它在身体死亡之后也能继续存在；如果它比身体存在得久远，那就证明上帝是无可怀疑的。"代理本堂神父怀着一种希望：随着死亡的到来，"一切都会恢复秩序"，在生命过程中超出秩序的一切事物，干扰和违反秩序的一切事物，都会归位。这种希望真正为上帝减轻了负担，从而成了世界道德秩序最重要的支撑。"即便没有其他证据，我单单从这个世界坏人得意和好人受压的情形来看，也能深信上帝是无可怀疑的。"在此，有关两种实体的形而上学所遵从的实践性意图已体现得再明显不过。代理本堂神父解释道，在假定了两种实体后，身体和灵魂的统一体的瓦解允许信仰的存在，身体会消亡，灵魂却能自持。也正因如此，我们可以看出，代理本堂神父并未止步于证明上述形而上学是可能获得的彼世弥补的条件，而是走得更远。他将此世中身体和灵魂的统一体贬低为一种"充满猛烈冲突的状态"，且将这个统一体的毁灭看作是身体和灵魂各自"重返自然状态"的时刻。这样一来，死亡便成了一种解放行动。"有活力的能动的实体收回了它以往用来推动那没有生命的被动实体的力量"。[71] 道德关怀最后导致了生死的互换："唉！我从我的罪恶中清楚地体会到这个道理，[344] 一个人一生中只不过活了他生命的一半，要等到肉体死亡后，他才开始过灵魂生活。"尽管如此，代理本堂神父坦言，他对这种寄托着正义之人的希望的灵魂生活一无所知，也不知道灵魂"是否由于它的性质而永不死亡"。事实上，他此前和此后都从未谈到灵魂不死这个概念。"我相信，灵魂在肉体死亡之后还能活足够的时间以保持秩序，不过，谁知道它能不能永久持续呢？"代理本堂神父在言论中表露了对死后生活的希冀，这回应了他对正义的要求。这一希冀并非源于人对永生的

---

[70] 参见柏拉图，《法义》X；903b1 及 904a6-905d4。
[71] 参本章脚注[54]。

追求，也并非从人对永生的所谓天生需求中推导而出。因此，未来的生命的长度只要足以让正义得到弥补即可。⑫ 由于这一弥补面向"受压迫的正义之人"，或说是对此生不公遭遇的一种抵消，故而未来生命的长度可能因个体不同而存在很大差异。由此导致的结果是，那些在此世幸福的人不必设想他们能获得正义的补偿，因此也就不必设想他们有未来生命了。⑬ 在探讨人们究竟该期望从死后生命中获得何种"补偿"这一问题时，代理本堂神父也是遵循同样的思路。[345] 代理本堂神父知道他"只能通过记忆而延长我这个身份"，它建立在一个以回忆为前提的判断之上。⑭ 若想在未来生命中获得补

---

⑫ 公民宗教中的第六个教条由四个字组成——未来生命，它与其他九个教条一样，"都不需要任何解说和注释"。不论是在公民宗教中，还是在代理本堂神父的信仰自白中，"永生"这个词都没有被提及。第七和第八个教条是：正义者的幸福（le bonheur des justes）和对坏人的惩罚（le châtiment des méchans）（《社会契约论》卷 IV，章 8，段 33，页 468）。为了支撑有关未来生命的教条，卢梭在《萨瓦代理本堂神父的信仰自白》（页 591）的附注 8 中——不加任何阐述和评论地——引用了一处圣经，这也是他唯一一次用圣经来点评代理本堂神父的言论："主啊，荣耀不要归于我们，不要归于我们，/荣耀要归于你自己，要归在你的名下，/上帝啊，你使我们再生！《诗篇》第 115 篇"。他在此引用的《诗篇》第 115 篇中的第一诗节包含了不为人普遍所知的第三行：上帝啊，你使我们再生！这一引用的原文来自他的时代所用的《诗篇》赞美诗集，此诗集是经日内瓦教会权威认证的：《大卫颂歌·法语版·日内瓦学院和教会的教授和教士批准认证》（*Les Psaumes de David, en vers françois. Aprouvés par les Pasteurs et Professeurs de l'eglise et de l'academie de Geneve*, Genf, Pierre Jaquier, 1737），页 229。（参见第 71 段中代理本堂神父对"上帝对被造物不欠付什么"这一说法的批判，它既是针对保罗的，也是针对加尔文的。）

⑬ 参本书卷一第二章页[90]、[99]及第四章页[165]-[166]、[170]、[176]。

⑭ 参见段 20、25（页 571–572）。离开了身体，离开了感官，记忆还能够保持"我这个身份"吗？在第 74 段中，代理本堂神父说他不知道灵魂的本质是什么，在第 75 段中他也没有就记忆的归属问题发表看法。同样，

偿，他就必须能回忆起他的真正生活是怎样的：他的所感所思、所作所为。他的期待建立在他对死后生命唯一知道的事情上，建立在对一种必然性的认识上，即，任何一种可能获得的补偿都必然以回忆为前提："我毫不怀疑，这样的回忆将有一天使好人感到幸福，使坏人感到痛苦。"一方面，好人一旦摆脱了人体和感官使其产生的"幻觉"，就可以获得思考"永恒的真理"和"至高的存在"的快乐，而根据人类天性的第一本原，好人是能够——尽管要付出巨大努力——在此世生活中享受到这种快乐的；⑦ 另一方面，好人在未来生命中还将感受到"因对自己感到满意而产生的纯洁的欢乐"，而在此之前，他们同样也未被剥夺获得这种体会的权利。与好人和正义之人不一样，坏人则会"因曾贬损过自己而感到悔恨"。代理本堂神父拒绝回答一个问题，即除了对此世生活的回忆和强化重复外，"幸福和痛苦的其他根源"还有什么。他对此一无所知。但他表示，不论是在此世还是彼世，好人绝不会从他们的天性存在以外去寻找幸福。同样，代理本堂神父也拒绝回答"坏人所受的痛苦是不是永无止境的"这个问题。他对此也一无所知。但他不大相信上帝对坏人判处的"痛苦是永无止境的"。无尽的惩罚难道是公正对待有限罪行的方法吗？不论怎样，人们并不需要从另一种生活中去寻找启示宗教为执行永恒惩戒所准备的地狱："它就在这个世界上的坏人的心里。"[346] 他们必定会回忆自身的地狱，这对他们的惩罚难道还不够吗？坏人的命运使得代理本堂神父有机会提出一些使人不安的问题，其中隐藏着对于灵魂身体分离说而言非常棘手的问题。坏人一旦死亡，一旦永远告别了他们的身体、欲念和罪行，那他们身上的坏还剩下什么呢？

他也没有对记忆与有思想的存在间的关系发表任何看法，关于后者，他在第74段中这样说道："由于我想象不出它怎么能够死亡，所以我就假定他是不死的。"（段75〈页590〉）

⑦ 参见段58（页583）及本章脚注⑥。

纯洁的心灵能沾染什么邪恶？既然没有什么需要，他们为什么会成为坏人？如果他们不让他们的感官变得很粗俗，他们就会把快乐寄托于对人生的沉思，一心一意地向善；一个人只要不继续坏下去，他哪里会永远痛苦呢？

在对死后生命的考察的末尾，代理本堂神父重提他此前暗示过的身份问题。如果使好人、正义之人、坏人分别成其所是的东西不复存在了，那么还怎么谈他们的未来生命呢？若灵魂与身体的统一体瓦解了，个体毁灭了，构成个体身份的天性不再完整了，那么"我的身份"还如何得以"延续"？代理本堂神父指引人们去发现这些问题，却并未明确提出它们，而是喊道："啊，仁慈的上帝，不论你的旨意如何，我都尊重它们。如果你要永久地惩罚坏人，我就在你公正的裁判前抛弃我这不充分的道理。"代理本堂神父表示自己愿意在上帝公正的裁判面前放弃他的理性后，道出了一个"但是"，这是必须出现的，并且最终引出了一个事关温和与慈悲的例子，它适于用来平息人们内心的盛怒之气："坏人不也是我的兄弟吗？"如果他们在来生变得像我这么快乐，这"不仅不会引起我的妒忌，反而使我感到更快乐"。⑯

在着手将"永恒和神性之声"的良心论这块拱顶石嵌入世界道德秩序大厦之前，代理本堂神父还用四个段落简要总结了以这座大厦为前提的上帝学说。⑰ 通过观察上帝的杰作，研究［347］上帝的属性中他认为很重要的一个，⑱ 这位信奉自然宗教的导师产生了一个有

---

⑯ 段 72 - 78（页 589 - 592）。

⑰ 段 79 - 82（页 592 - 594）。从段落数来说，第 81 和第 82 段是所"抄录文章"的中心：这部作品包含框架故事和信仰自白，长达两百段，而这两个段落则分别位于第 100 和第 101 段。

⑱ 段 79 引用了前面的段 50。见本书页［327］-［335］并考虑本章脚注㊾。

关"无限的存在"的观念,他认为它"愈崇高伟大,就愈是同人的理性不相配称"。从本质上来说,人类与代理本堂神父口中的上帝根本无法相提并论,尽管他们某些属性具有可比性。就这样,代理本堂神父首先将上帝放在了一个[离人类]无限远的位置上。上帝不是有形的或可以感觉到的。统治着世界的最高智慧不是世界的一部分。当代理本堂神父听到人家说他的灵魂是精神的、上帝是一种精神时,他就"憎恶这种亵渎神的本质的说法"。"就仿佛上帝不是唯一的绝对的存在,不是唯一能真正活动、感觉、思想和行使自己意志的存在,好像我们的思想、感觉、活力、意志、自由和生命不是得之于他的"。我们之所以自由,那是因为他希望我们自由,他那"无法解释的实体"于我们的灵魂,就如我们的灵魂于我们的肉体那样,也就是说,他的"实体高于"我们的灵魂并使它处于运动之中,尽管我们无法理解他的"实体"到底是什么,到底是怎样使我们的灵魂运动的。代理本堂神父一再强调他不知道、不理解创世信仰。[79] 他拒绝称上帝为"创世者",却以强调的口吻回忆了这位伟大的造物工匠,就如他曾在前两个信条中表明对这位工匠的信仰时所说的:"我知道是他创造了宇宙和一切存在的东西,我知道一切都是他所做的和所安排的。"他也认为上帝就如人们所说的,"无疑"是永恒的。但他内心无法理解"永恒"这个观念。代理本堂神父重新解释自己认为上帝具有的属性时,[348]凭借的是他的洞见。

---

[79] "他是否创造了物质、身体、灵魂和世界,我可不知道。创世的观念在我是模糊的,是我的智力所不能理解的;不过,我既然能想象他,我就可以相信他。"(段79〈页593〉)但在重复强调了他的不知之后,代理本堂神父接下来暗示了从存在到虚无、虚无到存在的过渡问题,并用一种本身并不有失体统的说法引入了荒谬(absurdité)这个危险的词:"要说什么一个我无法想象的存在赋予了其他存在以生命,这在我是模糊而不能理解的,但是,如果说存在和虚无两者是一体的话,也显然是矛盾且荒谬的。"(段79〈页593〉;参见段50-51〈页581〉)

  上帝是聪明的，但他聪明到什么程度呢？人在推理的时候是聪明的，而最高的智慧则不需要推理；它不要什么前提，也不需要什么结论，甚至连命题都不需要；它纯粹是直觉的；它既能认识现存事物，也同样能认识可能存在的事物；正如所有的地方在它看来只是一点，所有的时间在它看来只是一瞬间一样，所有的真理在它看来也只是一个单独的概念。

在代理本堂神父颇使人惊讶的描述中，最高智慧和人类智慧除了名字相同以外，几乎没什么共同点。它不需要任何理性推理，且与代理本堂神父不同的是，它显然也不知否定性为何物。它对一切事物都不作分析，而是将一切都保留在其不可分的纯粹直觉中，也就是说，它不思考。它表达真理无需依靠命题，世界在它看来也并非以时空形式而存在。上帝的第二个属性，即力量，仿佛也跟人隔着一道无法逾越的鸿沟。人的力量必须依靠工具，身体和语言、工具和机构对人的力量而言必不可少，而神的力量则能自发、自为地发挥作用。上帝的力量就是意志。"上帝是万能的，因为他能行使意志，他的意志就是他的力量。"如果说上帝的这前两个属性超乎人的理解能力，那么，代理本堂神父在探讨第三和第四个属性时情况则绝非如此。尽管他也区分了上帝和人类的善及正义，但其意义恰恰在于使人更易理解上帝并由此而更加接近上帝。"上帝是善的，这是再明显不过的了。"就如我们之前所见，代理本堂神父在此能够将自然神学中的一个重要论点当作他的支撑。在此，他如下解释人的善与上帝的善之间的区别：人的善表现为"对同胞的爱"，上帝的善则表现为"对秩序的爱"。代理本堂神父之前从对秩序的爱这个概念中得出了两个属性，并且在正式定义中将这个概念拆分成了创造秩序的善和维持秩序的正义。而现在，他悄然放弃了这两个正式定义，并仿佛将正义这个概念牵扯进来，直接强调维持秩序也是上帝的善的表现："因为他正是通过秩序来维持一切存在，且使每一个部分和整体联在一起。"上帝的善表现在他的秩序中，它从根本上来说是自我指涉的。[349] 代理本堂神父继续说道，"上帝是公正的，这是我深信不疑的，这是他的善的结果；人类的不公行为是人造成的而不是他造成的"，他此时仿佛只是在重复之前所说的内容。但事实上，他的重复无疑向我们表明，上帝的公正关乎人类，它是人类自由王国中不公现象的必要补充：人类的公正表现在"给予每一个人应得的东西"，而上帝的公正则表现在"要求每一个人对他给予的东西付出代价"。代理本堂神父以公正之名要求上帝以法庭裁判身份进行统治，并要求上帝对个体逐个关怀。智慧不再是上帝的属性。[80] 在阐释上帝的四个属性——智慧、力量、善和正义的段落后，紧接着出现了两段，它们标志着自然宗教与自然神学间所能拉开的最大距离。在无名作者的作品核心中，代理本堂神父坦言了上帝于他的不可理解性及他对理性的贬损。他对"一切存在背后的那个存在[上帝]"说："恰当运用我的理性的最佳办法在于让它自毁于你面前。"

自然宗教的意义在于指定人在整体中的位置并对人进行道德约束，而要实现这一意义同时又不使人屈服于某种权威，它就必须能说服人相信，每个人承担的义务和享有的权利都内在于他自身，并且也只有他自己可以充分阐释这些权利义务。代理本堂神父凭借"天赋的智慧"推导出了他认为最重要的那些真理——有关上帝的关怀、人在宇宙中的位置以及世间的罪恶，之后他转而开始考虑，他必须从这些真理中找出可以用来指导他行为的准则，以弄明白"我必须遵守哪些规律才能按照使我降于人世的神的意图去完成我在世上的使命"。他提醒弟子回想他的"方法"，即始终无条件地遵守实践优先原则，把他的道德感不得不赞许的那些观点和看法视作自明的。因为他总是按这个方法去做，所以他认为自己的规律并不是"从高深的哲学中"引申出来的，而是他在自己内心深处[350]发现的，因为

---

[80] 参见段 50、57（页 580、583）。

"大自然已用不可磨灭的文字把它们写在那里了",而在实施它们时,良心"最善于替我们解决疑惑"。一切事情仿佛一清二楚:"所有一切我觉得是好的,那就是好的;所有一切我觉得是坏的,那就是坏的。"但很快便出现了种种问题,良心会遇到很多不可小觑的对手。"人应当首先关心的是自己,然而内心的声音却一再告诉我们,损人利己的行为是错误的!"一旦我们的自爱使我们以自身的善利为准绳,良心便会跳出来维护我们对他人应尽的义务吗,也就是说,良心便会成为他人的善利的代言人吗?接下来我们又看到,自然对我们的感官说的是一套,对我们的心说的又是另一套,也就是说,向我们言说的自然不只有一个声音,而是有很多不同的声音。"良心是灵魂的声音,欲念是肉体的声音。"然而就如我们已经看到的那样,灵魂内部本身就已经存在着一种矛盾,因为代理本堂神父并未极端地认为自爱完全是"肉体的声音",而是在接下来的第三步即最后一个步骤中将良心和理性对立了起来。理性欺骗我们的时候太多了,这使我们"有充分的权利去驳斥它"。代理本堂神父并没有说,我们之所以有这个权利,到底是因为理性常常让我们自爱过多,还是与此相反,让我们自爱过少。对他来说,重要的是使良心战胜它一切潜在的竞争者,从而尽可能清楚地凸显良心所预示的确定性:"良心从不欺骗我们,它是人类真正的向导;它于灵魂就如本能于肉体一样;按良心去做,就等于是服从自然,就用不着害怕迷失方向。"代理本堂神父在其言论的第三段中首次引入了良心论,却在八十段之后才将它提升为一个正式信条,这足见他认为他得做多少准备工作才能使这一论说具有说服力和可信性。他把良心这一信条看作人类的向导,仿佛暗示了良心是直接的既存事实,但事实证明,这一教条本身包含诸多前提条件。代理本堂神父突出强调了这一信条所处的尴尬境地,这不仅见于他为提出它而做的充分准备,见于他在接下来的十三个段落中对这一信条的详细阐述,也体现在这份信仰自白里的一个独特事件中。[351]代理本堂神父说出这个教条后,改宗者打断他的话,提出了一个问题或说异议。但代理本堂神父并未给他说话的机会，而是立刻开始阐述和评论自己的教条，以便消除改宗者对它的怀疑。他努力向弟子解释，道德是真正的善，而良心充当道德的执行机构则是人类天性的真正特点。若道德善是真正善的一部分的话，那么，谁若是断定自己的种种行为在道德上是善的，那么他就必然能认识到这些行为于他是善的。

> 如果善就是善，那么我们在内心深处也应当像在行为中一样，把善看作是善，而行为正义的第一个报偿就是我们意识到我们的义举。如果说道德的善同我们人的天性是一致的，则一个人只有为人善良才能达到身心两健的地步。

代理本堂神父的任务在于，他必须阐明正义的报偿在于正义本身，且我们的天性决定了我们道德上是善的；或者说，他需阐明"道德的善"而并非卢梭所谓的"自然的善"才合乎人的天性。[81] 因此，他暗示我们，要不计较任何利益地为他人的幸福感到快乐，因为是善事而并非恶事才能给我们留下美好的印象；暗示我们在看戏剧时该关心哪些人；暗示我们能从友情、仁慈和社交生活的其他情感中获得宽慰和欢乐，我们对英雄之举应抱有敬意，要爱慕伟大的灵魂并对道德充满热情。若丧失了对美的热爱和高贵的光环，生活将变得了无生趣。一个人如果只爱自己，他便不再有感觉和生机，便已经死了——这一强势论据证明了：真正爱自己的人所爱的不只是自己，他的快乐不只为了自己，他最终也不只是为了自己而活。但这能证明正义之人会因自己义举而感到快乐吗？在回过头去谈正义之人前，代理本堂神父谈到了暴力和不公行为使人产生的愤怒，谈到了对恶人的仇恨和对不幸者的同情，并且尤其强调了暗暗惩罚罪行的"悔恨的心声"，这些都是为了明晰道德天性的具体轮廓。[352] 恶人害怕听到天性的呼声，

---

[81] 《论人类不平等的起源》，第一部分，页150。

与此相对的，是代理本堂神父最终为正义之人所描画的一幅充满内心喜悦的肖像。正义之人的内心喜悦建立在他的自我满足感上，他们与自己天性的和谐关系滋养了这种喜悦。此处没再提及对正义之人的压迫。很显然，压迫无法撼动正义之人的自我满足感，也无法减损他扎根于内心最深处的快乐。然而，代理本堂神父所探讨的不仅是正义之人的道德天性问题。他认为他的信条适用于所有的人，并最终在阐述中将良心提升为人类天性中不可或缺的一部分。如果说他在信条里说的是良心于灵魂就好比本能于肉体，那么他对信条的解释则直接谈到道德本能（instinct moral），谈到良心是一种正义和道德的原则。他认为，正是因为这个原则，在世界各民族和各个历史时期，人们才都可以发现相同的公正和诚实观以及相同的善恶观。⑫ 代理本堂神父援引了各种宗教的历史事例来说明良心对人类的普适性：即便是异教"丑恶的众神"所代表的"有了神威庇佑的罪恶"，也经受不起良心的检验。"圣洁的自然的呼声"证明了它比众神的呼声更强劲有力。通过援引圣洁的自然的呼声，[353]自然宗教可以针锋相对地指出一切区域性宗教的局限所在。此外，良心论还能回答以下问题：正义之人为何能将他对公共福祉的贡献看作他自身的福祉，哪怕他对集体

---

⑫ 代理本堂神父指名道姓地反驳了他在第九十段两次提及的"怀疑主义者蒙田"（页598-599）。关于良心，蒙田曾这样写道："我们所说的天生的良心来自习俗：每个人的内心崇拜中都包含了被周围人所认可和接受的观点和风俗，每个人都无法毫无悔恨地摆脱它们，也无法在没人赞同的情况下去试图摆脱它们。"（《随笔集》[*Essais*]，Ed. Albert Thibaudet und Maurice Rat I, 23，页114; Ed. Jean Balsamo et al., I, 22，页119）代理本堂神父指责蒙田"宁愿相信最不可靠的旅行家而不相信最著名的著述家"，不像卢梭，代理本堂神父表示他对旅行毫无兴趣。卢梭承认旅行对了解和研究人类的多样及各异性有着重要的哲学意义，对此参见《论人类不平等的起源》注释10，页322-348，尤338-342以及《爱弥儿》卷V，章"游历"（"De voyages"），页826-855，尤其是尚未提到爱弥儿的前十八段，而在第十九段第一次提到爱弥儿后，书中便再也没有论及哲学思考。

的贡献将损害他自己的利益甚至牺牲他的性命。在信仰自白的中心处提出上述问题的代理本堂神父知道,正义之人认为善即道德的善,而他必须向正义的人展示的也正是这一点。代理本堂神父将良心论当作人类真正的向导,解明人最大的快乐在于与其善良天性和谐共处,并由此展示了善即道德的善。他的极重要的看法是:"毫无疑问,每个人都要为自己的利益而行动,所以,如果不谈道德问题的话,是可以用私利去解释坏人的行为的。"明确了争论点所在后,代理本堂神父虚构了"一种极为丑恶的哲学",㉘ 那些德行之举将使这种哲学陷入尴尬,只有靠捏造"卑劣的意图和不良的动机"来侮辱善举,才能打破尴尬;这种哲学是一种盲目的或恶意的简化主义,信奉它的人将不得不去"诬蔑苏格拉底和诋毁雷居鲁斯"。他并未说他是否相信,曾过着哲学生活并像哲人那样死去的苏格拉底所听从的声音,是否也是雷居鲁斯听从的声音。作为罗马的执政官,雷居鲁斯宣誓后投身于迦太基的战事之中,作为罗马的代表,他与迦太基进行了坚定且毫不妥协的抗争,最后以一个公民的身份死亡,这体现了他爱国家和荣誉高于爱自己的生命。㉙ 但他竭力声称,即便上述哲学的一些观点"有朝一日在我们身上滋生",自然的呼声和理性的呼声也会不断地反驳"那些教条",因为它们既不足以理解善,也无法公正看待有德之人对自身的 [354] 理解。㉚ 对这种错误哲学一番驳斥后,代理本堂神

㉘ 在描述他已完全脱离了的哲学时,代理本堂神父所用的正是之前他用来形容古老异教众神的词:丑恶的 (abominable) (段91、88〈页599、598〉)。

㉙ 参见西塞罗,《论义务》(De officiis) III, 页 99 – 111, 尤《论善与恶的极限》(De finibus bonorum et malorum) II, 页 65。

㉚ 从段落数来看,这份信仰自白中勾勒道德的善的核心部分谈到了自然和理性。其间并未出现上帝、神性或神圣。但这并不意味着自然宗教学说里有关人类的天性道德属性可以缺乏对上帝的信仰,被抄录文字的中心部分对这一信仰进行了阐述。第二个与第一个中心部分为前提。段 91、81 – 82 (页 599、594)。

父提醒听众和自己，他并不想同弟子讲什么哲学，而只想帮他去问问他的心。他希望在这个过程中弟子已经了解了他的"方法"，并且也愿意采纳它。"当全世界的哲人都说我错了的时候，只要你觉得我讲得对，那就再好不过了。"尽管如此，他仍认为必须为他打心底里赞同的这个信条提供一个理论支撑。因此，他详述了一个设想，即，人天生是合群的。这是他的良心论的基础：我们拥有一些天生的情感，它们有利于我们这些个体的自保，此外，我们还有一些天生的情感使我们与同类息息相关且致力维护和保存他们。

就个人来说，这些情感就是对自己的爱、对痛苦的忧虑、对死亡的恐惧和对幸福的向往。但如果我们可以毫无疑问地肯定说人天生就是合群的，或者至少是可以变成合群的，那么我就可以断定，他一定是通过与其同类之间息息相关的固有情感才变得合群的，因为人若是只有物质上的需求，它必定会使人类相互分散而不是聚拢成群。

与对待那些以个人利益为准绳的情感不同，代理本堂神父并未给那些关乎同类的天生情感命名。毫无疑问，他将良心划归到这些情感名下，而此前，他已将良心界定为道德本能及正义和美德的天性原则，并让良心成了他整个阐述的隐遁点，尽管他并未将这些明确地表达出来。他用一种审慎的——如若不说是闪烁其词的——笔调继续写道："良心之所以能激励人，正是因为存在着依据针对自己和同类的双重关系而形成的一系列道德。"尽管代理本堂神父在解释信条时一直在向我们传递一种讯息，即良心从根本上来说列属于社交生活义务中的道德善，且作为自然呼声的良心使他人对我们的要求发挥着作用，[355] 但是在面对自爱与良心间的正面冲突时，他仍再次畏缩了。⑧

---

⑧ 比较段 94、83（页 600、594）里的措辞。

他探讨自爱时的谨慎态度淡化了他与卢梭本人的观点之间的矛盾，但却未掩饰这一矛盾。因为事实上，良心这种天生的情感在奠定卢梭政治哲学的基础的人类学中毫无地位。只要看看奠定他的政治学基础的《论人类不平等的起源》，我们便可以确信：与代理本堂神父不同的是，卢梭认为，要怀疑人天生是不是合群的并非不可能。⑧ 在卢梭就此事发表的最后言论中，良心被视作他天性的呼声，而天性在此指的是活动于自爱视域内的自然。⑧ 代理本堂神父并未明说良心与自爱到底是什么关系，但在理论阐述的末尾，他却再次谈到了良心与理智的关系。"知道善，并不等于爱善。人并不是生来就知道善的，但是，一旦他的理智使他认识到了善，他的良心就会使他爱善。我们的这种情感是天赋的。"读完上述一切内容后，我们并不惊讶于以下发现：在代理本堂神父的认知中，善与道德善是一回事。但我们未必能料到，他会把他对这两者的认识都归功于理性，因为从他信奉良心——良心是人类真正的向导——并驳斥经常欺骗我们的理性来看，他的做法并不是顺理成章的。很显然，道德本能需借理性之眼来获取判断力，并且，若没有理性的成就和失误，正义和美德的天性原则也无法运作。这一点是从以下说法中得出的：理性必须使人认识到他注定要去热爱的善。尽管代理本堂神父在阐述最后一个教条时遇到了各种困难，但他仍将评述汇聚成一首颂歌，来盛赞良心这一"圣洁的本能"，并且晋升它为"永不消逝的天国之声"和"判定善恶的可靠法官，并使人形同上

---

⑧ 说出自己的想法后，代理本堂神父接着又对这一想法进行了限定："如果我们可以毫无疑问地肯定说人天生就是合群的，或者至少是可以变成合群的。"这一限定从修辞上淡化了［他与卢梭在观点上的］矛盾，但并未取消矛盾本身。［因为］用任何方法都无法从天生不合群者的"可臻完善性"中导出"正义和美德的天性原则"。

⑧ 参本书卷一，第五章页［192］-［194］及第七章页［282］-［283］。

帝"。⑧⑨ 这首赞歌将代理本堂神父的信条汇聚一堂,并将良心和德行看作人类的优良天性。⑨⑩

据称,"良心啊,良心!"这首赞歌可谓《爱弥儿》中引用频率最高、流传最广的一处。紧接着,代理本堂神父"感谢老天"使他摆脱了哲学的玄虚。"没有渊博的学问我们也能做人。""在由人类观点舆论形成的巨大迷宫里",每个人都有良心作为"可靠的向导",在此,宗教道德教育仿佛也已达到其目标。⑨⑴"但是,单单存在着这样一个向导是不够的,我们还需认识它,跟随它。"我们现在听到的人类这位真正向导所讲的是自然的语言,"而我们所经历的一切事物已使我们把这种语言给忘了"。良心是腼腆的。尘世的喧嚣使它感到害怕,各种偏见是它最凶恶的敌人,它们的喧哗盖过了良心之音,使人们听不到良心的呼声。⑨⑵ 更糟糕的是,"偏执的想法"竟然冒充良心且以其名义陷人于罪行。善意的良心在宗教和道德的怂恿下所犯的罪行是最大的倒行逆施,在这种情况下,"热爱幽静与和平"的良心成了战争和迫害的武器。在此情境下,代理本堂神父能为良心的名誉提供的最好辩护词是:"它不再呼唤我们,也不再回答我们。"然而,少了"圣洁的本能"所具有的约束力和完好无损的力量,代理本堂神父的学说便无法保证它所预示的朴实性、确定性和约束力,[357] 道德便又成了问题。因此,在谈及自然宗教的言论末尾,代理本堂神父再次从头说起,为的是回顾他的故事以扼要重述他的学说,并用他个人的事例证明,他此前依照实践理性所逐条展开的学说是可信的。他回顾了叫他无法忍受的无信仰的怀疑状态,⑨⑶ 那是一段悲伤、无聊

---

⑧⑨ 代理本堂神父在评注中解释道:"良心的作用并不是判断,而是感觉。"(段93〈页599〉)

⑨⑩ 段83-96(页594-601)。

⑨⑴ 参见《论科学和文艺》,页30。

⑨⑵ 参见段3、59(页566、584)。

⑨⑶ 参见段6、10,(页567、568)

的时光,他认为道德善纯属子虚乌有的妄想,最好的事情莫过于感官享受。代理本堂神父评论道,人们一旦丧失了"欣赏灵魂快乐的能力",便很难重新获得它。然而,如果代理本堂神父当时真如他所说的那般快乐,那他何以会丧失欣赏这种快乐的能力呢?代理本堂神父认为,对那些从未有过这种能力的人而言,情况显然是另一个样子。谁若是从未体会过灵魂的快乐,从未做过一些使他对自己感到满意的善事,他就没有认识自己的能力,"而由于他感觉不到什么样的善才吻合他的天性,他只好一直做坏人,并且感到无尽的痛苦"。[94] 但代理本堂神父认为,这种情况不可能出现,因为"行善的诱惑"如此"自然且愉悦人心",所以一个人不可能"永远抵抗得了这种诱惑"。代理本堂神父谈到灵魂的快乐时一直在关注道德的善。在向改宗者阐述[自然宗教的信条]时,他一直在淡化不断学习带来的享受、思考带来的乐趣、理论上的理性认识带来的幸福,他也没有提及灵魂独自的、内在的且不断延伸的种种活动带来的喜悦。他只谈了与美德紧密相关的灵魂的快乐。在行善举时,喜悦是人们的回报,人们能意识到所获得的喜悦回报,并且能认识到这是他自身所得;能感到自己内心变得坚实了;能体会到自己通过道德实践习得了另一种天性。"再没什么东西比道德更可爱的了,但为了发现它的可爱之处,就得照它去实践。"有德之人有足够的力量克服内心种种矛盾,享受美德带来的快乐,然而,使他抛弃德行的又是什么呢?[358]代理本堂神父告诉弟子,虽然他再次回顾了他以前的处境,强调了那时他那"为公共利益代言的自然情感"与"只顾自己利益的理性"之间存在的巨大矛盾,但是,光靠谈灵魂的快乐是不足以使人理解有德之人或修持美德的。他将这种"不断的二选一",即他的美德与理性的自相矛盾视作内心的分裂,认为他"喜欢善,却偏偏作恶",而最终将他解放出来的是信仰。代理本堂神父强烈指责了企图将美德归结于"对

---

[94] 参见段84(页595)。

秩序的爱"的做法，⑨⑤因为一切都取决于人们所爱的秩序的中心是什么。用对秩序的爱来解释美德的做法掩盖了一个事实：实际上，依据不同的秩序参照点，人们可以发现两种互不相容、针锋相对的秩序，即"好人以整体为中心来安排自己，而坏人则以自己为中心来对待整体"。这两种秩序的不同中心便是它们的区别所在。⑨⑥对秩序的爱要么是美德，要么是恶行。只有信奉了位于总秩序中心的上帝，好人才能使自己服从于整体，并像美德所要求的那样去热爱道德秩序。"如果上帝不存在的话，那就只有坏人才懂道理了；至于好人，不过是一些傻瓜罢了。"信仰区分了不同的总秩序。代理本堂神父再次称改宗者为"我的孩子"，这是他在开始说教后首次这样称呼改宗者。⑨⑦接下来，他告诉这个"孩子"，信奉上帝为正义指出了一条通往幸福的明道，且正义之人的幸福也深深地植根于这种信仰。代理本堂神父表示，信仰使他的道德观发生了根本性转变：

> 人类的不公行为差不多已把自然法则为我们规定的一切义务从心中抹掉了，而现在永恒的正义又重新将它们带回了我们心中，它把义务加于我身，[359]且监督我去一一履行。

信仰为他的道德提供了三重支持：它使他的意志与一心向善且行善的"伟大的上帝"的意志相吻合，使他感到自己身处一个"至善"的秩序中，使他知道自己"有朝一日"必会在这里找到幸福。即便他的道德行为无人见证，且因此始终得不到认可，他仍相信上帝会

---

⑨⑤ "他们说，道德就是对秩序的爱。但是能不能，或说应不应该视这种爱高于对自己的幸福的爱呢？我倒是希望他们给我举出一个充分明白的理由，以说明一个人为何宁愿这样做。"（段99〈页602〉）

⑨⑥ 参页[340]-[342]、[349]-[351]。

⑨⑦ 段100、1（页602、565）。

看到它，且认为它有益于他的"来世"。[98] 当遭遇不义而痛苦万分时，他相信"治理万物的正义的上帝"会补偿他的损失。从上述三个方面来说，信仰都预示了他将得到的回报或补偿。在这三种情况下，信仰从根本上来说都是希望。这三种情况都强调，道德行为所固有的回报显然不足以维持它本身，并且，若希望不是最大的快乐，那么仅援引灵魂的快乐也不足以证明这种快乐对行善者是有益的。在意图将事实解释清楚的扼要回顾中，代理本堂神父再次探讨了世界道德秩序中的主要问题，即恶的合理性问题。他并未简单重复他的论据——恶是人为自由所付出的代价，而人的自由则必然包含了作恶的可能——而是在复述时结合了他对美德和恶行的最新解读。恶之所以存在，一方面是因为它有理性的庇护。恶被视为扰乱和偏离道德秩序的，它存在的事实依据之一是"身体"与"灵魂"的利益冲突。

> 人的灵魂被一些既牢固又奇异的锁链束缚于一个会消亡的身体上，因为人想保存身体，所以他会使灵魂处处为身体着想，也会促使他的利益与他的灵魂所能认识和喜爱的总体秩序相矛盾。

代理本堂神父不知道他的灵魂为何会"受制于"感官，为何会被身体"所束缚"而"受它的奴役和压迫"。在并不知晓"上帝的法令"的情况下，他只能揣测上帝这种安排的意义——人类可以有一番其他生物都不可能有的功劳：

> 我对自己说，如果人的精神一直那么自由和纯洁，那么，当他发现这个秩序早已建立，而且即使加以扰乱也丝毫不会影响到他时，他便喜爱和顺从这种秩序，[360] 这能算什么功劳呢？

---

[98] 参本书卷一，第二章，页 [69]。

一个人若无须克服有悖于道德秩序的自身利益的诱惑,无须作出任何牺牲的话,那么,就算他去热爱并且遵从道德秩序,他在道德上也并不会立下任何功劳,这样的一个人也不会获得凭这种功劳才能获得的幸福。"当然,他可以获得幸福,但他的幸福还不能达到最高程度,还缺乏道德的光辉和自我的公平的见证。"一个人若一直那么"自由和纯洁"且无须被迫去做有损自身利益的事,那么他"至多不过是像天使那样",而一个有德行的人"无疑要比天使好多了"。以自由之名将人类捧到高于动物的地位后,代理本堂神父又以美德之名将人类捧得高过了天使。代理本堂神父把自由运用于道德方面,从而将功劳和回报一并展现在改宗者眼前。功劳所得到的回报不仅在于美德之誉或说他人的赞许,而是首先表现为有德之人的自我欣赏,不论是就他个人而言,还是就人类而言,他都有权欣赏自己。自我欣赏虽然不能使他独立于他人的评判,却使他毫不在乎自己在他人那里是否享有声誉。代理本堂神父在此谈到的自我欣赏,又与他在概要之初论及的灵魂的快乐关联了起来。自我欣赏是代理本堂神父在回答如下问题时的结束语:"为何正义之人能将自身利益放在道德的善之后,且能认为他的行为是有利于他自身的?"而他对恶的合理性的论证仍未完成。代理本堂神父"谨慎地揣测"了灵魂究竟为何会受制于身体,人的精神为何不能一直那么自由和纯洁。紧接着他宣称,人们所抱怨的自己那些弱点都是由他们自己一手造成的,他们"最初的堕落"也源于他们的意志,不应把这些都算到"造物主"头上去。换句话说,我们最初既非意志薄弱,也非堕落的,"只要去履行我们的义务,我们便是幸福人"。⑨人是自由的,他能成为自己欲念的主人,但如果他向欲念妥协,经不起袭来的种种诱惑,如果他花费太长时间在他不该涉足的地方去[361]寻找幸福,那么,他便会丧失这种自由。按照世界道德秩序

---

⑨ 参本书卷一,第五章,页[188]–[191]及第四章全章。

的要求，人曾有自由去选择道德的善。要从道德角度去论证恶的合理性，就必须设定人一度是自由的，只有这样，才能将人不自由的原因归结到人本身。代理本堂神父坦白道，他过久地沉迷于他的幸福"幻象"中。到他认清这些幻象时已太晚了，他已"不能彻底摧毁"它们了，故而只要"产生它们的可消亡的肉体"还存在，这些被习惯铸成痼疾的幻象便一直存在。[100] 代理本堂神父本可以是自由的，事实上却不是。这些与可消亡的肉体紧密相联的幻象虽然还在继续"诱惑"他，却再也无法"欺骗"他了。他虽然还追随它们，但他在其中看到的却不再是一条通往幸福的大道，而是阻碍他找到自己幸福的障碍。他那失控的"身体"使他成不了与道德相符的好人，使他的信仰和行为无法表里如一。因此，他渴望着"摆脱身体束缚"的那一刻，只有到那时，他才能最终成为"不自相矛盾、不分裂的我"，才能变得自在而幸福。他活在一种期盼中，期盼着自己将不再是现在的样子。实现道德自我与救赎现实自我紧密相关。代理本堂神父的幸福仿佛以死亡为前提。但代理本堂神父并不满足于道德学说为他——但未必也为听他讲话的那个"孩子"——预示的悲剧性结局。他在极尽广博的"庄严沉思"中预示了"一种幸福、坚强和自由"的境界，而他所渴望的这种境界是碌碌的生活所无法为他提供的。当然，此处虚构境界中的幸福，最多也只能视作人在立下道德功劳时和自我道德欣赏时的幸福，因为代理本堂神父所谓的自由摆脱了身体及其需求、欲念和利益，也排除了作恶的自由。[101] 同样的道理，在幸福、坚强和自由这三重关系中，处于中心位置的坚强也不再能被视作伦理美德的中流砥柱。因为当"思索宇宙的秩序"时，[362] 代理本堂神父所设想和体会到的幸福是"自由而纯洁"之人的幸福，什么都无法分散这个人对

---

[100] 参见段 IV、XIV（页 560、563）；段 5（页 567）。
[101] 参见段 78（页 592）并见本书页 [344] – [345]。

整体的观察，什么都无法阻挡他对这一秩序的"智慧的创造者"的崇敬之情。这样一个人还需要坚强来承受他自身的不完满吗？在他"庄严的沉思中"，他还需要变得坚强，以便在看到不完满的世界道德秩序时也能够不紧紧闭上双眼吗？抑或这种坚强并非一种观察时所需的能力，而首先且主要是观察者所具有的一种品质，一种他因完整性及与整体的和谐一致才获得的品质？在代理本堂神父思索观察所带来的幸福时，上帝的智慧也回归了。[102] 在有关自然宗教的言论末尾，代理本堂神父明确谈到奠定宇宙秩序基础和观察对象基础的智慧，谈到维持整体秩序的天意（providence）。他明示他所看到的是一种普适的天意，他不愿在智慧的造物主与任何一种局部命运之间建立任何关联。这体现在他坚决驳斥下列所有期望、祈祷和要求：期望上帝为他而改变事物的进程，祈求上帝为他而扰乱整体的秩序，要求上帝为他而制造神迹。[103] 然而，不论代理本堂神父从自然神学那里学到了什么，这位自然宗教之师始终不能放弃的是：上帝的正义，修持道德的意志，对个体的问责，以及对单个个体的关怀。因此，他最终以各种方式先后陈述了他的所知，而他陈述的这些内容则自相矛盾。在喊出"慈爱的存在啊！"这句话二十六段之后，在宣称他将在辨识善恶的公正法官面前泯灭自己微弱的理性之后，代理本堂神父的信仰自白最终汇聚成向上帝发出的正式呼唤，他将上帝视作正义和真理的源泉："正义和真理的源泉，慈爱的上帝啊！由于我信赖你，所以我心中最盼望的是你的意志得到实现。"[104] 在承认他的道德不足性，[363] 并强调沉思给他带来的幸福后，代理本堂神父向

---

[102] 见本书页[338]–[339]、[347]–[349]。

[103] "不，这种冒失的祈求应当受惩罚而不能被应许。"（段104〈页605〉）

[104] Ô Etre clément et bon [慈爱且善良的存在啊！] 和 Dieu clément bon [慈爱且善良的上帝啊！] 这两句呼喊分别出现在段78（页592）及段104（页605）。注意此前段52（页581）。并见本书页[329]–[331]。

温和的法官、善良的统治者发出了呼吁，只不过与二十六段之前不同的是，此处的呼吁并不是为了他的"兄弟"，而是为了他自己。他存在的意义取决于一个存在的审判，它的意志保存、维护着整个世界，它凭借普适秩序和对他的特殊关怀诉说着它的正义。[105] 在对最高意志的完全肯定中，代理本堂神父看到了他自身的提升，且相信他已预先享有了极致的幸福，这是他希望从这种无条件肯定和服从中获得的回报。[106] 在信仰自白中，代理本堂神父只此一次提到极致的幸福。在这一点上，卢梭将在《遐想》中追随代理本堂神父，但说的却是另外一回事。[107]

"那善良的代理本堂神父热情洋溢地说完了这番话；他很激动，我也很激动。"代理本堂神父一口气讲出其自然宗教学说后，叙述者开口说话了。他插入的两段话在这份信仰自白中独一无二。在第一段中，他独一无二地重述了他自己的简短讲述，而在第二段中，他则独一无二地发表了他的看法。这两段将整个信仰自白分为不对称的两半，既阐明了信仰自白前半部对弟子的影响，又奠定了后半部对弟子的教育方向。这位听者（[译按] 即叙述者）用一个 [364] 非同寻

---

[105] 当代理本堂神父在第104段中说他"盼望你[上帝]的意志得到实现"时，他要求公正的上帝不仅要维护普适秩序，这一点我们可以从第105段中看出来，他在此还以正义之名要求上帝为了他而插手世事："在我对自己的正当怀疑中，我向他要求的唯一的一件事情——确切来说，我等待他裁判的唯一的一件事情——便是：如果我走入了歧途，犯了一个有害于我的错误，我请他纠正我的错误。……幻象虽是来自我本身，但它也休想陷我于错误之中，因为，单单依靠上帝就可以把它消除。"（段105〈页605-606〉；另参见段78、82〈页592、594〉）

[106] 参见段53、96〈页582、601〉。第104段最后一句话的手稿原文如下："我的意志与你相同，我做过的事就是你做过的，我和你一起管理世界，我与你分享极致幸福，这就是回报。"（马松编注版，页296，我的强调）

[107] 段97-104（页601-605）。见本书卷一，第四章，页[164]-[165]及脚注44，并见[171]-[172]。

常的比方，总结了他对代理本堂神父言论的印象："我仿佛听到了圣明的俄耳甫斯在唱他最美妙的赞歌，* 在教导人们要敬拜神灵。"在此，值得注意之处不仅在于，叙述者神化了向人类昭示神灵的神话歌手；更值得注意的是，他将代理本堂神父比作一个宗教创始者或说智者，此人享有在远古时候创立了异教众神崇拜的美誉。[108] 这样一来，他既与基督教启示拉开了距离，同时也将自然宗教理解为一种可以融

---

* ［译注］俄耳甫斯是希腊神话中的诗人和音乐家，据说是阿波罗和司史诗的缪斯女神卡利娥珀（Kalliope）之子；他吟诵的诗歌能感动万物，使野兽也听得入迷。

[108] 马松提醒人们注意苏谢神父（Abbé Souchay）的《论古人的颂歌》(*Dissertation sur les Hymnes des Anciens*) 一文中谈及俄耳甫斯的一处，该文于 1751 年刊于《法兰西文学院论文集》(*Mémoires de l'Académie des Inscriptions*)，而卢梭曾从该书中摘录了一段："如果说俄耳甫斯是一位智者、神学家、神圣的立法者，而以他之名的颂歌则包含了他的学说的话，那么，谁能和赫尔修斯一起看到这一点呢，谁能像撒旦崇拜一样，或者像《百科全书》的作者一样魔术般地回想起这一点呢？只有在摧毁一种有着如此浅薄根基的观点后，才能认识到，俄耳甫斯是智者，他的观念包含在他的颂歌中。"（本书所引马松编注版，页 299）

马松没有提及的是百科全书派对俄耳甫斯的解读，他们通常将俄耳甫斯视作一个寓示着哲学的形象。培根在《论古人的智慧》(*De sapientia veterum*) 第十一篇 "俄耳甫斯或哲学"（Orpheus sive philosophia）中也提到了这个形象。他开篇便称俄耳甫斯是具有 "神性的"（plane divinus），进而阐述了哲学从自然哲学向道德和政治哲学的转变过程。他认为，在某段时间内，俄耳甫斯及哲学凭借其雄辩口才成功向人类灌输了爱美德、爱公正和爱和平的思想，并让各民族自愿套上律法的枷锁。培根并没有说俄耳甫斯教会了人去崇拜众神。改宗者想要参照并修改培根的做法，将俄耳甫斯解读为一种古老智慧的象征吗？——参见《培根文集》(*The Works of Francis Bacon*, Ed. Spedding, Ellis, Heath) VI, 页 646 - 648。德莱尔（Alexandre Deleyre）自 1754 或 1755 年起的十几年间一直与卢梭保持着联系，他在其长达两卷的《培根的哲学分析》(*Analyse de la philosophie du Chancelier François Bacon*, Amsterdam und Paris, 1755, II, 页 182 - 185) 中撰写的 "俄耳甫斯或哲学" 一文中（"Orphée, ou la Philosophie"）探讨了培根的这个寓言。

合各种崇拜的大熔炉。卢梭挑了代理本堂神父与众神之中的诗人俄耳甫斯之间的对比，作为《爱弥儿》第三卷卷首版画的主题，并用《萨瓦代理本堂神父的信仰自白》中最生动、形象的段落表达了叙述者的观点。⑩ 在"然而"引出的陡然转折中，叙述者觉得可以就仿佛听到的赞歌提出"许多相反意见"。但他补充说，他一个也没有提，因为它们使他感到尴尬，因为仿佛道义是支持代理本堂神父的意见的。叙述者在简短的反馈中暗示了他有"许多相反的意见"，但却一条没说，而是把决定权留给了读者，让读者去思考可对代理本堂神父的信条提出哪些异议。⑩ 我们可以认为，将良心看作"人类的真正向导"这一教条尤其引起了叙述者的异议，尽管他信誓旦旦说他的良心"仿佛"印证了代理本堂神父的说法。我们可以这样想的原因不仅在于，在听完代理本堂神父宣讲这一信条后，叙述者想说话却只说出了一半。这种情况在文中只出现了这一次，它暗示我们，叙述者在代理本堂神父的阻拦下无法发表自己的观点。而且在代理本堂神父的言论中，他对"神性直觉"（[译按]即良心）的褒扬最近似于赞歌。⑪ 叙述者并未告诉我们他对自然宗教的异议，而是转

---

⑩ 在首版中，卷首版画的署名为 Orphée, Liv. IV [俄耳甫斯，卷四]，第三卷标题左边插图上端标注的出处为 Tom. III. Page 118 [卷三，页 118]，这一卷始自框架故事且包含了整篇信仰自白。第 106 段就在第 128 页。卢梭早在第一卷的说明图（Explications des Figures）中就预告道："……属于卷四的图——也出现于卷三开头——代表俄尔甫斯教导众人祭拜诸神。见卷三，页 128。"OCP 版本并未给出卢梭在世时所有版本都包含的这幅卷首版画，同样，马松和贝尔纳迪编著的版本中也未包含这幅画，博拉封（Georges Beaulavon）则将这幅版画印在了第 106 段旁边。

⑩ 参本书卷一，第二章，页 [86]。

⑪ 段 83、96（页 595、600-601）。良心信条是代理本堂神父最为重要的信条。尤引人注目的是，卢梭并未将这一信条纳入公民宗教的十个教义中。参代理本堂神父在说"偏执的想法"懂得如何"冒充良心且以其名义陷人于罪行"时，即暗示了以良心为依据的政治杀伤力。参段 97（页 601）。

述了他对代理本堂神父说的话。善良的代理本堂神父的观点在他看来"很新颖",之所以如此,[366]与其说是由于它们阐明了代理本堂神父以为他相信的东西,倒不如说是由于它们说出了代理本堂神父承认他不知道的东西。代理本堂神父坦言不知道的事物包含以下问题:"两种实体"是如何联系在一起的;灵魂和身体何以能分开,或说身体死亡后灵魂还能活多久。他明确表示不知道创世是怎么回事,并认为他无法使正义与上帝的智慧谐调一致。代理本堂神父的讲话找出了信仰中未被理解之处,强调了纯粹以信仰为前提的假设。在叙述者简短言论的第二句里,他试图为代理本堂神父的言论定性,但这并不代表我们在他身上看到了第二个爱弥儿。是叙述者,而并非代理本堂神父,把自然宗教这个概念引入信仰自白中,并且区分了它与"基督徒们"所反抗的不信教的主张:"我觉得它们讲的是一神论,即自然宗教;这种宗教,基督徒企图把它同无神论即不信教的主张混为一谈,其实这两者的宗教观点是截然相反的。"弟子继续道:就他目前的信仰状况来看,若要接受代理本堂神父的看法,他就还得再提高而不是降低信仰的强烈程度。亦即,他的信仰必须比现在更强而不是更弱。并且他认为,在提高或降低信仰的强烈程度时,恰好停在代理本堂神父所停留的那个点上"是很难做到的"。因此,他提出一个问题:面对启示宗教的顺从要求时,自然宗教何以能坚守自身,或者说代理本堂神父为何不将其信仰"进一步提高到"启示宗教信仰的高度。尤其考虑到以下情况时,叙述者提的问题更有道理:在讲话的末尾处,代理本堂神父要求公正的上帝关照他,并以一种修辞姿态向上帝提出了他的真理诉求,因为他靠自身还够不着真理。[112]弟子解释道,他愿意以代理本堂神父为榜样,跟随"内心感受"去深思代理本

---

[112] 代理本堂神父在言论结尾处这样写道:"为达到真理,我能做的事情我都做了;不过真理之源是太高了,如果我没有力量再向前行进,能怪我错了吗?这时,它就应当自行走到我身边。"(段105,注释606。参见本卷注释105)

堂神父的话。"若深思后我也像你这样深信不疑的话,你便是最后一位向我传布宗教的使者,而我将终生做你的门徒。"但若他深思后不像代理本堂神父那般深信不疑,[367] 代理本堂神父便不再是向他"传播宗教的使者"。而后来的事实将会证明,这位弟子天生就能严格审查他所有的意见和看法——也包括他能从代理本堂神父那里习得的观点,他不会成为任何形式的改宗者,而是会踏上完全别样的提升之道。⑬ 但他首先还是希望代理本堂神父继续教导他,因为关于他"必须知道的内容",代理本堂神父才"讲了一半"。在结束其简短言论时,弟子要求导师给他讲启示,讲圣经,讲那些让他从小迷惑不解的"艰深的教理"。此处再次将一个关键概念引入信仰自白的人是弟子,而并非代理本堂神父。弟子渴望听人讲解启示,或说弄清他"既无法相信,也无法不相信"的内容——这些是弟子在此书中说的最后一句话。⑭

代理本堂神父的第二番言论始于好,止于阿门。⑮ 代理本堂神父以"我的孩子"这一称呼开始了讲话,他的第一番言论——坦白对公正上帝的信奉——便始于这一称呼,而在此,它再次出现了。他还将三次用到这一称呼,由此将他对历史上各种宗教的探讨分成三部分。⑯

---

⑬ 见本书卷一,第二章,页 [74-77]、[83]-[82]。

⑭ 段 105-107(页 605-606)。

⑮ 首版中没有阿门这个词。但在付印的稿样中和给穆尔东的抄录手稿中,卢梭都给信仰自白的最后一段加上了阿门这个词,并且在他的手抄样本中又补上了这个缺失的词。穆尔东和佩鲁在卢梭逝世后编著的《作品全集》(*Collection complète des oeuvres*, Genf, 1780-1782)中恢复了卢梭最初的写法,并且将阿门一词作为这份信仰自白的最后一词。

⑯ 代理本堂神父在第一部分的以下段落中运用了我的孩子这一称呼:段 1(句 1,页 565);段 100(页 602)。在第二部分的以下段落中,他也运用了这个称呼:段 108、154、172、181(页 606、617、627、635 的文中最后一句话)。第二部分可分为三个小结,即 A:段 108-153,B:段 154-171,C:段 172-181。它们分别探讨了启示信仰(A)、启示宗教(B)以及历史环境下的各种启示宗教的实践(C)。

第一次使用该称呼时,代理本堂神父拥抱了弟子,以此强调了他开始陈述信仰自白前对弟子的承诺:弟子将会听到他的"整个信仰自白",从而能像代理本堂神父看他自己那样去认识代理本堂神父。[117]

> [368]"好,我的孩子,"他一边拥抱我,一边说道,"我把我所想的东西全都告诉你,我绝不把我的心里话只向你透露一半;不过,要我对你毫不保留,那就需要你向我表示你愿意听我说。"

此处的第二次亦即最后一次拥抱表明,直到这时,[对改宗者的]教育才真正达到了目的,但它也进入了最为私密和危险的阶段。代理本堂神父谈起他自始便想谈的启示。但他认为,在阐释启示前,他首先得做一番准备,须获得特殊授权,即,听者必须明显表示出对这种阐释的需求和渴望。因为接下来的审查跟他此前讲的内容"完全不同"。这种审查从根本上来说是一种批判,它不像代理本堂神父之前阐述的自然宗教学说对弟子"只有益处而无害处",它不仅可能损害弟子,也可能损害到敢于审查的导师。代理本堂神父"心怀战栗地"开始了他的审查,而所发现的"只是些令人迷惑且神秘难解的东西"。他这时心怀战栗,与追问上帝属性的智者心怀战栗一样。他之所以这么做,是因为他知道启示信仰的上帝在改宗者眼中已丧失可信性,改宗者也已因此背离对上帝的信奉。[118] 光有弟子的请求,还不足以让代理本堂神父对启示宗教进行批判。只有当这位改宗者渴望且真

---

[117] 段 XVIII(页 565)。我的孩子这一称谓就出现在此前的段 XVII(页 565)中。这一称谓总共出现了七次,一次在框架故事中,两次在信仰自白的第一部分中,四次在信仰自白的第二部分中。

[118] 参见段 52(页 581)和本书页[166]–[168];段 V–VI(页560–561)和本书页[306]。注意卢梭所采取的"预防措施"(《爱弥儿》卷 IV,页 558;本书页[309])。

正需要——对于这一需要,导师必定有一番专门的评判——解释时,代理本堂神父才获得了将教导进行下去的授权:"如果你自己有更坚定的看法,我倒要犹豫一下是否要把我的看法告诉你;不过,就你目前的情况来看,你像我这样思考是于你有益的。"[119] 卢梭在一个脚注中补充道:"这句话,我认为是这位善良的代理本堂神父说给大家听的。"在批判启示宗教时,不论是代理本堂神父,还是卢梭,[369] 都并非由传教的热情所主导。对他们二人来说,从听者的状况出发去做出评判都至关重要。就启示和自然宗教发表言论时,两人都以具体的个人及历史情境为准绳。[120] 且两人一致认为,他们的言论"只是在服从理性的权威",亦即,他们认为自己不具任何权威性。[121]

代理本堂神父的第二番言论转而谈论理性。它给出了怀疑的理由。它不要求听者即改宗者有任何信仰。代理本堂神父认为,若改宗者能"再次上升到"自然宗教信仰的高度,自己的意图就算实现了。若要做到这一点,改宗者就得有信仰,他得相信上帝是世界的立法者和统治者,相信道德性是人真正的优良特性,并信奉指引着他的可靠的良心向导。但是改宗者不应将信仰上升到更高的程度。因此,面临他现在所需考虑的情况,改宗者只需追问理性,并且确认这种理性是他和导师所共有的。代理本堂神父重拾自然宗教这个概念,并在开始

---

[119] 参见段 XVIII(页 565)及本书页 [311]–[312]。

[120] 在卢梭寄给日内瓦牧师穆尔东的 [信仰自白] 抄录手稿中有一个注解,简明扼要地阐述了卢梭对该文的历史定位和政治反思:"亲爱的穆尔东,您应该知道这部作品从任何意义上看都不适合出版,但公众只会从其中获益。"(马松编注版,页 430)在给巴黎大主教的回信中,卢梭这样评价信仰自白道:"我会一直把它视为它所处的这个世纪里最优秀、最有用的作品。"(《致博蒙书》,页 960)另参该书页 996,并比较雅典异乡人的自然宗教学说适用的历史情境。柏拉图,《法义》X,891b2–6 以及 XII,948c2–8。

[121] 段 108 及其注释 10(页 606–607)。有关段 108(页 607)中的理性的权威(l'autorité de la raison),请参见段 1(页 566)中的我们共同的理性(la raison nous est commune)及《爱弥儿》卷 IV,页 558。

批判启示宗教时首先提出一个问题：除自然宗教外，他为什么还需要另一个宗教，他需要这一宗教的目的何在。

> 你认为我所讲的只是对自然宗教的信仰，然而奇怪的是，我们还需要有另外的信仰咧！我从什么地方看出有这种需要呢？在按照上帝赐予我的内心光明和内心情感去信奉上帝时，我怎么会犯错误呢？

如果他只是运用天赋能力去侍奉上帝，而不按照信仰所要求的顺从去理解得救赎所必需的历史事件和传统真理，他就不是无辜的，就可能有罪。[370] 这种说法所暗示的并非弟子的观点——这并非暗示弟子将代理本堂神父的学说归结为自然宗教并对启示提出了疑问，而是直接让我们看到启示宗教对自然宗教最关键的指责：自然宗教不仅是不足的，谁若只信奉它而坚持不顺从，这人还是有罪的。对此，代理本堂神父提出两条反驳意见。他首先给出一个防御式的答复。请问，"为了荣耀上帝，为了造福社会和我自己"，除了履行"自然法则的天职"——亦即自然宗教的核心教义——还有什么呢？他因此认为，想超越自然宗教，顶多只算是个爱慕虚荣的做法而已。接着，他发动了攻势：

> 我们对上帝的深刻的观念，完全是来自理性的。你看看那自然的景象，听听那内心的呼声。上帝岂不是把一切都摆在我们眼前，把一切都告诉了我们的良心，把一切都交给我们去判断了吗？

其中第一句话援引自然神学，第二句话引证自然宗教，它们都是用来反驳启示宗教的。至于对上帝的认识，除了我们的理性所能认识的，除了我们凭天性所能感知到的，还需要他人来告诉我们什么呢？"由人提出的各种启示必定会贬低上帝，因为他们将会把人的欲念说成是上帝的欲念。"代理本堂神父言辞犀利地开始了他有关启示的言论。在第一次提及"启示"这个概念时，他用的是复数，这为其言论的核心段落埋下了伏笔，因他在该段中探讨了为数众多的启示宗教及其相互矛盾的真理诉求。他并没有说上帝的启示，而是说人提出的各种启示。他从一开始便指责提出启示的这些人，说他们损害了上帝的荣耀，因为他们把上帝说成非理性的存在。⑫ 代理本堂神父用一句话概括了各种启示宗教给上帝和人类带来的种种损害，[371]之后继续说道：它们的教义非但不能阐明"伟大的存在的观念"，反而把这种观念弄得一团糟；非但没使这些观念变得高贵，反而使它们受到了贬损；"不仅给这一伟大的存在蒙上了许多不可思议的神秘，而且还为它制造了无数荒谬的矛盾"；它们使人变得自负、不宽容且残酷；它们不仅没有给世间带来安宁，反而酿成了烧杀之祸。代理本堂神父自问这些启示到底于何有益，却找不到任何答案。他所看到的只有它们"所导致的人类的罪行、困境与不幸"。代理本堂神父的这一开场言论表明，他第一部分言论所阐明的自然宗教绝不可能需要启示宗教来补充，更不可能将启示宗教看作一种更高、更真和更本原的宗教而为其开拓道路。自然宗教扮演的更多是启示宗教的驳斥者角色，它是后者的尖锐批评者，它的出现则是为了取代启示宗教。⑬ 代理本堂神父

---

⑫ 直到最后一次誊清稿中，卢梭才加入了"由人提出的各种启示必定会贬低上帝"这句话。他在一份草稿中写道：Toutes les révélations ne font que dégrader Dieu. 马松编注版，页306。参见注释24，另参见歌德，《东西方歌集·更佳理解·荒漠中的以色列》（*West-östlicher Divan. Besserem Verständnis. Israel in der Wüste*，Hendrik Birus 编，Frankfurt a. M.，1994），页246。

⑬ 索邦神学家们在1762年呈上《爱弥儿》的审查报告时坚持认为，超自然秩序（ordre surnaturel）是实现救赎的必要前提——这一提法与卢梭所熟知的一个悠久传统相吻合。在神学家们看来，基督教比之前的自然宗教更高级，并且只有基督教才能够为信徒们展示这一超自然秩序："这秩序意

首次以单数形式提及启示，是为了对催生各种启示的想象加以深思：人们告诉他，"需要由一种启示来教育常人按上帝喜欢的方式去敬拜上帝"，[372] 并且拿他们制定的"各种各样稀奇古怪的礼拜仪式"来证明这一点。

> 然而他们不明白，礼拜形式之所以千奇百怪，正是由于启示的荒唐。只要各国人民想利用上帝说话，那么，每个国家的人都可以叫上帝按他们自己的方式说他们自己想说的话。如果大家都只顾倾听上帝向人的内心所说的话，那么，在这个世界上从今以后便只有一种宗教了。

人们说，之所以有启示，是因为上帝想教世人照他喜欢的方式去敬拜他。代理本堂神父以这一说法为开端，使他的开场收到了振聋发聩之效：启示之所以是复数形式的，是因为它体现了不同人的不同意志。[124] 不仅

味着并证实了宗教和自然规律所包含的一切，外加理性所未知的一切事实。"他们还将孜孜不倦地反复强调，"自然宗教"只能起到一个预备、引导和服务的功能，它永远是不足的："就像我们已经多次说过的那样，被剥夺了启示的人类将会在自然宗教的主要观点上迷失和彼此分裂。这不仅会在普通百姓身上发生，连哲人也一样。"他们还认为，只有在基督教之中，只有通过基督教的授权，"自然宗教"才能得以实现，"可以这么说，这种宗教的很大一部分，它的基础和最初的理念是自然宗教的教义和告诫：它们必须通过启示的授权来得到证实和颁布"。"……自然宗教的教义和伦理与我们的宗教相似，是一种新的认知和一种伟大的可靠性。"（《巴黎神学院贬责书——驳〈爱弥儿或论教育〉》[*Censure de la Faculté de Théologie de Paris, Contre le Livre qui a pour titre, Émile ou de l'Éducation*]，Paris，1762，页 69、81、127、140）。

[124] 索邦的神学家们相应的评判为："极端无耻、大逆不道和亵渎神明。他在书中谈论了所有的启示，无一例外。该书将先人和族长们所受的启示、犹太人所受的启示以及基督教的启示与其他各种各样的人声称受到的启示混为一谈，而后者完全是虚假的。"（《巴黎神学院贬责书——驳〈爱弥儿或论教育〉》，页 78）

如此，这一开场的主要优势还在于，这使他把启示信仰对自身的理解作为出发点，并且首先把启示当成神向人提出的要求来看待。某种程度上，代理本堂神父遵守了十诫里的等级秩序，他谈及上帝的荣耀和正义时，所援引的正是启示信仰本身所坚持的那些标准。此外，以"人们说"的内容作为开端，还可以使代理本堂神父直接开始一种从特殊到一般，或说从历史到自然的运动，这种运动将成为他论及启示的讲话的标志性特征。在各种启示中，人们让上帝在不同的时代、不同的地点说些不同的内容，且这些内容都体现在有关该如何侍奉上帝的千奇百怪的规定中。代理本堂神父从这些启示出发，最后回溯到上帝时时处处都在说的一些普适之言，如此一来，依据这些话可以建立的宗教便永远不会超过一种。他提出了与第一种运动相协调的第二种运动，即由外及内，或说从社会向个体的运动。宗教仪式关乎的是社会，[373] 而上帝关心的宗教则关乎个体。"上帝所要求的是心中的敬拜，只要敬拜是至诚的，那敬拜的形式就是一致的。"我们可以认为，这种敬拜的唯一形式，只是指那个对上帝说"愿你的意志得到实现"的人所心怀的态度。⑫ 宗教仪式与上帝的崇高性不能相容。若上帝想要人们"以心灵和诚实敬拜他"，他恐怕就会致力于维持秩序，而对上帝秉承这种敬拜的"一切宗教的天职"则是为了造福人类。心灵的崇拜不需要任何人的规范或审查。"至于崇拜的外在形式，即使是为了井然有序而应该一致的话，那也纯粹是一个规矩上的问题，根本就用不着什么启示。"⑫ 这位善良的代理本堂神父否定了启示会要求什么"崇拜的外在形式"，从而否定了他在维护公共宗教秩序时负责扮演的启示阐释者和代理人角色，而公共的宗教秩序又被划归为政治且听命于君主这一最终负责机

---

⑫ 参见段 104 – 105（页 605 – 606）及本书页 [362]、[363]。
⑫ 卢梭的手稿最初是这样写的："……但应该做出规定的是政府，这纯粹是一件管理上的事……"（马松编注版，页 310，我的强调）

构。就这样,代理本堂神父对外在崇拜和内在崇拜的区分,为其第三即最后一部分言论奠定了基本方向。⑫

代理本堂神父首先谈到他所受宗教教育中的"偏见",这仿佛是在用倒叙法简述他的自传,而实际上却简单勾勒出启示信仰的形成过程。他认为虚荣心在这个过程中扮演着关键角色,它误导人去超越本分。人凭借其思想无法企及那"伟大的存在",而它却误导人竭力把这一存在降低到自己的地位,并想与它直接交流,获得特殊的教导。当虚荣心驱使人试图使上帝变得和人一样时,它关乎的是整个人类的行为方式;它也可以在个体或个体所属的集体层面发挥作用,使人们想要获得他人没有的超自然认识和独有的崇拜,[374]使人们希望上帝把没有向别人讲过的话都告诉他们,或者希望他们对上帝的话有独特的理解。代理本堂神父在此首次提到了想要触及超自然的意志,作为希求卓越、希求优先权且脱离常规秩序的意志,它从根本上来说建立在虚荣心的基础之上。代理本堂神父可能很清楚虚荣心蕴含的力量,所以他把这个概念当成他批判启示宗教中时的主要母题,也正是因此,他才在阐述自然宗教时高度认可这个概念,且每当涉及宗教时,他便努力地使虚荣心尽可能地服务于人类,以此紧紧遏住它,使它无法逃脱道德的监督。⑬ 自然宗教融合了"每种宗教的因素",而那些局部的、历史的和不同教派的宗教,即"世间,存在的那些教派"之间却相互排挤。它们"相互指责对方的谎言与谬误",因为每个教派都自恃自己才是真正的宗教。它们援引某种权威及某一系列权威,将某种令人崇敬的传统作为自己的佐证,且宣称这种传统的源头便是上帝的权威。从一个很重要的方面来说,代理本堂神父以自然宗教之名对各种启示宗教进行的批判,乃是对权威的批判,是对以权威

---

⑫ 段 109 – 111(页 607 – 608)。

⑬ 注意段 53 – 56(页 581 – 583);段 101(页 603);比较段 112(页 608)与段 96(页 101);参见段 X、XV(页 562、564)。

为根基且具有排他性的崇拜与救赎论、具有排他性的真理通道的批判。这一点适用于代理本堂神父的整篇言论，尤其是他在第一部分言论中探讨启示宗教信仰的根基时。卢梭用一个注解支持了代理本堂神父的观点。在这个注解中，他提出一位"善良和聪明的神父"，来驳斥各种启示宗教援引上帝作为权威的做法，他还引用了沙朗（Pierre Charron）的《论智慧》（*De la sagesse*）中否认宗教来源于上帝的一处，但该处因有伤风化，被这位天主教神学家本人（[译按]沙朗）在重新修订时删去了。[129] 代理本堂神父对建立在[375]权威、出身和传统基础上的真理提出质疑，认为它与上帝的正义不符。顺从一种权威意味着，"走正道的人和入歧途的人所用的方法是相同的"，这样一来，按真正的信仰去生活的人与没有这样做的人相比，谁也不比谁功劳或过错更多。代理本堂神父认为，他们的选择是历史或地理方面的偶然因素所造成的，把选择算到他们头上是不公平的，因为这样便等于是说，他们要因出生在这个或那个国家而受到奖励或惩罚。"谁胆敢说上帝是这样评判我们的，那他简直就是在侮辱他的公正。"上帝的公正意味着下列情况：要么是所有一切宗教在上帝看来都是好的，都是讨他喜欢的，亦即，人们选这个还是选那个宗教对他来说都是一样的；要么是，若上帝预先给人类选定了一个宗教，人类若不相信就要受到惩罚——若果真是这样，上帝便会使这个选定的宗教"具有一些鲜明而确切的标记"，以让人类能辨别它是唯一真正的宗教。这些鲜明而确切的标记必须是人们"在任何时候、任何地方"都同样可以明明白白看出来的，亦即，这些标记必须满足受教于哲人的代理本堂神父向自然宗教所提的要求，此外，若信奉这个真正的宗

---

[129] 卢梭详细引用的这一处出自沙朗本人审查前的首版《论智慧》，在标明出处时，卢梭极为谨慎，从而并未将出处详细写出："L. II. Chap. 5., 页257。Edition de Bordeaux, 1601。"1605年，该书被教会权威机构列入禁书单。卢梭对该处的评注是："很明显道德高尚的孔东议事司铎虔诚的信仰自白与萨瓦的代理本堂神父并没有多大区别。"（注释11，页609，我的强调）

教是人类的天职,那么这些标记就"无论是老是幼、是智是愚,是欧洲人还是印度人、非洲人或野蛮人,都同样可以明明白白地看得出来"。就这样,在援引上帝的公正的前提下,代理本堂神父不仅认为启示不是得救赎的必要条件,不是每个人都应当顺从并履行的义务;而且,在他反驳神学家们的启示宗教——在援引上帝的最高统治权的基础上,他们认为上帝对人类没有任何亏欠——的二十四段之后,他还揭示了坚持相信正义到底有什么意义,揭示了那种[上帝的权威与上帝的公正之间的]矛盾所导致的最坏后果。

> 如果在这个世界上有那么一个宗教,谁不信仰它谁就会受到无穷的痛苦,又如果在这个世界上的某一个地方,有那样一个诚心信仰的人从来没有看到过这种宗教的证据,那么,这样一种宗教的神便是最不公正的、最残忍的暴君。

[376] 这些话是代理本堂神父的神学政治批判的高潮。代理本堂神父知道,想要"真心诚意地寻找真理"的人必须使用另一种方法。他不应一味顺从,而是应将他从儿时起在他人那里习得的所有宗教知识都"交由良心和理性去审查"。良心会对各种断言的公正与否发表意见,而理性则会对各种理由的确凿性和说服力进行评判。种种相互矛盾的权威,迫使人们去思考自己的理性。

> 他们徒然地向我呐喊:"扔掉你的理性吧!"让骗我的人爱怎样说就怎样说好了,反正要我扔掉我的理性,就必须要他们说出个理由来。

一种人类权威对他所说的有关信仰真理的话,都得接受他的理性的评判。而他的理性所能证实的内容,不外乎就是代理本堂神父阐述的自然宗教。代理本堂神父的第一番言论包含了他凭借天赋能力所获得的

"全套神学"。若再要信仰更多的东西,那就要借助"特殊的手段"了,也就是说,像启示信仰所宣扬的那样去求助上帝的权威。代理本堂神父在言论中插入三次虚构对话,且在第一次即最短的一次对话中探讨了求助上帝一事:

> 真理的使徒,我不能单独判断的事物有哪些是需要你告诉我的?上帝已亲自说话,你要听他的启示。

启示提出的顺从要求是基于上帝亲口说过的话,但是上帝启示的接受者无法亲自听到这些话,因为上帝是在一个特定的时间里开口说话的,所以这些接受者必须相信那些告诉他们上帝曾亲口说话的人。上帝用神迹证明了传递和传播启示的使徒的使命是可信的,但这些神迹的见证者都是人,而神迹的证据则流传于人撰写的书中。代理本堂神父一再暗示,启示的使徒所引证的上帝权威其实还是人的权威。

> 怎么!又是人在作证!又是人来向我传达他人所讲的话!在上帝和我之间怎么有这样多的人呀!让我们随时观察、比较和验证好了。[130]

[377] 然而,任何一种启示宗教,都谈不上包含了能让人随时随地辨认出真正宗教的"鲜明而确切的标记"。尽管代理本堂神父表示,他愿意用审查、比较和求证的方法去研究"真理的使徒"让他注意的那些历史证据,但他之所以这么做,是因为他知道,要驳倒对

---

[130] 段 112-118 及注释 11(页 608-611)。卢梭以自己的名义将代理本堂神父那句名言"在上帝和我之间怎么有这样多的人呀!"写进了他给巴黎大主教的信里:"……上帝与我之间需要中间人,为何需要这么遥远的中间人?谁会需要这么多其他中间人?上帝要和让-雅克·卢梭对话还要寻找摩西,这难道是很简单很自然的事吗?"(《致博蒙书》,页 987)

手,他只能去探讨他们的真理诉求,并用辩证法去研究他们所列出的历史证据。因此,与关乎自然宗教的言论不同的是,关乎启示的言论也包含了明确的对话,并且从一开始起,诉诸人身的论证法便在后者中占据了主导地位。[131] 代理本堂神父向弟子阐明,谁若想验证信仰提出的种种宣言和要求的真实性,谁若想逐一研究"所有预言、启示、事实和遍布世界各地的宣扬信仰的不朽著作",就必须参与"极其可怕的讨论",就必须具备"极其渊博的学识"。他提醒弟子去考虑人们必须为此进行多少历史研究,投入多少精力去进行语文学分析和深入的史源学考证。他将在此番言论的第二部分证明,由于相互竞争的各种启示宗教各自抱有绝对真理的诉求,故而,那些想弄清到底该顺从并履行哪些义务的人,几乎不可能完成上述浩大的研究和求证工程。此处所暗示的"可怕的讨论"处于此番言论第二部分——关乎启示及对任意权威宣战的理性——核心主题的背景下,并且融入了逐步形成且渐渐变得尖锐的论证过程:若启示信仰不想因过于轻信或是自毁视力而遭到指责,那么它就离不开理性。代理本堂神父从宣扬信仰的"不朽著作"谈到了"能证明其作者的使命的证据",谈到了神迹。他深谙哲人们对神迹的批判,[378] 他强调道,若想辨认出神迹并对引证神迹的做法进行判断,就必须依靠知识和理性。认识神迹以认识自然为前提,因为一个例外或一种偏离自然秩序的情况确确实实关乎这一秩序本身,关乎我们是否认识它所决定的必然性及所允许的可能性。若上帝的使徒和启示的传播者因神迹而获得了上帝授权,那么,对启示的信徒而言,最为重要的便是去查证并确信这些人的使命,进而认识什么是自然中可能发生和不可能发生的事。代理本堂神父特地提到,他必须十分了解偶然以及盖然性法则,以便判断一个预言的实现是否能证明被假定的神迹的合理性。他得对区分行神迹者与骗子有强烈的兴趣。最重要的是,他必须找到"可靠的规律"去区

---

[131] 参本书页[324]–[329]、[329]–[333]。

分"真的和假的神迹",亦即,区分他相信为上帝所行的神迹与他视为由魔鬼所仿造的神迹。围绕神迹信仰展开的所有问题,最终都归结于对上帝理性的追问,而按照启示信仰的说法,上帝必须用神迹这个手段为自己服务:"为何上帝好像是为了愚弄人的信心,好像是故意不采用真正的说服手段,才偏偏挑选一些其本身都亟须加以验证的手段去验证他所说的话。"代理本堂神父迅速地使上帝的理性、正义、合理和尊严先后成了反驳神迹学说的证据。他对自己的对手进行了"最重要的检验",并首次引用了圣经故事,这些最终将他诉诸人身的论证法推向了高潮。其中,他反驳神迹学说时提出的最重要的证据,是相信神迹的那些人亲口说的话,即:上帝制造神迹,而魔鬼有时会模仿这些神迹。于是,代理本堂神父又回到如何区分真假神迹的问题上,其前提是超自然力量果真能打破自然秩序。他引用法老的巫师们作为书面证据,他说他们"甚至敢当着摩西的面行摩西奉上帝之命而行的神迹",⑬ 然后他问道:[379]"所以当摩西不在的时候,他们怎么会不以同样的名义说他们具有同样的权威呢?"这说明,因神迹而被授予的权威是站不住脚的:"因此,用神迹证明了教义之后,又必须用教义来证明神迹,以免把魔鬼的神迹当做上帝的神迹。"卢梭再次亲自开口,对代理本堂神父驳斥启示宗教援引上帝权威的论证过程,他表示了支持,并使这一论证过程变得更为犀利。他说,"圣经中很多地方"都明确谈到神迹需由教义来证明,即神迹只建立在信仰之上。尤其是《申命记》第十三章有一段说,如果哪一个宣扬异教神的先知用神迹来证明他所说的话,而他所预言的事又果真发生了,那么我们不仅不应该听信他,还应该把他处死。因为他通过神迹来验证使命,而神迹是上帝所使用的手段,目的是为了试验信徒,查明他们是否尽心尽意地单单爱上帝。

⑬ 《出埃及记》7:10,11,20,22;8:1-3。

> 如果基督的使徒去向异教徒宣扬上帝,并且用预言和神迹证明他们的使命,因而遭到了异教徒的杀害,我认为,这时候要是我们依据什么理由去反对他们,他们也马上会拿同样的理由来反驳我们。在这种情况下应该怎么办呢?唯一的办法是,大家又回头来讲道理而不谈神迹。最好是在谈道理的时候根本就不提什么神迹。

卢梭知道,只消阐明神迹的不可辨认性,便足以驳斥启示的传播者凭神迹获得的权威。但他也知道,这种阐述并不足以反驳神迹的可能性。和代理本堂神父在文中所说的一样,卢梭在他的注解中将阐述焦点放在不可辨认性上,但这并不是说,文中形成的诉诸人身的论证法只关乎神迹的可辨认性。该论证法是一个涵盖了更多具体应用的范例,读者要自己去逐一尝试这些应用。此外,卢梭也深知,研究他提醒人们注意的启示信仰"学说"有多么重要,这种研究原本是自然神学的职责。[133] [380] 代理本堂神父进入自然神学的职责领地,并勾

---

[133] 在《山中来信》里,卢梭用长达96段的第三封信详细探讨了神迹信仰。其中,他对神迹信仰的批判承接了斯宾诺莎对圣经神迹的批判,但不论是从具体方面——他将批判范围扩展到了对耶稣神迹的批判——还是从他对自然神学的整体阐述来说,他的批判内容都超出了斯宾诺莎的《神学政治论》(*Tractatus theologico-politicus*)里著名的第六章。卢梭以上帝的智慧为主线逐渐展开了对神迹信仰的批判,并且在批判的过程中一直都考虑到了智者的判断。他丝毫没有忽视先人们诉诸人身的论证法,且在此基础上使神迹批判成了哲学进行自我解读的一块特殊园地(《山中来信》III,段3、5、7、8、9、31、32 的注解、36、40、51、54,页 727–728、729、734–735、736、737、738、743、744;注意III,段 48–49 和注释41,页 741–742、738)。卢梭赋予上帝的智慧属性以特殊意义,这使他对神迹信仰的探讨既不同于斯宾诺莎——斯宾诺莎在"论神迹"("De miraculis")中只字未提上帝的智慧——也有别于洛克,洛克在探讨这个问题时所援引的是"上帝的荣耀和善""上帝永恒神性的统一和崇高"以及"上帝尊严的地位"(《论神迹》

勒了它与自然宗教兼容之处。若神迹能够"印证"的教义出自上帝,那么它就得具备"上帝的神圣特征"。它不仅应澄清我们对上帝的种种观念,而不是使其变得更加混乱,还应为我们"订立一种崇拜仪式,为我们树立一种道德,为我们订立一些合乎上帝属性的行为准则,因为我们只能通过这些属性去想象上帝的本质"。神迹通过自身及它们应当印证的教义而提出的断言,迫使代理本堂神父去思考神是什么这个问题,这使得启示宗教的神与自然宗教的神发生了正面的冲撞。[134] 如果一种教义"给我们描述的上帝 [381] 是那样的愤怒、妒

[A Discourse of Miracles]),见 The Works of John Locke [《洛克著作集》], Glasgow-Dublin,1823,IX,页 260-262)。若读者将卢梭对神迹信仰的探讨和休谟的神迹批判进行比较,一眼便能发现卢梭研究的层面以及该研究的细腻和难以捉摸之处(《人类理解论》第十篇"论神迹"[An Enquiry concerning Human Understanding X,"Of Miracles"],Critical Edition by Tom L. Beauchamp,Oxford,2000,页 83-99)。卢梭对耶稣神迹的探讨的隐遁点也在于智慧的标准(参见《山中来信》III,段 3、31、32 最后一个脚注、94,页 727、734、736、754)。卢梭探讨了《约翰福音》第十一章记载的上帝行的最大神迹,即使死人复活,但他对关乎耶稣本身的最大神迹却以沉默一笔带过。日内瓦神学家克拉伯雷德(David Claparede)写了一篇长达 262 页的论文对卢梭的第三封信作出回应,一举指出了卢梭这种沉默的态度:《论新约中的神迹——答卢梭先生的〈山中来信〉第三封信中之疑》(Condidérations sur les miracles de l'Évangile, pour servir de réponse aux difficultés de M. J. J. Rousseau dans sa 3. lettre écrite de la montagne,Genf,1765),页 29-35。

[134] 参见段 52(页 581)及本书页 [329]-[333]-[334]。——代理本堂神父早在探讨神迹信仰时便已亲自记录下这两种神的对峙:"……而在一切神迹中最大的神迹也许就是:在那个国家尽管有被迫害的狂信教徒,但却始终没有出现过任何神迹。只有大自然中不可改变的秩序才能给人们指出掌握自然的睿智的手;如果真有许多例外情况的话,那我就不知道应该怎么去想了;就我来说,我对上帝是太相信了,所以,要我相信那些同他极不相称的神迹是不可能的。"(段 120〈页 612〉)参见 Spinoza,《神学政治论》(Tractatus theologico-politicus)VI 及《论神迹》(De miraculis,Carl Gebhardt 编,Opera. Heidelberg,1925,III),页 86、23-27。

忌、动不动就要报复,而且还那样的不公正",也就是说,如果它所谓的上帝是一个为欲念激情所主宰的、非理性和不公正的存在,"是一个好战好斗之神",是一个毁灭之神,且时刻"夸口他对天真无辜的人也要进行惩罚",如果是这样的话,代理本堂神父"绝不会抛弃自然宗教"而去皈依宣扬"那样一个可怕的上帝"的宗教。因为那样的话,两种神将不可能相容,人们在这种情况下"必须要进行选择"。在始终谨慎运用虚拟式的背景之下,他居然发表了一番面向这种宗教的信徒们的讲话:

> "你们的上帝不是我的上帝。"无论哪一个上帝,要是他单单挑选一个民族而排斥其他人的话,那他就不是人类共同的父亲;要是他使最多数的人注定要遭受永恒的痛苦,他就不是我的理性所告诉我的慈悲和善良的神。[135]

如果说自然宗教就像人们所指责的那样还有什么缺陷的话,那也是因为它"教授给我们的那些伟大的真理"说得还不像人们所期望的那么明白,传播得也还没那么广泛。因此,启示的任务在于,用人的理智可以感受和理解的方式去传播自然宗教的伟大真理,"以让他理解并信仰它"。换句话说,在自然宗教所给定的框架内,代理本堂神父承认启示可以起到辅助、教育和服务的作用,但前提是,它必须有助于阐明信仰,而不能让宗教崇拜蒙上"神秘"和"矛盾"的色彩。因为信仰需要理性来确保其可靠和稳固,故而他说,"一切宗教中最好的一种毫无疑问地也是最清晰的"。[136] 代理本堂神父毫无疑问地表

---

[135] 关于慈悲且善良的神参见段78、104(页592、605)及本书页[344] - [345]、[361] - [362]。

[136] 卢梭的手稿中起初这样写道:"所有的宗教之中最好的也必然是最理性的。"(马松编注版,页342,*我的强调*)

示，只有他的理性才能判断［382］谁或者什么才是应该敬拜的上帝。

> 我所敬拜的上帝，不是一个黑暗的上帝；他既然给了我理解能力，便绝不会禁止我运用这种能力。因此，谁若想要我抛弃我的理性，谁就是在侮辱创造理性的神。真理的传播者不仅不压制我的理性，反而会启发它。

理性与权威的对立所揭示的真谛，乃是理性与暴君的对立。[137]

在代理本堂神父对启示信仰的探讨中，理性与权威、洞见与顺从、真凭实据与道听途说之间的对立如此重要，以至于代理本堂神父以自己的名义论述它后，再次将它作为他关乎启示的言论中插入的第二段对话的主题，这也是所插入的三段对话中最长且最引人注目的一段。它成了此番言论第一部分的结语，简要回顾了言论中从预言到神迹再到上帝的属性这些最为重要的对象和问题。它的表达简明扼要、清晰易懂、雄辩犀利，它之所以醒目，并非因为从表面上看来它提供了新论据，而是因为它以毫不妥协的强硬姿态道出了言论中的根本矛盾冲突。通神意者（L'Inspiré）和推理者（Raisoneur）之间展开言辞激烈的论争，长达27段，共包含26次发言，对话双方各发言13次，而推理者的第13次发言则长达两段（段26和27）。对话开始之前，代理本堂神父用一个段落阐明了此次对话的任务所在。他提醒弟子注意，"我们"，即代理本堂神父和听者，没有将"任何人的权威"当作论据。代理本堂神父认为，在抛弃了人的权威的情况下，"一个人要向另一个人去传布不合理的教义，是怎么也不会把那个人说得心服口服的"。这段虚构对话所描述的双方力争说服对方的尝试注定失败，我们无需从谈话的具体过程中，而只消从代理本堂神父对双方的称呼中，便可以看出代表不合理的教义的是哪一方。通神意者将援引

---

[137] 段119-125和注释12（页611-614）。

他灵感的源泉为证,把自己看作是这一源泉的容器与喉舌,并以一个他者、一个更高更强大的存在的名义展开他的言论。而推理者则会凭借他的理性去质问[383]通神意者的理由,并向后者提出一些推论结果作为异议。[138] 启示的辩护人以攻击理性教义拉开对话的序幕:"理性告诉你说整体比部分大,可是我代表上帝告诉你,是部分比整体大。"[139] 对此,其对手动用理性权利提出一些问题来答复他:"你是什么人,竟敢向我说上帝是自相矛盾的?我到底相信哪一个好,是相信那通过理性来教会我永恒真理的上帝,还是相信借他的名义向我发表谬论的你?"这一交锋划定了双方的分界线,并为接下来的论争奠定了基调。在通神意者引入被"罪恶"败坏了的理性后(段5),在他宣布理性的辩护人为"魔鬼的仆人"之前(段25),当他在对话正中间强调他的"超自然"证据"无可辩驳"时(段13),[140] 双方的交

---

[138] 在选择通神意者这一称呼之前,卢梭还先后用过传教士(Le Missionaire)、先知(Le Prophète)、使徒(L'Apôtre)等称呼。在选择推理者这一称呼前,他还曾考虑过有神论者(Le Théiste)和人类(L'Homme)这两个称谓(马松编注版,页346)。若他保留了这些最初的称谓,那么他无论做什么阐释,无论进行何种辩护,都无法缓和一个事实,或者说无法否认谈话双方就是启示宗教和自然宗教的代表。参见《致博蒙书》,页988-989。

[139] 卢梭此前曾以自己的名义举过这个例子,他对此评论道:"对所有一切温和的,并按上帝赋予我们的理性去敬拜永恒的上帝的宗教,我都是抱友好态度的。如果一个人不相信他认为是荒谬的教义的话,这不是他的错,这是理性的错;我怎么能想象上帝会因为他不具备有悖于上帝赐予他的理性的那种理性而惩罚他?如果一个经师以上帝的名义硬要我相信部分大于整体,我心里该怎么想呢?除了认为这位经师把我当成了傻子以外,我还能有其他想法吗?东正教教徒认为宗教的奥义中不含任何荒诞不经之处,所以不能不相信……"(《致达朗贝尔的信》,段7,页11-12)参见卢梭对此处所说的荒谬教义所加的长篇评注。

[140] 代理本堂神父在段112(页608)中提到了超自然的,并将人渴望获得超自然认识归结于虚荣心。此后文中的超自然一词首先出现在了通神意者的引证中。见本书[373]-[375]。

锋达到高潮。而在对话的中心段落里推理者给出的答复是："超自然！［384］这是什么意思？我不懂。"（段14）[141] 他得到的回应为："它指的是自然秩序中的变化、预言、神迹和各种各样的奇事。"（段15）谈话末尾处（段27），推理者再次谈到通神意者的那些"所谓的超自然的证据"，简洁且犀利地阐明了，为何我们，为何代理本堂神父和他的听者、推理者及其他所有对理性的言论感兴趣的人，都无法把任何一种人的权威当作证据。若是因他人的预言、神迹和启示而相信什么，那就完全是"使人的权威凌驾于那启发我的理性的上帝的权威之上"。[142] 代理本堂神父让这位自然宗教的辩护人说的最后一句话是："如果我心中怀抱的永恒真理能容许任何损坏的话，那就再也没什么东西是我可以相信的了；我不仅不相信你是代表上帝向我说话，而且甚至还不敢肯定他是不是存在。"他讲话的开端和结尾，即第一句话和最后一句话，其一致之处在于理性所保证的永恒真理，一切有关上帝的断言和定论——包括上帝的存在——都得符合这些真理。[143] 尽管这段对话并未提出新论据，但其中一个论据却被代理本堂神父强调得格外清晰：若要相信存在着一个能得到承认的上帝，推理者就必须证明这一存在符合理性让他认识的必然真理，亦即，这一存在得符合随时随地都有效的真理。此后，代理本堂神父还曾用到一次"推理者"一词，为的是以嘲讽口吻和怀疑姿态把自己与这种人联系起来。[144] 即便他不这么做，我们也可以从他们

---

[141] 参见柏拉图，《苏格拉底的申辩》（*Apologie des Sokrates*），20d‑e。

[142] 参本书页［369］及本章脚注[121]。

[143] 在起初的手稿中，这段对话的——而并非推理者言论的——头一个词是上帝，后来卢梭用理性一词替代了它（马松编注版，页346）。

[144] "谈到启示，若我是一个高明的推理者或有学问的人，我也许能认识它的真理，认识到它对那些幸而能理解它的人的益处。"（段170〈页625〉，我的强调）除十三次用该词来称呼上述对话中的主要虚构人物之外，这是全文中用到推理者的唯一一处。

[385] 从事的相同职业中看出他与对话主人公的亲和关系。这一对话的结尾隐含了代理本堂神父对信仰危机的回应,并且号召改宗者不要去信仰启示宗教。[145]

根据其诉求,启示信仰所要建立的是一种宗教。它所引证的只有一个真理,且认为只应顺从一个统治者。因此,这种信仰对哲学来说也是一种挑战。但因为它关乎历史上各种相互矛盾的启示,因为它将真理追溯至不同的传统,且对统治者的戒律有着不同的阐释,所以它并非以单数形式出现,而是体现在多种启示宗教中。代理本堂神父将启示信仰阐明为一种信仰,并在它与自然宗教对峙中对它进行了根本性批判,之后他又开始了他关乎启示言论的第二部分。他同样以"我的孩子"开场,[146] 进而开始探讨历史上的各种启示宗教。在这个过程中,他的主要出发点是:这些宗教都认为自己是唯一的真正宗教。这一诉求既是它们所共有的,也使它们相互争执不休。因为其中每种宗教都认为自己是唯一的、真正的,故而对它们都得进行检验,得将它们相互比较,查明它们彼此间分别提出了哪些异议、作出了哪些回应。出于公正,人们得不偏不倚地倾听每种宗教的说法。[147]

---

[145] 段 126 – 153(页 614 – 617)。对话第一至二十七段对应的是信仰自白的第 127 至 153 段。参见段 V – VI(页 560 – 561);段 6 – 10(页 567 – 568)。

[146] 卢梭在最初的手稿中写的是我的朋友,之后又将其改为我的孩子,以此作为代理本堂神父开始讲话的标志,尤其是他第二番言论的 A、B、C 部分开始的标志。除我的孩子这一称呼(段 XVII、1、100、108、154、172、181)外,卢梭还用过可爱的年轻人(段 3、181)、年轻人(段 59、177)、我的朋友(段 44、95、111、119、172、177)、我善良的朋友(段 58、76、175)、我年轻的朋友(段 85、176)以及我的儿(段 170、179)这些称呼。包含孩子(7次)、年轻人(4次)、朋友(11次)和儿子(2次)的共二十四次称呼在全文中分布如下:框架故事:一次;第一番言论,段 1 – 100:九次;第二番言论 AB 部,段 108 – 170:五次;第二番言论 C 部,段 172 – 181:九次。

[147] 对代理本堂神父的说法"不论是什么问题,如果我们没有弄清楚,就不应该说别人错了",卢梭在注释 13 中予以支持。他引证普鲁塔克来驳

[386] 智慧给我们的建议是，愈是我们熟悉亲近的东西，愈是不要理所当然地认为它是对的，而是要换一个视角去追问：为什么有那么多其他人不认为它是对的。说到底，若我们想通过驳斥对手的观点而真正有所收获，那么，利于我们的做法并不是使对手的观点显得比其原本的样子更薄弱，而是应该把对手提出的理由看得比对手陈述得更重。这些宗教都宣称自己是唯一的，这迫使代理本堂神父从一个瞭望台上一视同仁地去观察它们。他首先从书籍谈起，这是它们借以流传并各自为政的关键性媒介。他之所以这么做，不仅是为了承接他在此番言论的第一部分所谈的内容——要想从源自不同传统的书籍中得出一个合理的判断，人们不知得多么博学，不知得掌握多少语言和历史知识——也是为了从他此处所选的民族学视角出发去肯定一个事实，即，对文字证据的研究不论多么有力，终究无法代替实地考察。

> 若要正确判断一种宗教，便不应去研究它的信徒所写的著作，而应当到其信徒当中去实地了解，从书本上研究和实地去了解是有很大的区别的。每一种宗教都有它自己的传统、意识、习惯和成见，这些东西就是它的信仰的精神，必须把它们联系起来，才能对这种宗教进行判断。

启示信仰得从原则着手去研究，与此不同，各种启示宗教则是民族学和社会学研究的对象。为了找出书本所写内容与人们的经历及亲身所见所闻的区别，代理本堂神父没有去引证任何被视为圣贤的书籍。他举了自己所属教派的一个例子，并只在其间暗示，想"根据博胥埃（［译按］又译"波舒哀）的著作去了解天主教的信念"是一种大错

斥这种排他性启示的诉求，且这样评论该诉求："当每一方都自称只有他们说的话才有道理时，为了要在他们之间进行选择，就必须听取所有各方的论点，否则就是不公平的。"

特错的做法，* 因为这位法国宫廷布道士兼天主教历史神学家所传播的教义，与"人们向大众传播的教义"或教会实践中体现的教义，相符之处甚微。对于这本书所阐释的顺从，天主教徒和新教徒各持己见，且在代理本堂神父提到该书及基督教和基督徒之前，[387] 信仰的分裂状便已赫然映入我们眼帘。有关正确的顺从的论据，明显强过对信仰的顺从。代理本堂神父把这本书当作他逐步揭示各种启示宗教的主线，这使他有机会提醒人们注意，"有多少伟大的民族既不刊印也不阅读我们的书"。既是如此，又如何能将他们纳入对正确宗教的探讨中来呢？可以料想，即便是在最偏远的国度里，也有一些能对这番探讨有所贡献的"贤明的人、忠厚诚实的人和真理之友"。代理本堂神父稍后将会让他们当中的一位发表自己的言论，或者说，他将站在他们当中一位的立场上，发表他本无法发表的言论。[148]

各种启示宗教的真理诉求涉及世界各民族，代理本堂神父由此出发，最后将关注点重新放到了事件这一核心之上。

> 在欧洲我们有三种主要的宗教。其中的一种宗教只承认唯一的一种启示，而另一种宗教则承认两种启示，第三种宗教则承认三种启示。每一种宗教都各自憎恶和咒骂另外两种宗教，指责它们盲从、狠毒、顽固且虚伪。

在听完并思考所有这三种宗教的证据和理由之前，这位自然宗教的辩护人对其中的第二种——如我们所知，它的实施不只体现在书籍和文

---

* ［译注］博旦埃（Jacques Bénigne Bossuet），法国神学家、神父、天主教和专制政体思想家。这里所说的他的著作指的是《天主教教义解说》(*Exposition de la doctrine de l'Église*)，该书曾再版二十余次，在欧洲各国都有译本。

[148] 段 154–155（页 617–619）。

字中——始终保持中立态度。但他立刻注意到，只承认一种启示的宗教是这三种当中最为古老的，而且似乎是最可靠的，因为其余两种宗教都承认了它的启示，并且它存在的时间也最长久；而承认三种启示的宗教则是最新的，且仿佛是它们当中最为始终如一的。这么说的原因在于：若认为一种启示是可能的，并承认一种或两种启示，那么我们便看不出有什么理由能排除第三种或更多的启示。关于那种承认两种而否认第三种启示的宗教，代理本堂神父说，它"也许是最好的"——一个不偏不倚的法官如何能排除这种可能性呢，更何况是一位神父？——"不过，因为它显然包含了种种否定自身的成见，所以一眼就可以看出它是前后矛盾的"。此外，这位民族学观察者——他此时分别赋予这三种启示宗教以专有名称——还注意到，[388]它们用来约束各自的信徒并解释法则、戒律、道德和秩序的经书，都是用信徒们不认识的文字所写的："犹太人不懂希伯来文，基督徒不懂希伯来文和希腊文，土耳其人和波斯人都不懂阿拉伯文，而现今的阿拉伯人自己也不说穆罕默德所说的那种话了。"这些权威书籍得由人类权威翻译并解释给其信徒们听。若上帝能向人类开口说话，若上帝认为有必要开口说话，且经过长期斟酌后决定向人类开口说话，那他为何需要，为何要借助一个翻译呢？向上帝的理性发出呼吁后，代理本堂神父径直提出了他用以批判启示的核心论据。他指责这三种书面宗教与上帝的正义属性不符。"我绝不相信一个人所必须知道的东西经书上全都有了，我也不相信，由于一个人看不懂经书或找不到懂经书的人，便会因这样一种并非出自本心的无知而受到处罚。"此外，"所有的书不都是人写的吗？"在此番言论的第一部分中，代理本堂神父曾高呼着拒斥了上帝和他的理性之间的那些中介权威，而在此番言论的第二部分中，他则用几乎同样多的笔墨发出以下呼喊：上帝和我之间的书真多啊！他对经书的可信性的批判——为何人要读了经书才能知晓他的天职、逃脱上帝的惩罚或者得到救赎呢？——对上述三种启示宗教都适用。在基督教中，这一批判尤其适用于新教，尽管代理本堂神父在此并未提及它,而是继续评论道:"我们的天主教徒在大谈其教会的权威。"换句话说,天主教徒在此仿佛并未受到批判,或说他们所受的批判程度仿佛不及新教徒。然而,事实并非如此。因为教会为了证实其教义的权威性,也必须像"其他教派"那样花大力气去罗列书面证据,只有这样,它"才能直接地证实它的教义"。"教会断定教会有做决定的权利。这岂不是一个打不破的权威?"天主教会若想克服单纯的决断论(Dezisionismus),最终必须像新教徒那样求助于圣经的权威。⁽¹⁴⁹⁾

[389] 代理本堂神父搬出犹太教徒和穆斯林,为的是将他们与基督教对比,进而批判基督教。他尤其借用犹太教徒来驳斥基督教的偏见,指称基督教的罪恶,但他不像之前的改宗者那样,他并未用"那些基督教徒"这样的指称来标明自己与基督徒的区别,而是用了"我们"一词。⁽¹⁵⁰⁾ 在卢梭的支持下,代理本堂神父强烈抨击了基督教徒对犹太教徒的压迫。后者不仅没有"仔细检验"犹太教徒究竟对基督教有何非难,甚至一直很难自由谈论和了解犹太教。若有人竟敢在书中公开替犹太教辩护,他们便会惩罚书籍的作者、出版者和销售商。⁽¹⁵¹⁾

> 在我们施行的暴政之下,他们已经变得很胆怯;他们知道基督教虽然谈慈善,但却不因此就不做出不公平和残酷的举动;他们既然怕我们指摘他们说渎神的话,还敢说什么话呢?

⁽¹⁴⁹⁾ 段 156–159(页 619–620)。
⁽¹⁵⁰⁾ 参见段 107、160–163(页 606、620–621)。
⁽¹⁵¹⁾ 卢梭为此写了好几个开头,他曾这样写道:"他们不允许我们印刷那些能证明或他们认为能证明耶稣并非弥赛亚的书籍[,]他们会惩罚作者、印刷商和书店,会用肮脏的话辱骂我们。"他随后改动和扩展了此处,将其中的关键内容放到下一段,形成了其论证的最终结构和顺序。

对犹太教徒的迫害为代理本堂神父提供了一个参照,而"渎神的话"则是一个能让他引入主题的关键词,这一主题在探讨各种启示宗教时对他而言潜伏着巨大的危险,这便是耶稣的神圣性。[152] 该主题是他谈论各种启示宗教时的核心。在此番言论的第二部分的中心段落里,代理本堂神父四次提到耶稣-基督(Jesus-Christ)。[153] 但他是在一种否定性关联中 [390] 提到该词的,即对耶稣乃基督的否定,而基督教与其余两种启示宗教之间的敌对关系正是从这种否定之中滋生出来的。代理本堂神父对此未置可否,就如他在首次提到耶稣基督时所说的那样,他还未适当理解"犹太教徒的理由",未理解他们为何从一开始便否定了耶稣的神圣性:

> 在巴黎索邦大学神学院,一提到救世主的预示,就显然是指耶稣基督。但是在阿姆斯特丹的犹太教的法学博士们中,一提到救世主的预示,就同耶稣基督毫无关系了。我认为,只有在犹太人有了一个自由的国家,有了经院和学校,可以在其中毫无顾虑地进行辩论的时候,我们才可以正确地了解犹太人的论点。只有在这种时候,我们才能知道他们有些什么话要说。

在君士坦丁堡,土耳其人可以"诉说他们的观点",他们可以将耶稣

---

[152] 渎神的话(blasphême)一词只在段 161(页 621)中出现过一次。注意代理本堂神父在段 174(页 629)中论及自身及他对公正的上帝的态度时唯一用到的亵渎神明(blasphêmer)一词:"不论发生了什么事情,我都绝不会亵渎神明,绝不会侮慢公正的上帝。"

[153] 耶稣-基督一词分别在段 161、162、163、164(页 621-622)中提及,在此番言论的包括了十八段的第二部分,这些段落分别是段 8、9、10、11。在开启第二番谈话第三即最后一部分的第 172 段中,代理本堂神父还将谈到耶稣。他在那里四次提到耶稣,那之前和之后分别一次提到耶稣基督(页 626-627)。

阐述为先知的前人但却否认他是上帝之子。他们还用强制手段使人听信这一说法。"在那里，就轮到我们向人家甘拜下风了"——通过这种角色互换，代理本堂神父再次获得了一个用以驳斥自信满满的基督徒的论据。"如果土耳其人也学我们的样，强迫我们遵奉我们根本就不信的穆罕默德，我们能不能说土耳其人做得不对？能不能说我们做得有理？"耶稣基督第二次被提及时是被用来和穆罕默德作对比，它为该词的第三次出现埋下了伏笔："在人类中，有三分之二的人既不是犹太教徒，也不是穆斯林或基督徒；有千千万万的人从来就没有听说过摩西、耶稣基督和穆罕默德！"在此，代理本堂神父一口气点名说到这三个启示宗教的信徒，也正是在这唯一的一处，代理本堂神父抹去了耶稣与先知摩西及穆罕默德间的区别——而对基督徒来说，这一区别最为关键，绝不能放弃。在此番言论的第一部分，代理本堂神父虽只字未提先知，但明确表示了他对摩西的神和穆罕默德的神的看法。[154] 而此处提到这两个神的目的则在于基督教，接下来所谈及的只有基督教，这更加突出了提到它们的目的。若人的救赎取决于一个真正的宗教，若这个真正的宗教要求人们相信耶稣就是基督，那么，公正的上帝便［391］不会因为人们从没能听到过耶稣基督开口讲话，就将他们排除在救赎的范围之外。代理本堂神父并未将他所暗示的基督教的种种传教尝试视为行之有效的答案。他认为，即便这些传教士成功地将福音传播到了全世界，即便他们到达了世界最偏远的角落，即便他们开辟了通往最闭塞地区的大道，也都不足以实现宣扬启示信仰的基督教所抱有的普适性和排他性诉求。"在头一个传教士到达一个国家的前夕，准有一个人还没能听到他讲的福音就死去了。"代理本堂神父第四次提到耶稣－基督时，是为了阐述基督教教义的历史性问题："在这个世界上，只要有那样一个人，传教士未向他宣讲耶稣－基督，那么，仅因为这个人而形成的缺陷，其严

---

[154] 参见段124（页613–614）及本书页［379］。

重程度便如同未向四分之一的人类宣讲耶稣-基督一样"。[153]

若人们向一个人宣讲基督教教义,而这个人所受的教育以及他生活中的传统都没有使他做好准备去信仰这一启示宗教,那么基督教的教义必定会遭受一番异议,这便是代理本堂神父在他的言论中虚构出来的第三次即最后一次对话的内容。如果说在第一次对话中,代理本堂神父为了质疑传统的权威而亲自登场了,而在第二次对话中,他把批判整个启示信仰的任务委托给了一个理性代言人,那么,第三次对话则借一个陌生人之口回应了基督教,我们在这个人身上看到的是每个国家都有的那种"真理之友"。该对话涉及这个陌生人对一个试图宣讲福音并使他皈依的传教士的答复。传教士的话只出现在陌生人的复述中,或者说出现在陌生人为驳斥它们而作的讲述中,这样一来,对话实际上就成了这个陌生人的一段言论,这也是代理本堂神父言论中的最后一段言论。[154] 陌生人首先从基督教教义中最惹他注意的部分谈起,[392]即这一教义与其他两种启示宗教最为明显的区别:

> 你向我宣称两千年前在世界上极其遥远的地方有一个神在我不知道叫什么地名的小城里降生和死亡;你告诉我说,凡是不相信这件神秘事情的人都将受到惩罚。这些事是相当的奇怪的,所以不可能叫我仅凭一个我不认识的人的权威便立马相信![155]

正如"推理者"在他的讲话中一再重复代理本堂神父的批判,以便

---

[153] 段 160–164 及注释 14(页 620–622)。

[154] 在《论人类不平等的起源》中,卢梭使一个霍屯督族人——他从小受到基督教教育,但后来却放弃了一切形式的基督教——的讲话成了最后一篇话中话,也使它成了该书卷首插画的主题。参见《论人类的不平等》,注释 XVI,页 367–368 及此处的注解。

[155] 这个陌生人在讲话中曾三次提到上帝死了,并且是被谋杀的。

最终阐明该批判的一个重要方面,陌生人在他的讲话中也以浓缩和激化的方式承接了代理本堂神父的言论。既然传教士的上帝坚持认为人们有义务知道那些事,那他为什么还要使它们发生在离陌生人那么遥远的地方?难道说一个人因为不知道千百年前发生在耶路撒冷的事情就能算是犯罪吗?一个强使人们相信那些不可信之事来定夺人们是得救赎还是受惩罚的神,他到底是个怎样的神?为何传教士没有在忠厚仁慈且一心追求真理的父亲在世时来到这里呢?尤其是,该怎样把如此多的不义之事与传教士所宣扬的正义的上帝联系在一起呢?陌生人表示,他无法仅凭对面这个人提供的证据,便去相信启示信仰要他相信的东西。他必须亲眼看到发生了许多在他的国家闻所未闻的神迹的那个国度。[158] 他必须亲自造访"谋杀上帝"的事件发生的城市,尽管其现在的居民甚至都不把他们应信仰的神看作是神,而据传教士说,这个城里过去的居民也因不将神看作神而遭驱逐。他必须进一步探询被传教士视作神圣的书,以便弄清它的起源是什么,它是怎么流传的,弄清为何一些人尽管像传教士那样十分了解传教士讲的道理,却仍对它弃如敝屣。一句话,他必须[393]亲自考察一切——"除非我是疯子,否则,在没有考察之前我不会听信你所讲的话。"此前,在"通神意者"与"推理者"的对话结束后,代理本堂神父未发表任何评论;如果说有评论,那也仅限于他在开始证明前所说的 quod erat demonstrandum [这便是所要证明的]。现在的他却表现得没那么克制。在他看来,这个野蛮人的言论不仅明白易懂,他甚至称它为合理的,也就是说,"所有一切明智的人在这种情况下都要这样说的"。代理本堂神父再次表示,试图说服一个人相信一种不合理的教义而又没有一种权

---

[158] 陌生人最初说的是想看到"那个神奇的国家","圣母在那里坐褥,神在那里诞生、饮食、受苦和死亡"(马松编注版,页384)。卢梭将这一极具挑衅性的表达方式换成了:"请你让我去看一看那出现了许多在此地闻所未闻的神迹的遥远的国度。"

威作辅助，这是注定要失败的。很快他又补充道："没有哪一个启示是不能用以上的或类似的道理像驳斥基督教教义那样加以有力的驳斥的。"他只差没有把结果说出来，他在探讨各种启示宗教时始终没有忘记关注这一结果，并最终用一种独特且形象的方式将它呈现在改宗者眼前。若真正的宗教只有一种，若所有人都应信奉这种宗教，否则就注定要遭受苦难的话，那么，大家就得用毕生的时间去对一切宗教进行最细致的研究，亦即，要对具有这种诉求且要求人们绝对服从的一切宗教进行研究。"没有哪一个人可以不尽他做人的首要职责，没有哪一个人有权依赖别人的判断。"这项首要职责便是找出有关各种启示宗教的真理。[159] 这种说法只意味着，因宗教生活中必须履行的义务之故，每个人都有义务去过哲学生活。"无论是以手艺糊口的工匠，还是目不识丁的农民、羞涩娇弱的少女或者几乎连床都下不了的病人，都应该一无例外地研究、思考、辩论和周游天下。"世上将再也没人能安然定居，整个世界变成一个大朝圣地，市民生活将由此而陷入瘫痪。

一个人即便身强力壮、寸阴必争、善于运用理性并活到最高寿数，他到了晚年也很难弄清到底该信哪一种宗教好；若是他能在临死前弄清他这一生本该信奉什么宗教的话，那就算得上是很有收获了。[160]

[394] 为了能够按信仰的要求而是不像哲人那样去生活，所有的人都必须像哲人那样生活。代理本堂神父运用这种归谬修辞回应了各种启示宗教的诉求，揭示出一种瓶颈之境，走出瓶颈的路仿佛只有一条：放弃上述诉求，让上帝的宽容统治世界。与严肃的绝对诉求相应的义务是亲自去进行严格考察，而若人们想摆脱这一义务，想使代理本堂神父的"方法"变得宽松，就得相信上帝并未选定任何一种

---

[159] 参见《路加福音》10：42。

[160] 段 165 – 167（页 622 – 624）。

区域性宗教,也并未要求人们遵循任何一种传统的敬拜仪式。代理本堂神父强调,一旦人们"让人的权威有一点可乘之机",便马上会让"一切"都听命于它。

> 如果说一个基督徒的儿子不经过一番公正无私和深入细致的考察就信奉他父亲所信奉的宗教,是做得对,那么,为什么一个土耳其人的儿子信奉他父亲所信奉的宗教就做得不对呢?

代理本堂神父要求,"世上所有不容异教者"都得就上述问题给出一个让代理本堂神父或陌生人等"明智的人"满意的答复。放弃对一切宗教的考察必须以上帝的正义或说不斤斤计较为前提。[161] 而这种关联,是代理本堂神父在最后提及人们用以维护宗教绝对诉求的两条教义时找出来的。这两条教义都试图证明,光凭天赋而不去相信得救赎所必需的历史事件,人是不可能获得救赎的。第一种尝试关乎原罪学说,它意图用原罪来解释为什么人类中的大部分都无法得到救赎。"通神意者"在与理性代表人的对话中曾将理性的堕落归结为人的罪孽。直至此时,代理本堂神父都只字未提罪孽和原罪,而现在,尽管他仍然避免谈"原罪"这一概念,但却简洁明了地发表了他的看法。原罪学说不仅远不能证明各种启示宗教的排他性是合理的,并且它本身就有悖于上帝的正义和公平。这一学说的代表人"宁可把上帝说成是不公正",宁可让"天真无辜的人为他们的父辈的罪恶受惩",也不愿放弃"他们的野蛮教义",即:[395] 他们唯一能救世的宗教和不容异教的教义。[162] 第二种尝试涉及一种有关拯救人类的天使学

---

[161] 参见段 115(页 609)及本书页 [374] – [375]。

[162] 卢梭最初写的是原罪(péché originel),后又将其改成了他们的父辈们的罪恶(péché de leur père)(马松编注版,页 392)。参见段 124(页 613)及本书页 [381]。

说。据该学说称,在道德生活上无可指摘,但却对获救赎所需知晓的事件一无所知的那些人,临死时可自然而然地获得救赎的通道,而他们原本是被排除在救赎之外的。[163] 在驳斥第二种论证合理性的尝试时,代理本堂神父的态度跟驳斥第一种时一样坚决:"想出这样一个天使来,这个办法真好!他们拿他们异想天开的东西来愚弄我们还觉得不够,还要使上帝感到他自己也需要使用他们发明的东西。"他利用这两条教义当作最后的证据,向首次被他称为"我的儿"的改宗者揭示,各种启示宗教所提出的绝对服从和唯一救赎的诉求意味着,"骄傲和不容异说的做法将导致多少荒唐的事"。若为启示宗教的排他性诉求和上帝的公平正义同时进行辩护,那么,在原罪和拯救人类的天使的学说中,上帝最终要么是非正义的,要么是非理性的。代理本堂神父提出自然宗教的上帝作为反例:[396]"我所敬爱的并向你宣扬和平的上帝。"[164] 他合上了"所有书",尤其是各种启示宗教的经

---

[163] 拯救人类的天使学说源自托马斯·阿奎那(Thomas Aquin)《神学大全》(*Summa theologica* II, 2, 问题 2, art. 7, 3) 及与《使徒行传》(*Apostelgeschichte* X, 1–7) 相关的《论争集·论真理》(*Quaestiones disputatae*, *De veritate* XIV, art. 11)。卢梭从《百科全书》(*Encyclopédie* VII, 页 1757) 中莫雷莱神父的文章《信仰》(*Foi*) 了解到这一学说,该文章多少涉及恩典学说——上帝的无上权威学说——中的神圣干预问题:"托马斯回应称,若这些人观察了自然规律,上帝或许会派遣天使来向他们宣告真理,即他们必须有信仰才能得到永福,或者上帝会使用某种超凡的手段来指引他们走上信仰之道,所以没有信仰的话他们便无法自救;或者若他们在窥见真理后却视而不见,那么他们的不忠也不再只是负面的了。但这种回应并不令人满意;因为人们一直可以追问的是,上帝是否出于公正和仁慈才不得不派遣天使并实施拯救;若他是迫不得已才这么做,那信仰的恩惠的无偿性便受到了极大的威胁;若他这么做并非因为迫不得已,人们便可以假设他不会使用这些非凡的手段;这种情况下,人们还是要问,这位自然规律的忠诚观察者是否能够在不信仰的条件下拯救自己,因为这种情况下信仰并非必需的;还是说,他必定会因此而受诅咒。"(页 23a,我的强调)

[164] 参见段 XIX(页 565)及本书页 [312]。

书,而只回头去看"一本书","它是打开在大家眼前的",这便是自然之书。他从每个人都享有的权利中推导出了人的普适义务,即阅读这本书——"任何人都找不到借口不去读这本书"——以便弄清该如何去崇拜和敬奉"它的神圣的作者"。代理本堂神父认为,人的义务只能源于自然之书,人的道德也只在于信奉借这本书向我们发出讯息的上帝。他之所以这么说是有原因的,他还通过向听者作的一番描述强调了这一原因。他描述的是,若他出生在一个荒岛上,若他除自己外从未见过其他人,若他丝毫不知"古时候在世界上的一个角落里发生的事情",他会做些什么:只要他能运用和培养他的理性,好好地使用上帝赋予他的才能,他便可以自己学会怎样认识上帝,怎样爱上帝及其创造的万物,怎样追求上帝所希望的善,并且知道怎样履行他在世间的职责才能得到上帝的恩宠。我们只消将这番简明的描述与将来的孤独漫步者更为简明的暗示——暗示他若身处一个荒岛上将会做什么及不做什么——做个对比,便可以一眼发现,萨瓦代理本堂神父的自然宗教与卢梭的自然神学之间存在着明显差别。[169]在关乎启示的言论的第二部分中对启示宗教进行了尖锐批判后,[397]代理本堂神父在结尾处仿佛开始采取一种较为温和的口吻。他说,他的"怀疑充满了敬意",不敢自认为"没有错",但他可

---

[169] 参见《遐想》III,段 5,页 1013。不难理解的是,卢梭并未设想他出生在一个"荒岛"上,也没有设想他在割断了与其他所有人的联系的环境中长大。卢梭很清楚,在代理本堂神父于此设定的前提条件下,他既无法运用,也无法发展他的理性。他不仅在《论人类不平等的起源》中提供了一个相关论据,还在《爱弥儿》中的"抄录文字"开始前的几页中明确引证《论人类不平等的起源》来提醒人们,"从儿时起便割断了与社会的一切联系的那些人,他们过的是一种极端野蛮的生活",因此,他们"无法获得只在与人的交往中才能获得的知识"。与代理本堂神父所描述的不同,卢梭认为,一个出生于荒岛且独自长大的人是无法获得自然宗教信仰的。"那是因为,要这样一个野蛮人把他的思想提高到能够认识真正的上帝,这显然是不可能的。"(《爱弥儿》卷 IV,页 556)

以肯定的是自己没有任何权威诉求:"我是为自己而不是为他人而推论这些道理的。"如果他是一个更高明的"推理者"或者说更有学问的人,那么他"可能"就能认识到启示的真理,能认识到"它对那些幸而能理解它的人的益处"。他看到了论证它的"证据",也看到了针对它提出来的"异议"。他甚至仿佛在阐明他的中立态度,他说,他对那些证明它或反驳它的理由既不接受,也不否定。"只有一点我是要否认的,那就是有些人所说的人有相信启示的义务,因为这个所谓的义务和上帝的公正是不相容的。"代理本堂神父唯独否定了对各种启示宗教而言最根本的诉求:它们都自认为是人们有义务去顺从的真正的、正确的和唯一的宗教。[166]

代理本堂神父批判了启示信仰和各种启示宗教,这满足了弟子想要获得解释的渴望,从而也让作为听者的弟子清楚了其"必须知道"的另一半内容。但是他还没有像他所承诺的那样向弟子讲出整个信仰自白。要向改宗者展示他眼中的自己,代理本堂神父必须解释他怎么使他的神职与他的信条相容,且他的信仰及作为代理本堂神父的生活对他认为自己应该拥有的幸福有着怎样的促进作用。此外,这位自然宗教之师还需进一步阐述他与一种历史宗教间的关系,他始终生活在这种具有历史性的宗教包围中,他和他的听众都是被它教养大的。因此,他此番讲话的最后一部分是他言论中的政治部分——狭义的。为了只坚信自然之书而合上了所有书后,代理本堂神父带着对他合上的一本书的赞美,谈起了宗教实践。他用文中最长的一个段落来谈"福音书有多么美妙",[167] 从而让人觉得 [398] 他与基督教的关系是

---

[166] 段 168–171(页 624–625)。比较段 171、105(页 605–606)的结尾部分。

[167] 我们现在所看到的用来开启代理本堂神父第二番讲话的 C 部分的第 172 段是卢梭后来加到手稿中去的,他起初只在手稿边缘处为自己写下了笔记:"N. B. 讲述《福音书》的美妙。"(马松编注版,页 398)

积极的、正面的。⑱若他无法从他在公众面前披挂的这件区域性宗教外衣中找出些值得赞美的东西,那他怎能应对人们对他的指责,又如何能回应人们说他虚伪呢?"神圣的福音书"说服了他的心。哲人们的书"尽管如此洋洋大观",但跟这本书,或说跟既"庄严"又"朴实"的福音书中流传下来的四部书比起来,就显得无比"渺小"了。⑲代理本堂神父先后提了几个问题,其中每个问题仿佛都可以得到一个基督教意义上的肯定性或否定性答案,同时却又都能容忍与这些答案相反的答案。⑳就此,代理本堂神父从谈论这些福音书,过渡到了谈其中所讲故事的主人公,并赞美了他的心地是多么温柔和纯洁,他的教导是多么循循善诱,他的行为准则是多么的高尚,他的言谈是多么深刻睿智,他的回答是多么敏捷、巧妙和中肯,他对欲念是多么有节制。他赞美了福音书"主人公"的生活作风和传教事业,这为他把耶稣与苏格拉底做比较埋下了伏笔。在承接基督教的一个古老传统的基础上,代理本堂神父以漫谈的笔调展开这一比较。他援引了一个哲人的书,此书——出于跟他援引该书相同的原因——

---

⑱ 巴黎大主教在他的主教通告中对这一赞美评论道:"要想使 M. T. C. F. 对《福音书》的真实性表示更崇高的敬意或许很难。"(《巴黎大主教训谕》[Mandement de Monsieur l'Archevêque de Paris],Marc Viridet 编,页 56)参见《致博蒙书》,页 993。

⑲ 代理本堂神父赞美的是福音书包含的四篇福音书,不包括保罗的十三封信。代理本堂神父在任何地方都没有提及基督教创立者的名姓,但这并不代表他没有谈及基督教创立者。比如他赞美福音书的最后一句话是,"犹太著述家从来没有用过这样的语气和寓意"(页627)。参见段71(页589)。

⑳ "像这样一本既庄严又朴实的书,是人写得出来的吗?书中的故事所叙述的人,哪能是一个凡人?书中的语气像不像一个狂信者或野心勃勃地闹宗派的人的语气?"第四个问题仿佛是在强调耶稣的独一无二性,但却能让读者自己想到苏格拉底和其他类似的人,尽管接下来的内容并未十分明确地论及苏格拉底:"哪里有这样一个人,哪个圣者在自己做事、受苦和死亡的时候能够这样毫不怯懦、毫不矜夸?"(段172〈页625-626〉)

[399] 在教父们心中也享有很高的声誉，它道出了耶稣与苏格拉底之间的关联。在柏拉图的《理想国》里，格劳孔在与苏格拉底交谈时描述了一位极其正义的人，为的是把他与极不正义的人区分开来，后者在正义的假象掩盖下将不义发挥到了极致，而那个正义的人虽"一生蒙受罪恶的种种羞辱"，却确实"理应享受美德的奖励"。这个正义之人的"种种特征"都预示着耶稣。[171] 从一开始，代理本堂神父便明白无误地阐述了把这个正义的人与苏格拉底做比到底是为了突出谁："一个人要多么有成见和多么糊涂才敢同索福隆尼斯克的儿子和玛利亚的儿子相比呢？"代理本堂神父将玛利亚的儿子与索福隆尼斯克的儿子，而不是与菲娜拉底的儿子做比，显得极为不对称，但却清楚表明，在这份信仰自白的核心部分中，苏格拉底因其美德而备受赞美，而当他的名字第二次出现时便不再被拿来与上帝之子做对比了。[172] 代理本堂神父在赞美福音书时比较苏格拉底与耶稣，其中的关

---

[171] 参见柏拉图，《理想国》（*Politeia*）II，360e – 361b。在此段对话发生之前不久，格劳孔讲述了有关巨吉斯的魔环的故事（359d – 360b），卢梭将在《遐想》的"漫步"之六中提到这个故事。参见《遐想》VI，段 18 – 20，页 1057 – 1058。

[172] Pater semper incertus［父亲总是不确定的］。因苏格拉底的反诘法（Sokratische Mäeutik）之故——苏格拉底曾明确表示过他这一方法的称谓源自他母亲所从事的助产工作——苏格拉底的名字更多与他母亲菲娜拉底（Phainarete）联系在一起，远甚于与他的父亲索福隆尼克斯（Sophronisque）之间的关联。代理本堂神父却仍然在对比开始时提到"索福隆尼克斯的儿子"，这让我们没有想到他接下来会说"玛利亚的儿子"。卢梭最初在手稿中没有道出索福隆尼克斯这个名字，因而在与玛利亚的儿子所作的对比中留下了一个空缺，这仿佛是因为他得去查出苏格拉底的父亲到底叫什么。（参见马松编注版，页 400、405。马松的评注有些颠倒事实——这一对比意图包含的不对称及对文本历史的诊断——的本末："我们需要注意的是，卢梭用苏格拉底父亲的名字来指代苏格拉底，但他并没有反对使用'约瑟的儿子'。在这里，他明显是在担忧该如何处理基督教的信仰问题。"）——苏格拉底和耶稣分别被代理本堂神父提到十次：苏格拉底在这份信仰自白的中心段落：

键点在于,这两个人当中究竟哪一个算得上是更伟大、更有成效和更有前途的道德之师。[400]很明显,这个问题与两人的死紧密相关。

> 苏格拉底在死的时候没有遭受痛苦,没有蒙受羞辱,因此他能很容易地一直到最后都保持他的人品。要不是因为他死得从容而使他一生都受到尊敬,我们大可认为苏格拉底虽然那么睿智,但却终究只是个诡辩家。

对非哲人而言,区别一个哲人和一个诡辩家是很难的事,但更难的是让他们去认识哲学生活本来的样子。苏格拉底之死使他们相信他活着的时候是正派的。他的死是不公正的,这便证明他的一生是正义的。浓缩在一个清晰的事件中,且能通过一些让人印象深刻的图像流传下去的东西,易于为每个人所接受,且适于用来左右人们的普遍判断。苏格拉底所遭受的不义之死与耶稣所遭遇的不义之死不同,他的死亡没有遭遇痛苦,没有蒙受羞辱,没有伴随着被抛弃的绝望心情,但难道因此就可以说这位道德之师产生的影响有限吗?代理本堂神父首先对比的是两种死,两人之间对比的结果最终也取决于两个人的死之间的对比。但在进一步对比两种死之前,他首先考察了苏格拉底和耶稣的历史本真性,这一考察所包含的修辞术特性显而易见。首先是苏格拉底:"有些人说他创立了道德。"代理本堂神父轻而易举地回应了这一断言。谁会不相信早在苏格拉底出生之前就有道德了呢?苏格拉底所做的只是把他人做的事情说出来罢了。他所做的只不过是把他人的榜样拿来教育人。

段91(页599)中曾被提到一次,在段172(页626–627)中被提到九次;耶稣在代理本堂神父第二番言论第二部分的四个核心段落,即段161–164(页621–622)中分别被提到一次,在段172(页626–627)中被六次提到。卢梭给第172段加上了注释15和16,并在其中暗示了柏拉图的《理想国》与《马太福音》中耶稣的登山宝训。

苏格拉底还未阐明何为"公正"之前，亚里斯泰提为人已经很是公正了；在苏格拉底尚未说爱国家是人的天职之前，勒奥尼达斯已经为他的国家牺牲了；在苏格拉底对做事严谨表示赞赏之前，斯巴达人做事已经很严谨了。

耶稣则不同。在苏格拉底定义何为美德时，他在希腊已经能够发现很多德行卓著的人了，耶稣则是依靠自己独树一帜。能将他所教导的"高尚纯洁的道德"身体力行地付诸实践的人，只有他一个，他所教导的这种道德与周围人的道德观绝然两立。为了更好地凸显耶稣的历史贡献，代理本堂神父说，"最高智慧"的声音响彻于"最疯狂的行为"中。他将耶稣的教训尊为"最英勇的朴实道德行为"，将这一教训所面向的大众贬低为"人类中最卑贱的人"。与苏格拉底相比，耶稣拥有创新和不同寻常的一面。尽管如此，我们仍未了解到耶稣的新道德更为具体的内容是什么。相反，我们从代理本堂神父口中了解到，苏格拉底所钻研的是诸如正义、对祖国的热爱和行事谨慎等政治美德，他的创新在于，他追问所发现的美德，他定义何为美德，且将研究过的美德拿来教育人。他做的是一位好哲人该做的事，他说的是一位好公民该说的话。按照代理本堂神父为苏格拉底描绘的肖像来看，这位道德之师一点儿不比耶稣差。但是不能将他等同于道德，他不是道德的化身。这一点以独特的方式体现在代理本堂神父对苏格拉底和耶稣之死的特征描述之中，这一描述既是两者之间对比的高潮，也是对比的结尾：

苏格拉底临死时还能安详地跟朋友们谈论哲学，所以他这种死法是最轻松的；至于耶稣，他在死的时候还在刑罚中呻吟，受尽了一个民族的侮辱、嘲笑和咒骂，所以他的死是最可怕的。苏格拉底拿着那杯毒酒的时候，向那个流着眼泪把酒杯递给他的人表示祝福，耶稣则在万分痛苦中还为屠杀他的残酷刽子手祈祷。

苏格拉底的死是哲人之死。耶稣的死是一个极为正义之人受尽痛苦和辱骂的死。他在公共场合下充满虔信的殉道之死最有力地预先决定了他是真理的见证人。[173] 代理本堂神父强调了耶稣之死的可怕。他只字未提这死蕴含了一种救赎史的意义。比较的最后一句话是:"如果说苏格拉底的一生是智者的一生,他的死是智者的死,那么耶稣的一生便是神的一生,他的死便是神的死。"若代理本堂神父之前虚构出来的那个野蛮人听到这句话,[174] 他定会感到吃惊和诧异,若我们不愿将这句话看作是纯粹在赞美福音书,那就得把它理解为代理本堂神父所做的一种抉择的佐证,以及他在上帝的智慧和正义中做选择时的依据。正是在与此相同的意义上,在卢梭面向公民所作的一番有关井然有序的国家的言论中,他将卡图(Cato)看作完美公民的化身,并将其与苏格拉底对比而视其为"凡人中的上帝",[402] 从而表示他青睐卡图甚于青睐智者。[175] 代理本堂神父用一个申明结束了他的赞歌:

---

[173] 见本书卷一,第一章,页[44]、[62]-[63]。

[174] 见段165-166(页622-623),以及本书页[392]、[393]及页下注[157]、[158]。伏尔泰为这段话加了页边注:"这是怎样的神之死啊!多么过分的荒诞/你见过诸神死去么,可怜的傻瓜!"哈文斯(George R. Havens),《伏尔泰为卢梭作品所加的页边注》(Voltaire's Marginalia on the Pages of Rousseau),Columbus, OH, 1933,页118。

[175] "苏格拉底的德性是最有智慧的人的德性,而卡图比之凯撒和庞培,有如凡人之中的上帝。苏格拉底仅仅教育出少数几个反对诡辩家的人,最后为真理死去。而卡图则保卫他的国家,保卫国家的自由和法律,以抵御世界征服者;到了不再有国家可以效命时,最后才离开人世。苏格拉底的得意门生可以称为他同时代人中最善良的一个,而卡图的好的追随者却可以成为一代最伟大的人。苏格拉底的美德是他一己的幸福,卡图却想从全国人民的幸福中寻找他的幸福。我们应该承受苏格拉底的教诲,而服从卡图的领导。只此一端,就足以使我们决定谁比谁好了,因为从来还没有一个民族被造成为一个哲人的王国,而要使一个民族成为幸福之邦倒不是不可能的。"(《论政治经济学》[Discours sur l'économie politique],见 OCP III,页255;[译注] 译文出自卢梭,《论政治经济学》,王运成译,北京:商务印书馆,1962,页16-17。)

福音书里流传的故事绝不可能是虚构,"它们的作者比书中的主人公更令人惊异"。但赞美之后紧接着一句话,却否认了福音书具有任何权威性:"尽管这样,在《福音书》中还是有许多事情不可相信,还是有许多事情违背理性,是一切明智的人不能想象和不能接受的!"如此一来,代理本堂神父便重复了野蛮人回答传教士讲话时的判断。尽管在福音书中,在他对《福音书》的看法中还存在着"各种各样的矛盾",并且他也一直着重提醒读者注意这些矛盾,代理本堂神父仍然建议改宗者"始终应该谦逊谨慎",并且"对那唯一知道真理的伟大的上帝要谦卑"。⑯

代理本堂神父对他公开信奉的区域性宗教始终"情不自禁地表示怀疑"。他无法相信它的真理,因为他无法相信与理性相矛盾的事物,至少,他想要摆脱这种怀疑状态的意愿得到了一种信仰的支撑时,而这种信仰支撑在他看来又恰恰与理性相符。但他对宗教真理的"怀疑"从没有使他感到痛苦,"因为它不涉及实践中的重大问题",这也因为他"十分坚持"他应尽义务的"原则"。他从一开始便始终遵循实践理性优先的原则,并且他提醒听者注意的是,他只想了解对他的生活而言非常重要的知识。⑰[403]因此,那些无法影响到行为和道德的教义丝毫没有让他感到为难。而自然宗教已足够满足他的道德关怀诉求了。自然宗教奠定了他信仰的基础,他由此也对各种区域性宗教提出的种种规定和要求感到释然。这种心态不仅适用于面对教养他长大的宗教,也适用于面对各种教义间的真理之争,这些教义对人的行为和道德毫无意义,却仍"使许多人备受折磨"。同时,面对各种区域性宗教间由教义之争所引起的

---

⑯ 段172以及注释15、16(页625-627)。

⑰ 参见段7-10(页567-568)以及段17-18(页570)。并参本书页[314]-[316]、[319]、[320]。

整体争论时,他同样感到非常释然。[178] 自然宗教使代理本堂神父能把各种宗教都看作有益的制度,这就好比有一种洞见能使哲人去肯定政治法则,尽管这些法则包含了一些无法避免的非理性。只要能够隐去各种宗教各自提出的真理诉求而从实用性角度出发看待它们,那么每个区域性宗教都是有益的;也就是说,它们对信奉的人来说都是有益的,尽管在不同的情况下,它们只是或多或少地能够变得有益。

> 我把各种宗教都同样地看作是有益的制度,它们在每一个国家中制定了一种公众一致采用的敬拜上帝的方法,它们在每一个国家的风土、政治、人民的天才或因其他因时因地使大家喜欢这种宗教而不喜欢那种宗教的地方原因中找到了它们存在的理由。

自然宗教引以为衡准的善,使得一切区域性宗教都能不受拘束地纳入自然宗教所划定的大框架内。它们都是有益的,因为它们承担着在公共场合对上帝实施敬拜的义务。"真正的敬拜是发自内心的敬拜。"对自然宗教的上帝而言,人们向他表示崇敬时所用的外在形式无关紧要。代理本堂神父认为,上帝只关心人们敬拜时是否真心诚意。[179]
[404] 内心崇拜、私下崇拜才是根本性的,那些不具根本性的外在和公共崇拜可以有各种不同的惯例、律法,并可以根据不同的智慧标准制定不同的规定。这就将实施公共场合的崇拜的任务交给了政治。深思熟虑后,代理本堂神父认为政府及政府体制在各种起决定性作用

---

[178] 卢梭将为这份信仰自白辩解,并从"智慧的立法者"角度出发为公民宗教辩护,到时他会明确地驳斥基督教教义。他认为以下内容"对促进世间的善"毫无贡献:(1)"三位一体奥义"(das Mysterium der Trinität);(2)意味着摒弃"善行功劳"的唯因信称义(Rechtfertigung sola fide);(3)"原罪教义"。参见《山中来信》I,段69,页705。

[179] 考虑本书页[358]、[362]-[363]。

的因素中占有核心地位。从政治角度出发而确立的内与外、真心实意与服从一致、信仰与口头义务之间的区别,使得自然宗教能与各种区域性宗教兼容。代理本堂神父用他自身的例子阐明了这种兼容性的具体表现。当他信奉的宗教规定他要服务教会时,他便尽可能准确地克尽教职。如果在某一件事情上他明知故犯而不尽自己的职责,他的良心便会谴责他。他提醒改宗者,他曾有很长一段时间被革去教职,此后是"通过德·默拉勒德先生的力量"——我们可以认为这里指的是那位官员,代理本堂神父因为教育这位大臣的儿子而获得了大臣的赏识[180]——才获得教会的许可重新担任代理本堂神父之职。他指出,经历了信仰危机且有了自然宗教信仰之后,他现在做弥撒时比以前"更加毕恭毕敬"了。传统的宗教仪式也不再使他误入因例行公事而产生的心不在焉状。对他而言,这种仪式是一种他懂得用内容去填充的形式,他懂得该如何把它与自己的感受和经验联系起来,而自然宗教本身是无法为他的感受和经验提供诸如此类的形式的。在实践教会仪式时,他内心深深地思念"至高的上帝的威严",思念"他的存在",思念无法恰当了解上帝的"人类的贫弱的心灵"。当他想到自己得"按一种规定的方式把人们的祈祷带给"上帝时,他做弥撒时也就更加一丝不苟了,连一个字、一段仪式也不遗漏。临近贡献圣体时,他便聚精会神地按照教会和圣礼要求的种种步骤去奉献神灵。他补充道,[405] 在面对至高的智慧时,他"竭力"消除自己的理性。他并未说他是否成功地做到了这一点。[181] 这便是他对自己内心注重教会习俗、仪式和规定所作的解释,这些都是改宗者无法根据自己的看

---

[180] 参见段 IV（页 560）及本书页 [303]。此处提及的德·默拉勒德（de Mellarède）是撒丁岛（Sardinien）国王的国家大臣,这一关联强调了这份信仰自白的具体时空,从而为这篇由无名者所写的文章蒙上了历史记录的色彩。

[181] 参见段 78、82（页 592、594）及本书页 [347] - [349]。

法而明白的。[182] 在弟子听了以上两番讲话后，代理本堂神父向弟子保证，不管体变（Transsubstantiation）这一"不可思议的奥秘"结果怎样，[183] 他都不怕"末日审判"时因心中亵渎过神明而遭到惩罚，而在此时要弟子相信他所保证的内容已不是难事。鉴于他是神职人员，肩负为教徒提供精神指导的职责，他说他一定会始终向常人谆谆宣讲道德，时时勉励他们为善，并尽量以身作则。换句话说，他公开信奉的历史性宗教为他提供的教职，使他能依照自然宗教信仰去过具体的生活，能依照它的原则去行动，并且发挥自然宗教意义上的道德影响。为阐明这一点，代理本堂神父描绘了他若有一天能够掌管一个教区将会干些什么，这是他一直以来的志愿所在，因为他"再也找不到比做教区教士更美的事情了"，尽管他现在已经无望得到这种职位。他描述了自己想要在山区掌管一个教区的生活梦想，以此结束了他向改宗者陈述的自白。他在此所描述的是一种想象出来的幸福，是一种想让他人得到幸福的幸福："只要服务于善良的人，我就很高兴了，因为我觉得，我可以为我教区中的人创造幸福。"他的这种幸福在于可以"永远不必做坏事"，并可以全身心地为他所信奉的自然宗教的上帝的最高特性，即为善服务："正如一个好的官吏是正义的使者一样，一个好的教士就是慈爱的使者。"若当上教区教士，他将会减缓教区成员的痛苦，给他们以慰藉，以身作则地去鼓励他们。他将教会他们热爱和睦与平等，以此来免除他们的灾祸。他将会跟他们一起过贫苦的生活，替他们消除比穷困更难忍受的侮辱和轻蔑。他将会让他们看到，[406] 他虽然生活得贫苦，却很满足，以此教会他们用自己的命运安慰自己，让他们像他那样满足于自己的生活。在讲道的时候，他将会"少讲教会精神而多讲福音书的精神，因为福音书中的教义不仅简单、寓意崇高，而且谈到宗教行为的时候少，

---

[182] 参见段 XIV（页 563）及本书页 [308]。
[183] 参见段 127（页 614）及本书页 [383] 和本章脚注[139]。

谈到慈善行为的时候多"。他将一直努力争先做他告诉他们必须做的事，"以便让他们看到"，他向他们所讲的事情都是他真正相信的事情。尽管有些事情代理本堂神父不相信，从而不能说，或者有些时候，他作为教会代理本堂神父必须说些自己根本无法相信的东西，但他上面所述的这番意图强调他在很大程度上已使启示宗教转化成了其实践包含的内容。福音书的精神教导人们要慈善且完全意味着一种道德学说，因此它与自然宗教可以兼容。[184]

若考虑各宗启示宗教自认为最重要的东西，那么各种区域性宗教与自然宗教间的兼容性便消失了，这种最重要的东西便是：它们的真理诉求，它们的顺从要求，它们的排他性。在他关于各种启示宗教的讲话之前的两个小节中，代理本堂神父清楚划出了自然宗教与这些启示宗教之间的界限。在讲话的第三个小节中，他又从政治角度界定了这一界限。他将启示的顺从要求所包含的政治爆炸力概括为不宽容（Intoleranz），并且援引上帝的公正所提出的顺从要求来驳斥这种"不宽容"，而在谈话的前两节中驳斥各种启示宗教的排他性真理诉求时，他同样也借助了这一论据。代理本堂神父将会认真仔细地履行教职为他规定的"崇高义务"，但有一个例外，即他不会煽动人们变得"不宽容"："我将绝不向他们传布不容异教的残酷教义，我将永远不使他们憎恶邻人，不使他们对其他的人说：'你们将受到惩罚。'"代理本堂神父拒绝服从教会宣布的不入教会就不能得救赎的教义。如果他的职位比现在更高一点，也就是说，很有可能当他想要掌管一个教区的梦想实现了之后，他的"保留条件"会给他招来"一些麻烦"。但作为代理本堂神父，[407]他在神职秩序中的地位是最低的，他的"职位是太低了，所以没有什么可担心害怕的"。无论如何，他都绝不会"侮慢公正的上帝"。在《社会契约论》中，卢梭也提出了代理本堂神父提出的异议，但这一异议并非广泛意义上

---

[184] 段 173 – 175（页 627 – 629）。

的，而只是针对 extra ecclesiam nulla salus［教会之外无救赎］这一信条。同样，代理本堂神父和卢梭对"不宽容"的批判，也只是针对各种教会权威史上出现的狂信主义或政治混乱等弊端——比如卢梭在后来的一些论争著作中谈到圣巴托罗缪之夜（Bartholomäusnacht）或塞尔韦（Miguel Servet）* 在日内瓦被加尔文教派烧死的事件。⑱ 在两人看来，"不宽容"代表着一种根深蒂固的教义，即没有信仰或有错误信仰的人应被视作受诅咒者，并像卢梭更确切地所说的那样，应被视作"上帝的敌人"，所以这种敌意超过其他一切类型的敌对关系，它一旦为人所信，就必然渗透到其他一切敌对关系之中。卢梭加了一个评注，进一步驳斥"不宽容"思想，从而澄清了政治神学中一个重要组成部分的根本性关联：

> 政治上的宽容和神学上的宽容这一区别是幼稚、徒劳的。这两种宽容是不可分的，我们不可能承认这种宽容而不承认那种宽容。即便是天使也无法与被他们看作是上帝的敌人的人和平共处。

将信徒与上帝的敌友区分等同起来，或者说将信徒与从神学上作为敌意归到上帝头上的东西等同起来，这将产生很大的政治影响。因而卢梭在批判"不宽容"时一直深挖至据称决定了人得到救赎还是受到

---

* ［译按］"圣巴托罗缪之夜"又称"圣巴托罗缪大屠杀"（Massacre de la Saint-Barthélemy），是法国宗教战争中天主教势力对基督新教的胡格诺派的大屠杀暴行，开始于1572年8月24日圣巴托罗缪日，从巴黎扩散到其他一些城市，并持续了几个月。该事件成为法国宗教战争的转折点。

塞尔韦（1511—1553），阿拉贡王国（今西班牙阿拉贡自治区）神学家、医生和人文学家。他参与了新教改革，后期又发展了反对三位一体论。因为同时被天主教和新教宣布有异端罪，他被新教加尔文派的日内瓦市理事会以异端罪名用火刑烧死。

⑱ 《致博蒙书》，页161；《山中来信》II，段53注释，页726；参见III，段50注释及段89，页742、752。

诅咒的信仰这一根源，正是这一信仰奠定了上帝之友和上帝之敌的区分的根基。⑱⑥[408] 当代理本堂神父拒绝传播"不宽容"的教义时，卢梭又为代理本堂神父的释然评价——一切区域性宗教都是有益的——加上了明确的、政治上的限制条件，而事实上代理本堂神父也谨守了这些条件："一个人有义务信奉和喜爱他的国家宗教，但却不能因此让他一定得相信一些与良好道德相背驰的教义，比如不宽容这一教义。"对"不宽容"的批判是卢梭政治神学批判不可或缺的组成部分，在他的公民宗教第十条即唯一一条"否定性"教义中，卢梭把他从政治角度对"不宽容"的批判推向顶峰，这条教义规定人们不得"不宽容"。⑱⑦ 代理本堂神父阐明了他从"不宽容"批判中得出

---

⑱⑥ 在《社会契约论》卷 IV，章 8，段 34 中，卢梭用了他在这份信仰自白的注释 17 中所用的论据，只不过没有提到上帝的敌人和天使："我的意见是，那些把政治的不宽容和神学的不宽容加以区别的人乃是错误的。这两种宽容是分不开的。我们不可能和我们认为是要堕落到地狱里去的人们和平共存，爱这些人也就是仇视惩罚这些人的上帝了。我们必须绝对地要么是拯救他们，要么是折磨他们。凡是承认神学上的不宽容的地方，都不可能不产生某种政治效果的。而且只要神学上的不宽容一旦产生了这种效果，主权者即便在世俗方面也就不是主权者了；从此代理本堂神父就成了真正的主人，而国王则只不过是代理本堂神父的官吏而已。"（页 469）在日内瓦版本的《社会契约论》手稿中，卢梭的表述更为犀利："那些把公民的不宽容和代理本堂神父的不宽容区分开的人搞错了。其中一种肯定会导致另外一种，这两种不宽容是不可分割的。和那些人们认为被诅咒的人和平共处是不可能的。爱他们就是憎恨惩罚他们的上帝，使他们改宗或迫害他们是必然的。"（OCP III，页 341）

⑱⑦ 《社会契约论》卷 IV，章 8，段 33，页 468 - 469。在第三十五段中，卢梭明确指称了这一禁令必须禁止的教义："现在既然已不再有，而且也不可能再有排他性的国家宗教，所以我们就应该宽容一切能够宽容其他宗教的宗教，只要它们的教条一点都不违反公民的义务。但是有谁要是胆敢说教会之外无救赎，就应该把他驱逐出国家之外，除非国家就是教会，君主就是教主。这样的一种教条唯有在神权政府之下才是好的，而在其他一切政府之下就是有毒害的。"（页 469）

的实践后果，并以此结束了他的信仰自白：作为代理本堂神父，他不仅会用基督教的仁慈对待教区的新教徒，还将一视同仁地教导新教徒和他自己教会中的成员"相互友爱，把彼此看作兄弟，教他们尊重一切宗教，教他们在各自的宗教中安宁地生活"。代理本堂神父坚信，在自然宗教的上帝眼里，一切区域性宗教都是平等的，他也一视同仁地驳斥一切传教行为。代理本堂神父不仅将劝人改宗的尝试视作多余且徒劳无益之举而加以摒弃，他甚至断定这种尝试是邪恶的。"我认为，诱引一个人放弃他生来所属的宗教无异于[409]是在诱引他去作恶，因此，谁要是这么做，他就等于是在作恶。"⑱ 如果说对自然宗教的上帝而言所有区域性宗教都同样值得尊重，那么，一视同仁的上帝显然对各种单独宗教的传教行为也是一视同仁的。若是这样的话，那么在代理本堂神父的道德评判中起决定性作用的便不是神学，而是政治。要从自然宗教神学的宽容得出禁止不宽容或禁止传教这一教义，代理本堂神父就必须认定市民是以善为准绳和导向的，而且，如果他要确信能获得自然宗教的支持，那就必须设定，自然宗教的上帝也像市民那样是以善为导向的，并且也非常关心人与人之间的秩序与和平。在"上帝也是关心正义的"这一前提下，我们现在可以将领导权交到智慧的政治家们手中，让他们去进行思考了，而代理

---

⑱ 索邦大学神学院的神学家们就代理本堂神父的这一教条撰写了一份长逾五页的贬责书："[该代理本堂神父]所提出的这种主张仇恨基督教，如果国民不放弃他们生于其中的偶像崇拜，不放弃他们父辈的宗教，基督教是不可能被接受的。这种主张是对基督耶稣的亵渎，而耶稣派遣他的使徒在所有国家宣扬的福音书则让他们从以前的盲目崇拜中脱离出来。这种主张是对十二使徒的侮辱，这十二使徒遵循上帝的指令，反对偶像崇拜。……这种主张是对所有福音书讲道者的侮辱。……这种主张荒谬可笑，厚颜无耻，居然敢指责那些忠诚信徒放弃偶像崇拜是错误之举。……"他们对作者进行了总结性评判："他支持所有与宗教有关的错误，他对其作出一切不可能的更改，在让每个人都理解他生在其中的宗教的借口下，他把最危险的怀疑论引入宗教中。"参《索邦神学院的贬责书》，前揭，页305、306、307、310。

本堂神父也能够从公共秩序和对国家法律的服从出发,去驳斥神学或教会教义提出的种种要求了:

> 在期待更无限的光明时,我们要保守公共秩序;我们在所有的国家中都要尊重法律,不能扰乱法律规定的崇拜形式。我们绝不能叫一个国家的公民不服从他的法律,因为一方面我们不知道教他们抛弃自己的见解而采纳别人的见解对他们是不是有益,而另一方面我们又十分确切地知道,不服从法律是一件很坏的事情。

这表明,自然宗教与政治主权者的合法统治不仅是兼容的,而且它还懂得如何 [410] 明确地强化政治相对于各种区域性宗教而言所具有的优先地位。⑱⁹

结束了对各种启示宗教的政治批判后,代理本堂神父的信仰自白也结束了。但代理本堂神父尚未把一切都讲完。对改宗者的劝告尚未完成。在此之前,代理本堂神父还向我们讲述了一些有关他的事情,这为我们了解他的信念提供了一些额外的启发。代理本堂神父在讲完他的信仰自白后做的第一件事,便是为他的讲话的政治合理性进行辩护。这番辩护承接了之前的辩护:在阐述信仰自白中因包含潜在困难而最为危险的那部分之前,他曾为自己做过辩护。⑲⁰ 在探讨启示信仰时,代理本堂神父显得格外谨慎。他向他"年轻的朋友"保证,他所陈述的信仰自白就是上帝在他心中读到的信仰自白,也就是说,他的讲述丝毫没有歪曲事实,也毫无保留。同时他解释道,改宗者是第一个,并且"或许也将是惟一的一个"听到他的信仰自白的人,这就

---

⑱⁹ 段 174-175 以及注释 17(页 628-629)。——比较第 175 段中代理本堂神父的自白的最后一句话和公民宗教的第九条教义。参《社会契约论》卷 IV,章 8,段 33,页 468。

⑲⁰ 参见段 107(页 606-607)以及本书页[368]-[369]和脚注⑫⁰。

是说，他的信念不是为公众而讲的，或者说他无意于将它公之于众。代理本堂神父的内心并未被狂怒的启蒙精神所主宰，他也绝不想将一个完整而崇高的信仰置于危险境地。

> 只要我们心中还留存着一点点诚笃的信仰，就不要去扰乱那些宁静的灵魂，就不要拿一些疑难的问题去动摇头脑单纯的人的信念，因为那些疑难不仅他们不能解决，反而使他们感到不安，不能从中受到启发。

但当某个个体心中或某个时代里的"一切都动摇起来的时候"，就另当别论了。在这种情况下，我们就应该"牺牲细枝末节而保存根本"。如果像代理本堂神父在他的听者身上看到的那样，"如果人们的良心已经处于一种动摇不安且快要土崩瓦解的状况中"，那么，就得把他们迄今仍以为可供良心依赖的支柱通通拆毁，以便在"永恒的真理的基座上"重建人们的良心大厦。在阐明他拯救其听者对上帝和道德的信仰的尝试时，代理本堂神父描绘了种种图景，其含义不言自明。[411] 而我们仍可以提醒大家注意的是，代理本堂神父在阐释其自我时求助了永恒的真理，而"推理者"在驳斥通神意者、先知和传教士时依靠的也是同样的论据，这样一来，代理本堂神父便在保持适当距离的情况下，在信仰自白的这段核心对话中坦率地表明了自己的立场。[191] 代理本堂神父的这番自我阐释抛出了一个问题，即他为何满足于只向一个人讲出自己的信仰自白。因为他已经讲得再清楚不过了，需要"牺牲细枝末节而保存根本"的人远不止他这位不知名的听者。如果代理本堂神父因为发现他这位"年轻的朋友"是其同道中人就能坦白自己的信仰，那么，难道他的爱——此处的爱不同于慈爱，因为代理本堂神父对每个人都心怀慈爱——不足以让他为

---

[191] 参见段 128、153（页 614、617）及本书页[382]-[384]。

其他素不相识的同道中人写下他的信仰自白吗？面对一切事物时，他只想通过直接交往对不难触及的人和事产生立竿见影的影响，这难道是因为他缺乏自尊心吗？因为他没有勇气去向公众展示他的信仰，或者他不敢让自己的信仰面对批判？或者因为他怀抱着一种希望，即希望他的弟子有朝一日能将他的讲话写下，从而完成他自认为无法完成或他无法说服自己去完成的事情？代理本堂神父将他的信仰自白托付给了这位"年轻人"，并认为现在该由此人来对它进行评判。对于其中有启发的观点，"年轻人"应该学习并吸收，其余的便可以抛诸脑后。弟子说需要时间来对代理本堂神父讲述的内容进行评判，代理本堂神父认为这是"好的"，说弟子的谨慎态度是"明智的"。但他并不准备与弟子探讨他的信仰自白，因为这种讨论可能演变为一场论争，而他并不想论争。他认为，一场论争必然会掺杂浮夸和固执的成分。他甚至很正式地警告道："我的朋友，永远别与人论争，因为通过论争我们既不能启发自己，也不能启发他人。"代理本堂神父将不会用任何理由来支撑他的讲话。他不愿卷入任何一场有可能提出他过的生活是否正确这个问题的论争或讨论。他一定会坚持他觉得能给自己带来幸福的信仰，并且不想让任何事情危及它。

> 将来，我也一定要保持我现在这个样子，[412]以免对沉思的爱好变成一种无益的思欲，从而使我无法履行自己的职责，同时也免得使我再陷入我当初的那种绝对的怀疑状态之中而没有力量从中走出来。⑫

---

⑫ 代理本堂神父在此表示的立场与孤独漫步者的立场显然正好相反，尤其是在这段话之前的两个句子的表述与漫步之三中的表述还非常接近的情况下："拿我来说，我是经过了好几年的深思熟虑之后才有了现在这些看法的，我坚持我的看法使我的良心感到安宁，内心感到满足。即便要我对我的看法重新进行一番考察，我也不会在考察的过程中再产生更纯洁的对真理的爱了。我的心已不如从前那样活跃，再也不能那样认识真理了。"

我们不清楚代理本堂神父在害怕什么，是怕沉思所包含的他无法否认的魅力的引诱，还是怕再退回到以前那种让他无法忍受的怀疑状态。[193] 但我们很清楚的是，代理本堂神父以天职的名义对两者都进行了否定，既否定了爱好沉思而导致的"无益的思欲"，也否定了使人无所适从且无力履行职责的"绝对的怀疑状态"。他想要让道德产生影响、发生作用。他想要保护积极的生活态度。这位萨瓦代理本堂神父的信仰自白服务于一种与哲学生活形成鲜明对比的生活。两种生活之间的关系，就好比一幅字谜画中背景与图像间的关系。[194]

要代理本堂神父对改宗者提出劝告还有一个前提条件，即前者的讲话必须能完全说服他的听者。只有当改宗者的想法跟他的想法一样并把他的观点都变成自己的看法，当两个人能"表白同样的信仰"，也就是说，只有当他们——与谈话刚开始时不一样——的理性和信仰都相同时，代理本堂神父才能知道他这位年轻的密友在生活中到底该怎么做。他给改宗者提出的建议将自然宗教的信念转换成了四条指导实践的教义：（1）改宗者在生活中"不应再向困苦和绝望的情绪低头"，不要再依赖他人和他人的施舍勉强度日，而是应该回到故乡，重新信奉父辈们所信奉的宗教，诚心诚意地信奉它，再也不要脱离。[413] 其中包含的政治信息是：自然宗教鼓励人们过一种自尊的生活，这种生活植根于祖辈们流传下来的责任义务和政治集体及附属于这一集体的区域性宗教所建立的各种机构，尽管自然宗教揭露了这些区域性宗教源于偶联性，且建立在传统惯例的基础之上。对于这个来自日内瓦的逃亡者而言，代理本堂神父的话意味着他必须撤销他改信天主教的决定而重新皈依新教，从而选择父辈们的信仰作他自己的信

---

[193] 参见本书页[240]-[241]、[277]-[279]。

[194] 段176-177（页629-631）。——第177段结尾的修辞影射了《马太福音》3：9和《路加福音》3：8，对此请参照第171和第105段的结尾。

仰。相比于其他宗教，代理本堂神父对日内瓦的宗教大加赞扬，从而减轻了逃亡者作抉择的困难："它非常朴实而神圣。我相信，在举世所有的宗教里，只有它宣扬的道德最纯洁，它的教理最能自圆其说。"[195] 所以，对这位改宗者而言，该宗教还有一个优势，即它不仅是他自己的宗教，他还可以把它看作所有基于传统的宗教中从某个方面来说最好的、与理性最不相悖的宗教。然而，代理本堂神父帮改宗者找出来的这个视角，其影响力显然非常有限，因为连他本人都并未受到这个视角的左右。他急于运用一个以他的"一切区域性宗教都是平等的"这一教义为前提的论据，该论据并未明显体现出他的教义。这个论据是：因为我们处于一个"不确定"的情境中，故而"我们若宁愿信奉其他宗教而不信我们生来就隶属的宗教，这便是一种不可原谅的冒失行为"。各种历史性宗教所包含的偶联性或说非理性确立了一种不作为的实践准则：坚持自己的宗教，不要在相互争夺影响力的各种宗教中进行任何选择。

> 如果你自甘堕落，你就会剥夺你自己在最高的审判面前得到宽恕的巨大权利。难道你不知道他能原谅我们在别人的教唆之下误入歧途，而不能原谅我们自己存心选择错误的道路吗？

在理解自然宗教教义的情况下，不论代理本堂神父的听者对这个论据，[414] 对这种用以逃避惩罚的"托辞"作何感想，[196] 他都可以从这一论据中证实一件事情，即要想有功绩，自然宗教是他唯一的选择。

---

[195] 卢梭在手稿的最后一版中才加了对日内瓦的宗教的赞美。参马松编注版，页438。这番赞美并未阻止日内瓦当局对该书发布禁令以及对作者发布追捕令。日后卢梭在为这份信仰自白进行辩驳时将会援引"我的父辈们的崇拜"。参《致博蒙书》，页961。

[196] 参见段114–115（页609–610）；段173（页627–628）。并参本书页[405]–[406]。

爱弥儿没有可以重返的祖国,他生来也不隶属任何可让他信奉的宗教,对他而言,代理本堂神父后来提出的教义意味着他不应选择信奉任何一种区域性宗教,也就是说,他不应真心实意地信奉任何宗教。[197](2)代理本堂神父提醒"儿子"要让心中"时时刻刻都希望有一个上帝"。只有这样他才"永远不会对此表示怀疑"。心中有上帝是相信世界道德秩序的前提,而这一信仰也是自然宗教的核心。[198]心中有了对世界道德秩序的信仰,有了对自然宗教的上帝的希望,怀疑便会销声匿迹。不论改宗者是否将回到他的故乡,不论他信奉哪种区域性宗教还是根本不信任何宗教,他都不应忘记"真正的宗教的义务是不受人类制度的影响的",不应忘记"一颗真心才是神灵真正的殿堂",不应忘记"不论是哪个国家和哪个教派,都要以爱上帝胜于爱一切和爱邻人如同爱自己作为律法总纲"。他应该提醒自己,人除道德之外便再无其他"真正重要的"义务,而保持内心信仰的"内心崇拜"则是这些义务中的头一条,因为"没有信念,就没有真正的美德"。心中有上帝成了实践理性的一个基本要求,而心中有愿上帝存在的希望则是道德律法的信条。(3)在告诫弟子要有信仰的同时,代理本堂神父也警告他要小心哲人,既要小心真正的哲人,也要小心代理本堂神父现在让他关注的同时代"哲人"。[199]"你要远离那

---

[197] 参见代理本堂神父在开始讲述这段"抄录"文字前不久及在结束对它的讲述之后紧接着谈到的"选择"。参见《爱弥儿》卷 IV,页 558、636 及本书页[301]。

[198] 参见段 170(页 624 – 625),除第 179 段以外,代理本堂神父唯在此段用到我的儿这一称谓。

[199] 在第 180 段中,代理本堂神父并未提及改宗者应该远离的那些人的名姓。但他在接下来的那段中向改宗者提出了要求:"在哲人当中要敢于承认上帝。"见段 181(页 634)。他在此承接了段 12 – 18(页 568 – 570)中对哲人的批判,有些部分甚至是对此前批判的重复。卢梭曾考虑过在第 180 段中对哲人的批判前加上对信徒(dévots)的批判,但他最终放弃了这种布局安排:"我的孩子,要有怜悯心,爱那些怜悯之人,但要远离信徒,

些借口解释自然而散布败坏人心的学说的人,[415]他们在表面上做出怀疑的样子,其实他们比他们的对手还武断一百倍,尽管他们的对手的语气已经非常肯定了。"代理本堂神父对哲人们进行了逐项批判,从他们的"高傲自大"直到他们"稀奇古怪的学说",还在此基础上添加了针对启蒙者的两点最重要的批判:一是他们在强迫"我们"相信他们那些所谓重要决定时的那种专横气焰,一是他们对抗宗教时的那种不假思索的态度。"由于他们将人类尊重的一切东西都加以破坏和践踏,因此也就使受压迫的人们失去了他们苦难中的最后一丝慰藉,使富豪们失去了克制他们欲念的唯一的羁绊";他们造成的祸害直抵人"内心最深处",他们"泯灭了人们对罪恶的悔恨之心",且"将人们对德行抱有的希望连根拔起";就此,"他们还自夸为人类救星"。代理本堂神父以一种修辞术姿态结束了他对改宗者的警告。他拾起启蒙的宣言,即真理的传播与对善的推行是密不可分的,[200] 并将它当作对付启蒙者的武器:"他们说,真理对人是绝对没有什么害处的。这一点,我也像他们一样相信,而且我认为,这正是一个很大的证据,说明他们所讲的不是真理。"(4)代理本堂神父向改宗者发出的最后呼吁是让他发挥其公众影响力。他说他在改宗者身上发现的才能使他有道理认为,与他不同的是,改宗者日后将会通过言谈和著作向人们诉说自己的见解。[416] 他还有可能获得机会以

没有什么比跟他们扯上关系更危险的了。他们卑微的骄傲丝毫不值得理会,他们要么统治,要么破坏;他们羡慕、嫉妒、狡猾、爱报复,所有自己的事情都神神秘秘,总是在监视别人。他们的友谊一点都不可靠,他们的仇恨不可调和,他们总是勾结在一起,如果人们惹他们生气,总是难以逃脱。最好的方法就是敬而远之,他们只会鄙视那些逃避他们的人,但逃避他们的人有一切理由忧心忡忡。"(马松编注版,页 442-444;原文引用根据的是 *OCP* IV, 页 874;我的强调)

[200] "什么也比不上启蒙人有用。'哲学的启蒙,'弗勒里修道院院长说,'永不会有害。'"爱尔维修(Helvétius),《论灵魂》(*De l'esprit*), Paris, 1758,卷 II,19 章,注 e,页 180。

真理见证人的身份去面向人类。这或许可以解释代理本堂神父为何充满激情地发出这种呼吁:"你要坚持真理的道路,或说坚持在你单纯的内心看来是真理的道路,不要让自己因为虚荣或软弱而偏离这条道路。"若改宗者有朝一日能够以其想法示众,他应该始终只说良心让他说的话,而不要计较是否会受到他人的赞赏,也不要管人们是会爱戴他还是仇恨他,人们是会去阅读他的著作还是轻视他的著作。唯一重要的是他自己提供的证明,它能使他摆脱人们的视线,并赐予他内心自由去走德行之道。但是光有了良心,有了遵从良心的意愿,有了毫不动摇的凭良心做事的决心,光有了这些还不足以认识"真理的道路"。因此,代理本堂神父又扼要重述了他的讲话为常人提供的方针指南。他再次提醒要小心哲学。他提醒人们想起他主要驳斥的对正义之道的偏离,提醒人不要屈从于宗教暴政。哲学滋养怀疑精神,使生活中充斥无益的沉思之欲。"知识的滥用将产生怀疑。"追求知识的人看不起常识。"正如盲目的虔信将导致狂信,骄傲自负的哲学将导致怀疑。"改宗者应避免走"这样的极端",应与两者都保持距离而开拓一条中庸的调和之道。"在哲人当中你要敢于承认上帝;在不容异己的人当中你要敢于宣扬人道。"代理本堂神父将他向改宗者传递的道德信息总结成了一个三部公式:"你要说真话,行正义之事;对人而言重要的是要履行在尘世的义务;人正是在忘记自己的时候,为自己做的事情才最多。"在劝诫的末尾,代理本堂神父强调了对真与善的先定和谐的信仰,这一信仰跟信仰道德的善与自身福祉之间最终将会调和一样,都是世界道德秩序信仰的一部分。[201] 在这一信仰的基础上,[417] 代理本堂神父向这位未来的真理见证人预示了他的幸福,这是每个信仰自然宗教的人都将获得的幸福,是一种良心安宁且与整体和谐一致的幸福,是因意识到道德功绩而对自身和积极生活感到满足的幸福,是一种因自我欣赏而产生的幸福。代理本堂神父对

---

[201] 参卷一第五章全章关于这种信仰的论述。

这位"可爱的年轻人"的劝告以一个善意的提醒为开端，提醒他既不要欺骗自己，也不要欺骗他人。代理本堂神父以一个宽慰人心的保证结束了他的劝告，即，只有正义的希望才不会骗人："我的孩子，利己之心会迷惑我们；只有正义的希望才不会使我们误入歧途。阿门。"[202]

代理本堂神父的第二番讲话结束后，叙述者沉默不语。我们无从得知自然宗教之师对启示信仰的批判是否遭到了听者的异议或反驳。跟代理本堂神父就自然宗教发表讲话的情况不一样，叙述者这次并未试图打断代理本堂神父。与此相反，第一番讲话结束之后我们了解到，叙述者对自然宗教的教义提出了很多异议。这位听者对这份信仰自白两部分的反应截然不同，一次他对教义提出了反驳，而另一次他则默认了批判。卢梭日后格外强调了这种不同，他在《忏悔录》中给读者的感觉是，这位无名者——卢梭生前的读者对此人毫无了解——可能是年轻的让-雅克。[203] 在这份信仰自白的下半部，叙述者没有再开口说话，而卢梭则为第二番讲话加了九个脚注，其中最后一个也是最长的一个，它是卢梭为代理本堂神父提出的要小心哲人的警告而加的。[204] 这个长达十二段的脚注不仅对代理本堂神父的警告进行了一番引人注目的评注，且刚好位于代理本堂神父向改宗者提出的那个振奋人心的呼唤之前，卢梭以此表明了他对代理本堂神父整个行为的政治立场。它首先批判了［418］"双方"相互攻击且"一再进行诡辩"的做法。此处所指的具体是哪两方，并没有表面上看来那么清楚。因为在卢梭评注的段落中，代理本堂神父并未对双方指名道

---

[202] 段 178–181（页 631–635）；马松编注版，页 473。并参见本章脚注⑮。

[203] 参见《忏悔录》II，页 60–70、90–92；注意 III，页 118–119。

[204] 信仰自白的上半部分脚注 1–9 阐述、支持、修正了代理本堂神父的教义。下半部分的脚注 10–17 阐述、支持了代理本堂神父的批判，且在某些部分大大提高了代理本堂神父的批判力度。

姓——他甚至没有说到"双方"这个词。此外,读者既可以认为卢梭的脚注是针对整段的,也可以认为它是特别针对该段结尾的,在后一种情况下,代理本堂神父是启蒙者们的对立面,并用他们的座右铭对他们进行了驳斥:"真理对人是绝对没有什么害处的"——双方都可以用这句格言来真正批判诡辩。卢梭所举的一个例子至少毫不含糊地确定了他在脚注中攻击最为厉害的一方。哲人最常用的诡辩之一就是:把假想为好哲人的民族与假想为好基督徒的民族对立起来,"仿佛造就一个好哲人民族要比造就一个好基督徒民族简单似的!"[20] 因为过去从未有过一个真正的哲人曾宣扬过有关哲人民族的理论,更不用说认为有可能存在这种民族了,所以很明显,卢梭批判的首要目标是当下的"哲人们"。但我们还并不能由此知道,卢梭所说的"双方"是否只限于一方的哲人和另一方的教徒以及不容异己者,或者说,他将哲人一方与启示信仰教徒一方对峙起来,这是否在更加深入地探讨哲学与宗教之间的政治关系问题。卢梭解释说,他不知道在个体中找到一个真哲人是否比找到一个真基督徒更容易,但他非常清楚的是,只要一说到民族,人们就得从政治角度出发假定有些民族在没有宗教的情况下就滥用哲学,就如"我们这些民族",也就是说基督教民族,在没有哲学的情况下就滥用宗教。换句话说,在为这份信仰自白所著的第十八个脚注中,卢梭并不打算追问最好的可能是什么,而是将着重探讨哲学和宗教对政治的滥用。[419] 他不会用一个真哲人去反驳一个真基督徒,而是会假定一种国家状态——在这个状态中,哲学成了最普遍的舆论,而宗教则没有任何政治话语空间——并将这种状态和另一种状态,即和宗教统治一切而哲学则没有任何政治

---

[20] 参见《社会契约论》卷 IV,章 8,段 22,页 465:"有人告诉我们说,一个真正基督徒的民族将会构成一个人们可能想象的最完美的社会。我对这个假设只看到有一个很大的难点,那就是,一个真正的基督徒的社会将不会再成其为一个人类的社会。"

影响力的状态做比。他不会探讨哲学和宗教的真理问题,而是将考察两者的社会影响。卢梭引证了培尔,并确信此人"证明"了"宗教狂热比无神论害处更大",也就是说,"狂信主义"因为助长战争和迫害而导致人们的痛苦和死亡,这一点是"毫无疑问的"。⑳ [420] 但卢梭

---

⑳ 卢梭所谓已"证明"和"毫无疑问的"事,是他为了自己的目的而将培尔的一句名言进行改动和夸张后的说法,这句被朱里厄(Pierre Jurieu)称为"危险的悖论"的话是:无神论并非一种比偶像崇拜更可恶的罪恶。见培尔(Pierre Bayle),《关于彗星的各种想法》(Pensées diverses sur la comète, A. Prat und Pierre Rétat 编, CXIV),页 303 - 306;参见 CIII,页 280 - 283;CLXI, Bd. 2,页 77 - 78;CLXXII,页 102 - 105;CLXXX,页 131;CLXXXIX,页 155;CICI,页 158 - 159;CXCIII,页 160 - 163。这一"危险的悖论"的背景之一是培根在无神论与迷信之间所作的对比:"无神论让人依赖感知,依赖哲学,依赖天伦亲情,依赖法律,依赖名声。凡此种种,尽管没有宗教,也可以把人引向一种外在的美德。然而迷信却取而代之,在人的心里树立一种绝对的君主专制。因此,无神论从来不曾扰乱国家,因为它让人小心自重,不可鹰视狼顾。所以我们看到倾向于无神论的时代(如奥古斯都·凯撒大帝时代)都是太平盛世。然而迷信却在许多国家兴风作浪,带来了一种新的初始动力,造成了政府的所有天体的离乱。迷信的主导是民众。在一切迷信之中,智者是追随愚人的,理论反而倒过来服从实践。"(The Essayes or Counsels, Civill and Morall XVII, Of Superstition), Ed. Michael Kiernan, 页 54 -55;[译按]译文引自培根,《培根随笔全集》,蒲隆译,上海译文出版社,2012,页 65。)有关"迷信"树立的"绝对的君主专制"的神学根源,参见《论古人的智慧》(De sapientia veterum)第十八篇《狄俄默得斯或宗教狂热》("Diomedes sive zelus", Ed. Spedding, Ellis, Heath),页 658("古人没有听说过战争,因为异教诸神丝毫没有真正的上帝具有的嫉妒心")。培尔和培根分别谈的是偶像崇拜和迷信,而德莱尔(Alexandre Deleyre)在他为《百科全书》(卷 VI,1756)所撰写的文章《狂热》("Fanatisme")中则明确谈到了卢梭在此指称的那种"狂热":"狂热带来的坏处比不信教还要多。不信教的人宣称什么?从枷锁中解脱出来。而狂热者却想要让他们的铁蹄踏遍整个大地。这是一种地狱般的狂热!大家见过不信教的人集结起来,手拿武器对上帝磨刀霍霍吗?这些灵魂过于软弱,他们不敢献出人类之血。"(页 400 - 401)但德莱尔在此篇长文中还谈到了另一种狂热:"爱国者的狂热。在爱国

认为培尔还小心地保留了一个同样真实的情况没有说出来，那就是：

> 宗教狂热尽管容易导致血腥和残酷的行为，但它同时不失为一种强烈的热情，它能鼓舞人心，使人不把死亡放在眼里，赐予人以巨大的动力，只要人们对这种动力加以引导，就能产生种种崇高的德行。

在此，卢梭在谅解"宗教狂热"的热情、献身宗教、崇奉信仰时所说的一切，他在别处谈到爱祖国的热情、献身于政治、对"普通自我"的身份认同以及公民的义务履行时也说了同样的话。他并未提及这一点，而是使这种宗教狂热与不信教及一般的好辩的哲学风气形成鲜明的比较，他认为这种风气

> 消耗了人的生命，使人的心灵变得脆弱，把所有的热情都倾注于低级的个人利益和卑贱的自身，从而悄无声息地侵蚀了整个社会的真正基础，因为个人利益一致的地方是如此稀少，以至于这些利益的纷争永远不可能得到调和。[207]

卢梭竭尽所能揭露了一种不审慎的哲学所能引发的危险。在一篇深入批判"宗教狂热"的文章末尾用比较的方式为"宗教狂热"辩护，这是一种审慎的行为。这一辩护要求[哲]人认识自我："无神论"并不像"宗教狂热"那样会导致流血牺牲，但这并非因为哲人爱和

之情中有一种狂热，人们可以称之为故乡崇拜。它与风俗、法律和宗教有关，尤其是和宗教有关，所以才更配得上这个名字。没有这种过分虔诚，什么都不可能产生，它能夸大目标和希望，挖掘出了一些有价值和信心的奇人。"（页401）

[207] 有关卢梭就个人利益所发表的看法，参见他在《社会契约论》卷II，章3，段2注释中就政治艺术发表的看法。

平,而是因为他们对道德善恶漠不关心。哲人不愿让自己的安宁受侵扰。可是,哲人的原则却刚好危及这种安宁,他自己的或后继者的安宁,因为这些原则使关乎社会的凝聚力和持续存在的道德面临被摧毁的威胁。[421]卢梭将这种"哲学上的漠不关心"比作专制国家治下的那种安宁,这是一种没有政治美德和自由的安宁,他将其称为"死亡的宁静",它"甚至比战争的破坏性还大"。"因此,宗教狂热尽管在直接的后果方面比我们今天所谓的哲学风气更有危害,但在最后的后果方面,其危害却少得多。"此处再清晰不过地表达出卢梭批判"哲人"缺乏自我认识,或说批判哲学对政治的滥用。[208]

从不审慎的哲学将导致危险这一角度出发批判了哲学对政治的滥用后,卢梭转而开始探讨一种滥用宗教的现象,即不让宗教发挥任何政治影响的现象。在该脚注的第二部分,他开始大张旗鼓地盛赞宗教较之哲学的好处:"从理论上说,哲学给人类带来的好处中,没有一样不是宗教比哲学做得更好的;反之,在宗教给人类带来的好处中,有许多好处就是哲学无法带来的。"但他立刻又补充道:虽然从"理论"上说是这样——他很清楚他所说的"理论"与实情无关[209]——但在实践中则完全是另外一个样子。他承认,"即使一个人有一种宗教信仰,他仍不能事事都听信这一宗教"。且他承认,另外一个事实是大多数人"几乎是不信教的",而那些有宗教信仰的人也"根本就

---

[208] 《爱弥儿》注释18,段1—4,页(632—633)。

[209] 卢梭在此说,哲学给人类带来的好处中,没有一样不是宗教比哲学做得更好的,这一说法即便是从人民、社会和国家的角度出发来考虑也与实情不符,而卢梭在脚注18中探讨哲学与宗教的关系时,出发点恰恰就只是人民、社会和国家。《社会契约论》中的整体构想为此提出了有力的证据。在这篇政治哲学论文的日内瓦版手稿中,卢梭这样写道:"如果哲学和法律不遏制狂热崇拜的盛行,如果人类的声音不能比上帝之音更强劲的话,整个大地会染血,人类很快会腐烂。"(页25)

不"遵照所信奉的宗教去做。㉑

[422] 但毕竟有一部分人是信教的,他们至少是在部分地按照他们所信的宗教去作为的。不容置疑的是,有一些源自宗教的动机往往可以阻止他们去做坏事,促使他们形成美德且做出值得赞许的事,但若没有这些动机的话,在他们身上也许就见不到这些美德和行为了。

从他起初所说与此处这番赞许之间的落差来看,卢梭部分肯定了宗教带来的好处。而当他提醒人们注意教士们的行为所带来的恶果时,他则进一步限制了他的这番赞许:"在教士当中所发生的种种罪恶行为也如同其他人的罪恶行为,这不能证明宗教是没有用处的,而只能证明真正信教的人太少了。"但卢梭对狭义的政治影响的评判却仍然是一把不折不扣的双刃剑。与古代的政府相比,"我们当代的政府"之所以"权力地位更为牢固",之所以"遭遇革命的次数比较少","毫无疑问"要归功于基督教。在与《爱弥儿》同期出版的《社会契约论》中,当他强调基督教君主政体的稳固性时,他将不再讳言他一直所关注的verità effettuale della cosa [事情实际上的真相],也就是说,基督教君主政体建立在对合法权威的篡夺之上,并且基督教是专制政体的推动力。㉑ 此外,在他所有的政治学著作中,他都极力关注

㉑ 在没有提及培尔姓名的情况下,卢梭再次回应了此人对于将宗教信念等同于道德实践的做法所提出的异议。参见《关于彗星的各种想法》(*Pensées diverses sur la comète*, CXXXIII – CXXXVI, 卷2),页5–13,尤其是"为何人们所信和人们所做之间有这么大差别以及人类不按照自己的准则行动"一节。

㉑ 《社会契约论》卷Ⅰ,章3,段3,页355;卷Ⅱ,章6,段2,页378;卷Ⅲ,章6,段16,页413;卷Ⅳ,章8,段28,页467;参见卷Ⅰ,章6,段7,页361及卷Ⅲ,章1,段18,页399。注意《论人类不平等的起

并称赞罗马共和国是一切自由民族的楷模,并会用近一卷的篇幅来阐述该共和国的机构设置。[212] 而在这份信仰自白的第十八条脚注中,卢梭在对比"古代与现代政府"时并没有提到罗马共和国,不仅如此,在对比基督教徒的"温和做派"与"雅典人、埃及人、罗马皇帝及中国人的残酷行为",并认为这些文学与科学繁荣昌盛的文化对人道的尊重也并未超过基督教文化时,他也对罗马共和国忽略未提。他的这一做法非常惹眼,[423] 比这更加惹眼的最多也只有奠定这一对比基础的句子里看似不恰当的"宗教狂热"了:"要是把宗教狂热这一偏见暂时搁置不谈的话,我们可以说,这人人熟知的宗教已经使基督徒的做派比较温和了。"[213] 卢梭对基督教的褒扬不仅没有虑及他日后将在《社会契约论》中对基督教的评论,也没有考虑他在该脚注第一部分就"双方"所发表的看法。他在该脚注的第二部分尾声处称赞各种启示宗教增强了社会凝聚力,这才是他赞美基督教的真正目的所在。他表示,天主教徒的忏悔,新教徒的圣餐,希伯来人的禧年以及土耳其人的虔信宗教机构,都使人们的过失得以弥补,使他们得以宽恕、调和,产生了无数布施恩赐和善行,福音书尤其激发了无数善行,犹太律法的友爱精神则"团结了整个民族"。他探讨各种启示宗教的高潮则在于指出它们对维护正义的贡献,并且用穆斯林的地狱之桥即报塞桥(Poul-i-Sirat)为例阐明了这一贡献,之后又在脚注的第三部分引用了沙丹(Jean Chardin)的波斯游记中一个很长的段落。

源》,第二部分,页 246 以及此处的评注及我的导论(Einführender Essay),页 XLI – XLVII。

[212] 《社会契约论》卷 IV,章 4,段 2,页 444 以及卷 IV,章 2-8 全部。参见《论科学和文艺》,页 11;《论人类不平等的起源·献辞》(*Discours sur l'inégalité*, Dédicace),页 14;注释 XIX,页 382;《山中来信》IX, 45,页 880-881;《关于波兰政体的思考》II,页 956-959。

[213] 脚注 18 第八段的上述观点中第四次,也是最后一次,出现了宗教狂热一词(我的强调),该脚注中除第一部分(段 1-4)外唯在此处提到该词。

卢梭对沙丹的引文如下：

> 穆斯林认为，经过全人类大复活后的考验以后，所有的人都要通过那跨越永恒火焰的报塞桥。他们说，这座桥可以成为第三个和最后一个考验，可以称为真正的最后的审判，因为正是在这座桥上，好人和坏人才能区别开来，等等……

这段沙丹引文的第二部分包含的内容更广，按照引文的说法，波斯人相信，若一个人在此世没有弥补自己所做的不义之事，他便无法通过这道地狱之桥，因为那些因他而遭遇不公从而未得弥补的人将会在末日审判时阻止他从桥上通过。卢梭评论道，如果消除波斯人心中的这一观念，且说服他们相信，报塞桥或诸如此类能够"替受压迫的人在向他们施暴的人死后报他们的仇"的东西根本不存在，那么强暴者便会大松一口气，便丝毫不会费心"去慰藉那些不幸的人"，即他们将不会去弥补他们所行的不义之事或根本就不去行这样的不义之事。卢梭的结论是，"因而认为这一说法"——即根本不存在报塞桥或地狱之桥的观念是不对的——"毫无害处是错误的，因而这一说法根本就不是真理"。卢梭的这番诡辩让人极为迷惑不解，在他对启蒙者和代理本堂神父所说的"真理对人是绝对没有什么害处的"所加的脚注的末尾，他通过讽刺性模仿并以荒谬的方式引用这一信条对双方进行了驳斥。可以肯定的是，卢梭跟代理本堂神父或者启蒙者一样，都认为地狱之桥的教理并非真理。为了不招致怀疑，他用波斯人的一个观念阐明了宗教对正义的贡献。但他与启蒙者及代理本堂神父的不同之处在于，他认为有关波斯人信仰的真理对波斯人而言是有害的。他丝毫不关心有关地狱之桥的教理是否包含了宗教真理，他所关心的只是这一教理的实用价值，这一点我们可以从他对沙丹引文中的一处省略看出来：他将该引文分成了两段，且在第一段末尾加上省略号并插入"等等"来引起我们对这一省略的注意。如果读者去查阅此处沙丹引文中更确切的说法则会发现，这座报塞桥"比一根头发更细，比刀片的利刃更锋利"，因而"如果不是靠全能的上帝之手依托的话，人是不可能在上面行走的。不信教者和坏人迈出第一步时便会失足绊倒，然后坠入地狱深渊中，但信徒们则会在上帝的引导下安全地通过这条险径"。[214] [425] 卢梭的引文中既没有谈到想要通过地狱之桥的人必须希望得到全能主的恩赐，原文中提及的末日审判时信徒和非信徒间区别的意义也丝毫没有体现在引文中。卢梭只保留了对好人和坏人的区分，以便能以他自己的名义去谈论受压迫者和强暴者。在他对报塞桥这一信条的描述中，一个人是否能通过最后一道考验，仿佛取决于他是否行了正义之事，仿佛这才是这一信仰的作用及如果动摇它将带来害处的原因。自从卢梭这位日内瓦公民在《论科学和文艺》中以另一个普罗米修斯的身份告诫常人要谨防科学以来，真理可能是有害的这一见解便一直是他作品中的决定性因素。[215]

---

[214] 被卢梭省略且用"等等"所代替之处的原文如下："……他们把这座桥称为 Poul Serrha，意思为道路中间的桥梁。他们的宗教之书对这一桥梁的叙述是：要相信真正的道路真的存在，要知道有一种延伸到地狱深渊的物质，它比一根头发更细，比刀片的利刃还要锋利，若没有全能的上帝之手依托的话，人是不可能在上面行走的。不信教者和坏人迈出第一步时便会失足绊倒，然后坠入地狱深渊中；但信徒们则会在上帝的引导下安全地通过这条险径。在上帝的仁慈庇护下，他们会比振翅的飞鸟更快地穿过这座桥，他们会进入永恒的天堂。"（《沙丹骑士在波斯和其他东方国度的旅行·第七卷：波斯人宗教的描述》[*Voyages de Mr. Le Chevalier Chardin en Perse*, *et autres lieux de l'Orient*. Tome VII：*Contenant la description de la religion des Persans*, Amsterdam，1711]，页 50)

[215] 注释18，段5－11（页633－635）。有关地狱之桥这一观念是否不仅能对"被压迫者"即人民的道德，还能对少数"施暴者"的政治产生有益的作用，这取决于"施暴者"是否相信"报塞桥"，或者他们当中至少有一两个人相信这一教理。因为"真正信教的人太少了"，所以就像卢梭将在《社会契约论》中所说的那样，人们需要采取政治预防措施来遏制施暴者。相应地，他对"报塞桥"的赞许也显得比较克制："既然认为有关这座桥的

代理本堂神父用"可爱的年轻人"这一称呼开始了他信仰自白中的最后一段,并以"阿门"作为它的结尾,而卢梭则用"哲人"这一称呼开始了他脚注中的最后一段,并以"报塞桥"作为结束。他要求哲人阐明其所假定的道德法则的约束力到底何在,要求哲人直接告诉他可以用什么东西来代替报塞桥。㉑卢梭不仅向"哲人一方"代言人提出了这一要求,而且同样也向萨瓦代理本堂神父或说后来的柯尼斯堡的道德律法之师提出了该要求。在这份信仰自白的最后一句话中,卢梭对代理本堂神父的教义提出一个根本性质问:[426]它真的足以用来满足它的诉求吗,在不给出一种能有效抑制不义行为的道德约束力的情况下,它真的足以用来促进人们通过实践道德的善而获取极致的幸福吗?因为参照"报塞桥"这一观念来看,代理本堂神父想象中的不义之人将受到的惩罚——他们将带着他们所行的不义去生活,并且在一段时间内必须去面对它——似乎显得非常苍白无力,这种惩罚并没那么可怕,因而它的影响力也非常有限。在最后一个脚注中,卢梭首次以代理本堂神父的批判者的身份出现。他关于"报塞桥"的替代品的追问,预示了这份信仰自白日后将遭遇的一个异议,且日后批判者对这一异议的表述都没这么清楚。㉑但这种批判

观念能够使许多不义之事得以矫正,难道它就永远无法预防某些不义之事的发生吗?"(注释18,段11,我的强调;参见注释18,段6、7)

㉑ 注释18,段12(页635)。

㉑ 著有《致约翰·雅各布·卢梭先生的萨瓦代理本堂神父的信》(*Schreiben an den Herrn Vicar in Savoyen abzugeben bey dem Herrn Johann Jacob Rousseau*)——撰写地点和时间为"奥斯纳布吕克,1762年11月2日"——的默泽(Justus Möser)是代理本堂神父的首批政治评判者之一:"对一个社会的安康而言极为重要的是,人要虔信,并且要因此能有善念、有益的敬畏和必要的坚定信念。极为必要的是,我们必须有些强烈的信条,从而能给不幸者以慰藉,让幸运儿有节制,让骄傲的人变得谦恭,让帝王臣服,且对心胸狭隘者进行约束。我认为,这些对一个公民社会而言都是极为必要的。"默泽认为这些利于社会的强烈信条是启示的"终极目的"

是以问题的方式提出来的。卢梭无法以自己的名义提出一个超乎代理本堂神父想象的答案。他没有以悲剧诗人的身份登场,也不准备以一个政治神话学家的身份试图找出代理本堂神父答案的替代品。他所能提出的,最多也只是他在《社会契约论》中草拟的与这份"纯粹公民的信仰的宣言"相关的三个信条:"未来的生命、[427] 正直者的幸福、对坏人的惩罚"。为了让信条对所有公民都有约束力并由此而使他们置身神学争论之外,这三个信条必须和公民宗教的一切信条一样"无需解说和注释"。㉘ 而这三个简洁的信条还有一个优势,那就是它们的内容是政治智慧根据每个国家的具体情况来确定的,并且能够由"风尚、习俗,且尤其是舆论"来决定,这些正是"伟大的立法家秘密地在专心致力着的方面"。㉙ 在我们讨论的情况中这意味着:现存的有关死后生命的长度、正义之人获得回报以及坏人命运的种种观念,仿佛能够渗透到这三个信条中去,并且用感性直观的方式,使这三个信条充满了决定着信条实际影响力的敬畏与希望。代理本堂神父的信仰自白侵蚀了报塞桥这一观念对实践生活的影响力,与此不同,公民宗教的这三个信条则能与这一观念和谐共处。

所在,他指出代理本堂神父的讲话有明显的缺陷。在这个过程中,他认为代理本堂神父宣称的内容超出了代理本堂神父真正的信仰:"您将永恒的惩罚与回报纳入了您的自然宗教之中。现在请您好心为我行个方便,像上帝赐予我们这一观念并认为它对我们是有益的那样为想象力贫乏的人们描画一下天堂和地狱的图景,以便他们对此有个必要的印象。只要您做到这一点,我们就将对第一点达成共识,即上帝很愿意让我们通过更确切的直观去认识一些真理,并且我们也可以通过一个启示而去强化、形成和确保我们只能从自然宗教中获得的那些推论和结果。"(新版,Bremen,1777,页 19 – 20、25 – 26;参见页 31、39、35)

㉘ 《社会契约论》卷 IV,章 8,段 32 – 33,页 408。
㉙ 《社会契约论》卷 II,章 12,段 5,页 394。参本书卷一,第五章,页 [208] – [211]、[233]。

若说对"报塞桥"的信仰能与公民宗教相容,那么这只是卢梭对信仰的陈述。这一说法只意味着对一种炼狱惩罚——乃至永恒的炼狱惩罚——的信仰,但并不意味着另一种信仰,即并不意味着如此惩罚非教徒的做法是有道德约束力的。一旦考虑到有关地狱之桥的审判观念对教徒与非教徒的区分——卢梭在他的脚注中貌似无意地忽略了这一点——那么它便要受到公民宗教的第十条,即不许"不宽容"的教义的制裁了。被卢梭纳入"纯粹公民信仰的宣言"之中的唯一的一个反面的和否定性的教义,标志着公民宗教与其他任何一种区域性宗教的分界线,这些区域性宗教都断定若不信仰它们便无法得到救赎。这一教义公开遏制了一种信仰,即某些人因不信仰某个宗教就判定要受到诅咒。这条教义是卢梭用以防范各种启示宗教的政治野心的手段:防范它们以"教士的宗教"形式去谋求凌驾于国家权威之上的地位,[428]防范它们区分神圣上帝的朋友与敌人,防范神权政府的出现,防范该政权对《社会契约论》中建构的唯一有效的权利来源和合法暴力——即政治主权者——的最极端的否定。㉙ 因此可想而知的是,公民宗教的这条"反面"教义对卢梭的政治国家方案有着根本性意义,驳斥"不宽容"的教义前面正是第九条即最后一条正面教义——"社会契约与法律的神圣性",这是非常有道理的。就这样,卢梭和代理本堂神父的观点之间出现了一种带有双重疑难的交错配列关系。代理本堂神父几乎无一例外地认为所有区域性宗教都是有益的,因为他对它们不抱任何政治方面的关心,而是只关注内心崇拜。但他却通过他的信仰自白削弱了它们的道德影响力。卢梭有意于从政治方面来维护各种区域性宗教的道德影响力,并且想借助公众信

㉙ 在《社会契约论》中,卢梭三次明确指称了其政治构想的对立立场:头一次是在第一段第一句话中,第二次是在第十八段的第二句话中,第三次是在第三十五段的第三句话中。也就是说,这三次明确指称分别出现在卷IV,章8"论公民宗教"的第一段、核心段以及最后一段中。

仰框架内的一种公民信仰宣言，来使这些区域性宗教发挥作用。但出于同一个政治原因，他又不得不否定历史上存在过的各种宗教提出的事关统治和救赎的排他性诉求，所以他最终也对这些宗教的道德影响力同样提出了质疑。因为若没有上述排他性诉求，这种道德影响力便不会长久：各种启示宗教正是从对自身的绝对性的信仰中吸取力量和养料的。[21] [429] 卢梭和代理本堂神父都驳斥了各种启示宗教的真理诉求，这一诉求是确立其他一切诉求尤其是服从和救赎诉求的基础。在驳斥这一诉求的基础上，两人试图从不同的角度去进行调和。代理本堂神父选择的是从转世论的角度，并由此而呼吁"仁慈的上帝"。日内瓦公民则主张从政治角度进行调和，并认为"政治体的主权不可被剥夺"。两人所追求的目标都是缓和并抑制启示宗教，在这一目标的指引下，代理本堂神父宣布了神圣的良心直觉教义，而那位日内瓦公民则强调了社会契约的神圣性这一教义。对人"这一从不犯错的法官"的信仰并未被纳入公民宗教之中，反过来，它的最后一条正面教义，十条教义中唯一与自然宗教之师的信条不存在对应关系的一条。从转世论角度出发的调和尝试优先考虑的是常人的私人幸福，不论他生活在哪种社会，也不管他公开信奉何种宗教。而从政治角度

---

[21] 默泽向代理本堂神父提出了他也可以向卢梭提出的异议："如果我敢跟您说，出于经济原因，每一种宗教都会公然宣称除了它的信徒外其余人都无法获得救赎，您会怎么接我的话茬呢？我觉得，一种宗教要是没了这个基本原则，就无法对公民产生影响。至少我可以想象的是，如果在一本公开发行的教义问答手册上用大写字母写着'无论人们信什么教都能在死后升入天堂'，那么这将会大大削弱人们对宗教所应抱有的热忱……依我看，这样一种无所谓的态度将会使每一种宗教都丧失约束良心的力量，而公民要实现其誓言——尽管令人感到可悲，但这一誓言却是必不可少的——里的最终目的，良心是必需的。这使我相信，每一种宗教都必将在其公开的教义中排除其他宗教，而它允许哲人们去进行深入思考的也只能是一种有益的不确定性。"(《致约翰·雅各布·卢梭先生的萨瓦代理本堂神父的信》，页37–39)

出发的调和尝试则力求在政治生活中寻找幸福的公民,他生活的地方是宗教占有一席之地但影响范围有限的一个国家。从转世论角度出发的调和尝试所付出的代价是,其道德学说所具有的道德约束力必然是不足的。而从政治角度出发的调和尝试付出的代价则在于,宗教献身精神不久将会锐减,"宗教狂热"所能释放的激情也将日益减少。从历史的角度而言,这两种尝试都直接涉及基督教——比如,爱弥儿只接受了自然宗教教育,在他所处的具体情况下,这意味着他不应被教育成一个基督徒。㉒凭借 1762 年创作的萨瓦代理本堂神父和日内瓦公民的种种呼吁,[430] 以及此后用来与迫害他的天主教和新教权威机构作斗争的那两部引起轰动的作品,卢梭对基督教的内化作出了巨大的贡献,他撼动了这两种正统教派,并最终侵蚀了它们的公共壁垒。㉓从历史角度来说,基督教道德脱离上帝信仰

㉒ 《爱弥儿》卷 IV,页 636;并见本书页[413] – [414]及本章脚注⑲。

㉓ 巴特(Karl Barth)在其著作《十九世纪的新教神学》(*Die protestantische Theologie im 19. Jahrhundert*, Zollikon – Zürich, 1947,页 153 – 207)的一章中详细阐述并肯定了卢梭对基督教神学史的重要意义,并在结尾用一句话概括了这一重要意义:"直至从卢梭起才真正产生了人们所说的神学理性主义。这是一种基督教性质的神学,并且包含了真正的人性,就如我们在那理性的深处,在人类学的最核心领域中所发现的那种永恒且唾手可得的人性一般。"(页 207)巴特坚持一种比较流行的观点,即代理本堂神父的信仰自白便是卢梭的信仰自白(页 174、181)。但他认为人们"完全有理由"相信,《遐想》这部卢梭"最美的作品""从神学角度来说比其他一切显得更为可疑",他坚持认为,"很少有人像卢梭一样以惊人的坦率、力度和深度去否定教会的原罪学说"(页 188、199;参见页 201、204 – 205)。之前马松曾从天主教视角出发而在他的论著《卢梭的宗教》(*La Religion de J. J. Rousseau*)中写了一篇有关卢梭的宗教影响史的文章,他本人也因对《萨瓦代理本堂神父的信仰自白》的阐述和评注而隶属于这一影响史的范围之内。马松的解读也建立在一个他认为理所应当的设想的基础上,即卢梭相信代理本堂神父说的那些话。

所产生的影响，与《萨瓦代理本堂神父的信仰自白》的影响史，与代理本堂神父所代表的无条件享有优先权的实践理性皆密不可分。㉔然而，一个评判的依据若源自历史接受史而又并未深究决定哲人行为的原因，那么这个判断便是非历史性的，[431] 亦即，一个不去追问哲人所理解的历史性挑战的判断是非历史性的。一个拥有古人智慧的朋友提出的批判也得称作非历史性的，我仿佛听见他本着这份信仰自白的注释 18 的精神说：卢梭本该更好地去忍受追捕和宗教战争，而不该想要去遏制"宗教狂热"并由此使人丧失内心激情，这将在一个世纪后导致那个关于"末人"的诊断。与此相近，我对这两种调和尝试要求人们所付代价的考虑也是非历史性的。因为我的考虑与上面的批判一样，都没有完全赞许卢梭的下列判断：如果还可以的话，根本只有在牺牲细枝末节的情况下才能得以保存，换句话说，基督教是不会长久的，因为它的上帝不像自然宗教的上帝那样能被证明是可信的。此外，我尤其没有考虑卢梭通过探讨基督教来阐明一种疑难的意图，这种疑难比我们碰到的那两种波及的范围广得多，尽管它与它们直接相关。这便是现代政治的疑难，这种政治的根基不在基督教中，但却又无法追溯到基督教以前或忽略基督教。

后基督教的政治疑难问题是《社会契约论》中著名的倒数两章探讨的真正对象。第一部分探讨了政治与宗教的敌对关系的谱系学，

㉔ 参考尼采《偶像的黄昏·一个不合时宜者的漫步五》（*Götzen-Dämmerung*; *Streifzüge eines Unzeitgemässigen 5*），见 *KGW* VI, 3，页 107-108。在《山中来信》一书中，卢梭概述了一段对话，其中夸夸其谈的基督徒指责心平气和的基督徒，说他们这些自然宗教的追随者不信奉耶稣基督。"心平气和的基督徒"回应道："我不知道我们在你们新教士看来是否信奉了耶稣基督的教导，因为我们不明白你们所说的'信奉'到底是指什么。不过，耶稣基督对我们的要求，我们都照着做了。"（I，段 41，页 698）

卢梭在该部分末尾表示，驳斥培尔和沃伯顿（William Warburton）间相互对立的观点对他来说轻而易举。㉓ 其中现代哲人一方的观点是，[432] 没有任何一种宗教对政治共同体是有益的，而另一方的那位基督教主教的观点则是，基督教是政治共同体最可靠的依托。"我们可以向前者证明，从没有一个国家是不以宗教为基础便可以建立起来的；又可以向后者证明，基督教的法律归根结底乃是有害于而

㉓ 此处对培尔的暗示与《萨瓦代理本堂神父的信仰自白》脚注 18 之间有着一种直接关联。卢梭读了西卢埃特（Sihouettes）译介的沃伯顿的《论宗教、道德和政治联合：沃伯顿著作选》（*Dissertations sur l'union de la religion, de la morale, et de la politique : Tirées d'un ouvrage de M. Warburton*, London, 1742, 2 Bände）。沃伯顿的阐释与卢梭在脚注 18 中所作的阐释相关，这不仅因为其中详细援引了沃伯顿本人曾用单独一章（页 59 – 112）所探讨的培尔，尤其还因为该脚注强调了宗教对政治的必要性，以及彼世惩罚法庭信仰的不可或缺性。对此参见页 19、20、49 – 50、65、90、112、128、142 – 143；卷2，页 4ff.。沃伯顿指出，古代哲人在他们的公开教理中一致认为正义的人在来生会得到补偿，坏人则会受到惩罚。在《译者前言》（"Préface du Traducteur"）中人们可以读到："正是为了保证宗教的创立，所有以前的立法者才声称受到了某些神的启发，并利用这种最有用的方法之一来说服人们相信上帝的旨意在监督尘世事务。"（页 7 – 8）"在审视昔日哲学的起源、发展、完善、没落和影响时，人们看到了两件事：一件是哲人们曾经有着公开的和私下的意见，他们针对的并非不同的对象，而是同一个主题，但他们看待它的方式却是矛盾的。"（页 11）"昔日的哲人们之所以向世人展示，来生的苦难和补偿教义与他们关于上帝和灵魂性质的形而上信念并不兼容，为的是让更多读者相信他们打心底里一点都不相信的这些教义。"（页 13 – 14）卢梭所读的沃伯顿为他的《萨瓦代理本堂神父的信仰自白》和《社会契约论》提供了丰富的素材。撇开许多别的方面不谈，他在阅读过程中能够发现一种超前的批判，它是以他认为唯一有约束力的权利来源——即政治主权者——的一神论为出发点的（页 75 – 78）。或许他还注意到了沃伯顿的一处引文，根据这一引文，俄耳甫斯"通过劝告他们虔信众神和给他们灌输迷信"（页 147）而将那些"对美德毫无认识、对法律毫无概念的野人"纳入了社会团体中。

不是有利于国家的稳固的体制的。"㉖ 培尔认为国家需要宗教是不对的。沃尔顿的说法则犯了双重错误，因为基督教并非国家需要的宗教。正好相反，它不但无益于合法政治共同体［433］，还会损害它。卢梭对基督教的政治批判始于批判耶稣在世间建立的"宗教王国"。因为它在神学和政治上都要求信徒顺从，使信徒听命于两种不同质的暴力及两种相互矛盾的司法审判机构，故而导致了"国家不再是一元的，并且造成了那种不断冲击着基督教各民族的内部分裂，这种分裂状从未停止过对基督教民族的煽动"。"宗教王国"的物质化体现是"教士宗教"的各种机构，这"使得基督教国家里不可能有任何良好的政体"。卢梭批判的首要目标是宗教-神职统治与政治统治二元论："凡是破坏社会统一的，都是毫无价值的。凡是使人们自身陷于自相矛盾的制度，也是毫无价值的。"卢梭批判了阻碍政治统一的"鹰的两个头"，批判了阻碍公民自身统一的各种分裂，这些批判都天衣无缝地演变成了对教会及其权力意志的直接批判："而不久我们便看到，在一个有形首领统治之下，这所谓的彼世王国竟然变成了这个世上最狂暴的专制主义。"狂暴的宗教专制主义标志着各民族的政治非自由，同时也标志着对贤哲之士的迫害，卢梭将他对此的异议与他的哲学先人们联系在了一起。㉗［434］但在探讨基督教时，卢梭并

㉖ 《社会契约论》卷 IV，章 8，段 14，页 464。该章分为三个主要部分。（I）段 1-14：政治与宗教间关系的谱系学。A，段 1-7：前基督教时期，B，段 8-14：基督教成立后的时期。（II）段 15-30：宗教与政治关系的类型。（III）段 31-35：政治与宗教关系的法律界定。在第 I 部分的双重核心里出现了《社会契约论》中唯一提到的耶稣（段 8）。在第 II 部分的双重核心里，卢梭否认了"一个由真正基督徒组成的社会"仍是"一个人类的社会"（段 22-23）。在第 III 部分核心，他提出了公民宗教的教义，其高潮在于对"不宽容"的禁令。

㉗ 《社会契约论》卷 IV，章 8，段 8-10、16-17，页 462、464。在后来为作品进行辩护时，卢梭强调了与"盲目的宗教狂热、残酷的迷信以及愚蠢的偏见"的斗争，并且表明了自由哲学的目的所在，他关注这一目的不亚

非只批判了教士的宗教（religion du Prêtre）的"专制主义""不自由"和"暴君"。他并非只批判了基督教的某一政治滥用或某个时期中误入歧途的基督教，而是以更极端的方式将"福音书蕴含的纯洁简单的宗教"囊括进来。与对待公民宗教不同，他称这种宗教为"真正的一神论"或说人的宗教（Religion de l'homme）。他评论这种基督教道：它不是我们今天所谓的基督教，而是福音书的基督教。而他用以描述这种基督教的种种细节都让人想起代理本堂神父的自然宗教，尽管《社会契约论》只字未提自然宗教的名称。也就是说，即便这种看来已是最好的基督教也遭到卢梭尖锐的批评，因为它十分有利于那些暴君制：

> 基督教只宣扬奴役与服从。它的精神太有利于暴君制了，以致暴君制经常能从中得到很多好处。真正的基督徒被造出来就是

于关注进行上述斗争的先人："宗教是有用的，甚至是人民必需的，这一点，在那篇自白中不是已经说过了吗？不是已经论证过了吗？这篇自白的作者不仅没有攻击真正的宗教教义，反而尽力阐发了它们。他所抨击的、批判的以及他认为必须驳斥的，是盲目的宗教狂热、残酷的迷信以及愚蠢的偏见。可是他们说"这一切都应当遵守"。为什么呢？他们回答说："因为只有这样才能引导人民。"他们说得太对了：这样来引导人民，必然会把人民引入万劫不复之地。迷信是人类最可怕的灾祸。它把头脑简单的人变成蠢人，迫害贤哲之士，束缚各国人民的思想，它制造千百种可怕的祸害。它给人带来了什么好处？一点好处也没有。如果说它能带来好处的话，那也只是对暴君有好处。它是暴君手中最厉害的武器。在它酿成的祸害中，要数这一祸害最大了。……然而一个国家又不能没有宗教，这涉及许多重要的理由，对于这些理由，我已经着重讲了多次。不过我认为，宁可一个宗教都没有，也不可要一个野蛮的和以迫害人为能事的宗教，因为它将使法律变得专横而暴虐，并妨碍公民去履行他们的义务"。(《山中来信》I，段 30、68，页 695、705，我的强调）在《山中来信》I，段 58，页 702，卢梭将圣保罗说成"天生的迫害者"。注意 II，段 53 注释，页 726；III，段 50 注释、段 89、95，页 742、752、754。另参见《致博蒙书》，页 975–976。

做奴隶的,他们知道这一点,可是对此却几乎无动于衷。这短促的一生在他们心目中太没有价值了。㉘

从历史角度来看,对基督教精神的这一抨击往前可以追溯到马基雅维利,往后则预示着尼采。与此旗鼓相当的还有另一番抨击,从卢梭设想的秩序井然的集体的角度来看,这一抨击起到了关键作用,并且卢梭的政治批判也于此告终:基督教没有为公民在政治体中普通自我的身份认同提供任何支持。因为它立足于彼世,且"一心只关怀天上的事物"——"基督徒的祖国并不在尘世间"——并且因为它以世界主义为导向,所以尤其不会促进政治美德,[435]而是会抵制政治美德。㉙ 基督教使其信徒"毫不在乎"他们的行为在此世是否成功,从而削弱了他们对祖国的热爱。因为它与"政治体"间不存在任何必然的特殊关联,"它就只能让法律去依靠法律自身的力量",也就是说,它只能让法律具备一种外在强制效力,无法扎根于公民心中。㉚"更有甚者,它非但远不能使公民全心全意地依附于国家,反而使公民脱离国家,正如他们脱离尘世间的一切事物那样。"卢梭还以第一人称单数的口吻补充强调道:"我不知道还有什么比这更违反社会精神的了。"对卢梭而言,"基督教共和国"——这里

㉘ 《社会契约论》卷 IV,章 8,段 15、20、28,页 464、465、467。参见马基雅维利,《李维史论》(*Discorsi sopra la prima deca di Tito Livio*, Francesco Bausi 编) I,序; I, 26; II, 2; III, 1 (*Opere di Niccolò Machiavelli*, Rom, 2001, I/2 - 3,页 6、138 - 139、317 - 319、532 - 533)。培根,《随笔集或忠告集——民权与道德》第十三篇《论善与性善》(*The Essayes or Counsels, Civill and Morall*, XIII, Of Goodness And Goodness of Nature, Ed. Michael Kiernan),页 39。

㉙ 参见《山中来信》I,段 65、67、71 以及页 71 注释 2,页 704 - 706。

㉚ 参见《关于波兰政体的思考》I,段 5 - 7,页 955; III,段 4,页 961; XII,段 12,页 1019。

的共和国指的是《社会契约论》中被视作基础的合法集体——是一种自相矛盾的说法。[231] 但重返公民宗教的道路已被阻断，神学与政治再也不可能合一，人们再也不可能去信仰关心各种区域性集体福祉的众神，这些神曾为了不同集体的利益争论不休，并因此而受到人们的敬拜——"基督教的精神所向披靡"。古希腊城邦的众神是区域性的、立足此世的，他们既抵不过基督教的彼世上帝，也无法与基督教的普适真理诉求抗衡。这些神就这样被战胜和超越了。他们消逝了，因为他们可信的时间没能再长一些。"公民宗教"也随着他们的消逝而沉沦了。这种宗教曾建立在一种谎言上，而当谎言被戳穿后，它也就失去了效力。此外它还建立在一种谬误上。正是由于它的局部性，它变得"排他且狂暴"，从而使它的民族变得"嗜血且不宽容"，使它的民族长期处于与其他民族的"自然战争状态"，而这种状态又"十分有害"于它自身的安全。[232][436] 人们试图通过从政治上扶正基督教来重建基督诞生后的政治统一，或者试图通过使君王成为国家宗教首脑来强使鹰的两个头合一，但所有这些尝试都失败了。而它们的失败也证明，基督教精神波及一切、赢得一切，也感染了一切。[233] 此处简述的公民宗教明确地展现了后基督教时期的政治所面临的疑难

---

[231]《社会契约论》卷 IV，章 8，段 12 注释，段 21-28，页 463、465-467。在该章的三十五个段落中，卢梭以"我"开启的段落有两个：一个是结束第一部分的第 14 段，一个是位于第二部分双重中心的第 23 段。在第 14 段中，他就基督教对共同体有利还是有害这一问题发表了看法。在第 23 段中，他就"一个真正基督徒的民族将会构成一个人们可能想象的最完美的社会"这一断言表明了立场。

[232]《社会契约论》卷 IV，章 8，段 4-7、11、18-19，页 460-462、464-465。

[233]《社会契约论》卷 IV，章 8，段 11-13，页 462-463。尤其值得注意的是卢梭对霍布斯的尝试的赞赏，而鉴于霍布斯曾出于政治目的而运用了"那个耶稣便是基督"这一说法，卢梭不无讥讽地将他划归"基督教作家"之列。"在所有的基督教作家之中，哲人霍布斯是能很好地看出这种弊病及其

问题。㉓在卢梭的分类学中，它与教士宗教形成鲜明对峙，但又不等同于人的宗教（Religion de l'homme）和公民的宗教（Religion du Citoyen）。公民宗教所普遍确立的特殊政治的神圣化是否能够促进公民在"政治体"中认同其"普通自我"，这一点很值得商榷，而它自身要使公民的爱国情绪更加高涨也不太可能。伟大的立法家则能通过几百年的努力找到方法和道路，来赋予公民宗教以一个特殊而有效的形态。卢梭本人对这一点也非常谨慎。㉔他澄清了问题所在，且暗示道，欧洲几乎没有一个民族在［437］能预见的时间之内适于进行真正意义上的立法工作。并且他认为，必须将祖国和公民两个词从现代语言中删除。㉕

爱弥儿既没有祖国，也没有被教育成一个公民。他将遵守他所停留的国家的法律。他对社会契约的"神圣性"一无所知。他的座

补救方法的唯一一人，他竟敢于提议把鹰的两个头重新结合在一起，并完全重建政治统一；因为没有政治统一，无论是国家还是政府就永远不会很好地组织起来。然而，他也应该看到，基督教的统治精神和他的体系不能相容，而且教士的利益永远要强过国家的利益。霍布斯之所以为人憎恶，倒不在于他的政治理论中的错误的和可怕的东西，反而在于其中的正确的与真实的东西。"（《社会契约论》卷IV，章8，段13，页463）

㉓ 除了在第八章的标题中以外，卢梭只在《社会契约论》中的段33（页468）中唯一一次用到了"公民宗教"一词。

㉔ 在本章最后一版的手稿中，卢梭删去了他对可能存在的一种民族宗教（religion nationale）或说具有公众塑造力的特殊崇拜的所有暗示。他起初在日内瓦手稿中这样写道："一旦完成了这种信仰立誓，每年都需要隆重地重复一遍，这种隆重伴随着庄严而简单的崇拜，那些官员是唯一的使者，这种隆重可以温暖心中的爱国之情。这就是谈到宗教时允许统治者做的所有事。"（段24〈页342〉）参见段8（页338）；参见《致博蒙书》，页973。

㉕ 参见《社会契约论》卷II，章10，段6，页391。《爱弥儿》卷1，页250："'祖国'和'公民'这两个词应当从现代语言中抹去。我很清楚原因，但我不想说出来；这与我的主题无关。"

右铭是：Uni bene, ibi patria［哪里好，哪里便是故乡］。㉗ 如果他享受的教育和受到的教导使他能在与自我的统一、在道德生活赋予他的自尊之中找到幸福，那么教育的目的就达到了。这份信仰自白展示了他为此必须具备的信仰基础。就像卢梭后来所说的那样，这一信仰自白也支持公民宗教的"一切基本点"，㉘ 除了把公民宗教与人类的宗教区分开来的那条教义，该教义是以政治生活的幸福为准绳的。萨瓦代理本堂神父对社会契约的"神圣性"知之甚少，就像爱弥儿根本无需知道它那样。在代理本堂神父的信仰自白中，具有杰出理性的人心中的公民是什么样子根本不重要。㉙ 当代理本堂神父建议改宗者回去自己的故乡时，他是想叫他居住在自己熟悉的环境中，叫他待在自己的出生地，不要到异乡去过孤独的生活。代理本堂神父并未向改宗者阐明一个公民的存在是什么。代理本堂神父所讲的自然宗教是为后基督教时代的人准备的。㉚ 它［438］顾及了基督

㉗ 参见《爱弥儿》卷 IV，页 681 及《关于波兰政体的思考》II，段 8，页 963。

㉘ 《山中来信》I，段 29，页 695。

㉙ "公民"这个词在信仰自白中从未以单数形式出现过，它的复数形式也只出现过一次，即代理本堂神父强调"公民"不应被教唆不去遵守现有的法律。见段 175（页 629）。代理本堂神父是在城外的一个小山坡上，即在大自然中讲述他的信仰自白的。参段 XIX（页 565）。

㉚ 代理本堂神父共四次用到由其弟子引入的"自然宗教"这一概念，卢梭在这份信仰自白结束后也以自己的名义提到了这一概念。弟子：段 107（页 606）；代理本堂神父：段 109、113、124、125（页 607、609、613、614）；卢梭：《爱弥儿》卷 IV，页 636。参见《致博蒙书》，页 996。——代理本堂神父阐明的自然宗教是卢梭对日内瓦公民从政治上支持他所抱有的最高期望。在《论人类不平等的起源》发表之前，卢梭曾于 1754 年秋天与日内瓦最具声望的公民和资产阶级领导者之一德吕克（Jacques François Deluc）公开探讨过该书的献词。就在卢梭发表《爱弥儿》的同年，德吕克发表了一部内容广博的作品，揭示了异端宗教在政治上所受的限制：《对某些不信教学者和他们的一些作品的研究》（*Observations sur les savans incredules, et sur*

教精神，也虑及了哲学对启示信仰的异议。当然，若要说它是这两者的综合，或说它里面包含了第三种可能性，这便是大错特错。代理本堂神父的自然宗教与卢梭的自然神学有着根本区别，就好比爱弥儿的生活完全不同于孤独漫步者的生活。

---

quelque-uns de leurs écrits, Genf, Avec permission, 1762)。德吕克引证了"真正的基督教哲人卢梭先生"（页275）的《致达朗贝尔的信》，但是他对卢梭在《新爱洛伊丝》一书中正面描写无神论者沃尔玛表示不解："因此他们徒劳地试着让我们相信各方面都道德的人可以不接受造物主及其德行，因此我很难理解我的同胞卢梭先生为何向我们描绘一个像沃尔玛这样在性格上没有任何独特之处的形象。"（页407）在《新爱洛伊丝》中，朱莉这样评论沃尔玛道："你们见过有人比德-沃尔玛先生更充满见解和理性的人吗，或者比他更真诚、更坦率、更公正、更真实、不那么沉湎于欲望、拥有比上帝公正和灵魂永生更值得争取的事物的人吗？"（VI，段8，*OCP* II，页700）

索引

(以下阿拉伯数字为德文版页码，即中文版方括号中的页码)

Abraham 93
Adam 116, 149
Aiguillon, Emmanuel-Armand de Richelieu Duc d' 234
Alembert, Jean Le Rond d' 39, 40–43, 59, 64, 123–125, 127, 224
Amyot, Jacques 20, 26
Archimedes 41
Aristides 400
Aristoteles 122, 123, 197, 221, 262
Augustinus, Aurelius 36, 95, 96
Augustus 419

Bacon, Francis 21, 122, 124–126, 331, 364, 419, 434
Barth, Karl 430
Baruch 148, 149
Bauhin, Jean 123
Bayle, Pierre 331, 419, 421, 431, 432
Beaulavon, Georges 298, 365
Beaumont, Christophe de 83, 297, 328, 369, 377, 398
Benardete, Seth 117, 333
Bensaude-Vincent, Bernadette 114
Bernardi, Bruno 114, 298, 365
Bernays, Jacob 124
Binis, Abbé de 200
Bossuet, Jacques Bénigne 386
Burgelin, Pierre 302
Buttafoco, Matthieu 178, 229–232

Caesar 402
Calvin, Jean 42, 210, 335, 344, 407
Casaubonus, Isaac 202
Castex, Marie-Madeleine 29

Cato 401, 402
Chardin, Jean 423–425
Charron, Pierre 374, 375
Choiseul, Étienne-François Duc de 234
Chopin, Frédéric 157
Cicero, Marcus Tullius 330, 353
Circe 117
Claparede, David 380
Clarke, Samuel 318, 319
Crispus, Q. Vibius 202
Crogiez, Michèle 30

Deleyre, Alexandre 364, 419
Deluc, Jacques-François 438
Derrida, Jacques 23
Descartes, René 21, 28, 78, 124, 129, 262, 315, 316
Diagoras 34
Diderot, Denis 40, 57, 58, 64, 123–126, 129, 172–174, 244, 247, 316, 326, 331
Diogenes Laertius 122
Diogenes von Sinope 162, 278
Domitian 202
Du Peyrou, Pierre-Alexandre 29, 234, 273, 367
Dupin, Claude 78
Dupin, Louise-Marie-Madeleine 78

Eigeldinger, Frédéric-S. 11, 29, 30, 110
Eigeldinger, Marc 11, 29, 30
Eisen 365
Euripides 299

Faust 167
Fénelon, François de Salignac de La Mothe 75, 86
Fleury, Claude 415
Fontenelle, Bernard Le Bouvier de 202
Formey, Jean-Henri-Samuel 268
Francueil, Claude-Louis Dupin de 78

Gagnebin, Bernard 29
Girardin, René-Louis Marquis de 200
Glaukon 399
Goethe, Johann Wolfgang von 167, 370
Gourevitch, Victor 326
Gyges 99, 227, 399

Habakuk 148, 149
Havens, George R. 401
Helvétius, Claude-Adrien 123, 128, 202, 332, 415
Herakles 226
Heraklit 161
Hermes 117
Herostratos 53
Hippokrates 125
Hobbes, Thomas 34, 123, 319, 436
Holbach, Paul Thiry d' 124, 126
Homer 117, 148, 326
Horaz 290, 301
Houdetot, Élisabeth-Sophie-Françoise Comtesse d' 247
Hume, David 380

Isaak 93
Ismael 211

Jakob 93
Jallabert, Jean 18
Jansen, Albert 109
Jason 151, 226

Jesus Christus 63, 380, 389–391, 398–402, 409, 430, 432, 433, 436
Jones, James F. 36
Jupiter 299
Jurieu, Pierre 419
Juvenal 202

Keith, George 178
Kleinias 296, 333
Kohler, Pierre 139
Kolumbus, Christoph 110

La Fontaine, Jean de 59, 148
Launay, Michel 29
La Vrillière Duc de 234
Leborque, Érik 29
Leigh, Ralph A. 18, 78
Leonidas 400
Leukippos 34
Le Vasseur, Marie-Thérèse 143, 145, 149–151, 225, 247
Linné, Carl von 107, 111, 147
Locke, John 123, 380
Lukrez 161
Luther, Martin 149
Lykurg 210, 211, 224

Mably, Gabriel Bonnot de 234
Machiavelli, Niccolò 123, 210, 211, 256, 434
Malesherbes, Chrétien-Guillaume de Lamoignon de 78, 249
Maria 399
Marion 215, 216
Masson, Pierre-Maurice 298, 302, 332, 364, 365, 399, 430
Megillos 296
Mellarède, Pierre Comte de 404
Minos 211
Möser, Justus 426, 428
Mohammed 211, 299, 388, 390
Molière 41

Montaigne, Michel de 28, 35, 217, 270, 316, 335, 352
Montesquieu, Charles de Secondat 212, 214
Montmollin, Frédéric-Guillaume de 110
Morellet, André 395
Moses 116, 149, 211, 377, 378, 390
Moultou, Guillaume 146
Moultou, Paul 29, 114, 146, 367, 369
Murray, Johann Andreas 111

Néaulme, Jean 268
Nero 269
Newton, Isaac 21, 124
Nietzsche, Friedrich 7, 10, 162, 255, 256, 261, 316, 430, 434
Numa 211

Orpheus 292, 364, 365, 432
Osmont, Robert 157
Ovid 66

Palais, Jean-Antoine 200
Paoli, Pasquale 229, 230
Pascal, Blaise 28
Paulus 96, 342, 344, 398, 434
Phainarete 399
Pilatus, Pontius 143
Platon 22, 23, 48, 52, 65, 88, 116, 122, 129, 148, 171, 208, 262, 296, 333, 334, 339, 341, 343, 369, 384, 399
Plinius 123
Plutarch 20, 25, 26, 90, 91, 140, 200, 224, 331, 385
Pollio, Gaius Asinius 301
Pompeius 402
Pontedera, Giulio 123
Prometheus 19–22, 26, 206, 251, 425
Pythagoras 129

Racine, Jean 41, 148
Racine, Louis 148

Raymond, Marcel 11, 12, 29, 169
Regulus, Atilius 353
Rey, Marc-Michel 268, 297
Robinson 143
Roddier, Henri 11, 12, 29, 169
Rousseau, Isaac 228
Rozier, François 199–201

Sabundus, Raimundus 335
Sacy, S. de 29
Schopenhauer, Arthur 255, 256
Servet, Michel 407
Shaftesbury, Anthony Earl of 331
Silhouette, Étienne de 431, 432
Similis 249
Sokrates 22, 23, 88, 161, 353, 384, 398–402
Solon 90, 220
Sophronia 218
Sophroniskos 399
Souchay, Jean-Baptiste 364
Spink, John Stephenson 11, 29, 30, 249, 272
Spinoza, Benedictus de 34, 123, 319, 380, 381
Starobinski, Jean 219
Strauss, Leo 171, 221, 316, 329
Streckeisen-Moultou, Guillaume 146

Tacitus 42, 43
Tasso, Torquato 218
Thales 129
Theophrast 116, 122–124, 128, 149
Theuth 19, 22, 23
Thomas von Aquin 335, 395
Toland, John 125
Tournefort, Joseph Pitton de 123
Trajan 249
Tronchin, Jean-Robert 297

Vercellis, Thérèse Comtesse de 215
Vespasian 242, 248, 249
Viridet, Marc 297

Voltaire, François Marie Arouet 41, 42, 127, 319, 326, 401

Wagner, Sigmund von 138, 139
Warburton, William 431, 432
Warens, Françoise-Louise-Eléonore de 240–249

Warens, Sébastien-Isaac de Loys de 240
Wielhorski, Michel 34, 234
Wirz, Charles 302

Xenokrates 116
Xenophon 76

Über das Glück des philosohischen Lebens. Reflexionen zu Rousseaus Rêveries in zwei Büchern
by Heinrich Meier
© Verlag C. H. Beck oHG, München 2011
版权所有　翻印必究
北京市版权局著作权合同登记号：图字01-2011-4082号

图书在版编目（CIP）数据

论哲学生活的幸福：对卢梭系列遐想的思考两部曲／（德）亨利希·迈尔著；陈敏译．--2 版．--北京：华夏出版社有限公司，2024.4
（西方传统：经典与解释）
ISBN 978-7-5222-0601-1

Ⅰ. ①论… Ⅱ. ①亨… ②陈… Ⅲ. ①卢梭（Rousseau, Jean Jacques 1712-1778）-哲学思想-研究 Ⅳ. ①B565.26

中国国家版本馆 CIP 数据核字（2023）第 252599 号

论哲学生活的幸福——对卢梭系列遐想的思考两部曲

作　　者	［德］亨利希·迈尔
译　　者	陈　敏
责任编辑	李安琴
责任印制	刘　洋
出版发行	华夏出版社有限公司
经　　销	新华书店
印　　装	北京汇林印务有限公司
版　　次	2024 年 4 月北京第 2 版 2024 年 4 月北京第 1 次印刷
开　　本	880×1230　1/32
印　　张	13.625
字　　数	360 千字
定　　价	98.00 元

华夏出版社有限公司　地址：北京市东直门外香河园北里 4 号　邮编：100028
网址：www.hxph.com.cn　电话：(010) 64663331（转）
若发现本版图书有印装质量问题，请与我社营销中心联系调换。

西方传统：经典与解释
Classici et Commentarii
HERMES
刘小枫○主编

古今丛编

欧洲中世纪诗学选译　宋旭红 编译
克尔凯郭尔　[美]江思图 著
货币哲学　[德]西美尔 著
孟德斯鸠的自由主义哲学　[美]潘戈 著
莫尔及其乌托邦　[德]考茨基 著
试论古今革命　[法]夏多布里昂 著
但丁：皈依的诗学　[美]弗里切罗 著
在西方的目光下　[英]康拉德 著
大学与博雅教育　董成龙 编
探究哲学与信仰　[美]郝岚 著
民主的本性　[法]马南 著
梅尔维尔的政治哲学　李小均 编/译
席勒美学的哲学背景　[美]维塞尔 著
果戈里与鬼　[俄]梅列日科夫斯基 著
自传性反思　[美]沃格林 著
黑格尔与普世秩序　[美]希克斯 等著
新的方式与制度　[美]曼斯菲尔德 著
科耶夫的新拉丁帝国　[法]科耶夫 等著
《利维坦》附录　[英]霍布斯 著
或此或彼（上、下）　[丹麦]基尔克果 著
海德格尔式的现代神学　刘小枫 选编
双重束缚　[法]基拉尔 著
古今之争中的核心问题　[德]迈尔 著
论永恒的智慧　[德]苏索 著
宗教经验种种　[美]詹姆斯 著
尼采反卢梭　[美]凯斯·安塞尔-皮尔逊 著
舍勒思想评述　[美]弗林斯 著
诗与哲学之争　[美]罗森 著

神圣与世俗　[罗]伊利亚德 著
但丁的圣约书　[美]霍金斯 著

古典学丛编

荷马笔下的诸神与人类德行　[美]阿伦斯多夫 著
赫西俄德的宇宙　[美]珍妮·施特劳斯·克莱 著
论王政　[古罗马]金嘴狄翁 著
论希罗多德　[古罗马]卢里叶 著
探究希腊人的灵魂　[美]戴维斯 著
尤利安文选　马勇 编/译
论月面　[古罗马]普鲁塔克 著
雅典谐剧与逻各斯　[美]奥里根 著
莱园哲人伊壁鸠鲁　罗晓颖 选编
劳作与时日（笺注本）　[古希腊]赫西俄德 著
神谱（笺注本）　[古希腊]赫西俄德 著
赫西俄德：神话之艺　[法]居代·德拉孔波 编
希腊古风时期的真理大师　[法]德蒂安 著
古罗马的教育　[英]葛怀恩 著
古典学与现代性　刘小枫 编
表演文化与雅典民主政制
[英]戈尔德希尔、奥斯本 编
西方古典文献学发凡　刘小枫 编
古典语文学常谈　[德]克拉夫特 著
古希腊文学常谈　[英]多佛 等著
撒路斯特与政治史学　刘小枫 编
希罗多德的王霸之辨　吴小锋 编/译
第二代智术师　[英]安德森 著
英雄诗系笺释　[古希腊]荷马 著
统治的热望　[美]福特 著
论埃及神学与哲学　[古希腊]普鲁塔克 著
凯撒的剑与笔　李世祥 编/译
伊壁鸠鲁主义的政治哲学　[意]詹姆斯·尼古拉斯 著
修昔底德笔下的人性　[美]欧文 著
修昔底德笔下的演说　[美]斯塔特 著
古希腊政治理论　[美]格雷纳 著

赫拉克勒斯之盾笺释　罗逍然 译笺
《埃涅阿斯纪》章义　王承教 选编
维吉尔的帝国　[美]阿德勒 著
塔西佗的政治史学　曾维术 编

古希腊诗歌丛编
古希腊早期诉歌诗人　[英]鲍勒 著
诗歌与城邦　[美]费拉格、纳吉 主编
阿尔戈英雄纪（上、下）
[古希腊]阿波罗尼俄斯 著
俄耳甫斯教祷歌　吴雅凌 编译
俄耳甫斯教辑语　吴雅凌 编译

古希腊肃剧注疏
欧里庇得斯与智术师　[加]科纳彻 著
欧里庇得斯的现代性　[法]德·罗米伊 著
自由与僭越　罗峰 编译
希腊肃剧与政治哲学　[美]阿伦斯多夫 著

古希腊礼法研究
宙斯的正义　[英]劳埃德-琼斯 著
希腊人的正义观　[英]哈夫洛克 著

廊下派集
剑桥廊下派指南　[加]英伍德 编
廊下派的苏格拉底　程志敏 徐健 选编
廊下派的神和宇宙　[墨]里卡多·萨勒斯 编
廊下派的城邦观　[英]斯科菲尔德 著

希伯莱圣经历代注疏
希腊化世界中的犹太人　[英]威廉逊 著
第一亚当和第二亚当　[德]朋霍费尔 著

新约历代经解
属灵的寓意　[古罗马]俄里根 著

基督教与古典传统
保罗与马克安　[德]文森 著
加尔文与现代政治的基础　[美]汉考克 著
无执之道　[德]文森 著

恐惧与战栗　[丹麦]基尔克果 著
托尔斯泰与陀思妥耶夫斯基
[俄]梅列日科夫斯基 著
论宗教大法官的传说　[俄]罗赞诺夫 著
海德格尔与有限性思想（重订版）
刘小枫 选编
上帝国的信息　[德]拉加茨 著
基督教理论与现代　[德]特洛尔奇 著
亚历山大的克雷芒　[意]塞尔瓦托·利拉 著
中世纪的心灵之旅　[意]圣·波纳文图拉 著

德意志古典传统丛编
黑格尔论自我意识　[美]皮平 著
克劳塞维茨论现代战争　[澳]休·史密斯 著
《浮士德》发微　谷裕 选编
尼伯龙人　[德]黑贝尔 著
论荷尔德林　[德]沃尔夫冈·宾德尔 著
彭忒西勒亚　[德]克莱斯特 著
穆佐书简　[奥]里尔克 著
纪念苏格拉底——哈曼文选　刘新利 选编
夜颂中的革命和宗教　[德]诺瓦利斯 著
大革命与诗化小说　[德]诺瓦利斯 著
黑格尔的观念论　[美]皮平 著
浪漫派风格——施勒格尔批评文集　[德]施勒格尔 著

巴洛克戏剧丛编
克里奥帕特拉　[德]罗恩施坦 著
君士坦丁大帝　[德]阿旺西尼 著
被弑的国王　[德]格吕菲乌斯 著

美国宪政与古典传统
美国1787年宪法讲疏　[美]阿纳斯塔普罗 著

启蒙研究丛编
论古今学问　[英]坦普尔 著
历史主义与民族精神　冯庆 编
浪漫的律令　[美]拜泽尔 著
现实与理性　[法]科维纲 著

论古人的智慧　[英]培根 著
托兰德与激进启蒙　刘小枫 编
图书馆里的古今之战　[英]斯威夫特 著

政治史学丛编
驳马基雅维利　[普鲁士]弗里德里希二世 著
现代欧洲的基础　[英]赖希 著
克服历史主义　[德]特洛尔奇 等著
胡克与英国保守主义　姚啸宇 编
古希腊传记的嬗变　[意]莫米利亚诺 著
伊丽莎白时代的世界图景　[英]蒂利亚德 著
西方古代的天下观　刘小枫 编
从普遍历史到历史主义　刘小枫 编
自然科学史与玫瑰　[法]雷比瑟 著

地缘政治学丛编
地缘政治学的起源与拉采尔　[希腊]斯托杨诺斯 著
施米特的国际政治思想　[英]欧迪瑟乌斯/佩蒂托 编
克劳塞维茨之谜　[英]赫伯格-罗特 著
太平洋地缘政治学　[德]卡尔·豪斯霍弗 著

荷马注疏集
不为人知的奥德修斯　[美]诺特维克 著
模仿荷马　[美]丹尼斯·麦克唐纳 著

品达注疏集
幽暗的诱惑　[美]汉密尔顿 著

阿里斯托芬集
《阿卡奈人》笺释　[古希腊]阿里斯托芬 著

色诺芬注疏集
居鲁士的教育　[古希腊]色诺芬 著
色诺芬的《会饮》　[古希腊]色诺芬 著

柏拉图注疏集
挑战戈尔戈　李致远 选编
论柏拉图《高尔吉亚》的统一性　[美]斯托弗 著
立法与德性——柏拉图《法义》发微　林志猛 编
柏拉图的灵魂学　[加]罗宾逊 著
柏拉图书简　彭磊 译注
克力同章句　程志敏 郑兴凤 撰
哲学的奥德赛——《王制》引论　[美]郝兰 著
爱欲与启蒙的迷醉　[美]贝尔格 著
为哲学的写作技艺一辩　[美]伯格 著
柏拉图式的迷宫——《斐多》义疏　[美]伯格 著
苏格拉底与希琵阿斯　王江涛 编译
理想国　[古希腊]柏拉图 著
谁来教育老师　刘小枫 编
立法者的神学　林志猛 编
柏拉图对话中的神　[法]薇依 著
厄庇诺米斯　[古希腊]柏拉图 著
智慧与幸福　程志敏 选编
论柏拉图对话　[德]施莱尔马赫 著
柏拉图《美诺》疏证　[美]克莱因 著
政治哲学的悖论　[美]郝岚 著
神话诗人柏拉图　张文涛 选编
阿尔喀比亚德　[古希腊]柏拉图 著
叙拉古的雅典异乡人　彭磊 选编
阿威罗伊论《王制》　[阿拉伯]阿威罗伊 著
《王制》要义　刘小枫 选编
柏拉图的《会饮》　[古希腊]柏拉图 等著
苏格拉底的申辩（修订版）　[古希腊]柏拉图 著
苏格拉底与政治共同体　[美]尼柯尔斯 著
政制与美德——柏拉图《法义》疏解　[美]潘戈 著
《法义》导读　[法]卡斯代尔·布舒奇 著
论真理的本质　[德]海德格尔 著
哲人的无知　[德]费勃 著
米诺斯　[古希腊]柏拉图 著
情敌　[古希腊]柏拉图 著

亚里士多德注疏集
《诗术》译笺与通绎　陈明珠 撰
亚里士多德《政治学》中的教诲　[美]潘戈 著
品格的技艺　[美]加佛 著

亚里士多德哲学的基本概念　[德]海德格尔 著
《政治学》疏证　[意]托马斯·阿奎那 著
尼各马可伦理学义疏　[美]伯格 著
哲学之诗　[美]戴维斯 著
对亚里士多德的现象学解释　[德]海德格尔 著
城邦与自然——亚里士多德与现代性　刘小枫 编
论诗术中篇义疏　[阿拉伯]阿威罗伊 著
哲学的政治　[美]戴维斯 著

卢梭的榜样人生　[美]凯利 著

莱辛注疏集
汉堡剧评　[德]莱辛 著
关于悲剧的通信　[德]莱辛 著
智者纳坦（研究版）　[德]莱辛 等著
启蒙运动的内在问题　[美]维塞尔 著
莱辛剧作七种　[德]莱辛 著
历史与启示——莱辛神学文选　[德]莱辛 著
论人类的教育　[德]莱辛 著

普鲁塔克集
普鲁塔克的《对比列传》　[英]达夫 著
普鲁塔克的实践伦理学　[比利时]胡芙 著

尼采注疏集
尼采引论　[德]施特格迈尔 著
尼采与基督教　刘小枫 编
尼采眼中的苏格拉底　[美]丹豪瑟 著
动物与超人之间的绳索　[德]A.彼珀 著

阿尔法拉比集
政治制度与政治箴言　阿尔法拉比 著

马基雅维利集
解读马基雅维利　[美]麦考米克 著
君主及其战争技艺　娄林 选编

施特劳斯集
苏格拉底与阿里斯托芬
论僭政（重订本）　[美]施特劳斯 [法]科耶夫 著
苏格拉底问题与现代性（第三版）
犹太哲人与启蒙（增订本）
霍布斯的宗教批判
斯宾诺莎的宗教批判
门德尔松与莱辛
哲学与律法——论迈蒙尼德及其先驱
迫害与写作艺术
柏拉图式政治哲学研究
论柏拉图的《会饮》
柏拉图《法义》的论辩与情节
什么是政治哲学
古典政治理性主义的重生（重订本）
回归古典政治哲学——施特劳斯通信集
　　　　　　＊＊＊
追忆施特劳斯　张培均 编
施特劳斯学述　[德]考夫曼 著

莎士比亚绎读
莎士比亚的罗马　[美]坎托 著
莎士比亚的政治智慧　[美]伯恩斯 著
脱节的时代　[匈]阿格尼斯·赫勒 著
莎士比亚的历史剧　[英]蒂利亚德 著
莎士比亚戏剧与政治哲学　彭磊 选编
莎士比亚的政治盛典　[美]阿鲁里斯/苏利文 编
丹麦王子与马基雅维利　罗峰 选编

洛克集
上帝、洛克与平等　[美]沃尔德伦 著

卢梭集
致博蒙书　[法]卢梭 著
政治制度论　[法]卢梭 著
哲学的自传　[美]戴维斯 著
文学与道德杂篇　[法]卢梭 著
设计论证　[美]吉尔丁 著
卢梭的自然状态　[美]普拉特纳 等著

论源初遗忘 [美]维克利 著
阅读施特劳斯 [美]斯密什 著
施特劳斯与流亡政治学 [美]谢帕德 著
驯服欲望 [法]科耶夫 等著

政治哲学与启示宗教的挑战
隐匿的对话
论哲学生活的幸福

施特劳斯讲学录
追求高贵的修辞术
——柏拉图《高尔吉亚》讲疏（1957）
斯宾诺莎的政治哲学

大学素质教育读本
古典诗文绎读 西学卷·古代编（上、下）
古典诗文绎读 西学卷·现代编（上、下）

施米特集
宪法专政 [美]罗斯托 著
施米特对自由主义的批判 [美]约翰·麦考米克 著

伯纳德特集
古典诗学之路（第二版） [美]伯格 编
弓与琴（重订本） [美]伯纳德特 著
神圣的罪业 [美]伯纳德特 著

布鲁姆集
巨人与侏儒（1960-1990）
人应该如何生活——柏拉图《王制》释义
爱的设计——卢梭与浪漫派
爱的戏剧——莎士比亚与自然
爱的阶梯——柏拉图的《会饮》
伊索克拉底的政治哲学

沃格林集
自传体反思录

朗佩特集
哲学与哲学之诗
尼采与现时代
尼采的使命
哲学如何成为苏格拉底式的
施特劳斯的持久重要性

迈尔集
施米特的教训
何为尼采的扎拉图斯特拉